Global Social Media Marketing

海外社交媒体营销

陆明　陈庆渺　刘静丹 / 著

人民邮电出版社

北　京

图书在版编目（CIP）数据

海外社交媒体营销 / 陆明，陈庆渺，刘静丹著. --
北京：人民邮电出版社，2016.6
ISBN 978-7-115-41848-7

Ⅰ．①海… Ⅱ．①陆… ②陈… ③刘… Ⅲ．①网络营
销 Ⅳ．①F713.36

中国版本图书馆CIP数据核字(2016)第079665号

内 容 提 要

本书系统地介绍了社交媒体营销的基本概念、特点和策略，并基于主流的社交媒体平台，
如 Facebook、Twitter 和 LinkedIn 等，有针对性地对营销方法论、内容营销、广告营销、绩
效分析和持续优化等进行了系统的介绍。此外，本书还涵盖移动应用优化、LBS 和 O2O 营
销、再营销、访问跟踪统计以及跨屏营销等重要的营销技术，包括跨语言、多币种、跨时区
环境下开展营销活动的知识和技巧。本书最后分别对营销创意优化和海外新兴市场目标受众
的量化分析和绩效改善进行了深入的案例解析。

本书适合从事海外社交媒体营销、搜索引擎营销等的营销者参考使用，也适合从事互联网
产品研发的创业者和产品经理以及正在经历传统企业的互联网转型的企业负责人参考使用。

◆ 著　　　陆　明　陈庆渺　刘静丹
责任编辑　杨海玲
责任印制　焦志炜

◆ 人民邮电出版社出版发行　　北京市丰台区成寿寺路 11 号
邮编　100164　电子邮件　315@ptpress.com.cn
网址　http://www.ptpress.com.cn
北京七彩京通数码快印有限公司印刷

◆ 开本：700×1000　1/16
印张：24.75　　　　　　　　2016 年 6 月第 1 版
字数：499 千字　　　　　　2025 年 3 月北京第 31 次印刷

定价：59.00 元

读者服务热线：(010)81055410　印装质量热线：(010)81055316
反盗版热线：(010)81055315

序 一

海外社交媒体可谓是咫尺天涯，即那么远又那么近。作为志存高远的中国企业，如果要实现品牌国际化、跟上国际消费潮流，就需要研究 Facebook、Twitter、LinkedIn 等国外社交媒体的特征。这是企业必不可少要做的功课。

当前，所有国际大型企业都在社交媒体上设有主页架构（Fan Page Framework），对社交媒体的品牌推广投入也在逐年快速增加。国外很多企业在社交媒体营销的投入规模已然超过以 Google 为代表的搜索引擎营销，但是很多中国企业还是通过搜索引擎营销来扩展海外市场。与搜索媒体不同，社交媒体更有亲和力。中国产品想要扭转"低价打天下"的固有操作规律，想要大幅度提升品牌附加值空间，那么社交媒体是最好的选择。

社交媒体具有能优化品牌形象，低成本高收益地获得粉丝客户，能够听到客户的呼声并与客户互动等优点。但是在实际操作过程中，企业需要"入乡随俗"，需要精细化运营。更为重要的是，运营海外社交媒体能够为品牌营销带来一场潜移默化的流程变革。

本书的作者非常熟悉海外社交媒体的特征，并且具有非常丰富的实践经验。本书通过具体的示例，用深入浅出的方式，较完整地介绍了 Facebook、Twitter、LinkedIn 等社交媒体的内容营销方法，以及数据驱动绩效优化的方法。相信读者一定能够从本书中得到自己需要的经验和技能。

吕本富
中国科学院大学管理学院教授、网络经济专家

序 二

互联网的兴起，使企业的经营越来越扁平化。互联网已经改变了传统贸易下商品经过层层经销商才能到达消费者的路径。市场的覆盖面越来越大，不仅模糊了区域市场的划分，也弱化了国内市场和国际市场的边界。信息传播速度暴增，影响范围空前扩大。互联网信息是去中心化的传播，通过社会化媒体，每个普通人都是信息节点，都可能成为意见领袖。

互联网带来的这种改变不仅考验企业的销售网络、生产制造、物流配送、服务提供、风险管控等能力，也是对跨文化、新市场环境下的品牌营销、用户互动等方面的挑战。在"互联网+"的环境下，企业的经营必须要具有互联网的思维。互联网思维也会驱动传统企业在时代变革的大潮中不断实现价值观和商业模式的创新。在新的移动互联网时代，从文化变革到品牌建设都要善用社会化媒体。通过建设社交媒体营销体系，有助于拉近与用户以及合作伙伴的距离。在与用户的互动交流中，聆听用户声音，传递品牌价值，改善产品设计，实现企业的市场目标。

一个人是通过在社会活动中通过体现自身的个性来建立自身的社会性的。想与其他人建立良好的社会关系，形成和谐的心理氛围，需要学习和不断的实践。一个企业或一款产品通过用户或消费者的使用从而达成互动，同时也传递了自身的个性并且建立了产品的社会属性。如何有效传递产品的价值，获得消费者的认同，是一个重要的课题。社交媒体营销是互联网发展的产物，社交媒体营销的作用和价值随着互联网和移动互联网的蓬勃发展而方兴未艾。与传统营销方法相比，即便是具有搜索引擎营销经验的营销者，在具体落实社交媒体营销的时候，也会面临很多的挑战。例如，社交媒体营销助力企业战略的方法，社交媒体营销的愿景和战略，社交媒体平台和生态系统，如何激活社区参与度、复用既有营销资产以及持续优化和改善。在刚开始开展社交媒体营销时，企业有必要重新深入梳理已有的营销体系，有针对性地选择适合自己企业的社交媒体营销策略和方法论。而面向海外社交媒体营销则是一个更复杂的话题。

本书系统地介绍了 Facebook、LinkedIn 和 Twitter 等海外社交媒体平台的实用知识以及数据驱动营销的方法，不仅有利于企业开展海外社交媒体营销，而且对做好国内社交媒体营销，也有很好的指导和借鉴作用。

王月贵
加多宝集团品牌管理部副总经理

前 言

过去几年中，我们拜访了很多国内外营销者。其中不乏勇于开拓海外业务的企业主，大家尝试各种不同的营销平台拓展业务。很多人也开通了 Facebook、Twitter 和 LinkedIn 等海外社交媒体平台的账号，希望能和海外同行一样有声有色地将业务做起来。经过一番探索，很多企业对结果并不满意。在游戏和跨境电商领域，这种情况要好很多。很多网页游戏公司和跨境电商经过多年沉淀，形成了一套适合自己的创意设计，从目标受众细分到绩效度量和持续优化的体系。而在传统外贸出口领域，这种情况不容乐观。

在开展海外社交媒体营销的公司中，很多公司的知识传承是通过师傅带徒弟和口口相传的方式实现的。有价值的最佳实践和方法也只是在有限的范围内传播，局限性比较强。还有很多海外营销者具有海外留学或工作背景，熟练掌握一门或几门外语，也了解 Google 或百度营销，于是将搜索引擎营销的经验直接拿过来用于社交媒体营销，却发现照搬搜索引擎营销到社交媒体营销上，效果并不理想。

也有营销者希望通过参与专业社区来提升海外社交媒体营销的能力。只是这个领域相对小众，专业性也比较强。很多从业者分布在不同的城市，大多从事海外社交媒体营销的团队规模也并不那么大。因此，大家发现通过社区资源获得海外社交媒体营销经验这条路也并不顺畅。对于很多营销者而言，在缺乏专业社区和资料的情况下，很多实战经验只能通过不断试错而一点点沉淀。这个过程的成本是非常高的。

针对此现状，假如有一本书可以系统地介绍海外社交媒体营销的特点、经验、技巧和风险，并将基础的社交媒体营销和社交媒体广告营销的知识加以整理，或许能对营销者们有所帮助。这是我们几个作者一起设计和创作这本书的初衷。

我们试图通过介绍社交媒体平台规则、账户管理结构、内容创意设计、目标受众定位、绩效数据度量、持续迭代改善等方面的内容，使读者对海外社交媒体营销有些整体了解，掌握一些可能有用的营销技巧和方法，并能够通过数据驱动和持续优化不断提升营销绩效。

本书还将涉及很多与社交媒体营销相关的比较重要的营销技术，如基于位置的服务（LBS）和O2O的社交媒体营销、移动应用营销和移动应用产品优化、再营销（retargeting）、访问跟踪统计、跨屏营销技术等。我们也给出了关于这些营销技术选型的一些思考。

谁应该阅读本书

本书主要面向拓展海外市场的企业主和数字媒体营销的营销经理。

书中很多绩效数据度量与分析技巧和方法论也适合搜索引擎营销或网盟营销的营销经理，以及在传统企业的互联网转型过程中的企业负责人和营销经理参考使用。

当然，相信很多互联网创业者和产品经理也能通过学习海外优秀平台的经验，补充和丰富自己的产品设计思路。

如何使用本书

本书各章的主要内容如下。

第1章"成功的秘密"：这一章整体介绍社交媒体营销的基础知识，内容包括社交媒体营销平台的分类、社交媒体平台的特征、与搜索引擎营销的异同、社交媒体营销的技巧和选型等。

第2章"社交媒体营销的定位和营销计划"：这一章介绍社交媒体营销与其他媒体平台的关系以及制订社交媒体营销计划所需要考虑的问题、策略以及最佳实践，内容包括定位社交媒体平台和其他媒体平台在营销活动中的关系、社交媒体营销的优势所在、市场监控和舆情分析、营销资源安排策略与营销计划、绩效度量和持续优化以及营销工具选型等。

第3章"全球最大的社交媒体平台Facebook"：这一章整体介绍Facebook营销的基础知识，内容包括Facebook平台的历史、规模和特点，Facebook营销与搜索引擎营销的异同、人口学特点、内容传播途径和形式、开展Facebook营销的策略等。

第4章"营销第一步——Facebook主页"：这一章介绍开展Facebook营销的前期准备、应该避免的错误操作以及一些基本经验，内容包括使用营销主页而非个人账户开展营销、使用条款等规则、建立和创建第一个主页、Facebook主页基本设置以及页面装修等。

第5章"Facebook发帖诀窍"：这一章介绍Facebook开展内容营销的常见工具和经验，内容包括更新主页状态、讨论小组的内容营销技巧以及绩效数据的获取和分析方法等。

第6章"Facebook广告营销"：这一章介绍Facebook广告平台的基本情况、目标受众细分方法、排期以及出价类型等。

第7章"Facebook广告管理工具"：这一章介绍Facebook广告管理工具选型以及管理常见类型广告的技巧。内容包括不同广告管理工具的特点和选型，账户结构、预算、排期、广告状态、广告创意的管理，通过洞察报告度量和优化广告活动，账单管理，账户授权，Power Editor和广告批量管理。最后还介绍几种常见的第三方广告管理工具。

第8章"Facebook再营销"：这一章介绍Facebook再营销技术的基本概念和使

用方法，内容包括再营销广告的应用场景、价值和基本概念，Facebook 再营销的概念与实现方式，使用第三方工具实现 Facebook 再营销。

第 9 章 "Twitter，实时传播你的声音"：这一章介绍 Twitter 媒体平台的特点与营销的前期准备。

第 10 章 "Twitter 营销第一步"：这一章介绍 Twitter 的基本使用方法和常用内容营销技巧，内容包括 Twitter 的基本功能特点、Twitter 使用条款和品牌指南、创建和管理 Twitter 账户的技巧、装修 Twitter 页面的技巧。

第 11 章 "发推帖到 Twitter"：这一章介绍 Twitter 内容营销的常用技巧，内容包括撰写推帖和内容互动的技巧、创建和订阅 Twitter 列表、术语和缩略表、第三方 Twitter 管理工具等。

第 12 章 "Twitter 广告营销"：这一章介绍 Twitter 广告的基本概念和管理技巧，内容包括 Twitter 广告的价值和特点、广告目标和广告服务选择、广告命名管理和优化、时间设置和时区转化、目标受众细分、购买广告和竞价以及绩效数据分析和优化等。

第 13 章 "LinkedIn 构建商务社交网络"：这一章介绍 LinkedIn 作为商务社交媒体平台的特点以及对于 B2B 等销售活动的价值，内容包括 LinkedIn 作为商务社交媒体平台的优势和价值、人口学特点、推广和销售等。

第 14 章 "第一步，从不是简历的简历开始"：这一章介绍面向商务社交活动、LinkedIn 个人档案设置技巧以及需要避免的常见错误，内容包括优化 LinkedIn 个人档案的价值和策略、设置个人档案的基本方法和需要避免的常见错误、通过社交网络提升个人档案质量、常见个人档案设置选项和方法、搜索关键词优化、有价值的网站插件和生产力工具等。

第 15 章 "公司主页与资讯管理"：这一章介绍企业建立 LinkedIn 主页的基本方法和策略，内容包括建立和完善公司主页、公司和产品展示页、使用群组开展社区营销等。

第 16 章 "数字驱动，持续优化社交媒体营销"：这一章介绍了数字驱动社交媒体营销的方法论和策略。这一部分的内容对于社交媒体营销或数字营销而言，都是比较实用的，内容包括数字驱动社交媒体营销优化策略，通过 OGSM、PDCA 循环和帕累托图持续改善营销绩效，高价值目标受众分析和精细化营销，度量和提升社区用户参与度的方法，社交媒体广告营销度量和优化，通过社交媒体平台提升移动营销的方法，基于 A/B 测试优化营销活动的方法等。

第 17 章 "案例：发掘高质量广告创意"：通常广告绩效数据粒度只能到广告对象的级别，是不包含广告对象内部的广告创意或目标受众绩效数据的。这一章将会介绍通过一些数据处理技巧，量化分析广告创意的价值，通过不断优化和沉淀高质量广告创意，并最终形成广告创意资产库的方法，内容包括发掘高质量广告创意的基本步骤、批量生成测试样本、广告测试和绩效数据获取、解析广告创意绩效并持续优化。

第 18 章 "案例：发掘细分市场机会"：和广告创意绩效类似，目标受众的绩效数据无法通过媒体平台的绩效数据下载直接获得，也需要通过技巧才能解析出来。通过解析目标受众的绩效数据，可以进一步发掘潜在的市场机会。这一章将会介绍通过量化分析广告目标受众价值，提升营销活动投资回报率，内容包括发掘高价值目标受众的基本步骤、账户结构和生成测试样本的方法、转化跟踪和绩效度量、细分市场目标受众的绩效数据分析和持续改善。

附录 "数字营销词汇表"：这里介绍常见数字营销的主要术语、概念以及绩效数据的计算公式。虽然是附录，这部分却是非常值得读者仔细阅读的。特别是涉及社交媒体营销和移动营销的绩效含义和计算方法，在日常工作中会经常用到。这部分内容也可以作为自定义绩效度量指标的参考。

目 录

第四部分　LinkedIn 营销

第五部分 社交媒体营销最佳实践

第六部分　附　　录

第一部分

社交媒体营销概述

第 1 章
>>>>>> **成功的秘密**

社交媒体营销和搜索引擎营销是最广为应用的互联网营销方法。特别是社交媒体营销，因其具有丰富的媒体种类、良好的传播能力、强大的用户黏性、准确而详细的用户信息，在很多业务领域展现出卓越的营销效果。在过去的几年中，大量海外社交媒体游戏发行公司、跨境电商、B2B 进出口企业通过 Facebook、Twitter、LinkedIn 等社交媒体营销获得了可观的收益。下面我们就来一起探索海外社交媒体营销成功背后的秘密。

在这一章中，将介绍以下内容：

- 社交媒体营销出众的投资回报率的原因；
- 数字营销中，社交媒体营销和搜索引擎营销的差别；
- 面向本土市场的社交媒体营销与海外营销很不一样；
- 社交媒体概念火爆，寻找合适你的玩法。

1.1 社交媒体营销——一座潜力巨大的金矿

社交媒体（Social Media）也被称作社会化媒体。你可以使用社交媒体平台分享有趣的故事，或者有关品牌的正式消息。社交媒体的形式丰富多彩，能满足世界上各种不同肤色、国家、语言人们的沟通和交流需求。人们会在社交媒体上分享各种有趣的事情。

不同人群的不同需求促进了不同社交媒体平台的产生和发展。常见的社交媒体的形式有社交网络、微博、社交书签、社交分享、博客与论坛、社交新闻等。

- **社交网络**：基于社交网络，人们与朋友、同事、同学等具有相同兴趣爱好和背景的人连接在一起，分享信息和展开互动。最知名的社交网络有 Facebook、Google+、LinkedIn、开心网等。
- **微博客**：微博客是一种短小精悍的信息发布方式，允许使用者发布 140 个字的文字、视频或者图片。微博客的粉丝可以通过转发或评论微博客的内容的形式进行互动。海外最知名的微博客之一是 Twitter，在中国则是新浪微博。
- **社交书签**：社交书签，也被称作网络书签，是对于超级链接的收藏和分享的社交网站。使用者可以使用社交书签将感兴趣的网络信息收集、分类和整理在一起，方便自己和朋友使用。最知名的社交书签网站当属 Delicious 和

StumbleUpon。

- **社交分享**：使用社交分享，用户可以上传自己的视频、音频或者图片，并通过分享网站与其他网友进行分享与互动。例如，将一段手机刷机教程的视频分享在视频网站，那么当其他人需要进行手机刷机的时候，就可以在视频分享网站上看到和学习这个教程。海外最大的视频分享网站是 YouTube，最大的图片分享网站是 Flickr。近几年 Pinterest 的发展速度很快，也值得关注。另外一些细分领域的分享网站也聚集了大量优质内容，例如全球最大的幻灯片和 PDF 文件分享网站 SlideShare 就聚合了大量高价值的演讲稿和学术资料，很多职业经理人和技术专家活跃其中。

- **博客与论坛**：博客与论坛是出现历史最久的社交媒体形式之一。使用者通过发布内容和基于内容的互动进行营销推广。在博客中，很多组织和个人使用 Wordpress 开源代码创建，高效而成本低。免费博客包括 blogspot.com、Wordpress.com 等。中小型企业和个人可以用自建或者租用托管站点的方式来建立自己的博客站点。

- **社交新闻**：通过社交新闻网站，用户分享或直接上传文章和新闻，网站用户可以对这些文章和新闻进行评价。社交新闻网站则基于评价对文章进行评级，并将评级最高的内容呈现给更多读者。这种网站出现得很早，最知名的 Digg 和 Reddit 都已经创建将近 10 年。

Social Media Examiner 2014 年社交媒体产业报告（2014 Social Media Marketing Industry Report）和尼尔森 2012 年 12 月发布的社交媒体报告（State of the Media: The Social Media Report 2012）显示，社交媒体正在爆发性地增长。

2014 年中，有 92%的营销者认为社交媒体营销对业务增长作用明显，这个数字比 2013 年增加了 86%。在营销活动过程中，Facebook 和 LinkedIn 是最重要的社交网络营销媒体，有 54%的营销者选择 Facebook，有 17%的营销者选择 LinkedIn 从事营销活动。有 89%的营销者非常关注营销策略和技巧对于社交媒体营销绩效的带动效果。

尼尔森 2012 年的报告指出，2012 年美国用户使用计算机和智能手机上网时间比 2011 年多出了 21%。这些用户中，浏览社交网络的时间比其他网站的时间明显多出许多，其中使用计算机登录社交网站比登录其他类型网站多了 20%，使用移动设备的更是多出了 30%。从用户使用计算机的总体时间来看，17%的时间用于浏览 Facebook。这是一个非常惊人的数据，要知道这 17%的时间是使用计算机的时间，而不仅仅是登录社交网站或者上网的时间。可见社交网站，特别是 Facebook 对海外网民的黏性与影响有多大。

在上网人口中，超过 50%的网民年龄分布在 25～34 岁，这是最有激情、富有传播能力且购买力旺盛的年龄，在家庭中是顶梁柱，在公司里也是中坚。在登录社交网站的人群中，网民和帖文所表达的情绪多是积极阳光的，根据统计，正面心态比例有 76%。

从使用社交媒体广告开展营销活动的效果来看，60%左右的受众接受社交媒体广告，包括熟人推荐的广告或者基于个人行为数据与注册信息所投放的精准广告等。同时，也有大概 1/3 的受众认为这些广告影响了他们的用户体验。从销售转化率来看，在北美市场看到社交媒体广告之后而可能进行商品采购的转化率大概为 14%。其中北美市场中的亚洲人转化率最高，超过 30%，白人的转化率最低，只有 12%。

通过这些数字可以发现，社交媒体营销拓展海外市场具有以下特点：受众黏性高，有支付能力，大体上接受广告并能带来直接的转化率。全球大部分的营销者接受和乐于使用社交媒体平台开展营销活动。越来越多的营销者更加务实地使用社交媒体平台开展营销活动，并通过各种工具和手段精细化地提升营销效果。通过社交媒体平台拓展海外市场，无疑是一种值得投入的营销手段。

在众多社交媒体平台中，用户规模最大、用户活跃度最高、从事社交媒体营销最热门的莫过于 Facebook、Twitter 和 LinkedIn。

Facebook 是全球规模最大的社交媒体网站之一，由马克·扎克伯格、达斯汀·莫斯科维兹、爱德华多·萨维林和克里斯·休斯等几个哈佛大学的学生在 2004 年创建，提供交友、内容分享、小组讨论、活动组织、游戏等丰富的功能。年龄达到 13 岁就可以注册成为会员。

截至 2014 年第四季度 Facebook 财报的披露，月活跃用户达到近 14 亿，其中移动用户达到 7.51 亿，比 2013 年同期增长 54%。怎样来理解这个数字呢？当前，Facebook 的活跃用户数量仅次于印度国家人口，而按照 Facebook 的活跃用户增长速度，活跃用户数量将会很快超过印度国家人口。非洲是世界人口第二大洲，大概 10 亿人。Facebook 的活跃用户数量已经超过整个非洲的人口，更是超过了人口 7~8 亿人的欧洲。Facebook 还能支持 70 种语言，在包括日本在内的很多非英语国家都已经是最流行的社交媒体平台之一。这是不折不扣的全球第一大社交媒体平台。

其他社交媒体平台，如 Twitter、LinkedIn、Pinterest 和 Google+等也在不同的特定领域具有很高的热度。特别值得指出的是，LinkedIn 作为商务社交媒体平台在 B2B 贸易领域帮助很多外贸企业获得不错的询盘和订单，国内很多外贸企业正在通过 LinkedIn 开展专业领域的营销推广活动。

1.2 更新的信息发布平台，更多的媒体度量手段

社交媒体出现之前，互联网的信息传播大多是单向的，社交媒体将信息发布变成多对多的、人和人的传播。传统互联网的信息发出者在网站上发布一篇文章，阅读者打开网页来阅读，仅此而已，人们更关注于"事情"本身。信息更多的是发布给机器，而不是直接开展人和人之间的沟通交流。信息的传播效果也只有通过搜索引擎的收录和外链数量进行一些简单、粗略的估计。在这个"非社交媒体

时代"，对于互联网营销而言，搜索引擎无疑是最重要的流量来源。用户搜索某个感兴趣的内容，搜索引擎将你的网页呈现给他们，也为你的网站带来直接的流量。搜索引擎是一个陌生的指路机器，给你方向，告诉你内容的位置，却没有任何能触动你感情或和你交流的地方。如果将此时的社交媒体营销比作一场婚姻，那么搜索引擎营销的过程就好像先结婚再恋爱。当你的消费者看到你推广的品牌的时候，他并不一定从心里认可这个产品和品牌。只有在他用过之后才会建立与这个产品和品牌的感情。

　　进入社交媒体时代之后，沟通渠道开始变得多样起来，沟通过程中也融入了更多的个人情感。粉丝可能在你开设的微博、微信的内容中进行互动，或者通过 Twitter 或者 Facebook 分享他们的观点。在社交媒体的时代，企业不但可以是信息的发布者，更变成讨论活动的聆听者和参与者。粉丝们在社交媒体上平等地交换意见。虽然他们的讨论内容很多是关于你所经营的品牌的，但是你会发现很多讨论并不是发生在你和你的粉丝之间，更多是你并不认识的人们和他们的朋友之间的谈话。这样的平等、双向、自由的沟通才是人与人沟通本来的样子。当你准备换一部手机，你一般不会直接给手机厂商的客服去电话，却会咨询身边的同事或者同学的意见。当他们向你推荐的时候，你会更容易接受。而来自厂商客服的声音，却并不能让你马上采取购买行动。你之所以会向身边的朋友咨询，更多是因为他们就是你的朋友。而这恰恰就是社交媒体时代的核心，你们讨论的是事情，而背后关注的是"人"。当你的消费者通过他的朋友、同学、同事和家人了解到这个产品，并从感情上接受了对方的意见，这个消费者自然而然就产生销售转化。

　　当社交媒体营销将消费者和你的营销之间的良性关系一步步建立起来，你将收获全面、深入的用户参与互动、更加忠诚的客户、更高的客户转化，以及消费者对于你营销的品牌的美誉度和忠诚度。甚至你的用户会成为产品研发的一个环节，他们的声音直接传递给研发团队，推进产品按照用户期望的目标持续向前。这样的过程设计出的产品自然贴近用户需求，并且能快速形成良好的用户口碑、互动和营销效果。要知道，不同的媒体平台所带来的流量质量和特点往往差异会很大。这也是社交媒体营销和传统的搜索引擎营销的明显不同。

　　从数字营销的视角来看，我们还会发现很多有趣的现象。你的访客在使用搜索引擎通过关键字跳转到某个网站的时候，他是匿名的，因此这个网站并不知道这个访客是谁。即便通过 Cookie 进行访问跟踪，也只能知道 Cookie 所在的一段时间内这台计算机的行为特点是怎么样的。如果他在网吧或者使用公用计算机上网，那么 Cookie 所获得的信息就不那么准确了。即便没有使用公用计算机上网，基于 Cookie 分析出来的"用户特征"也是计算机算法分析之后统计学意义上的人群特点，而不是一个真实的人的属性。

　　在社交媒体营销的环境下，你的消费者需要首先登录到社交媒体平台之后才能开展活动。此时他的信息被准确地识别、记录和跟踪。营销的对象不再是某个计算机，而是计算机背后确定的活生生的人。不管这个人使用台式机、笔记本、手机还是平板电脑，他的登录信息都是唯一的，跨屏用户跟踪也是准确的。此时，你所面对的是人而不再是机器，他的兴趣、爱好和社交网络也更加全面、准确。社交媒体对于"人"的理解，显然是传统搜索引擎所难以比拟的。以 Facebook 为例，你可以对营销方案中的目标受众的年龄、地域、学历、性别进行细分。虽然这种细分在搜索引擎营销中也可以，但是，搜索引擎很难准确地进行如此细粒度的目标受众定位。例如，目标受众曾经在某个公司或者组织工作，当前已经订婚、结婚或者刚建立恋爱关系，喜欢某个特定话题，在单位用笔记本电脑，在上班途中使用手机上网，这些在搜索引擎中就无法准确辨识出来。虽然在具体品类的销售过程中，基于聚类算法的统计学意义上的人口学属性依然有价值，但是将不同设备获得的用户行为数据与统计学属性和注册信息的人口学属性相结合，势必可以支持更加精准的目标受众细分和精准营销。

例如，在图 1-1 中可以看到，你可以通过 Facebook 向生活在中国香港、年龄在26～45 岁、对于社交媒体营销和 Facebook 营销感兴趣的人定向投放某款广告。这个细分的目标人群大概可以覆盖的受众有 5240 人。

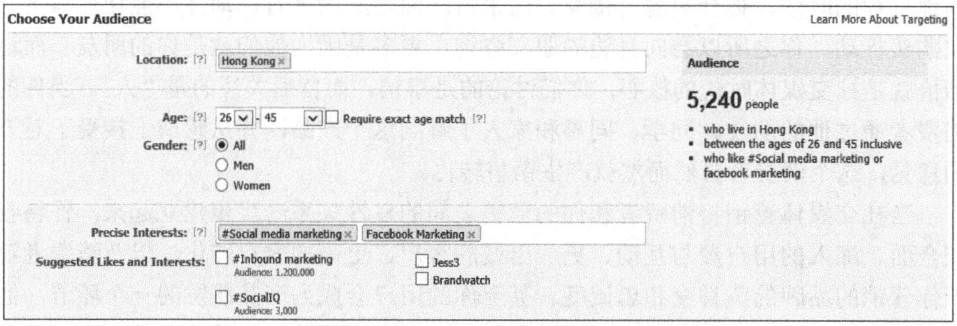

图 1-1　为 Facebook 广告设定目标受众

既然你的营销是要和"人"打交道，那么就关注"人"的行为，提供有价值的信息给这群人。这就是社交媒体营销与之前的网络媒体营销的不同，一切变得更全面、更简单、更精确了。

在过去几年中，社交媒体营销的营销效果也正在发生变化。营销成本的变化也是显而易见的。在竞争激烈的领域，一个搜索引擎关键词的点击已经达到几十元甚至上百元，搜索引擎营销俨然已经成为土豪公司的竞价游戏。很多营销机构对于搜索引擎的广告投放额每年动辄千万元。伴随巨额资金的投入，传统搜索引擎营销的自动化、规则优化、模型优化等最佳实践的使用越来越精细和成熟。而对于营销资源有限的中小型公司或新兴产品，成本与运营能力无疑成为巨大的障碍，甚至难以进入。

社交媒体营销好似在土豪竞价游戏之外打开一扇新的窗户。社交媒体营销者发现，即便不投入或者有限投入广告也可以通过精彩的内容和互动建立起强大的粉丝群，并进行精准的营销互动。根据洞察力报告，社交媒体营销者可以对不同细分群体进行细致而有效的内容营销优化。而这些都是可以不花广告费的。当然，如果需要你也可以在 Facebook、Twitter 或其他社交媒体平台通过广告快速吸引更多粉丝，推广你的粉丝页或者 Twitter 账户，并引导大家对某个热点话题展开讨论。

1.3　海外社交媒体营销的技巧

对海外市场营销而言，不同市场的文化差异会很大。当面向海外市场，特别是在和一些欧美企业客户进行沟通的时候，很多人会乐意分享他们的观点和意见，也很有耐心配合你一起解决产品与服务中的问题。他们会批评你的产品不好，表扬产品中的亮点，积极进行互动。而在中国市场，则比较少收到来自客户就产品某个功能点的赞扬邮件，往往表扬邮件多是针对个人的努力。

用你的受众惯用的语言与表达方式和他们展开平等沟通的互动才能获得更好的营销效果，面对海外社交媒体营销也是如此。对于所讨论的话题，更多的是要作为一个参与者，而不要试图改变和扭转其他人的观点，不要将自己包装成绝对的权威。面对批评的声音，能够正面面对并通过社交媒体互动改善和增强客户关系。面对挑衅者的声音，可以做到不卑不亢、专业而不失风度。由于文化背景不同、目标市场不同和行业特点不同，其中有很多细节需要在从事海外社交媒体运营的过程中细细体会。

还要特别注意相关国家和地区的法律法规以及社交媒体平台的用户使用协议。一些国内社交媒体运营中可能会不那么重视的方面，在从事海外营销的时候则需要格外注意。例如，使用的图片是否已经获得合法的版权授权。如果你管理的是一个企业营销账户或者主页，发出的声音是否会给潜在客户带来误导而引起不满，甚至招来诉讼；销售的产品是否在商标权、专利权等知识产权领域是清晰、干净的，可以合法进行推广的。

对于你的客户或者粉丝的隐私保护也要格外小心。例如，使用 Facebook 的 Customer Audience 进行二次介入（re-engagement）内容推广的时候，Facebook 对于广告主投放广告是否严格保护他人隐私是有着非常严格的要求的。

法律环境，特别是知识产权环境与隐私保护，往往是国内企业从事海外社交媒体营销时容易"触雷"的地方。轻者被告诫，冻结账户，重则惹上官司。诉讼者甚至会将媒体平台、营销机构和广告主一起告上法庭。很多诉讼者会这样考虑：对一个侵权方提起诉讼或者同时对多个侵权方提起诉讼，诉讼成本是大致相当的，既然不需要多支付成本，那么增加更多的诉讼对象则可能会获得更多的赔付，同时也将会给侵权方带来更大的压力。所以经常会看到诉讼者将侵权者和社交媒体平台公司一起拉到被告席上。即便最后法院裁决社交媒体平台公司不需要承担侵权的连带责任，这个事情也会让被告方大伤脑筋，并且损害媒体平台、营销机构与广告主之间的合作关系。对于从事海外社交媒体营销来说，与其因为不合规的行为而招惹风险或麻烦，不如努力让营销内容与手段全部都合法、合规。

面向海外社交媒体平台进行广告推广，国内的营销者和海外营销者也有一些不同。以广告投放后的绩效监控为例，很多国内社交媒体运营者会连续 24 小时值班进行广告绩效监控，遇到绩效不好的广告马上关掉。而很多欧美广告主会耐心地观察一段时间，再采取行动。在采取行动的时候，有经验的广告主通常已经清晰定位导致绩效不理想的关键原因，比如创意、目标定位、广告形式、出价方式等。这样的过程为未来的持续优化积累了必要的数据基础。很多海外广告主还会非常在意如何通过自动化手段优化创意，发掘新的潜在目标受众细分市场，以及最合适的出价方式和价格，而不仅仅是将绩效最差的广告关闭掉。由于大多数成熟的海外社交媒体平台都具有不同的反欺诈设计，广告出价与所可能达到的效果也比较清晰，所以很多国内搜索引擎营销中常用的应对竞争恶意点击及调整广告出价的方法，未必适用于这些海外社交媒体平台。

最后值得注意的是，即便是同一个国家中，不同人群面对社交媒体营销的反应也是不一样的，如图 1-2 所示。在对于北美网民的调查中，不同的广告受众在看到社交媒体广告之后，亚裔产生购物、分享广告或者"赞"的转化率普遍较高，而白人普遍偏低。这个场景对于营销者在进行内容营销或者广告营销的创意设计中都是要特别留意的，要针对你的目标人群的不同设计不同的营销计划和广告创意。

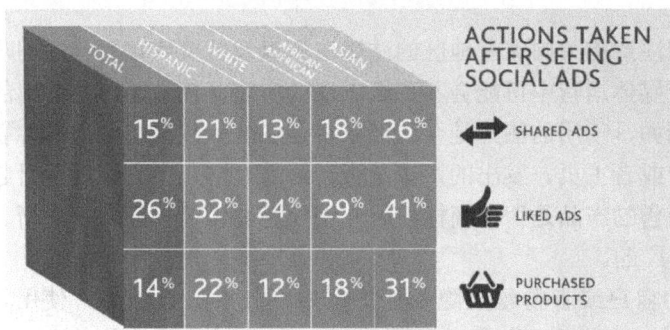

图 1-2　不同人群对于社交媒体广告的转化率差异很大

（资料来源：Nielsen 公司 2012 年发布的社交媒体报告《The Social Media Report 2012》）

1.4　新的玩法，更多价值

如今报刊杂志的发行量逐渐减少，电视的广告投放规模已经被搜索引擎赶上并超过。搜索引擎的竞争性强、转化率高的关键词一次点击的 CPC（Cost Per Click）甚至可以达到几百元，一个 CPS（Cost Per Sales）成本高达几千元甚至几万元。经过十几年的发展，搜索引擎营销在很多行业领域中的竞争已经越来越白热化。有不少企业主感叹，不投搜索引擎广告就没有客流，投放搜索引擎广告就没有了利润，自己其实是给搜索引擎打工的。而社交媒体营销却可能会帮助企业主更好地利用市场宣传费用，创造更好的营销绩效。也正是因为良好的投资回报率，海外社交媒体营销获得越来越多企业主和营销者的关注。

在你多年的实际营销过程中，你可能会发现许可邮件营销依然是将你的折扣信息推送给你的商业伙伴的最直接有效的方法，电视或者楼宇广告可以将你的产品推送到那些不怎么使用互联网的人的视野，参加展会可以帮助你面对面和客户近距离沟通和互动，电话营销能让你的客户感受一对一的个性化沟通而备受尊重。这些并不是社交媒体营销所都能覆盖到的。如果你的产品是以 B2C 的方式通过一个电商网站直接售卖给你的客户，那么搜索引擎营销可能依然是为你带来流量的最重要的渠道。所以，当你选择社交媒体来加强营销能力的时候，你之前所积累的成功经验依然可能是你最重要的营销手段。即便社交媒体营销已然成为绩效表现很好的营销手段，你也要研究如何通过组合不同媒体平台资源实现营销投资回报的最大化。

本书会介绍一些主流的海外社交媒体平台，如 Facebook、Twitter 等。当你需要开拓特定国家与区域的新机会的时候，还需要关注不同国家与地区会有不同的有影响力的"当地的"社交媒体。例如，如果你正在开拓中国台湾市场，可能雅虎奇摩是一个不错的平台。而在日本市场开拓中，或许可以考虑 mixi。俄罗斯社交媒体领域中 Odnoklassniki.ru 和 vk.com 是明星。在南美洲和拉丁美洲市场，Hi5 和 Orkut 有很多人在用。德语国家用户多用 StudiVZ，包括德国、瑞士、奥地利等。非洲是 Mxit，西班牙则是 Tuenti。

如果你有一个外国朋友，希望通过社交媒体开发中国一线城市的市场机会，你大概会推荐腾讯微信或者新浪微博而不会推荐常规的海外社交媒体平台，除非他的生意就是面对在华的外国人的。

在不同的国家和地区存在特定的不同子群，这些地区的用户通常喜欢在这样的子群下进行交流与互动。这在互联网中是一种普遍的现象，自十几年前互联网从科学家的实验室走入公众生活就已经存在了，被称作网络巴尔干化（英文为 Splinternet 或者 Cyberbalkanization）。如果你要在一个新兴市场或者某个不使用英语的国家进行社交媒体营销，很可能最适合你的生意的社交媒体平台并非 Facebook、Twitter 等，而是这里所独有的某种社交媒体平台。面对新市场别怕麻烦，无限风光在险峰，或许这里会有不错的商机。

即便你的生意是面对北美、欧洲或者澳大利亚这样的英语国家，你也需要根据自己的行业特点选择合适的社交媒体平台。你的时间、精力和能够投入的资源是有限的，不可能面面俱到，选择投资回报率最高的平台开展营销能为你赢得更高的投资回报率。例如，Pinterest 对于 B2C 电商，特别是女性受众更适合。如果你的产品是某种矿山机械，那么很可能你会发现 Pinterest 并不适合你，你就可以考虑通过

LinkedIn 来建立人脉。如果你是从事珠宝首饰的原创设计与加工的跨境电商，通过 Pinterest 来展示产品良好的设计和质量应该值得尝试。

1.5 小结

当今，社交媒体营销已经成为数字营销的一块热土。在这里，你会看到大量海外用户每天花费大量时间在社交媒体上与朋友分享有价值或感兴趣的话题。这些用户有激情、有活力、有购买力。很多公司通过社交媒体营销已经尝到了甜头。

基于社交媒体营销，营销计划不再生硬而富有情感，目标受众定位可以更加精准，投资回报也更高。即便你没有广告预算，不能像大公司那样一掷千金，至少也可以通过内容营销积累你的人脉，提升品牌形象，并逐渐转化为销售业绩。某些搜索引擎营销很难实现的事情，在社交媒体营销中俨然已经成为现实。

现在的问题已经不是要不要开展社交媒体营销，你需要考虑的是如何选择最合适自己的社交媒体营销平台，怎样有效地开展社交媒体营销。

第 2 章
>>>>>> 社交媒体营销的定位和营销计划

选择社交媒体营销的公司，通常会组合其他媒体平台共同进行营销推广，如搜索引擎、博客、视频分享网站以及一些线下传统媒体和展会。此时营销者不但需要选择合适的媒体进行推广，还需要定位不同媒体的作用。另外相对于传统广告营销而言，社交媒体营销对于市场营销者的内容创意能力要求更高。这些都要消耗不少的资源和精力。在资源有限的情况下，合理安排营销计划才能获得更好的投资回报。

在这一章中，将介绍以下内容：

- 社交媒体与其他媒体的关系；
- 社交媒体营销的优点；
- 市场监控与舆情分析；
- 营销计划与个人时间安排。

2.1 社交媒体与其他媒体的关系

大部分公司在从事社交媒体营销的时候，还会同时使用其他媒体平台开展营销活动，例如，搜索引擎、公司官网、博客、视频分享网站和线下媒体等。在开拓一个新市场的时候，你可能会面对新的媒体平台的选择。当然，这个新的媒体平台也可能包括社交媒体平台。是否要选择这个新的社交媒体平台，将会是你面对的第一个问题。

当决定使用社交媒体营销，或者引入一种新的社交媒体营销平台的时候，你还需要定位这个新的社交媒体平台与其他媒体平台之间的关系。合理组织营销资源，才能让有限的资源发挥更大的作用。

2.1.1 选择媒体平台

选择媒体平台并没有那么困难。

例如，一个北美的营销者希望将产品推广到中国，他会如何选择媒体平台呢？百度、淘宝和腾讯以及其他一些中国本土化平台将会成为他们的营销利器，所以相信他一定会选择这几家企业。如今，百度是中国搜索引擎营销领域最成功的企业，淘宝是最大的电子商务平台，而腾讯则是中国社交媒体平台中用户规模最大、用户黏性最强的媒体平台。无论从市场占有率、用户黏性还是从活跃度等指标来观察，百度和腾讯在中国的各项成绩均优于 Google 和 Facebook 在中国所创造的成绩，如

图 2-1 所示。所以，对于这家北美企业而言，当进入中国市场的时候，选择百度和腾讯作为新的媒体平台则是很容易就能做出的正确决定。

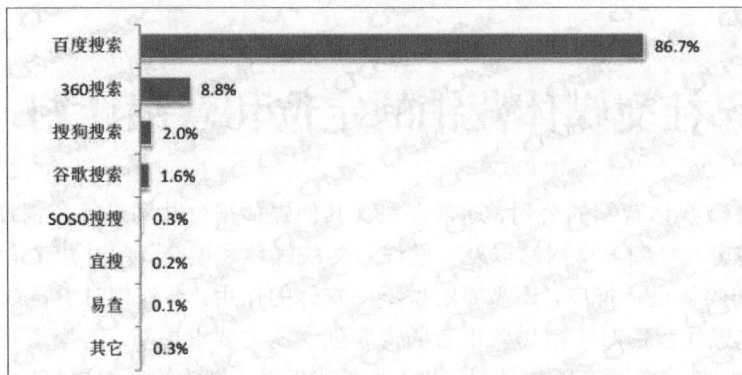

百度搜索 86.7%
360搜索 8.8%
搜狗搜索 2.0%
谷歌搜索 1.6%
SOSO搜搜 0.3%
宜搜 0.2%
易查 0.1%
其它 0.3%

图 2-1　2013 年 12 月主要搜索引擎搜索网民首选率[①]

如果你正在准备进入一个新的市场，不管是进入未经开拓过的国家和地区，还是进入未曾涉及过的行业领域，或者是一个新的目标客户人群，你都可以通过调研市场容量、受众黏性、用户活跃程度等相关度量指标来帮助你进行这样的决策。

大多情况下，判断是否采用一个新的媒体平台时，并不像前面的北美企业进入中国市场的故事那么简单直接。世界变化很快，"占位"要及早。

商业社会中，很多选择并不是非黑即白、非此即彼的。在黑白之间的是从浓到淡的不同的灰色。这种看似渐变的选择，才是最困难的。特别是社交媒体营销领域，变化速度尤其惊人，很多时候要求营销者能面对快速变化的世界快速做出反应。Facebook 收购 WhatsApp 就是一个例证。WhatsApp 是创建于 2009 年的新型移动社交媒体营销平台，在 2014 年 3 月这家公司被 Facebook 收购的时候，创立时间不过 5 年，WhatsApp 的员工数量不过 55 人。这样一家公司放在美国、欧洲国家或者中国都是一家中小型公司，而 Facebook 收购这家公司花费了 190 亿美元。

很多社交媒体平台都会出现这样一个阶段，尽管用户总量并不显山露水，但是聚集了大量高质量的活跃用户。在这样的平台创建早期开展营销活动，通常能获得非常可观的投资回报。所以，很早开展 Facebook、新浪微博和微信营销的很多营销者都获得了不错的投资回报率。作者曾经拜访过一个游戏开发者，仅通过 Facebook来拓展中国台湾和东南亚市场。在 Facebook 蓬勃发展的初期，他们每个月就能轻松实现上万的新增用户，所花费的营销费用却并不大。这个游戏开发者无疑是非常幸运的。国内很多营销者也都在微博和微信快速发展的初期有过类似的故事。

所以，面对未知的环境变化，如果你的营销资源足够支持你的尝试，不如在新

---

① 2013 年 12 月主要搜索引擎搜索网民首选率，数据来源于中国互联网信息中心《2013 年中国搜索引擎市场研究报告》。

平台刚开始崭露头角的时候就尽早投入运营，尽早"占位"。俯冲永远都比仰攻容易得多。当你的竞争者进入的时候，他们只能望着你的背影感叹了。

并不是每个社交媒体平台都适合用来宣传你的产品，你要根据行业与产品特性以及目标受众特点来选择。例如，一款字符处理算法的开发软件通过在线技术问答社区 StackOverFlow.com 的营销效果可能是挺好的，但是如果将这款软件包装图片发到 Pinterest 上，估计效果就会很差了。面向终端消费者的婚纱、首饰、服装的照片就很适合通过 Pinterest、Facebook 和 Twitter 开展营销。我们用 Clothes 作为检索条件，会发现在 Pinterest 中讨论非常活跃。

识别什么平台适合自己，并能快速测试和做出应对是一种需要持续沉淀的能力。通常，有经验的营销者结合自己的行业特点经过快速测试就能得出结论。

在与其他企业一起开展社交媒体营销的时候，你的品牌可能会面对很多竞争者。就好像在线下现实的商业社会中，你也总是会遇到来自竞争者的压力和挑战。面对这些，将营销之路一步一个脚印踏实走好，不断持续提升自己的品牌价值，做好自己的产品就好了。当然，这样的竞争也会带来另一个好处，你可以进行舆情监控和搜集竞争情报。不管怎么样，这个竞争环境并不应该是放弃社交媒体营销的理由。

最后还要指出的是，选择或者拒绝社交媒体平台开展营销需要根据自己业务的实际情况和营销资源，对于中小企业而言尤其如此。

社交媒体营销看似免费，只要持续发布内容到 Facebook、Twitter 或者其他社交媒体上就好了，其实并不是那么简单。我们可以与搜索引擎营销对比。当你将广告营销的创意资产库逐渐沉淀下来之后，后面的工作重点就可以逐渐转移到拓词、广告绩效监控与优化等工作上来。而在社交媒体营销中，你需要持续发布高质量的内容，才能保证较高的关注度。在传统营销和搜索引擎营销中，你的内容创意的数量和发布频率是没有社交媒体营销这么高的。持续不断地发布高质量内容，将会为你的营销带来不小的压力。所以，社交媒体营销看似免费，但是如果你的内容营销资源有限，同时在搜索引擎营销或者传统媒体营销方面已经有不错的绩效了，那么你需要对社交媒体营销的价值和投资回报率进行理性分析。

2.1.2 定位社交媒体营销与其他媒体的关系

大多数时候，社交媒体营销是不会单独使用的，而是与其他媒体营销活动相配合。只是在某些特殊产品的营销活动中，单纯的社交媒体营销就已经足够了。

假如你推广一款面对时尚年轻人的户外产品：大家充满热情地走到阳光灿烂的户外，挥洒汗水，积极健康地生活。你希望看到你所宣传的商品伴随着无数健康、正能量的照片通过 Facebook 来传播。你发现通过将 Facebook 的目标受众设置为城市的年轻人会收到不错的效果。在营销预算足够的时候，如果你还能在知名健身场馆和高校周边投放楼宇广告或者在公交车站灯箱上做广告，在这些楼宇和灯箱广告上印上 Facebook 或 Twitter 活动的二维码，潜在目标客户扫描二维码，进入你的网站或者 Facebook 主页，实现从线下到线上的转化，将线下广告和线上活动打通，或许能收到非常不错的效果。

当你的公司正在发布一个新产品的时候，你可以将最新进展通过 Twitter 或者 Facebook 实时发布出来，同时又将 Twitter 和 Facebook 的流量引向这次发布新产品的官网的主页上。那么你的 Twitter 和 Facebook 粉丝们在获得即时信息的时候，还能到公司官网的主页上浏览新产品的进一步信息。甚至直接产生购买转化，实现流量变现。

当你正在通过 LinkedIn 为公司招聘新员工时，或许你的招聘广告不只发布在 LinkedIn 上，还通过 Facebook、Twitter 和电子邮件将招聘信息广泛传播。当有人推荐候选人或者毛遂自荐的时候，他们可以从 Facebook、Twitter 和电子邮件的链接地址跳转到 LinkedIn 的招聘页面。然后大家在 LinkedIn 中，相互了解，达成一致，完成招聘过程。这是在几个社交媒体平台之间进行导流来招募新员工。

在上面的几个案例中，不论是将线下流量引导到线上社交媒体社区中，或者将社交媒体网络的流量引导到官网并实现最终销售转化，还是在不同社交媒体平台之间产生流量互转，这一切都围绕着你的营销活动的目标所展开。你确定了营销活动的目标后，就可以选择不同的媒体平台，无论组合的资源是线下广告媒体、搜索引擎或者不同的社交媒体平台，所有这些的目标都指向到你的营销活动的目标。

你的营销预算通常是有限的。为了实现营销目标，你需要精打细算，将有限的预算创造最大的价值。此时，你不仅需要选择在什么媒体平台上投放资源，还需要规划在不同媒体平台上投放什么样的资源，投放多少，如何将不同媒体平台的价值嫁接在一起，最终最大化营销效果。

如果一开始你的准备活动还不够充分，不知道如何组合不同的媒体资源才能够实现营销效果的最大化，不如先在有把握的领域开始发力，然后通过一系列的分离测试（也称 A/B 测试）和绩效数据分析来帮助你逐步做出最佳的组合选择。有时候，这个优化过程历时会比较长，特别是社交媒体营销领域，往往需要逐渐的粉丝培养才可能产生效果。这个时候，和行业内的先行者切磋经验，互通有无，相互取经，也会加快这个过程。

当然，在一些特定领域，有可能一个社交媒体平台的营销活动就足够了。例如，你经营的是一款市场变化很快的 Facebook 游戏，你就可能要通过短平快的策略快速进入，快速成长，快速盈利，那么你的注意力可能会聚焦在如何更好地优化 Facebook 广告的绩效，而不太会过多关注其他媒体平台所能带来的价值。一切这些，还是要围绕你的业务特点和营销目标来讨论的。

2.2　根据你的公司特点，制订适合自己的营销计划

不同公司的社交媒体营销的需求相差很大。规模大、品类丰富、经营时间长的公司和初创公司在社交媒体营销的运用上差异很大。你需要针对自己公司和行业特点选择适合自己的营销计划。

如果你所服务的公司是一家初创型的公司，你的预算更是紧张。初创公司组织结构简单、沟通敏捷、决策快速，比大型公司更加容易贴近客户、渠道商。你可以与客户和生意伙伴直接交流，快速解决实际问题，快速响应市场变化。你的预算也许不能支持你同时使用多家营销公司的服务。而适合成熟公司的最佳实践，也不一定能给你带来好的营销绩效。在设计营销计划的时候，不妨多从自己行业和业务特点出发，寻求适合自己的套路来开展营销。

如果你所服务的企业是一家成规模、品类丰富、客户群体覆盖完整、经营多年、口碑良好的公司：恭喜你，你不需要白手起家，你可以站在巨人肩膀上做事情。在成规模的企业开展社交媒体营销，可能是好事情，也可能不是。很多企业发展至今，具有行业口碑，市场占有率往往并非一朝一夕之功。在发展过程中，很多销售渠道是传统线下渠道，推广方式也是经过十几年甚至几十年的苦心摸索和经营，成熟套路俨然已经成为一种具有强大惯性的力量。对于这样的企业而言，社交媒体与在线营销一是还很新鲜，二是销售变现能力有限。甚至于如果开展线上直销，还会对已有的渠道体系和价格体系带来冲击。很多企业尝试推出针对线上销售、贴近互联网细分用户群体的产品，并和线下渠道形成一定差异。也有企业会主要在线上进行品牌推广、粉丝经营、客户服务，而销售工作依然依托既有的线下渠道和销售能力，将线上流量导流到线下店面。成熟公司的历史沉淀在互联网和社交媒体营销快速发展的今天有可能会成为历史包袱。很多中小型企业在线上营销和经营社交媒体营销的时候，可以看到以小搏大、弯道超车的案例，甚至很多业务模式本身就具有很强的颠覆性力量。但是这些适合中小型企业的营销方法，很难在成熟公司中轻松落地。成熟公司还是需要面对自己的实际，小心谨慎的选择发力点。

行业和目标人群不同，也会对营销计划产生不同的影响。很多中国手机游戏软件公司通过 Facebook 面向北美、欧洲、东南亚、日本和韩国开展 Facebook 手机游戏的营销推广。在开展营销活动的时候，因为大量受众客户来自 Facebook，所以主要的营销资源也投放在 Facebook 上。另外，很多游戏通过广告营销实现导流，所以在广告营销的投入力量也会超过内容营销的投入力量。而传统制造业企业基于 LinkedIn 开展面向商务社交的 B2B 营销所获得的询盘量则可能会更高。Facebook 或 Twitter 上开展 B2B 营销也会带来一定效果，但可能就不如 LinkedIn 更加直接有效。所以，在制订营销计划的时候，还需要根据自己公司所在行业以及营销目标受众人群的特点而定。

虽然前面从公司规模、行业特点和目标人群等角度大致探讨了不同公司对营销计划的影响，但还有一个很重要的因素，就是你的潜在客户在哪里。过去沉淀的客户资源都是线下的、国内的。大家通过电话沟通，那么微信朋友圈和公众号的营销效果就可能会更有效。因为你很容易就能将电话簿和 QQ 号转化为微信好友的关系。如果大家都在 Facebook 或者 Twitter 上，那么就在 Facebook、Twitter 上发掘你的目标客户。

即便是同一个媒体平台，移动互联网和传统互联网的用户体验也是相差很大的。

移动应用中，用户更加会聚焦在核心的内容和功能上，碎片化程度也更高。而在 PC 浏览器中，用户则可以看到更多信息，直接访问更多的功能，图 2-2 和图 2-3 所示就是 Facebook 在桌面浏览器和移动客户端所呈现的不同样式。传统互联网的内容更丰富，移动互联网的功能更聚焦。在确定使用某个社交媒体平台的时候，你需要仔细分析在不同 PC 浏览器和移动客户端的用户行为特点的不同，以便更加合理地选择和组织移动互联网和传统互联网的发力方向。

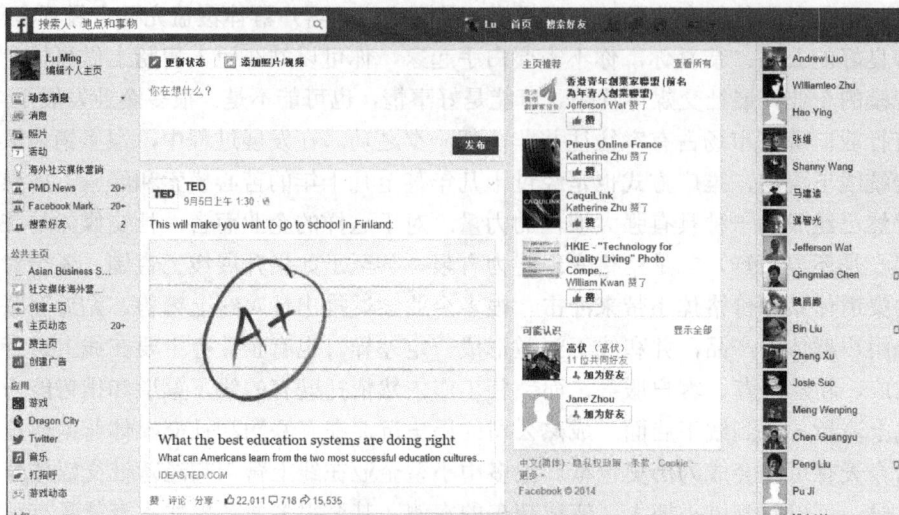

图 2-2　Facebook 桌面版个人主页

图 2-3　Facebook 移动客户端

2.3　营销计划与资源安排

在基于公司业务特点，筛选出来合适的社交媒体平台之后，你还需要权衡自己的时间、经验和预算来进一步细化你的营销计划和资源安排。每个社交媒体平台都有适合的业务场景和细分市场，只有有效利用才能获得期望的效果。在现实的环境下，你需要权衡不同媒体平台的价值，力所能及地安排自己的工作节奏和资源调度。

海外社交媒体营销和传统搜索引擎营销的内容创意要求有很大程度的不同。在搜索引擎营销活动中，广告主可以生成创意模板，然后使用创意元素替换模板中的代码，批量生成广告创意。这样的广告创意元素可能是广告标题，也可能是广告正文。在广告标题和正文之外再加上广告图片，将三套创意元素再进行重新组合，理论上说可以批量创建出很多类似而有所差别的搜索引擎广告来。通常短则几小时，长则几周，就能通过组合的方式完成大量广告创意设计，然后就可以优化和长期使用这些自动排列组合出来的广告创意了。

在社交媒体营销中就没有那么轻松了。至少每周需要有几条高质量的内容创意投放在社交媒体平台上，各个内容几乎无法使用模板来创建，需要投入大量人工思考设计。社交媒体平台的帖子图片也比搜索引擎广告或者很多展示类广告图片的尺寸更大，质量更精致。这都为营销者带来了很大的挑战。所以，一些经验在搜索引擎营销方面或许能够获得成功，在应用到社交媒体营销的时候，却不一定能直接将经验复制过来。在面对社交媒体平台开展营销活动的时候，需要客观地根据自己所属行业特点、时间、精力、预算和经验沉淀来安排内容投放计划。

首先，明确一定时期内通过社交媒体营销希望达成的目标、获得的效果，确定将要使用的媒体平台。

然后，评估你能够投入在社交媒体营销的时间和预算，制定适合自己的策略。这点对于创业公司或者中小型企业尤其重要。所有创业公司和中小型公司都会面临各种资源不足的问题。你必须合理规划资源，小心地平衡精力投入，才有可能获得更大的投资回报。

你还可以梳理不同社交媒体平台的定位，将不同媒体平台的优势和价值组合起来。你可能会在公司官网或者博客上发布深入系统的产品和服务介绍。然后通过Facebook或Twitter与粉丝们分享你的观点，在Facebook中开展投票，同时将粉丝们吸引到公司官网来。Twitter还可以成为你的"实时"新闻发布平台。在发生突发事件的时候，你第一时间通过Twitter发布消息，然后在Facebook或者公司官网中给出具体信息。你甚至可以通过组合线上和线下资源，将线上流量导流至线下，或者反过来将线下流量导流至线上。例如，通过Facebook向粉丝们推广某个线下的产品沙龙，或者通过二维码或Hashtag（主题标签）引导线下用户参与线上活动，或者成为粉丝。

最好不要简单地将相同的内容重复发布到不同社交媒体平台。

不同的社交媒体平台用户的爱好和关注点不同，不同媒体平台所擅长发布的内容样式差异也很大。发布内容的时候，根据不同媒体平台特点进行差异化设计，精细化地度量和优化内容，才可能获得更好的营销效果。

很多时候，一份清晰的计划有助于管理社交媒体平台的内容投放和与粉丝互动的内容。使用 Excel 或者 Word 就可以很方便地绘制出一份简单的计划，如表 2-1 所示。

表 2-1　媒体投放计划

	周日	周一	周二	周三	周四	周五	周六
Facebook	Y		Y		Y	Y	Y
Twitter	Y	Y	Y	Y	Y		Y
LinkedIn	Y	Y				Y	Y
公司博客		Y		Y			
Newsletter						Y	

在实际使用中，表 2-1 还可以包含更多内容，例如：

- 各项工作的负责人；
- 投放内容的主题；
- 与粉丝开展互动的计划和策略；
- 不同媒体平台、产品线的导流计划。

制订计划不是越详细、越具体越好。

特别是对于初创公司和中小型企业，一份简单、直击要害、具有可操作性的计划比完美、巨大而冗长的文档更实用也更有价值。

2.4　绩效度量与持续优化

无论搜索引擎营销或者社交媒体营销都能很方便地获得用户绩效数据，并可以帮助营销者根据用户绩效数据改进营销策略。绩效优化的经验要能与行业和营销目标及受众群体的特点相匹配才可以，越是接地气的方案就越能够获得成功。特别是大多数从事海外社交媒体营销的组织规模并不大，很难将社交媒体营销全部外包给第三方完成。让营销方案接地气的一种行之有效的方法就是多与同行和铁杆粉丝进行沟通交流。如果你所经营的品牌有 10 个铁杆粉丝，不妨每隔一段时间大家进行一次深入的沟通，获得第一手信息，这样的信息对于快速建立营销计划、获得反馈并持续改善营销方案都非常有效。实用的绩效优化经验并不是凭空而来的，数字营销行业的经验也不是都可以放之四海而皆准，很多搜索引擎营销的优化重点和社交媒体营销就不同。

实现绩效持续优化有很多方法论值得借鉴，PDCA 循环就是一种。PDCA 循环也被称作戴明环，如图 2-4 所示。开始 PDCA 循环主要用在质量管理领域，通过计划、执行、检查和修正的活动来确保达成目标，并促使品质持续改善。现在国内外有很多营销者将 PDCA 循环应用在持续绩效改善方面。PDCA 分别是 Plan（计划）、Do（执行）、Check（检查）、Act（修正）的首字母缩略词。表示通过一次次循环迭代进行持续营销度量和绩效优化迭代，并在每次循环内部设定改善目标并执行和跟踪执行效果。前一轮 PDCA 循环的输出作为下次迭代的度量和优化基础。

图 2-4 PDCA 循环

作为一种方法论，PDCA 循环在数字营销活动中可以方便地使用。以 Facebook 营销为例，如果某段时间的营销目标是提升品牌在某个细分目标受众中的展示次数，基于上述目标，就能够制订出相应的营销计划和度量指标。在 Facebook 营销的度量中所关注的指标可能会包含以下内容：

- 帖子点击次数、参与互动人数；
- Facebook 广告营销中的展示量、点击率、花费、投资回报率等；
- 到达人群的人口学构成，如性别、城市、语言、兴趣等。

然后，开启一轮营销活动和 PDCA 过程，并搜集和整理营销过程的绩效数据。获得了绩效数据之后，就可以整体分析实际效果与最初目标的差距主要集中在哪些领域，然后将影响较大的方面逐一拆解出来，一项项分析高绩效与低绩效帖文或者广告背后的原因，发掘适合自己业务特点的秘诀。复用和沉淀成功经验，修正之前执行不当的短板，再启动下一轮营销活动。

有关 PDCA 的进一步说明可以参阅第 16 章。此外，选择每一轮度量和优化的主要指标，让工作更加聚焦在投资回报率最高的领域，也可以参考第 16 章中关于帕累托图与 80/20 法则的内容。

在营销过程中，还可以通过执行分离测试（A/B 测试）来持续提升网站的用户体验和营销绩效。分离测试是通过一系列网页中的变体，实现一定差异化，然后对不同的效果进行度量。例如，将着陆页的横幅和标题文字更换成几种不同的效果，或者将用户登录区域从用户界面的左侧调整到用户界面的右侧。因为用户受众的喜好不同，这样的调整通常会带来网页营销绩效的变化。通过度量绩效变化，逐渐沉淀出适合自己网站的用户体验设计准则，然后将最佳实践复制到类似应用和用户体验设计中，实现网站整体的绩效提升。需要注意的是，这样的度量和绩效改善活动需要尽量避免外部干扰。假如网站正在打折促销，此时吸引来大量用户，在折扣吸引下，用户的注册和交易量也明显提升，这很可能会给分离测试的结果带来不小干扰。认真设计和管理分离测试，持续进行精细化的绩效度量与改善，就能带来不错的营销效果。对于执行和度量分离测试的过程，也可以使用 PDCA 循环的方法论。更多关于分离测试所需要注意的技巧和方法，可以参考第 16 章中使用 A/B 测试持续改善绩效的详细内容。

2.5　选择正确的工具和软件

使用第三方工具可以有效进行营销绩效跟踪和持续绩效改善。很多这样的软件本身并不太贵，还有不少是免费的。

假如你的营销工作主要围绕内容营销和社交媒体营销，那么选择一款高质量的营销工具，将有助于你轻松、高效地进行内容创意和粉丝互动。通常，大家也会购买一些社交媒体营销工具来提升效率和质量。例如，使用 Hootsuite 或 sprout social 来帮助在多个不同社交媒体平台上投放内容，并进行绩效度量和比较。这样的社交媒体营销管理工具有很多，如表 2-2 所示。工具各有特色，有的强在内容营销，有的强在粉丝互动，有的强在创意发掘，有的强在绩效度量。营销者通常会同时选择几款工具，组合使用达到自己想要的水平。

表 2-2　常见的社交媒体营销管理工具

名　　称	地　　址
Hootsuite	https://hootsuite.com/
Sproutsocial	http://sproutsocial.com/
Socialflow	http://www.socialflow.com/
Buffer	https://bufferapp.com/
Oktopost	http://www.oktopost.com/
Sendible	http://sendible.com/
Unified	http://www.unifiedsocial.com/
Sysomos	http://www.sysomos.com/
Simply Measured	http://simplymeasured.com/
Spredfast	https://www.spredfast.com/
Gremln	https://www.gremln.com/
alerti	http://en.alerti.com/
Exacttarget	http://exacttarget.com/
engage121	http://www.engage121.com/
falconsocial	http://www.falconsocial.com/

如果你在社交媒体平台上进行广告投放，希望优化广告绩效，你可以将广告绩效数据从社交媒体平台中导出，使用 Excel 的数据透视表分析和优化绩效，能够从多

个角度进行广告数据分析。例如,在 Facebook 营销中,将包含在广告名称或者宣传活动名称中的自定义参数解析出来,再使用数据透视表进行不同层级和维度的数据聚合,对于聚合的数据可以进行上卷、下钻、切片、切块、旋转等常见的数据透视表的数据分析。我们在后面关于发掘高质量广告创意元素和广告目标受众的章节中,将会反复用到这样的技巧。

> 很多营销工具公司都有高质量的博客和 YouTube 视频。最好能抽时间看一下这些博客和视频,这对于跟踪海外营销最新趋势,掌握领先的技巧和方法,提升海外营销能力都是很有帮助的。

你还可以为 Excel 添加 Power Query 插件来分析绩效数据,从微软网站免费下载 Power Query。Power Query 是一种自服务式的商业智能管理工具,能够通过 Graph API 将 Excel 连接到 Facebook,也可以连接到平面文件、Excel 文件、常见的关系型数据库、Hadoop 集群的 HDFS 文件系统、SharePoint 数据源、微软 Azure 云、Web 页面和本地文件系统。如果营销过程的物料和绩效数据保存在某个数据库中,你就可以使用 Power Query 来访问这个数据库,进行数据分析和可视化。

如果希望对不同来源的数据进行数据分析,还可以使用 Excel 的 Power Pivot 或者 Tableau。Excel 的 Power Pivot 是一款免费的 Excel 工具,可以对第三方数据源的数据进行 OLAP 分析和数据可视化操作。例如,集成地图功能,显示不同区域用户的绩效状况。Power Pivot 可以从微软网站免费下载。

Tableau 是一款商业软件,可以非常方便地集成不同数据源的数据并进行数据分析。如果你的预算允许,Tableau 能帮助你快速进行数据分析。对于大部分营销者而言,使用 Tableau 的桌面版就可以了。

最后,你还可以多观察所在行业中大家都在使用什么工具,有什么成功经验。你可以参与一些高质量的营销会议和线上社区,来获得营销工具使用的最佳实践。

2.6 小结

在进行社交媒体营销活动的时候,确定符合当前品牌与产品的营销目标,根据自己的目标受众属性与营销资源制订营销计划,开展营销活动。在开展营销活动的时候,量力而行,使用适合自己的方法。中小企业使用大公司的最佳实践,或者大公司使用中小企业的成功经验都不一定能与自己的业务很好嫁接。

世界在不断变化,你的品牌与产品在不断发展,营销活动也需要持续优化和改善。在开发社交媒体营销的过程中,营销者需要持续关注绩效表现,适时调配营销资源,调整营销策略,持续不断地进行绩效优化。这样的计划、执行、检查、修正的过程是一个持续不断的迭代过程。营销工作也是在不断持续的迭代更新中逐步崭露头角,取得进步。

第二部分

Facebook 营销

第 3 章
>>>>>> 全球最大的社交媒体平台 Facebook

来自全球的市场营销专家都在尝试通过 Facebook 为自己的企业和产品提升品牌价值，促进产品销售，增强消费者互动和提供服务支持。

在这一章中，将介绍以下内容：

- Facebook 的历史、规模和特点；
- Facebook 营销与搜索引擎营销的区别；
- Facebook 用户的人口学特点；
- Facebook 内容的传播形式和途径；
- Facebook 吸引市场营销者的原因；
- Facebook 营销的基本策略。

3.1 欢迎来到 Facebook 的世界

Facebook 是一家全球注册用户数量最多、支持语言种类最多、覆盖国家和地区最广泛的社交媒体平台。它支持大量社交媒体功能，例如涂鸦墙、礼物、事件、市场、站内应用等，还可以通过开放平台与众多第三方应用集成。

Facebook 是马克·扎克伯格和几位同学在哈佛大学读书的时候创建的。当时，这个网站还叫 Thefacebook，后来更名为 Facebook。图 3-1 所示的是最初 Thefacebook 的页面。2004 年 2 月初创建，到了月底的时候，哈佛大学的一半的学生就成了它的注册用户。到了年底，Facebook 用户数超过 100 万人。第二年 Facebook 获得 Accel Partners 公司 1270 万美元的风险投资。

到 2006 年 9 月 11 日，任何用户都可以申请注册成为 Facebook 会员。2007 年，Facebook 在全美网站排名从第 60 名上升到第 7 名。图 3-2 所示的是如今 Facebook 的首页。

截至 2014 年第四季度财报显示，Facebook 月活跃用户达到 13.9 亿人，比去年同期增长 13%；移动业务月度活跃用户达到 11.9 亿人，较去年同期增长 26%。无论从注册用户，还是覆盖国家与地区等方面，Facebook 都是当之无愧的全球最大的社交媒体平台。

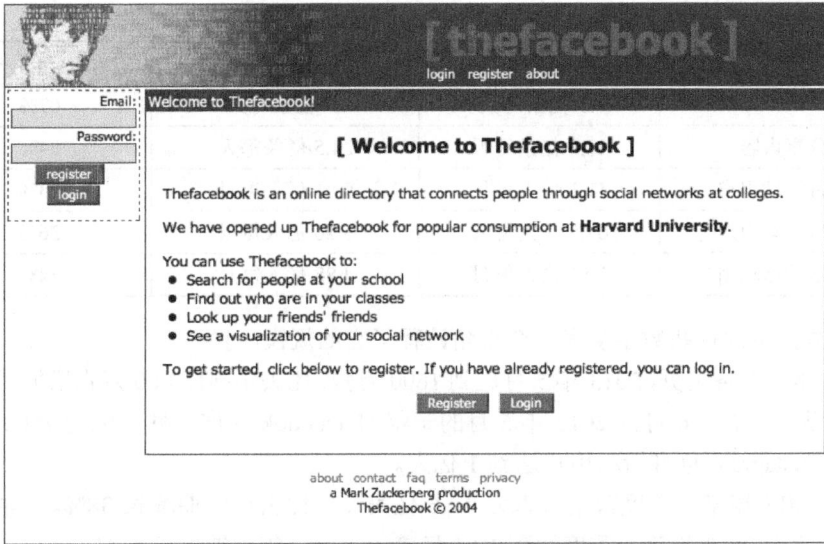

图 3-1 Thefacebook 创办时的页面

图 3-2 Facebook 注册与登录页面

我们不妨看看截至 2013 年 5 月 Facebook 的规模和所经历的成长,如表 3-1 所示。在 2013 年之后,Facebook 持续快速成长。

表 3-1　截至 2013 年 5 月，Facebook 的规模和成长速度

	2013 年 5 月	2012 年 5 月	增 长 率
赞	45 亿条每天	27 亿条每天	67%
分享内容	47.5 亿条每天	24.5 亿条每天	94%
每月活动用户	11.1 亿人每月	9.01 亿人每月	23%
每日活动用户	6.65 亿人每天	5.26 亿人每日	26%
每月活动移动用户	7.51 亿人每月	4.88 亿人每月	54%

此外，下面这些数字从另一个视角诠释了它的规模。

- 本地业务主页，2013 年 5 月达到 1600 万张，比去年同期 800 万张增加了一倍。
- 从 2012 年 6 月到 2013 年 5 月的一年，Facebook 的推广帖文达到 7500 万个。
- Instagram 每月活动用户达到 1 亿人。
- 2013 年第一季度营销收入为 14.6 亿美元，比去年同期增长 38%。其中广告收入 2013 年第一季度达到 12.5 亿美元，比去年同期增长 43%。

3.2　聚拢 11 亿人的诀窍

为什么一个诞生不过 10 年的网站能够在全球拥有 11 亿的注册用户？或许 11 亿的注册用户就会有 11 亿个答案。Facebook 在 2012 年分享了一个相册，给出了 100 个人的 100 个回答。我最赞成的莫过于音乐人 Laima Leyton 的解释——"爱，就是答案（Love is the answer.）"。情感将全世界的人们凝聚在一起。

3.2.1　Facebook 能传递情感，搜索引擎不能

如果你正在从事搜索引擎营销，你会称呼访问网站采购商品的来访者为访客。如果他们购买了你的商品，那么他们也可以被称为消费者。在 Facebook 营销中，这个称呼和搜索引擎营销是不同的。大多数时候，我们称呼这些来访者是 Facebook 用户，或者注册用户。如果他赞过你的主页，那么他们是你的粉丝。

这不仅是一个称呼的变化，其中折射了 Facebook 和搜索引擎的不同。Facebook 上活动的人们需要先登录 Facebook 才可以浏览和分享。而搜索引擎的访客是匿名的，更多是就事论事地检索感兴趣的信息。在 Facebook 的称呼是注册用户，身份是已知的，在搜索引擎的称呼是访客，身份是匿名的。

- 搜索引擎的用户通常是匿名访客。他们的行为目的明确，对什么感兴趣，就会在搜索引擎上查找什么内容，然后跳转到能够提供这个内容的网站来浏览他们所需要的信息。
- 访问你的 Facebook 主页和与你互动的一定是在 Facebook 注册过的用户。他们在 Facebook 中有实实在在的注册信息。他们往往是基于现实社交网络的

联系连接在一起。他们可能是同学、朋友、同事、亲戚或者其他关系，因为共同的话题被凝聚在一起。在访问你所管理的 Facebook 主页的时候，兴趣和乐趣的情感成分更多。

趣闻轶事在搜索引擎用户之间的传播和社交媒体的传播也会不同。

人们很难在搜索引擎上和朋友分享有价值的或者有趣的信息。而在 Facebook 上却不是这样，朋友之间的赞将会分享在自己的时间线上，也可以通过评论和转发将趣闻轶事分享给自己的朋友。

物以类聚，人以群分。志趣相投的人聚集在 Facebook 上，或许你并没有刻意去查找一个内容，Facebook 上的朋友却能将这些信息传递给你。简单来说，它们的区别是：

- 你知道你不知道什么，搜索引擎给你答案；
- 你不知道你不知道什么，Facebook 给你启发。

Facebook 的搜索与搜索引擎的也有不小的差异。Facebook 的搜索是基于社交图谱而展开的，同时在结果中将内容进行分类，例如人名、主页、地点、小组、应用程序、活动、音乐等。当然，Facebook 也可以进行网页搜索。搜索引擎则是围绕所收录的网站内容的关键词进行检索。

如果我们在 Facebook 和 Google 中同时查找 social marketing（社交媒体营销）相关的内容，那么 Facebook 自动提示的是 Facebook 中与社交媒体营销相关的主页、社区和网站，如图 3-3 所示，而搜索引擎则会自动提示与之相关的各种搜索关键词，如图 3-4 所示。

图 3-3　在 Facebook 中搜索 social marketing

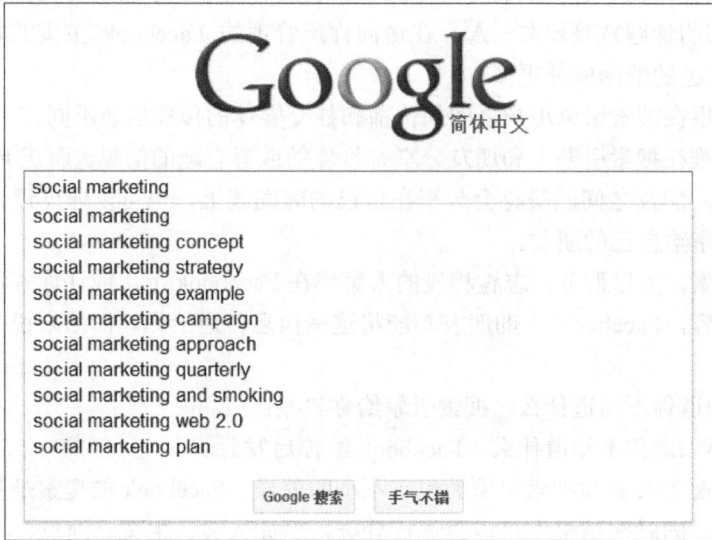

图 3-4　在 Google 中搜索 social marketing

　　从流量的角度，Facebook 的流量尽量留在站内，而 Google 的流量导向站外。如果我们在 Facebook 中搜索人名或者主页，那么 Facebook 将会帮助我们找到最可能符合需求的注册用户、主页或其他社交媒体中的内容。Facebook 的搜索结果主要是基于 Facebook 内部数据。你通常不会因为搜索人名或者主页而离开 Facebook。

　　搜索引擎则会在所有收录的页面中查找最可能贴合你需要的内容。一旦发现所需要的内容，你一定会从搜索引擎跳转到它所指向的这个网站。

　　也有用户会使用 Facebook 内置的网页搜索功能。当前 Facebook 的网页搜索是微软 Bing 所提供的。当选择"网页搜索结果"的时候，可以看到来自 Bing 的搜索结果，如图 3-5 所示。

　　Facebook 的网页搜索结果中的赞助商区域是 Bing Ads 的广告。这些广告不是由 Facebook 管理的。如果你的公司刚刚开始海外搜索引擎营销，在分配搜索引擎营销预算的时候可以比较不同搜索引擎的营销投资回报率、导入流量的质量和规模再决定预算分配的计划。

　　ⓘ　如果你是百度搜索引擎营销专家，你会发现很多百度搜索引擎营销的经验在 Facebook 营销上并不那么有效。从广告形式、广告展现位置、竞价排行、搜索引擎优化、质量分析，再到恶意点击和广告投放效果监控，Facebook 营销都与百度营销存在较大区别。

　　在开始进行海外社交媒体营销的时候，你通常需要将自己"清空"，重新沉淀面向海外社交媒体营销的经验。

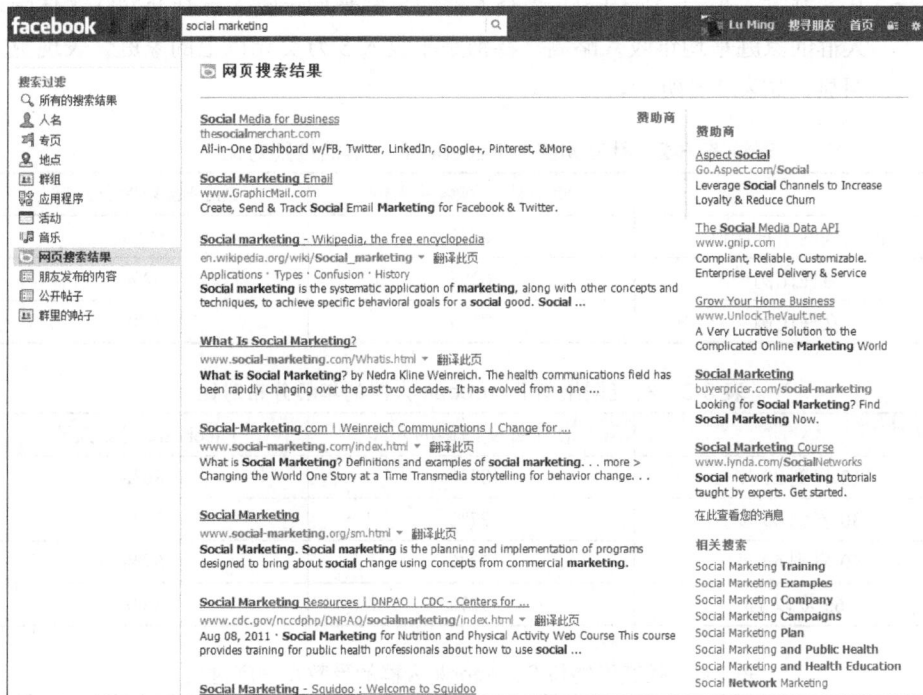

图 3-5 Facebook 的网页搜索结果

3.2.2 从人口学视角来看，Facebook 更加平衡

　　和你做生意的是活生生的人，而不是冷冰冰的机器。选择一个社交媒体平台开展营销活动的时候，首先需要看这个媒体平台所覆盖的人群与产品或服务的目标受众的匹配程度。如果匹配，那么就投入资源在这个社交媒体平台上。如果不匹配，那么就要尽快进行调整了。不管是选择社交媒体平台或者其他营销媒体平台都应如此。

　　从受众人群来看，Facebook 的注册用户从性别、年龄、受教育程度、薪资水平或者生活地域的视角来看覆盖范围更广，各类受众人群的比例也相对平衡。Facebook 注册用户的人群质量也要高过社交网络媒体平台的整体水平。PewResearch Center 在 2013 年 2 月 14 日发布了关于北美地区互联网人群的 2012 年社交媒体用户人口学报告（The Demographics of Social Media Users - 2012）。通过这份报告，我们可以看出 Facebook 的用户呈现这样的一些特点。

- 性别比例相对平均，和使用社交网络的人群基本上一致，如表 3-2 所示。
- 从年龄分布来看，Facebook 在各个年龄段的人群渗透率都略高于社交网络平均水平。同时，Facebook 需要年满 13 岁才能注册，如表 3-3 所示。
- 从受教育的水平来看，Facebook 受众人群的教育水平高过使用社交网络的人群的平均水平，如表 3-4 所示。

● 从家庭收入来看，Facebook 受众人群的家庭平均年收入比社交网络媒体受众人群的家庭平均年收入略高。特别是年收入 5 万美元以上的家庭，表现更为明显，如表 3-5 所示。

表 3-2　社交网络与 Facebook 人群的性别对比

	使用社交网络的人群	Facebook 受众人群
占互联网用户比例	67%	67%
男性比例	62%	62%
女性比例	71%	72%

表 3-3　社交网络与 Facebook 人群的年龄分布对比

	使用社交网络的人群	Facebook 受众人群
18 岁到 29 岁	83%	86%
30 岁到 49 岁	77%	73%
50 岁到 64 岁	52%	57%
65 岁以上	32%	35%

表 3-4　社交网络与 Facebook 人群的受教育程度对比

	使用社交网络的人群	Facebook 受众人群
中学	66%	60%
大学（College）	69%	73%
大学以上（College+）	65%	68%

表 3-5　社交网络与 Facebook 人群的家庭年收入对比

	使用社交网络的人群	Facebook 受众人群
少于 3 万美元每年	72%	68%
3 万到 5 万美元每年	65%	62%
5 万到 7.5 万美元每年	66%	69%
超过 7.5 万美元每年	66%	73%

当下，Facebook 用户人群遍布全世界。在发达国家和地区，特别是北美和欧洲的市场，Facebook 的市场渗透率尤其高。

就用户黏性而言，Facebook 是海外社交媒体平台中用户黏性最强的平台之一。2012 年底的统计报告显示，一个用户每个月花在 Facebook 上的平均时间为 6.75 小时，而其他社交媒体平台如 Twitter 是 21 分钟，LinkedIn 则更少，大概只有 17 分钟。图 3-6 所示的是几个社交媒体平台的用户每个月平均花费的时间比较。

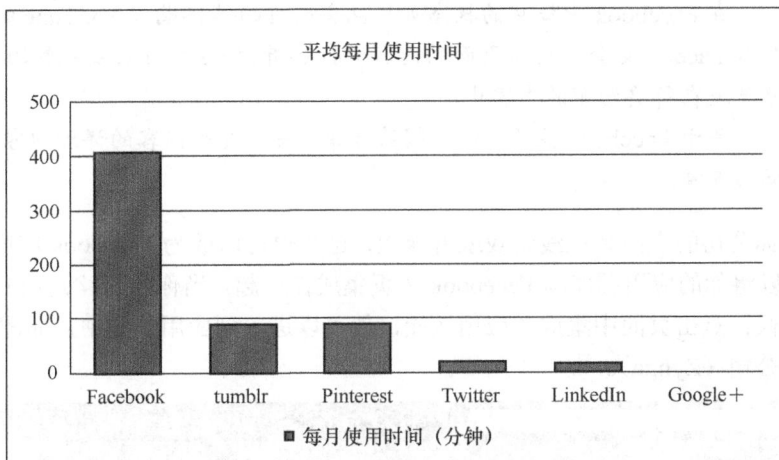

图3-6 用户平均每月花费在各个社交媒体平台上的时间

通过一系列数字我们看到，Facebook 就是一座拥有海量、高质量客户的"金矿"。它拥有跨越全球 70 种语言的 11 亿的注册用户，这些注册用户有良好的教育背景，殷实的家庭收入，Facebook 既是男人的天下，也是娘子军的领地，还拥有很强的用户黏性和很长的每月平均使用时间。

> 虽然不同国家的 Facebook 用户行为习惯相差很大，有趣的是，大多数国家的 Facebook 用户潜水的比发帖的多得多。可能你的粉丝只有几千个或者几万个，但你实际影响到的群体可能比你看到的要大得多。

3.3 丰富的内容形式，传递你的情感

Twitter 是一个短消息分享的媒体平台，Wordpress 是博客分享平台，Pinterest 是图片分享平台，Quora 是问答社区。而 Facebook 几乎就是所有的集成。

在 Facebook 上，人们可以分享文章、图片、视频，能够发起讨论、活动（event）。人们可以通过评论和赞参与互动，通过分享和邀请将有趣的主页分享给朋友和粉丝。几乎所有的社交媒体平台最常见的媒体形式都能在 Facebook 上使用和传播。

在 Facebook 上，你还可以将第三方的应用集成到自己的主页上。流行音乐天后阿黛尔（Adele）演唱了《007：天幕坠落》的主题曲，在 Facebook 上，她拥有超过 4000 万粉丝。当粉丝浏览她的主页时，点击集成在 Facebook 主页上的聆听按钮后，将进入 Spotify 网站中阿黛尔的页面收听她的歌曲。

在 Facebook 中提交的状态如果包含网页的链接或者 YouTube 的视频，那么 Facebook 会自动对页面的内容进行解析，将这个页面或视频的摘要信息呈现在所要发布的内容中。

关于 Facebook 主页，请参阅第 4 章，关于发布内容的详细内容，请参阅第 5 章。

如果你公司的产品是在线游戏或者课程，这些也可以成为 Facebook 应用的一部分。你可以将你的应用程序与 Facebook 主页集成在一起。当你的粉丝光顾 Facebook 主页的时候，点击页面中集成的应用链接，就可以进入到应用程序中，如图 3-7 所示的星佳公司（Zynga）。

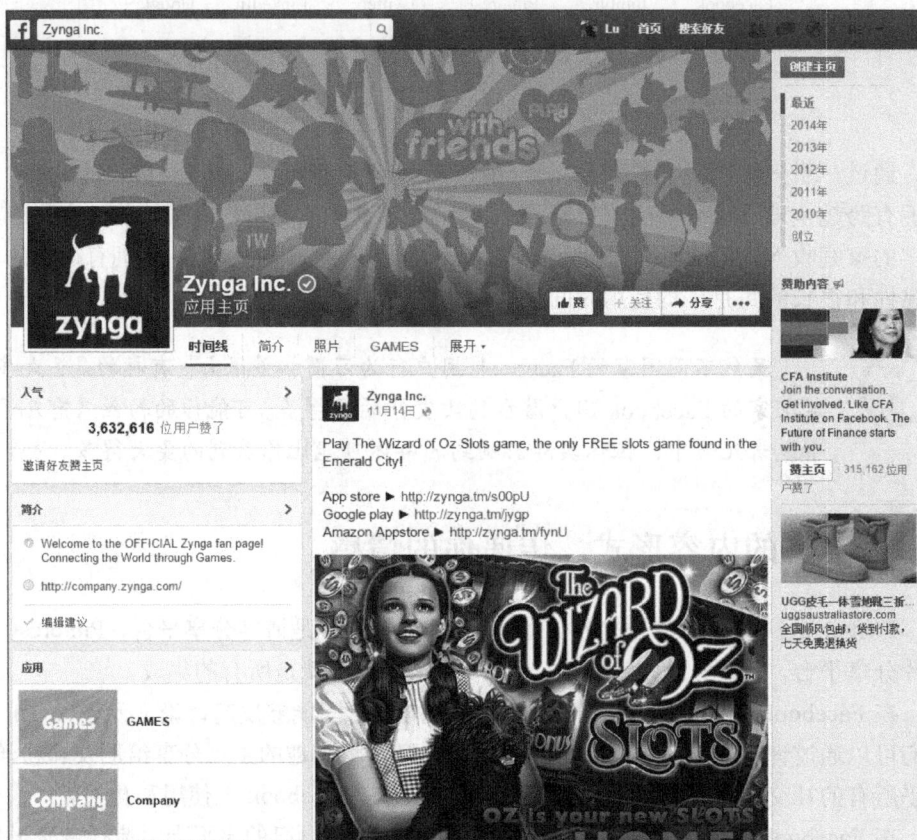

图 3-7　Zynga 集成应用程序的页面

多年来，星佳公司在 Facebook 上投放的游戏堪称经典，包括德州扑克（Texas Hold'em）、黑道风云（Mafia Wars）和农场游戏（Farmville）等。星佳公司的 Facebook 主页吸引了超过 300 万粉丝。当粉丝点击应用链接之后，就可以进入公司的社交游戏页面中。2014 年，Facebook 调整了主页布局。应用程序更容易被发现，也更容易获得更好的 CTR（Click Through Rate）。

你还可以通过 Facebook 小组和行业专家开展互动交流，如图 3-8 所示。你可以邀请你的同事、合作伙伴和客户参加到这样的小组中，通过小组发布最新的消息，进行特定问题解答和交流。你可以将小组看成是一种 BBS，任何人都可以在其中发起话题和参与讨论，而主页中只有管理员才可以发布新内容。

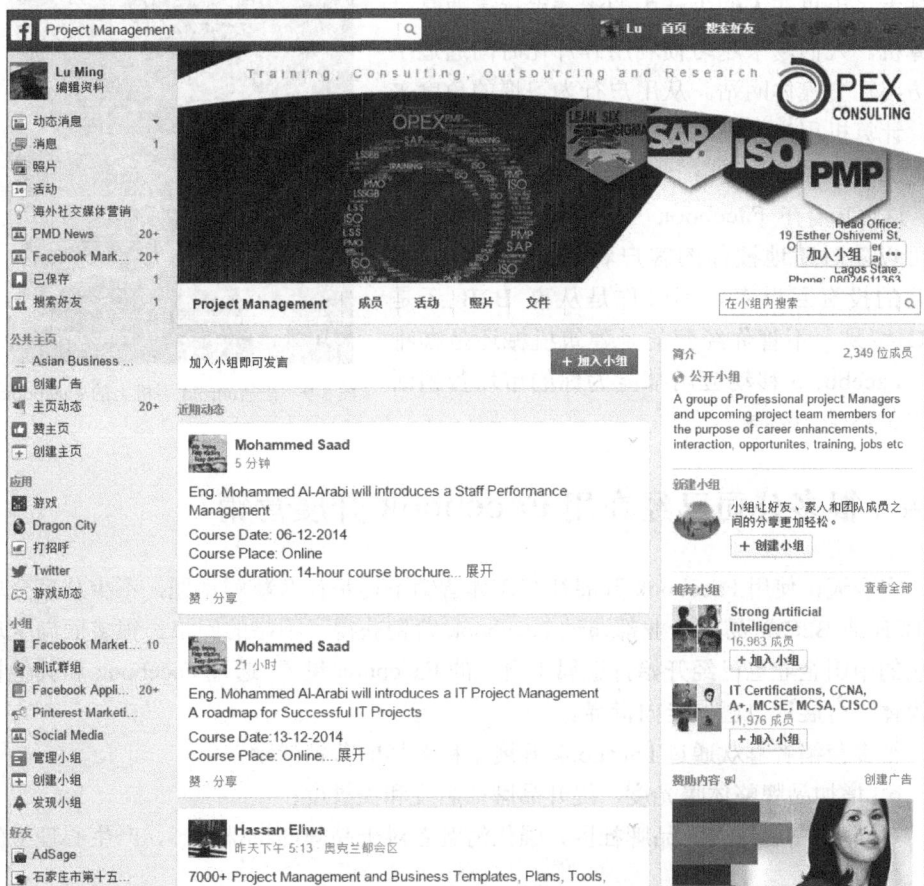

图 3-8　Facebook 中讨论专业话题的小组

Facebook 小组分为开放式和封闭式小组。开放式的小组，任何人经过申请都可以加入，即便你没有加入这个小组，也可以浏览小组所探讨的内容。封闭小组中，你可以看到管理员和成员清单，除非你申请加入并通过申请，否则你看不到其中的内容。

很多公司在通过 Facebook 经营自己生意的时候，并不总是将所有信息都披露出去。他们还会在一个封闭的环境下与合作伙伴进行深入探讨与分享。这个时候，你就可以使用封闭小组。

当然，不管是开放式或者封闭小组，市场营销者都可以使用它们进行客户互动、信息发布，以及就共同兴趣的话题进行讨论。

Facebook 的很多用户不仅通过 PC 登录 Facebook，还会通过手机和 iPad 来沟通交流。特别是这些年来，访问 Facebook 的移动用户比例越来越大。手机在人们生活中的渗透率远远要高过计算机。人们越来越习惯利用碎片化时间通过手机访问社交媒体网站。从用户行为习惯的角度来看，计算机用户会同时打开多个窗口，而手机用户更加聚焦在当前应用上，如图 3-9 所示。

这意味着在 Facebook 上开展营销活动的信息可以随时随地被你的客户看到，你可以获得更高的投资回报率。不管你是从事 B2B 还是 B2C 贸易，不管你经营的是建筑机械还是咖啡厅，Facebook 移动应用都能为你的市场营销活动带来不错的效果。

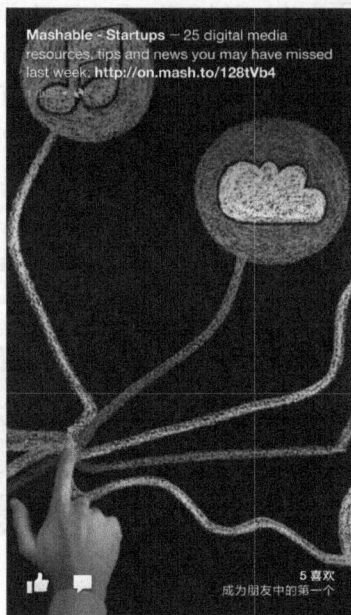

图 3-9　在 Android 手机上的 Facebook

3.4　很多公司已经在用 Facebook 开展营销

在今天，使用 Facebook 开展社交媒体营销不再是什么新鲜话题，不少从事全球化 B2B 或 B2C 贸易的企业都通过 Facebook 营销获得了不错的回报。很多面向全球市场的中国企业也已经开始打造属于自己的 Facebook 世界，通过 Facebook 和其他社交媒体平台展示自己，走向世界。

很多营销者喜欢通过 Facebook 开展多种多样的营销活动：

- 增加品牌整体曝光度，提升品牌知名度和美誉度；
- 建立高忠诚度的品牌社区，强化消费者对于品牌的特殊情感，产生心理上的共鸣；
- 聆听消费者的声音，通过与消费者互动，持续改善产品和服务；
- 分析竞争者动态及进行竞品分析；
- 舆情监控；
- 促成营销与销售转化。

要达成上面的目标，往往不是简单的一两种营销方法就能实现的。Facebook 是一个综合了多种内容形式的社交媒体平台，只有灵活使用不同的社交媒体展现形式和工具才能获得事半功倍的效果。从第 4 章开始，我们将会一步步介绍各种 Facebook 媒体展现形式以及营销工具和技巧。

　　我们很容易就发现一些身边的公司，通过 Facebook 拓展海外市场或者在国内的细分市场，并取得不错的收益。我们先看看这些公司使用 Facebook 开展营销活动的故事。

　　兰亭集势（LightInTheBox）是一家总部设立在北京、整合了供应链服务、提供面向全球市场的 B2C 业务的公司。这是中国跨境电子商务平台的领先企业。兰亭集势总是在 Facebook 主页（如图 3-10 所示）中发布一些有趣的产品和生活照片。有超过 24 万人赞过兰亭集势的主页。

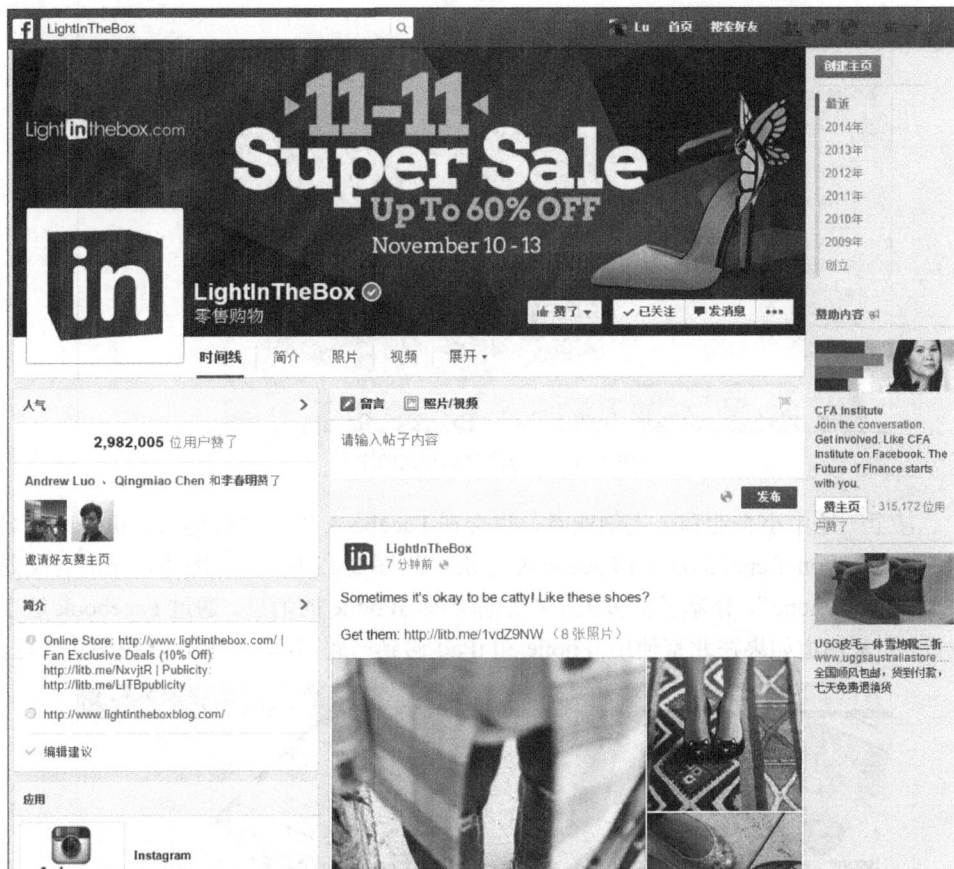

图 3-10　兰亭集势的 Facebook 主页

　　上海玻璃博物馆是一家由上海轻工玻璃有限公司发起并资助建立的私立博物馆，位于上海宝山区长江西路上。这家博物馆的 Facebook 主页（如图 3-11 所示）中有很多精美的玻璃艺术品的照片，充满纯净的美感。

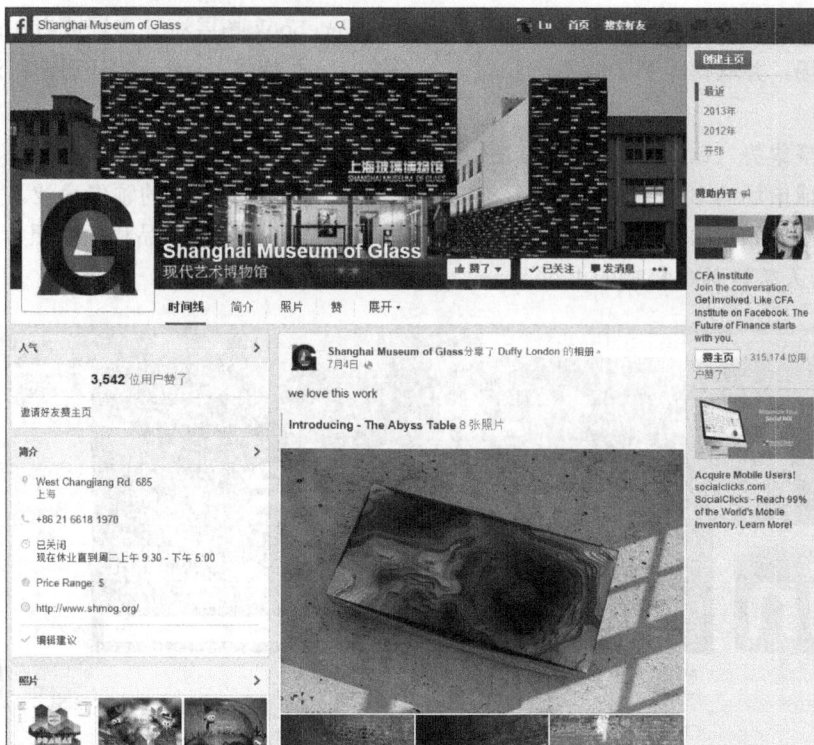

图 3-11　上海玻璃博物馆的主页

甚至一些中小企业和个人创业者，也会在 Facebook 中找到有趣的商机。一个名为 BeijingiPhoneRepair.com 的 Facebook 主页（如图 3-12 所示），翻译过来的含义是"在北京修 iPhone"，分享了很多关于在北京维修 iPhone 的消息。通过 Facebook 这个主页，大家知道如果在北京使用 iPhone 和 iPad 遇到问题，可以去哪儿寻找解决方法。

图 3-12　BeijingiPhoneRepair.com 的主页

即便是细分市场，如果精细运作也能获得不错的回报。

这个面向北京的 iPhone 手机维修的主页也已经吸引了超过4000个赞。它的粉丝数量甚至超过很多同类的微博粉丝数量。使用"北京 手机 维修"作为关键词在新浪微博中搜索，所能够找到的几个关于手机维修的微博，它们的粉丝数量都不过几百人。

要知道手机维修业务具有很强的地域辐射半径的特点，通过 Facebook 营销实现线下手机维修和销售也可以算作 O2O 的一种形式。通常在线推广手机维修业务不是那么容易，因为在线推广很难将目标受众锁定在方圆 2 千米的半径内。维修点距离手机机主超过一定距离，人们就会放弃。很难想象有人会从一个城市到另一个城市，或者花两三个小时到城市的另一端去修手机。或许是因为北京外国人多，且集中在北京朝阳区和海淀区，Facebook 在这个群体渗透率高，苹果手机比较贵，而且大多数手机维修从业者英语水平较低，Facebook 营销能力比较弱。所以，一个在北京修 iPhone 的 Facebook 主页能够获得将近 5000 个赞，这本身就是一件令人惊奇的事情。

BeijingiPhoneRepair.com 不但和顾客通过 Facebook 分享经验、开展互动，甚至通过 Facebook 开店卖起了东西，如图 3-13 所示。在主页上有一个"Online Store"链接，点击之后是一个在线商店应用。用户可以购买各种服务或配件。

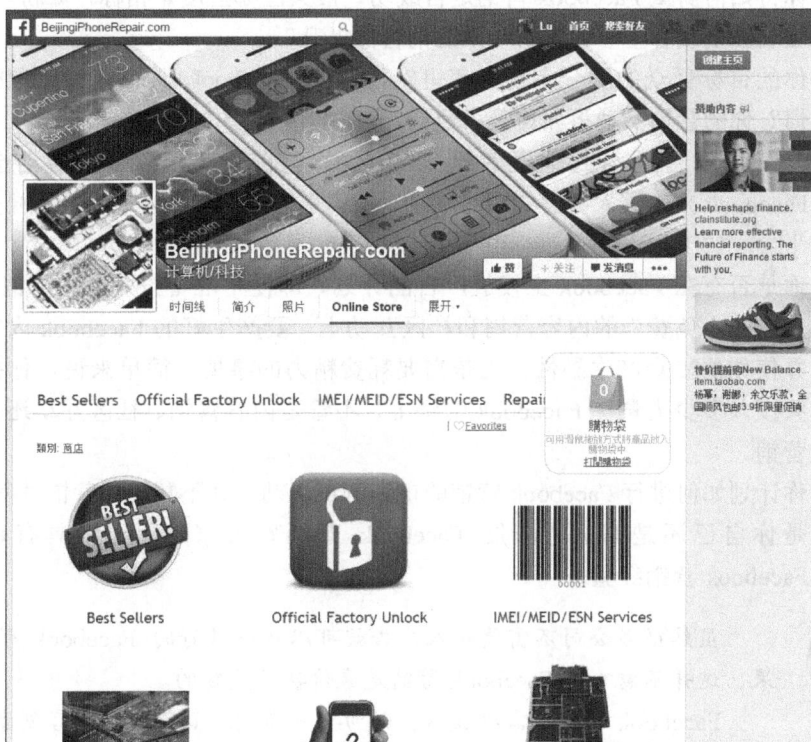

图 3-13 选购 BeijingiPhoneRepair.com 的产品与服务

ⓘ 　　其实在 Facebook 上开展海外营销的企业远比我们知道的多。

　　很多企业面向不同国家注册不同的本地化公司和产品品牌，或者使用离岸公司进行全球贸易。他们看起来就是一家纯正的本土企业，核心的运营团队却是华人。甚至他们的营销和运营团队就在国内，也许就在我们旁边的一间低调而毫不张扬的办公室里。

　　在很多隐形市场中，都潜藏着一些能量巨大的隐形巨人。

3.5　迈出 Facebook 营销的第一步

　　几乎每个人都会使用 Facebook 与朋友建立联系。但是这与使用 Facebook 社交媒体营销实现建立和强化品牌、达成销售转化之间的差别是很大的。

　　开展 Facebook 营销之前，你可能需要考虑这样一些问题。

- 你的品牌是如何定位的？
- 你对 Facebook 营销的期望如何，你会如何定位 Facebook 营销在你的产品营销中的位置？
- 你将如何衡量 Facebook 营销是否成功？最关注哪些度量指标，如粉丝数量、互动数量或者基于粉丝所带来的销售额提升？
- 你的目标受众的细分市场在哪里？他们在 Facebook 具有何种用户行为习惯？你的营销活动将如何吸引他们？
- Facebook 营销与其他既有营销工具如何配合使用？哪些活动会通过 Facebook 来开展？哪些会通过展会、搜索引擎、电视媒体或者其他社交媒体平台，如 Twitter 或 LinkedIn 来开展？
- 你是否有在 Facebook 上投放广告的计划？即便不准备投入广告营销，将重点放在"免费"的内容营销和社区互动上，要产生好的 Facebook 内容创意并使你的受众产生黏性，也是需要耗费精力的事情。简单来说，你打算总共投入多少力量在 Facebook 营销上，不管是内容营销、社区互动还是广告营销。
- 你计划如何进行 Facebook 营销的市场测试活动，并不断优化营销过程？
- 是你自己还是第三方开展 Facebook 营销？大家是否已经具有足够的 Facebook 营销经验？

ⓘ 　　虽然很多公司不需要投入广告就可以获得很好的 Facebook 营销效果，这并不意味着 Facebook 营销是廉价甚至免费的。

　　Facebook 营销也需要成本，因为要不断创造高价值的内容创意，算起来其实成本并不低。

　　Facebook 营销也需要成本，甚至有的时候成本并不低。很多制作精良、内容出众、互动踊跃的 Facebook 主页的背后需要投入大量精力来打理。只不过，这里的成本更多是内容创意和社区互动方面，而不像搜索引擎营销主要在广告成本上。

　　如果你是传统的广告创意设计者。面对一个品牌，你能一个月设计 3 条高质量的品牌广告创意就很不错了。而在 Facebook 上，你恐怕每天都需要发布至少 1 条足够吸引人的内容创意。内容营销或者社交媒体营销也是需要不低的成本和持续投入的，不同的营销平台下的成本结构是不同的。

　　在开始 Facebook 营销的初期，制定合适的 Facebook 营销策略和计划是很重要的。

3.5.1　谁来开展 Facebook 营销

　　谁来开展Facebook营销？这个问题其实很值得准备进入Facebook的营销者冷静思考。

　　如果你之前主要营销资源投放在线下媒体或者搜索引擎，今天开始在 Facebook 上开展营销活动，你遇到的最大挑战可能是一切都是未知的——不知道自己不知道什么（Unknown-Unknown）。即便你经常使用 Facebook 和朋友联络感情，也能很熟练地发布有趣的文章和图片，但是这距离社交媒体营销还很远。

　　很多人刚开始接触Facebook营销都会遇到这样的问题。如果为了快速进入市场，可以考虑在 Facebook 营销的初期将营销工作外包给第三方。通过与第三方的合作快速提升自己 Facebook 营销的知识与经验。在取得足够经验之后，再决定是否自己独立开展 Facebook 营销。自己运营 Facebook 营销会比通过第三方公司，在行业经验和产品经验上配合更加紧密，更接地气，而 Facebook 营销经验和技巧则可能是短板。国内很多基于Facebook的电商和游戏公司都通过这种方法快速建立自己的Facebook社区，快速启动 Facebook 营销，快速产生收益。

　　如果你从事的是电商或者在线游戏这类转化率定义很清晰的领域，你可以尝试和 Facebook 第三方营销机构以 CPA（Cost per Action，每次行动成本或每次转化成本）的方式开展合作。你们之间确定 Action 的范围与费用，然后按照实际营销效果收费。当然，这种计费方式对于第三方营销机构的行业经验和能力是不小的考验。对于缺乏行业经验的营销机构而言，不容易将 CPA 做到足够好的绩效，也很难给自己留出足够的利润空间。

　　CPA 是一种有别于搜索引擎营销的计费方式。搜索引擎营销最常见的计费方式有两种，即 CPC 和 CPM。Facebook 营销最常见的绩效度量指标也是 CPC 和 CPM。CPA 是一种按照效果来进行计费的方式，简单地说，即有了效果再根据效果来付费。如果没有效果则不需要付费。CPA、CPC 和 CPM 的含义对照如表 3-6 所示。

表 3-6 CPA、CPC 和 CPM 含义

绩 效	含 义
CPA	Cost per Action 的缩写，每次行动成本或每次转化成本。通常营销代理公司会按照 Action（行动）收取一定费用，如赞、安装移动客户端、进入电商网站注册或者下订单，都可以被定义为不同的 Action。很多时候 Facebook 的 Action 也往往被理解为一次转化，例如 Page Like 或者 App Install。和搜索引擎营销的 CPA 概念不同，国内电商领域所谈论的 CPA 是 Cost Per Acquisition 的缩写，也经常被称作 CPS，表示按成交量付费
CPC	Cost per Click 的缩写，也被称为 PPC（Pay per Click，每次点击成本）。按照广告点击量收费的计费方式
CPM	Cost per 1000 Impression，千次展示成本。按照广告展示次数收费的计费方式

> 2013 年 4 月，Facebook 开始支持 CPA 的广告出价类型。广告主投放 CPA 类型广告可以基于 Action（行动）或者 Conversion（转化）进行出价。具体 Facebook CPA 类型广告参见 http://developers.facebook.com/docs/reference/ads-api/cost-per-action-ads/。
>
> 关于 Facebook 广告绩效转化跟踪，参见转化跟踪定义：https://developers.facebook.com/docs/reference/ads-api/tracking-specs/。

如果你已经通过第三方营销机构打理 Facebook 营销，依然建议你尽快掌握 Facebook 营销的方法，使自己成为 Facebook 营销的专家。营销不是悬浮在天上的美丽云彩，需要和你的企业与产品气息相通。好的 Facebook 营销一定是对你的企业和产品具有深入的理解才可以做好，特别是在线与消费者和粉丝互动交流的时候。即便委托给第三方开展营销工作，你也需要和他们紧密配合，相互支持。从长远的角度看，最好是你来直接运营社交媒体营销活动，而不是假借第三方代为管理。没有谁会比你更懂你的公司和产品。

> 海外社交媒体营销和搜索引擎营销有很多类似的地方，如广告批量创建技术、搜索引擎竞价词和社交媒体兴趣词的拓词技术、A/B 测试、自动化和优化等。但是社交媒体营销大多会涉及专业化内容交流和情感交流，而不仅仅是基于绩效数字的统计与分析来管理广告。所以，如果要实现好的社交媒体营销，或者营销者要能自己经营好社交媒体营销，或者第三方机构能够理解行业和产品特点并与广告主进行非常紧密的合作。

3.5.2 利用 Facebook 营销工具优化营销活动

Facebook 营销是一个高度依赖数据洞察分析和自动化技术的工作。在 Facebook 营销过程中，工具的使用非常重要。

好的 Facebook 营销工具能有助于更加深入地洞察目标受众的人口学分布、行为特点，以量化指标帮助优化营销活动。很多工具还提供自动化功能，当你设置目标、计划和策略之后，这样的营销工具可以 7×24 小时为你的 Facebook 营销活动提供监控和优化。

市场上有各种 Facebook 营销服务公司和工具。获得这些资源的一种简单方法是联系 Facebook PMD Facebook Preferred Marketing Developer 合作伙伴。旨在帮助 Facebook 营销者通过技术手段更加容易而有效地开展 Facebook 营销活动。Facebook PMD 项目中心的网址是 http://www.facebook-pmdcenter.com，如图 3-14 所示。

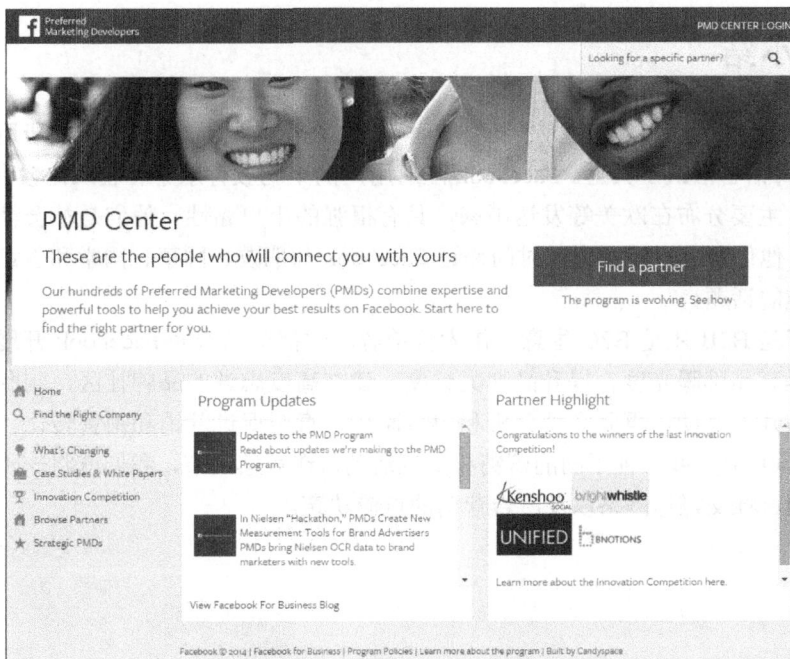

图 3-14　Facebook PMD 网站

当前 Facebook 在全球超过 25 个国家拥有几百家 PMD 合作伙伴。很多 Facebook PMD 提供的营销服务是关于 Facebook 广告（Ads）的，也有一些提供主页（Pages）、应用（Apps）、洞察力（Insights）、移动度量（Mobile Measurement）、Facebook Exchange （FBX）等领域的专业服务。在这些 PMD 中，有少数 PMD 是属于 Strategic PMD。 Strategic PMD 通常具有更强的市场营销经验、能力和口碑。当然很多 Strategic PMD 的服务价格也会不同。

> 从事 Facebook 营销的很多 PMD 具有较强的行业性。例如，有的 PMD 在社交媒体游戏领域具有很好的行业渗透率，而有的 PMD 则在 B2C 电商行业拥有很好的口碑。
>
> 如果你选择 PMD，不妨参考同行的经验。隔行如隔山，良好的行业经验和行业理解对于保证 Facebook 营销绩效是至关重要的。

如果需要，你可以联系身边的 Facebook PMD。虽然大多数 Facebook PMD 是国外的数字营销公司，也有很多作为跨国软件公司已经进入国内。

> 在 Facebook PMD 网站中，有一个案例研究（Case Studies）的页面：http://www.facebook-pmdcenter.com/case-studies。你可以在这里检索到感兴趣的行业或者企业的 Facebook 营销经验。

3.6　小结

Facebook 是全球规模最大的社交媒体平台之一，全世界超过 11 亿注册用户使用超过 70 种语言活跃于其上。Facebook 注册用户的平均教育水平和收入比较高，中青年居多，主要分布在欧美等发达国家，具有很强的用户黏性。他们是社会精英和家庭栋梁。他们每个月使用大量时间通过 Facebook 与朋友、同事、同学和生意伙伴交流感兴趣的话题。

不管是 B2B 还是 B2C 生意，作为营销者，你都可以借助 Facebook 开展营销活动，从提高品牌曝光度，提升品牌美誉度，建立高度忠诚的品牌社区，到聆听消费者反馈与开展互动，再到竞争分析和舆情监控，直至促进营销和销售转化。你能够在 Facebook 上开展多种不同的营销和交流活动。在后续章节，我们就将一步步了解内容营销、社交媒体网络以及广告营销的点滴诀窍。

第 4 章
>>>>>> 营销第一步——Facebook 主页

创建和经营 Facebook 主页是开始 Facebook 营销的第一步。你可以在主页上添加发布状态公告、照片、视频，也可以和粉丝进行互动交流，还可以将你的应用集成到主页上。所有成功的 Facebook 营销故事，几乎都是从 Facebook 主页开始的。

在这一章中，我们将了解到：

- 经营 Facebook 主页的价值；
- 创建第一个 Facebook 主页；
- Facebook 账号和主页之间的区别；
- 管理与设置 Facebook 主页；
- 装修 Facebook 主页。

4.1 用 Facebook 主页做营销，别用个人账户

所有品牌营销都在用 Facebook 主页，而不是 Facebook 个人账户。尽管两者乍看起来非常接近，但是不要用个人账户开展营销。个人账户的好友最多不能超过 5000 个。对于初创的营销账户，上限 5000 个好友的限制似乎不是什么大问题，但是如果希望再进一步扩大规模，5000 将成为不能突破的上限。Facebook 主页则没有这个数量限制，可以免费被创建，不收取额外费用。为了做商业营销活动，为了能够与更多粉丝互动交流、提升粉丝参与度，用户从一开始就要建立 Facebook 主页，使用 Facebook 主页开展营销。

更重要的是，Facebook 并不认可使用个人账户开展营销活动。基于 Facebook 的使用政策，营销推广活动应该是基于主页来开展的。你可以在 Facebook 开展丰富的营销活动，如集成应用程序、视频、照片、音乐以及各种广告媒体和广告形式的推广。而这些在你的个人页面中却不是那么方便开展的。

Facebook 营销的大部分都是基于主页来完成的，使用主页可以进行很多营销活动：

- 发布最新动态、图片、声音和视频；
- 开通签到服务，将你的生意和基于位置的 LBS 服务集成；
- 投放广告，宣传你的品牌；
- 分享应用程序。

作为一种社交媒体平台，Facebook 也提供了很多方便、高价值的度量工具。你可以使用这样的度量工具来分析受众的分布和兴趣，并根据分析改善所发布的内容，从而实现营销的闭环。

> 在 Facebook 中谈到 Page 的时候，粉丝主页、主页、粉丝专页和专页其实是一个概念。
> - 中文（简体）的名称是主页。
> - 中文（台湾）的名称是粉丝专页。
> - 中文（香港）的名称是专页。
>
> 同样，谈到 timeline 的时候，时间线、动态时报和生活时报也都是同一个概念。
> - 中文（简体）的名称是时间线。
> - 中文（台湾）的名称是动态时报。
> - 中文（香港）的名称是生活时报。

在使用 Facebook 主页开展营销的时候，你还可以对主页进行广告营销，如图 4-1 所示。通过 Facebook 广告，你可以通过推广主页获得更多的赞，或者推广主页中的一个帖子，甚至一款移动应用。

图 4-1　Facebook 广告

在 Facebook 使用条款中有明确要求，从事营销活动要使用 Facebook 主页而不是 Facebook 个人账户。

使用条款的第 4 条规定，"您不会将个人的动态时报作为商业获利的主要途径，取而代之，您会使用 Facebook 粉丝专页作为此用途"。

4.2 创建 Facebook 账户与主页的条款

当启动 Facebook 从事海外营销时,你首先需要注意创建 Facebook 账户和主页的一些条款细节。因为 Facebook 使用条款的一些细节和国内大多数网络和社交媒体有所区别，了解这些条款细节对于保护你在 Facebook 上的营销投资是很有必要的。

4.2.1 使用条款中值得注意的内容

Facebook 的《使用条款》是对于 Facebook 用户的权利与义务的定义，它发布在 https://www.facebook.com/legal/terms。（本书在编写时，使用条款的最后修订时间是 2012 年 12 月 11 日。）

首先 Facebook 使用条款中，最需要注意的是第 4 条，注册和账号安全。

在这个使用条款中，一个人只能注册一个 Facebook 账户，而不可以一个人创建多个不同的账号。如果 Facebook 因为某种原因停用了你的账户，你也不可以另外再建立一个账户。虽然我身边的朋友没有人因为使用了多个 Facebook 账户而出现被封的现象，但是作为社交媒体营销者，你的 Facebook 账户的背后是对于 Facebook 这个营销平台上进行品牌营销的投资。为了保护您的投资，要认真遵循 Facebook 的使用条款。

Facebook 账户的动态时报不可以作为商业活动的主要途径，如果要开展商业活动，需要注册和使用 Facebook 粉丝主页。在第 4 条中还规定如果 Facebook 账户名称或者主页名称与你的真实姓名不符或者使用其他商标持有人所持有的商标，Facebook 有可能移除或回收这个 Facebook 账户。所以，你的品牌如果是所谓的仿牌品，就不要在 Facebook 上开展营销活动了。

然后，Facebook 使用条款第 3 条是关于账户安全的内容。简单地说，你所发布的内容不能对别人造成骚扰或伤害，不能发布未经授权的信息或者散布垃圾邮件。这些内容与国内外大多数社交媒体平台的要求基本上是一致的。

其他关于知识产权、手机与移动设备、付款、社交媒体插件、广告、第三方应用的内容，在这个使用条款中也定义了很多。建议你花费一些时间，在开始进行社交媒体营销之前仔细阅读这些使用条款。

4.2.2 粉丝主页条款中值得注意的内容

《Facebook 粉丝主页条款》是关于粉丝主页使用过程中的注意事项，这里包括:

- 基本的粉丝主页的规定；
- 管理粉丝主页地址、名称和资料收集的规定；
- 基于刊登广告、发布封面图片、使用应用程序、发布优惠和促销活动的规定。

《Facebook 粉丝主页条款》位于 https://www.facebook.com/page_guidelines.php。

使用 Facebook 粉丝主页的时候，也有一些需要注意的方面。

首先是 Facebook 的粉丝主页需要和你的业务相关，但是涵盖内容不能太过笼统。例如，如果你的粉丝主页是介绍某类鞋子的，但是粉丝主页的名称是"Shoes"（鞋子），那么你的粉丝主页的名字范围就过于宽泛。这样的情况下，Facebook 可能会要求你更换名字和 Facebook 主页地址，也可能会取消你对于主页的管理权限。

另一个需要注意的方面是关于主页的名称。一般来说，主页名称一经设定就不会改变，除非的确是业务范围发生变化而且不会发生歧义的情况下。例如，一个品牌在经营几年之后更换另一个品牌名称，如果的确没有歧义，Facebook 是会受理和进行粉丝主页名称的更改和转移的。

不管怎样，如果你要对粉丝主页的类别进行重新调整就不可以了。举个例子，你之前所设置主页的类别是"公司、组织或机构"，这种类别是没有 LBS 设置的。你当前经营的却是一个 KTV。因为 KTV 生意具有很强的地域的辐射半径的特点，所以你希望主页的类别能转到 LBS 支持更好的"地方性商家或景点"这个类别中。这就不可以了，你已经设置了一个类别了。因此，在开始创建 Facebook 主页的时候，你需要先确定好主页的定位以及属于哪种 Facebook 主页类别。

其他关于主页的内容以及营销的内容，建议你能详细阅读《Facebook 粉丝主页条款》，这里有详细的介绍。并且，你还要定期关注粉丝主页条款是否有更新，以及 Facebook 社区中的人们是如何看待和应对这些变化的。

4.2.3　其他 Facebook 条款与政策

除了 Facebook 的使用条款和粉丝主页条款之外，Facebook 还有一些政策和条款值得营销者在开展营销之前阅读研究。

- 《Facebook 的社区标准》，定义言论中可能会被举报或者移除的内容类型的定义，包括暴力和威胁、自残、欺凌和骚扰、恨恶言论、不适合的图片内容、裸露和色情、身份和隐私、知识产权、网络仿冒和垃圾邮件以及侵害安全系统等多方面内容。页面位于 https://www.facebook.com/communitystandards。
- 《资料使用政策》，包含 Facebook 内容分享方式、广告和赞助的运作方式、应用程序分享方式、隐私政策等的规定。页面位于 https://www.facebook.com/full_data_use_policy。
- 《Facebook 版权政策》，定义知识产权的政策和规定。页面位于 http://www.face book.com/legal/copyright.php?howto_report。
- 《Facebook 平台政策》，这是关于开发 Facebook 相关的第三方应用所需要遵守的平台政策与规定。页面位于 https://developers.facebook.com/policy/ChineseHK/。

- 《Facebook 广告刊登原则》，这是关于刊登 Facebook 所需要遵守的原则和规定。页面位于 https://www.facebook.com/ad_guidelines.php。

在这些条款中，中国企业尤其需要注意关于知识产权的条款。一方面保护自己的商标品牌不会受到损害，可以使用 Facebook 政策争取自己正当的权益。另一方面，在走向海外市场的时候，不要使用未获得合法知识产权的内容开展营销，或者自己的商品本身就是仿牌。

> 不要将 Google 图片或者百度图片搜索出来的内容拿来用作 Facebook 营销。
>
> 在营销过程中，你很可能因为这些没有合法的知识产权授权的内容而遭遇麻烦。建议在使用素材图片的时候，从国外图片网站上采购。推荐 fotolia.com 这个网站。在这里，花不多的钱你就能下载符合知识产权要求的图片。

4.3 创建第一个 Facebook 主页

如果你还没有 Facebook 账户，那么在创建主页之前，你需要有你自己的 Facebook 账户。主页是由 Facebook 注册用户来创建和管理的，所以创建主页之前需要先创建你的个人账户。当然，使用某些技巧也可以直接开始创建 Facebook 主页，跳过创建个人账户的步骤。

> 本书虽然也会介绍不注册 Facebook 个人账户而通过注册商业账户来创建主页的方法，但是并不推荐这样做。使用你的 Facebook 账户来管理主页会更方便。

4.3.1 创建账户的基本过程

创建 Facebook 账户的过程很简单。进入 Facebook 主页之后，在页面右侧有一个明显的注册的区域，如图 4-2 所示。你需要依次填入姓名、电子邮件、密码、出生日期和性别，然后点击注册按钮。

填写注册信息之后，你的邮箱会收到一封欢迎邮件。收到这封邮件就意味着你的 Facebook 账户注册成功了。之后，你需要在 Facebook 中完善一些基本个人信息。

进入 Facebook 之后，经历简单的寻找你的朋友、设定个人主页资料、设置个人头像 3 个步骤就完成了注册过程，如图 4-3 所示。

在寻找你的朋友时，可以要求 Facebook 访问你的联系人，然后向他们发出加入 Facebook 朋友的邀请。如果你的很多朋友和往来邮件是通过 Outlook.com（Hotmail）邮箱来管理的，你可以选择搜寻 Hotmail 邮箱中的朋友。

图 4-2 Facebook 主页

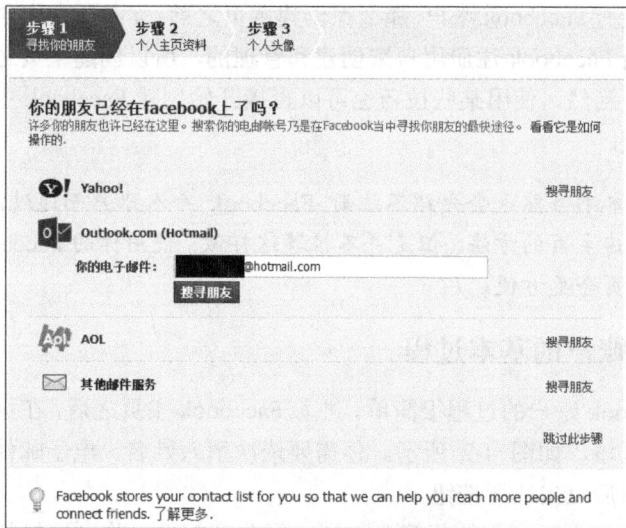

图 4-3 完成注册过程的 3 个步骤

虽然 Facebook 翻译了大部分页面来支持简体中文,但是这些支持并不完整。一些页面中还留有英文的说明,还有一些帮助文档虽然在简体中文目录下,使用的却是繁体中文。

如果你阅读英文或者繁体中文有些困难,可以使用 Google 进行翻译。

在寻找朋友的界面中输入电子邮件之后，Facebook 会跳转电子邮件账户的登录页面。输入电子邮件地址和密码之后，Facebook 就会导入电子邮件账户中的联系人信息。

Facebook 会将关联邮箱的联系人导入 Facebook。在你的联系人中，一定有不少商业伙伴和朋友已经是 Facebook 注册用户了。Facebook 会将他们筛选出来，你可以方便地添加他们成为你的 Facebook 好友。你还可以邀请没有加入 Facebook 的朋友一起来使用 Facebook。

> 除非你的朋友和你很熟悉，否则不建议注册的时候就大量拓展 Facebook 好友人脉网络。
>
> 你的账户刚创建起来，基本资料、照片、帖子还都不完整，也没有经过精细的打磨。用这些粗糙的信息大量拓展 Facebook 好友，特别是建立和商业伙伴的关系，恐怕为时尚早。建议你在将各种资料和美化工作做好之后，再拓展 Facebook 好友也不迟。

在填写个人资料主页的时候，你要填写真实的信息。如果你的一些隐私不愿意对所有人公开，可以点击设置内容右侧的下拉列表来设置这条信息的公开范围，如图 4-4 所示。你可以选择向所有人公开，或者只面向朋友公开，或者只有自己能看到。

最后一步是设置个人头像。在设置头像的时候，你可以用你的照片，或者使用你的相机为自己拍一张照片。

你也可以使用计算机的摄像头为自己拍张照片。Facebook 会使用

图 4-4 设置个人资料公开范围

Adobe Flash Player 打开摄像头拍照。只是通常摄像头的照片质量并不好。如果摄像头拍摄的照片质量不好，不如用上传照片的方式。Facebook 中的照片就像一张名片、一个人的颜面。使用糟糕变形的照片就像用一张又脏又旧的名片送人。所以，尽管 Facebook 提供了摄像头拍照功能，但是不推荐用这个功能。

的确见过有人每到一处有趣的咖啡厅或景点就会用摄像头自拍一张照片作为个人档案照片。虽然这些照片质量通常都显得比较粗糙，但朋友看到经常变化的照片，会感觉很有新鲜感。

当你提交注册信息并填写完整个人资料之后，你就可以登录到你的 Facebook 页面了。此时你没有添加任何好友，也没有赞过任何 Facebook 主页，那么你的 Facebook 页面的动态新闻将会是一片空白，如图 4-5 所示。

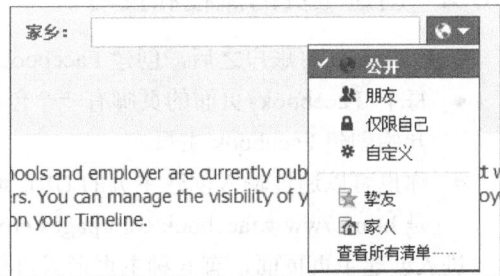

图 4-5　初次登录的 Facebook 页面

4.3.2　创建主页的流程和技巧

登录 Facebook 账户之后，创建 Facebook 主页有两个入口：

- 每个 Facebook 页面的页脚有一个创建主页的超级链接。点击这个超级链接开始创建 Facebook 主页；
- 你也可以通过输入创建主页的 URL 地址来创建主页。创建主页的 URL 地址是 https://www.facebook.com/pages/create.php。

进入创建主页页面，有 6 种主页形式可供选择，如图 4-6 所示。

作为海外社交网络营销，你可能用到最多的是品牌或产品和议题或社群这两类。本书后面将使用议题或社群创建第一个 Facebook 主页。

> Facebook 会对你创建主页时候输入的主页名称进行检查。如果不符合政策要求，则会拒绝你的创建请求，并给出它认为可能合适的主页名称建议。
>
> 有关于 Facebook 在专业命名和内容设置方面的相关政策，请参阅 https://www.facebook.com/help/262981810477512。

设置 Facebook 主页分为 5 个步骤。

（1）设置 Facebook 主页简介。你需要输入这个主页的简要描述，如果你有一个网站，还可以在主页的基本信息中输入相关的网站地址。

（2）设置主页的个人头像，如图 4-7 所示。在这里可以使用电脑上的图片，也

50

可以提供一个其他网站的图片的 URL 地址。如果是其他网站的图片的 URL 地址，Facebook 将会把这张图片导入成为主页图片。

图 4-6　创建 Facebook 主页

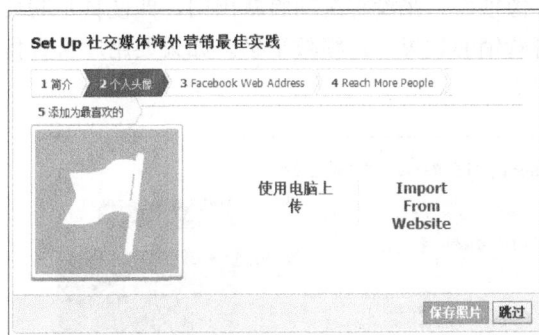

图 4-7　设置主页个人头像

　　主页图片在主页设置完成之后还是可以设置的。但是在以后的 Facebook 主页的设置界面中，就没有了从其他网站导入图片的选项，而只可以上传本地图片或者用摄像头拍摄一张照片。如果你希望使用一张你已经发布在网站上的照片，你可以上传原始照片或者将网站照片保存在本地之后再上传到 Facebook 个人头像上。

　　（3）设置 Facebook 主页的互联网访问地址。如果没有想好，可以先点击跳过按钮，以后再设置这个地址，如图 4-8 所示。

图 4-8　设置主页的 Facebook 网址

这个设置一定要非常谨慎，它会对未来线上和线下营销活动，以及吸引更多粉丝到你的主页产生重要影响。一方面，访问地址一旦设置完成，这个地址就不能再做任何修改。另一方面，这个地址就好像是一个域名，越是简单、直观、容易记忆和搜索，就越能吸引到更多的粉丝。还有一个方面是从搜索引擎优化角度来看的，一个直观的、语义清晰的地址将会有助于你的搜索引擎营销。Facebook 是全球最大的互联网社交媒体平台，这里的外链有很高的权重。你未来可能会把这个地址印刷在你的名片或者公司宣传手册上，也可能会发布在产品网站与博客中。

总之，这个地址的设置有如为产品挑选一个容易传播、方便记忆的网站域名一样，需要谨慎面对。

（4）添加广告支付方式，如图 4-9 所示。这在初期不是必须要设置的，在你的主页页面装修和内容完善到一定品质之后，再开始广告营销，效果会更好。如果页面朴素，内容简陋，就好像顶着一张没有洗的脸就出门，即便真是貌美如花，也不会有人喜欢的。这样的广告营销的效果一定绩效平平。如果要用广告宣传自己，最好能首先将门面装修好。

图 4-9　设置支付方式

（5）也是初始设置 Facebook 主页的最后一步，将这个 Facebook 主页设置为"最喜欢的"，如图 4-10 所示。

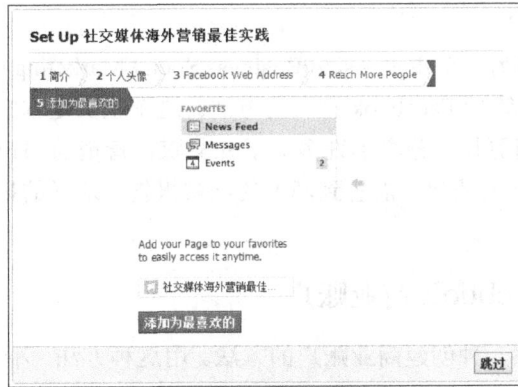

图 4-10　添加为最喜欢的

当这 5 个步骤都完成之后，Facebook 主页就创建完成了。图 4-11 所示刚创建完成的 Facebook 主页。

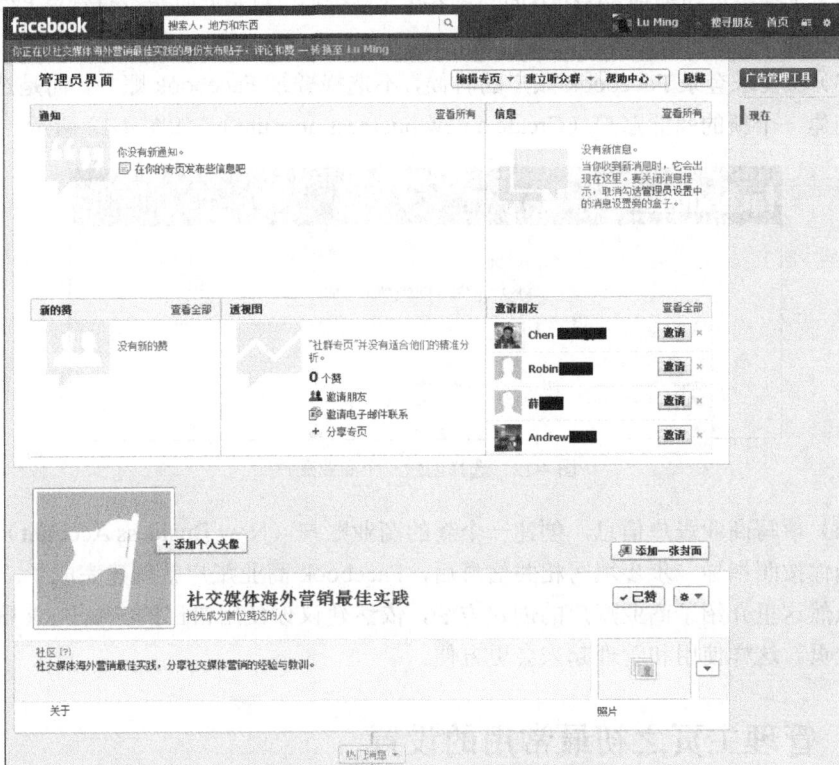

图 4-11　创建完成的 Facebook 主页

在这个主页中主要分为两个部分。上半部分是管理员界面，你可以在这里进行主页管理、邀请朋友、获得透视图、消息提醒以及投放广告。下半部分是基于时间线的主页内容。

后面本书将使用另一个主页 Asian Business Social Marketing（亚洲商业社交媒体营销）来介绍装修和管理 Facebook 主页的方法。这个主页是本书几位作者所共同管理的。它的创建时间更长，分享了许多关于社交媒体营销的知识和故事。另外这个主页拥有一些 Facebook 粉丝，能看到基本的洞察报告。这样的报表在新创建的主页中是看不到的。

4.3.3 创建 Facebook 商业账户

Facebook 也提供一种创建商业账户的方法。用这种方法，不将 Facebook 主页与你的个人账户关联也可以创建和管理 Facebook 主页。

这样的创建过程主要为 3 个步骤。

（1）在 Facebook 主页中点击位于个人账户注册按钮下面的"为名人、团体或企业创建主页"。

（2）选择主页的类别。这个界面与图 4-6 非常类似，只是此时是没有登录 Facebook 页面的状态。

（3）在要求登录 Facebook 账户的时候，不选择登录 Facebook 账户，而是选择下面的创建一个新的商业账户（Create a new business account），如图 4-12 所示。

图 4-12 选择创建一个商业账户

（4）填写商业账户信息，创建一个新的商业账户（New Business Account）。

当你按照指导一步步填写相关信息后，Facebook 商业账户就创建完成了。

虽然这里介绍了商业账户的创建方法，依然建议你使用自己的 Facebook 账户来管理主页。这样使用和管理起来会更方便。

4.4 管理主页之初最常用的设置

当主页创建完成之后，第一件要做的事情就是将主页设置为不发布（Unpublish Page）的状态。

这是因为一个新创建的主页既没有精致的页面美化，也没有吸引人的内容，即便是你的朋友或者公司员工在你的邀请之下赞了这个页面，他们也不会对这个页面产生兴趣。更不要说用这个空白的 Facebook 主页帮助你强化品牌形象，提升品牌价值了。所以，在你的 Facebook 主页刚建立起来的时候，不要急于让所有人都成为这个主页的粉丝。你要先做以下几件事情。

- 设置 Facebook 主页为不发布（Unpublish Page）状态。
- 设置主页的基本信息和内容。
- 将其他一起参与主页管理的同事或朋友添加为管理员。
- 将你的主页样式设置得美观。
- 添加与主页内容有关的基本内容。

只有完成这些操作之后，你才能将这个 Facebook 主页内容设置为发布状态，让更多的人看到这个 Facebook 主页的内容。

> 设置 Facebook 基本信息和页面设置的过程通常是一次性的。在设置之后，一般也不会轻易改变这里的内容。假如这些内容存在瑕疵，可能你的粉丝们会看到，而你却可能会忽略瑕疵的存在。因为你的注意力焦点放在如何和粉丝互动以及提供有趣的帖子上。
>
> 所以，在填写基本信息和设置页面的时候，你最好能够反复检验并保证一次填写正确。

你可以通过主页上方的"设置"功能来设置主页，如图 4-13 所示。

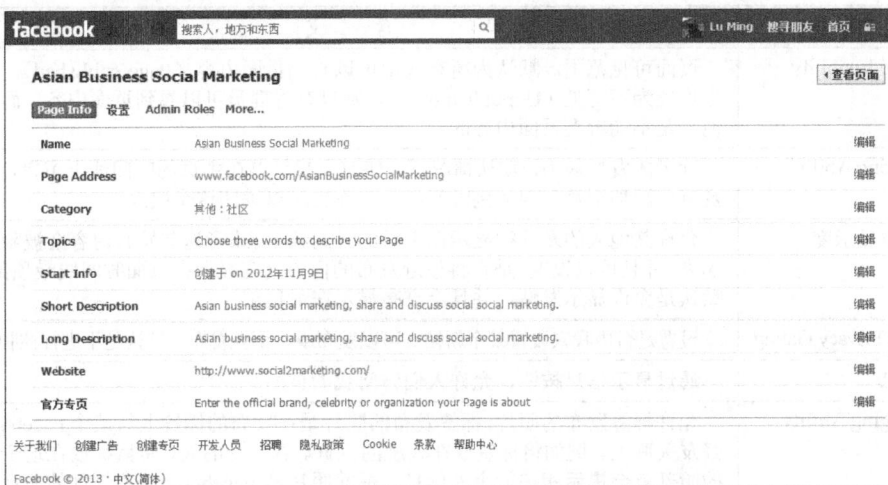

图 4-13 设置 Facebook 页面信息

在 Facebook 页面信息和设置中，最常用的设计就是图 4-13 中这些页面信息设置了。这些页面信息条目与含义如表 4-1 所示。

表 4-1 Facebook 页面信息设置

条 目	含 义
Name	主页名称。通常一经设定就不会被修改
Page Address	Facebook 主页地址。通常一经设定就很少被修改
Category	主页所属类别
Topics	有关于主页内容的主题，通常不超过三个词。这个属性有些类似于页面的标签
Start Info	主页所相关对象的创建时间。例如，社区的创建时间或者公司的创建时间。因为这个地址不是页面的创建时间，而是主页所对应的公司或者品牌的创建时间，所以是可以在 Facebook 主页中进行编辑的
Short Description	对于主页内容的简短描述。这个描述文字不能超过 155 字。它会出现在 Facebook 主页照片的下方
Long Description	对于主页内容详细描述。这个描述文字在点击主页中 Short Description 的"关于"超级链接之后就可以看到。详细描述的呈现样式如图 4-12 所示
Website	主页所对应组织的网站地址。这里可以是公司或品牌页面，也可以是 Twitter、Pinterest、Google+、Wordpress 或者 YouTube 等页面的地址
官方主页	主页相关内容的官方主页地址

在页面的设置中，可以对页面的阅读人群范围、内容发布权限、受众范围、内容范围等进行设置，如表 4-2 所示。

表 4-2 Facebook 页面信息设置

条 目	含 义
Page Visibility	页面可见范围。默认为所有人都可以看到页面内容（Page published）。如果设置为不可见（Unpublish page），则只有管理员可以看到页面内容，而其他人是不能看到页面内容的
Posting Ability	读者的发帖能力。默认情况下，任何人都可以在主页的时间线上留言，以及可以添加图片和视频到时间线上。你也可以关闭这个权限
发布显示度	允许其他人的发帖被显示在主页的时间线上，或者这些发布内容会被隐藏起来。并且可以设置，是否将最近发布的内容高亮显示在页面时间线最顶部。默认是允许显示发帖，并且会高亮显示在最顶部
Post Privacy Gating	设置是否由我来设置某个新帖文可以发布或者不能发布。默认是不进行控制的
信息	通过显示信息按钮，允许人们访问我的页面
Tagging Ability	允许标签发布的照片。标签发布的照片是在发布的标签上与某个 Facebook 好友关联上。例如将标签放在人脸的位置。看照片的人，将鼠标放在这个人的脸部就会提示相关的个人信息。标签照片是 Facebook 照片管理的亮点，我们将在第 7 章详细介绍
通知	设置是否接收来自 Facebook 的消息通知。默认自动接收 Facebook 的消息通知
国家限制	设置是否只有特定国家的人群才可以访问这个 Facebook 主页，而其他人群则不可以

续表

条　　目	含　　义
年龄限制	设置访问主页的人们的年龄限制，例如 13 岁以上都可以，或者 18 岁以上都可以
Page Moderation	禁止含有特定文字的帖子或评论。你可以在这里设定过滤关键词，每个关键词之间使用逗号分隔开
Profanity Filter	内容亵渎过滤。你可以设置对于亵渎你的网页内容的帖子进行过滤以及设置过滤的强度级别
相似主页推荐	在主页时间线展示你的受众可能还会喜欢的其他主页
Replies	允许在主页中用备注进行回复
Remove Page	删除你的主页

一般人们在填写 Facebook 主页中 Website 的时候，只填写一个地址。其实这里是可以填写多个地址的。

如果你要填写多个地址，可以在每个网站地址的 URL 之间用逗号隔开。这样在关于页面中，就会从前到后列出这些网站的地址，如图 4-14 所示。

图 4-14　Facebook 主页的简介

57

(i) 主页删除之后的 14 天内是可以恢复的。超过 14 天，则会被提示是否永久删除，或者只是不再发布这个主页的内容了。

Facebook 主页设置的 Admin Roles（管理员角色）页面可以添加其他人作为管理员，并设置管理员的权限，如图 4-15 所示。

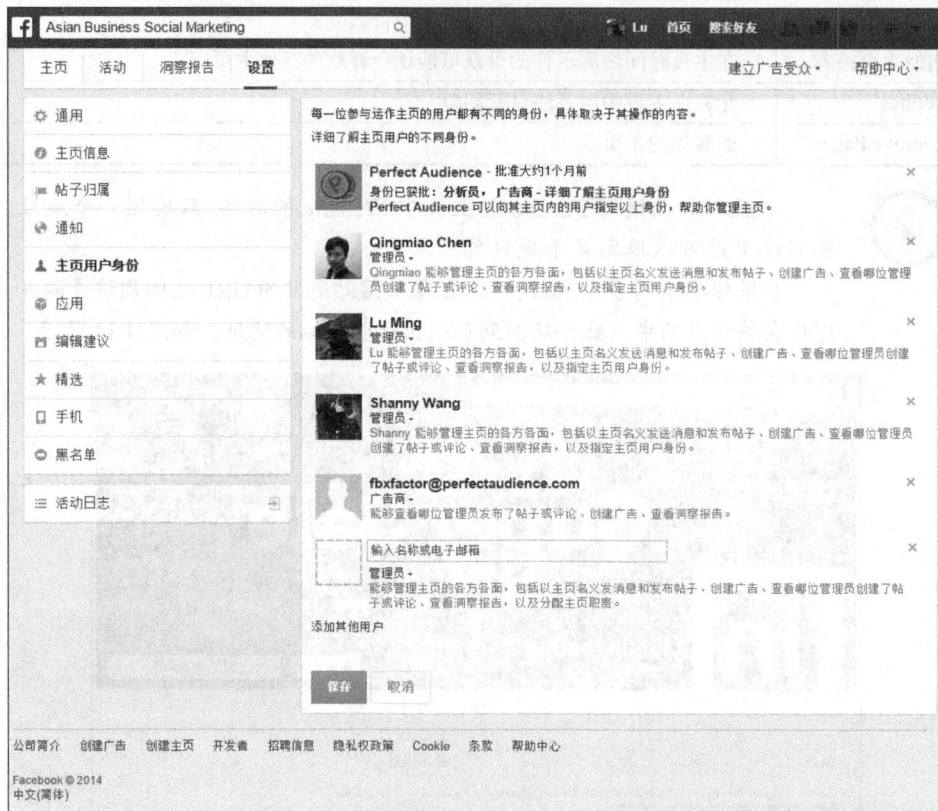

图 4-15　设置主页管理员

要添加管理员，需要赞过这个主页才可以。如果这个管理员是你的好友，你可以直接输入他的名字；如果不是，你也可以通过输入他的电子邮件地址将他设置为管理员。

Facebook 主页管理员有 5 种不同的权限定义，如表 4-3 所示。你要调整一个管理员的权限，可以点击他姓名下面的下拉列表，选择所需要调整的权限即可。因为在 Admin Role 界面中，这部分设置使用的是英文，所以表 4-3 中将中英文都列出来，以便查找使用。

表 4-3　Facebook 主页管理员权限

	Manager （总管理员）	Content Creator （内容召集人）	Moderator （版主）	Advertiser （广告主）	Insights Analyst （洞察报告分析师）
设定管理员角色	是				
编辑粉丝主页 及其应用	是	是			
以主页身份发帖	是	是	是		
创建与发布广告	是	是	是	是	
查看洞察报告	是	是	是	是	是

至少到写这本书的时候，Facebook 简体中文界面的翻译并没有完全完成。一些界面会看到中英文混杂的现象，而一些英文单词的中文翻译在不同页面中也不是那么统一。例如，"洞察报告"这个词，在有的页面中还在用"Insight Report"这个词。

如果可以接受繁体中文，可以将界面语言调整为"中文（香港）"或者"中文（台湾）"。这样，虽然页面内容是繁体中文的，但是翻译更完整，翻译的质量也更好。当然，有可能的话还是推荐直接使用英文界面。

在 Facebook 主页设置中，还有其他一些功能，例如，读者建议、精选内容以及使用移动设备管理 Facebook 主页。这些设置的具体内容如表 4-4 所示。

表 4-4　Facebook 主页的其他设置内容

功　　能	说　　明
读者建议 （Audience Suggestions）	你的页面的访问者对于关于部分内容的建议，如分类、说明、电话等
精选 （Featured）	主页中会特别提示的内容。例如你所赞过的其他主页，将会被循环呈现出来。你的主页管理员也将会出现在主页说明列表中
Facebook 移动 （Mobile）	提供了通过电子邮件管理内容，以及通过移动互联网和 iPhone 应用来管理主页内容的方式

4.5　装修 Facebook 主页

如果你已经按照之前的建议在主页创建之后设置成不发布状态，并且将简介、网站、电子邮件等都填写设置完整了。那么，剩下的 Facebook 主页装修将会集中在这几个方面：

- 更换一张与主题内容配套的封面图片；
- 更新一张专门为主页设置的个人头像；
- 美化主页的 Tab 标签，集成你的 Facebook 应用程序。

对于大多数公司，还是建议能花钱直接购买国外的 Facebook 主页装修服务。很多服务每个月不会花费太多，一方面可以节省大量时间，另一方面他们所提供的页面美化工具也集成了很多不错的最佳实践。这些都值得刚开始从事 Facebook 社交媒体营销的人去尝试的。很多人会同时采购多个服务，各取所长。

4.5.1　自助装修，技巧多多

自助装修 Facebook 主页中要重点设置的是两个部分，如图 4-16 所示。

图 4-16　封面和头像图片

- 封面图片，位于主页上方的通栏图片。
- 头像图片，位于主页左侧的方形图片，通常放置产品或品牌的 Logo。

这里说的头像图片不单指个人照片，而是主页中位于封面图片左下方的方形图片。在你的主页上，点击封面图片或头像图片上的照相机图标就可以更换或编辑这张图片。这些图片都可以从已经上传的照片中选择，或者重新上传一张新的照片。

Facebook 主页封面图片的尺寸是宽 851 像素，高 315 像素。虽然封面图片可以按比例缩放，但是上传的封面图片宽度最好不要小于 720 像素，否则看起来会很模糊。如果上传的图片尺寸很大，那么可以在 Facebook 中裁剪出你所需要的照片局部来作为封面，也可以对这张较大的照片进行缩放之后再作为 Facebook 的封面照片。

如果你没有专业的美术设计师，从实际经验而言，建议你上传的封面图片可以略大一些。这样你在进行页面设置的时候，上传的图片四边有些余量，以便你在图片上传之后进行微调。

个人头像和封面图片是叠加在一起的。个人头像在 Facebook 主页中是一张 168×168 像素的正方形图片，但是你在上传这张图片的时候，最小上传尺寸需要在 180×180 像素。仔细看这个头像有一个窄窄的白色边框，这是 Facebook 页面都有的。我们上传个人头像的时候不用去管这个边框。

个人头像与封面图片交叠在一起，个人头像距离封面图片顶部 210 个像素，距离封面图片左侧边界 21 个像素。很多人在设计封面图片的时候，会用一个漂亮的背景图，在个人头像的地方则会突出主页的主题。我们在之前所看到的 Adele、Zynga、兰亭集势等明星和公司的主页就是这样的设计。此外，也有一些主页利用这种图片叠加的错落，设计了有趣的 Facebook 主页样式。例如，Startup World 的主页中，个人头像重复了封面图片中螺旋线的设计让人过目难忘，如图 4-17 所示。Dunder 的主页中，Dunder 的照片和封面图片很好地融合在一起，就好像飘出封面图片之外的一张照片，如图 4-18 所示。

图 4-17 Startup World 的主页

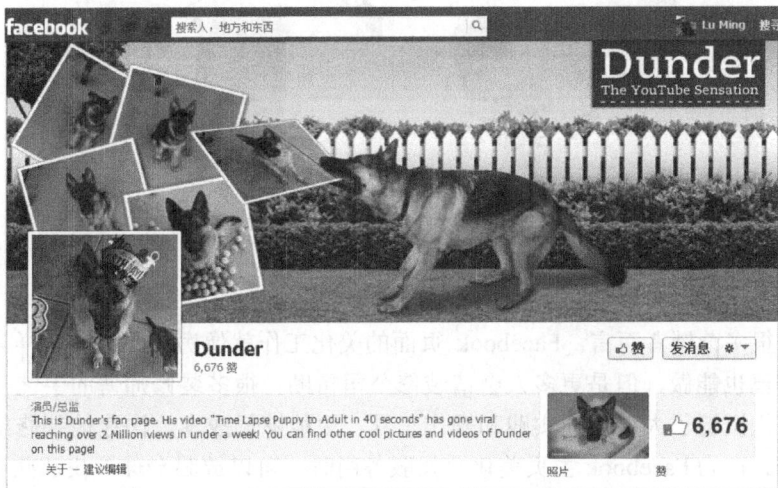

图 4-18 Dunder 的主页

稍加留意，不难发现，在 Facebook 中有很多构思巧妙、妙趣横生的主页图片设计。好的设计能为你的品牌带来更多意趣，也更有助于你基于 Facebook 开展与粉丝之间的互动。

除了调整主页封面图片和个人头像之外，你还可以在主页中设置相册、照片集或者站内应用。你的粉丝也能够快速而方便地从这里跳转到你的站内应用中。例如，在可口可乐的主页中，展开 Coca-Cola Store（可口可乐商店）可以看到销售最好的杯子、足球、排球等很多商品，如图 4-19 所示。

图 4-19　可口可乐应用页面

4.5.2　借助工具，专业快捷

对于很多营销者而言，Facebook 页面的美化工作就像房子的装修一样。虽然很多事情自己也能做，但是更多人会请装修公司帮助。很多装修师傅的手艺会比我们更好，他们沉淀了大量最佳实践和操作工具，更能够低成本、快速地装修出美观舒适的空间。在为 Facebook 主页美化寻找服务商时，可以放眼全球寻找那些有经验、高质量、价格合适的服务商。

装修还只是服务商工作中的一部分。在 Facebook 中，这些服务机构不但可以做装修，还能负责物业管理。具体来说，你可以使用他们的工具来管理你的 Facebook 页面样式、开展互动设计、定时发布内容，甚至为你的团队提供营销外包服务。这就是选择使用 Facebook 主页管理第三方工具的原因。

基本上各个 Facebook 主页定制化第三方工具都具有这样一些基本功能。

- 基于站内应用设计模板和主题，你可以快速生成 Facebook 站内应用。这样的应用可能是商品形象展示、产品促销或者其他品牌社区活动。
- 鼓励你的粉丝参与到品牌社区中，如粉丝互动、粉丝专属内容、分享、朋友邀请、内容下载等。
- 支持 PC、平板电脑和手机等不同设备的展现。
- 与其他媒体工具集成并实现整合营销，如在线咨询、Code Widget、YouTube、Instagram、Twitter、Pinterest、Foresquare、Google 地图、SoundCloud 等。
- 管理"我的最爱"列表和应用。
- 与其他营销同事合作管理 Facebook 主页和应用设计。

有的第三方工具还能够对主页的封面图片和个人头像进行设计和管理。

比较常见的 Facebook 主页定制化第三方工具有以下几个。

- Pagemodo，网址为 http://www.pagemodo.com/。
- ShortStack，网址为 http://www.shortstack.com/。
- Heyo，网址为 https://heyo.com/。

大多数这样的工具都可以以随需付费的方式来使用。你如果用一个月就交一个月的费用，如果不用则可以停止付费。这些工具的价格从每月不到 10 美元到几百美元不等。最初的一个月左右是可以免费试用这些服务的。你可以试用之后再决定使用哪个工具开展你的营销活动。

> 很多营销者并不会只采购一种工具来开展营销活动，会同时采购多个服务，因为不同工具在不同的细分领域各有特色。例如，使用 pagemodo 进行主页内容美化，同时使用 North Social 建立适合自己行业特点的移动应用。

4.6 小结

建立一个高质量的 Facebook 主页是开展 Facebook 营销的第一步。

在完成 Facebook 主页的注册、设置和装修美化之后，你就可以开始将你的客户与伙伴吸引到 Facebook 中，和他们开展交流互动，你也将在这个平台之上吸引更多潜在消费者成为你的新粉丝。现在就开启一段精彩的 Facebook 社交媒体营销之旅吧。

第 5 章

>>>>>> **Facebook 发帖诀窍**

在 Facebook 上发布的帖子和评论与常见的公司新闻稿和博客文章相比，还是有很多不同的。以恰当的方式发布内容并与粉丝互动沟通，将为你的产品和服务带来更好的用户参与度和口碑。

在这一章中，我们将了解到：

- 更新主页状态；
- 发布照片与视频；
- 发布活动信息；
- 发布大事记；
- 建立和参与小组讨论；
- 为 Facebook 主页吸引粉丝。

5.1 更新主页状态

更新状态是 Facebook 营销中最常用的操作。你可以将有趣的文章发布在 Facebook 上，也可以转载 YouTube 视频、博客文章，如图 5-1 所示。

图 5-1 更新 Facebook 状态

主页状态更新看似简单的信息发布功能，却有很多技巧，例如：

- 状态更新的内容风格；
- 发布内容的时间；
- 设置内容相关的地点；
- 转载图片、视频和博客文章。

5.1.1　Facebook 的帖子风格与技巧

在社会化媒体营销中，一个帖文从创作到发布非常简单而迅速。尽管如此，我们还是能发现一些经营出色的 Facebook 主页的写作特点。

Bloomberg Television 是其中一个。Bloomberg 国内多翻译为彭博社，是迈克尔·布隆伯格在 1981 年创建的财经媒体集团。图 5-2 给出的是彭博社的一个突发新闻，在写作上 BREAKING（突发新闻）将会吸引社区粉丝特别的关注。

Bloomberg Television
BREAKING: JPMorgan accused by U.S. regulator of manipulating power market
赞·评论·分享·👍153 💬28 📋46 ·17 小时前在 New York, NY 附近·✳

图 5-2　彭博社的突发新闻

如果你在开展基于 Facebook 的社会化媒体营销过程中，营销的主要媒体是你自建的网站或者博客，那么可以在 Facebook 中发布有吸引力的文章，将你的粉丝导入你的网站中。在图 5-3 中，哈佛商业评论和时代杂志都是通过这样的方法将粉丝吸引到他们自建的新闻网站上的。

Harvard Business Review
Do you really need a résumé in the LinkedIn era?
http://bit.ly/1αqe6k
赞·评论·分享·👍508 💬63 📋184 ·5 小时前·✳

TIME
Haiti's jails are 335.7% full, according to the International Center for Prison Studies, making it the most overcrowded system on the globe.

Here are the 10 worst countries for prison overcrowding: http://ti.me/16p5qq2
赞·评论·分享·👍250 💬27 📋106 ·4 小时前·✳

图 5-3　将 Facebook 粉丝引导到自建网站

Facebook 的帖文还能容纳更多的文字以及使用简单的分行。Facebook 帖文布局为营销者提供了更多施展空间。图 5-4 给出的是 Google AdWords 一个关于搜索广告的在线培训的介绍。Google AdWords 在线培训的帖子与前面彭博社言简意赅的突发新闻稿相比，内容特点不同、目标受众不同，所以文字风格也有针对性地进行了不同设计。在这段帖子中，通过加入一些空行，使得内容结构清晰，便于阅读者快速了解文字内容、找到参加培训的链接。

图 5-4　Google AdWords 在线培训的帖文

在这个讲座信息的帖文中，首先是类似标题的一句话，明天将会开展改善搜索广告系列绩效的在线讲座。间隔一个空行之后是关于讲座的具体内容。最后，再间隔一行是参加讲座的 URL 地址。点击参加会议的地址可以进入在线学习网站。通过空行所分隔的每段文字都简洁清晰地传递各部分的信息。

虽然 Facebook 的帖文不可以包含复杂的排版信息，但至少我们从图 5-4 所示的 Google AdWords 的帖文中可以总结如下几点技巧。

- Facebook 的帖文是可以包含很多具体信息的，与 Twitter 相比，篇幅更长，内容更丰富。
- Facebook 的帖文可以通过空行形成分段的效果，每段一个中心主题，言简意赅、内容清晰。
- Facebook 的帖文可以包含指向站外的 URL 地址，可以是视频讲座，也可以是公司网站、产品宣传、博客或者其他。

帖文的写作格式和内容与 Twitter 或者国内的微博也有很大的不同。Twitter 或者微博的内容通常是用一段精简的文字对一个具体事情进行陈述，而且很少会有更多的细节信息。如果你是微博或者 Twitter 的专家，在面对 Facebook 的时候可以稍微留意这个细节。

> 在你开展 Facebook 平台上的内容营销之前，浏览你所钟爱的品牌、合作伙伴和竞争对手的帖文，体会他们发布这些内容的原因，对于提升你的 Facebook 内容营销能力会有不小帮助。

对于包含主题标签（hashtag）的内容进行特别的排版，也可能会产生良好的阅读体验和传播效果。主题标签是一个以#号开始的文字，Twitter 和 Facebook 默认会在这个标记开始的单词上添加超级链接。用户点击帖文中主题标签的超级链接之后，页面将会跳转到包含主题标签的页面。

主题标签是最先在 Twitter 上得到广泛使用。在 Twitter 中受到字数和排版的限制，往往主题标签被内嵌在一段推帖的内部，如图 5-5 所示。

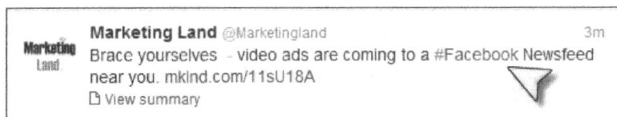

图 5-5　Twitter 中的主题标签

> 在 Facebook 中加入主题标签的时候，并不建议将主题标签放在内容之中。最好可以将主题标签放在文字内容最后或者作为一行独立的文字。

当开展 Facebook 内容营销的时候，由于 Facebook 可以支持更多文字和更加丰富的排版样式，所以一些有经验的营销者可以从排版上将主题标签和帖文正文进行区隔。这样，主题标签就会更加醒目而易于阅读。例如，图 5-6 是"兰亭集势"包含主题标签的帖文，在这里，主题标签与帖文正文之间通过空行和下划线进行区隔。

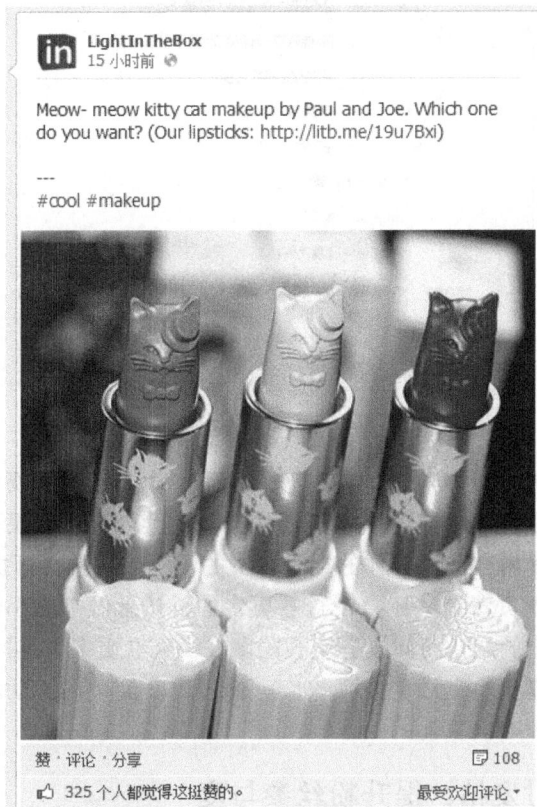

图 5-6　兰亭集势包含主题标签的帖文

最后需要你注意的是，虽然 Facebook 的帖文内容可以比较长，但是如果文字很多，Facebook 会将后面的文字隐藏掉，取而代之的是一个"查看更多"的超级链接，如图 5-7 所示。

图 5-7　包含查看更多的帖文

　　如果你的帖文内容较多，最好能在开始的几十个字简明扼要概括您的观点，文字组织上还要能激发你的粉丝的兴趣，继续浏览后续内容。如果不能在前面几十个字吸引客户阅读后续内容，那么你的这个帖文的营销效果就会打折扣了。

　　我们看到有的主页营销者还会在查看更多的链接上做一些小游戏。例如，在最前面的文字提出一个问题，而问题答案被隐藏在"查看更多"链接所隐藏的内容中。阅读者只有点击查看更多后才能发现答案。通过这个简单的互动游戏，粉丝阅读内容会更细致，参与程度也更强。

5.1.2　排程定时发帖，提升粉丝参与度

　　只是更新状态，对于开展海外社会化媒体营销而言是不够的。使用定时发帖的一个好处就是，你可以将帖子提前编排完成，然后设好定时。到了那个时间，Facebook

自然就将帖子发出去了。

　　不同国家的粉丝们作息时间可能不同。如果你面向德国开拓市场，北京时间下午 4 点是德国人早晨 9 点开始工作的时间。如果你的客户在美国西雅图，那么可能你一天最早的 Facebook 状态更新需要在晚上十一二点才能发出，这个时候你的西雅图客户正在精力充沛地开始新的一天。否则虽然你发布了新的帖文，但是大家还在休息，这样的内容营销和社会化媒体营销的效果就会很糟糕。即便在同一个时区，办公一族一般都是朝九晚五地工作，通常上网会集中在早晨和傍晚，而游戏达人们在晚上会更加活跃，还有的人只有在周末才能拿出一些时间稍事休息。

　　操作定时发帖不需要借助第三方工具，在 Facebook 中就可以独立完成了。如果留意，我们会发现在 Facebook 状态更新的输入框左下角有一个时间图标。点击这里可以设置帖子的发布时间，精度可以设置到某年某月直到小时、分钟。设置完成之后，你的帖子就会在这个时间发出去，如图 5-8 所示。

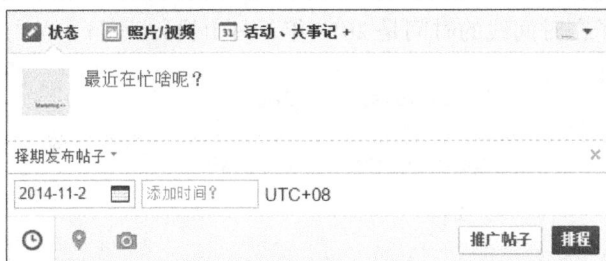

图 5-8　定时更新状态

　　在设置定时的时候需要注意，Facebook 会按照你的账户时区来排程定时发布。如果你的目标受众和你的账户时区不同，就需要进行时区转换。例如，你的账户时区是北京时间，而你的主要目标受众是美国人或者巴西人，你又希望能够在当地时间早晨 11 点来发布这个状态更新。那么在设置发布时间之前，你需要提前将时区转换计算好。

　　计算时区转换，推荐使用 www.timeanddate.com。

　　这个网站可以提供时区转换、世界主要城市的时间、月历、天气、时间和时差计算等有用的信息。

5.1.3　穿越旧时空的发帖

　　将帖子发布到过去的某个时间是 Facebook 的穿越功能，如图 5-9 所示。例如，曾经公司重要产品上市，但是没有在 Facebook 中记录下来。直到很久之后，人们忽然发现这款产品在 Facebook 时间线上遗漏了重要的大事记事件。或者，你的公司成立了 50 年，那个时候 Facebook 还没有成立。你需要将这段重要历史记录下来，就可以使用穿越功能将帖子发布在已经过去的旧时空中。

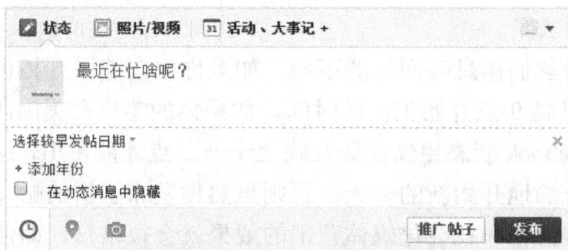

图 5-9　发布帖子到较早的时间

将帖子发布到过去和前面所提到的排程以及将帖子发布在未来某个时刻有所不同。将帖子通过排程功能定时发布，需要指定帖子发布的具体日期。而将帖子发布到过去，则不一定必须指定到某一天，只需到某一年或者某个月就可以了。如果将帖子补发到过去的时间点，可以选择将帖子隐藏掉，不在动态消息中显示出来。

图 5-10 所示为补发了一条状态更新到 2013 年的元旦。发帖的时间在 2013 年的 8 月 3 日，而帖子在时间线的时间是 2013 年 1 月 1 日。

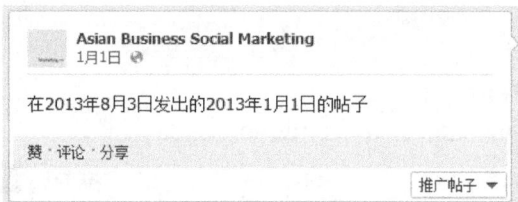

图 5-10　补发状态更新

对营销者而言，补发状态更新是一个很有价值的功能。

你的品牌可能已经有十几年甚至几十年历史。你可以将过去的重要事件整理和记录下来。

在补发已经发生的状态更新的时候，需要注意一个细节，补发的时间不能早于你的主页相关的品牌或者产品的创建时间。否则你就会收到发帖时间过早的提示，如图 5-11 所示。如果你的确希望发布一个很久之前的帖子，你还可以修改你的主页开设时间。修改之后，你就可以正常发帖了。主页创建时间最早可以设定到公元 1000 年。

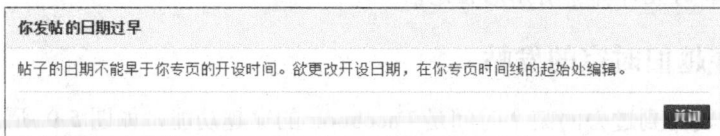

图 5-11　发帖日期过早

当然，对于主页的粉丝们，他们可以第一时间看到穿越时间的帖子。只是这样的帖子的描述和通常我们所见到的帖子会有些不同，Facebook 会标记出来这个帖子是过去发生的，如图 5-12 所示。

图 5-12　个人账号中看到的过去的状态更新

如果你希望修改发帖的日期。你还可以在时间线上点击帖子右上角向下的箭头，打开管理帖子的菜单来更改日期，如图 5-13 所示。

图 5-13　更改发帖日期

5.1.4　设置内容相关的地点

设置状态更新的地点也是社会化媒体营销中常用的技巧。这个功能可以让粉丝一目了然地看到状态更新的位置。

在状态更新的左下角有一个图钉的按钮，点击之后就会出现关于地点的提示。例如，我昨天在北京海淀区的知春路地铁站和朋友小聚，我想发一条与之相关的帖子，那么就可以在这里输入知春路，Facebook 会提示我与知春路相关的地址，我很容易就选择到了知春路站。发布之后，我们可以看到一个包含 Bing 地图的帖子。

如果你正在国外某个地方开展市场活动，或者希望借助 LBS（Location Based Services）或者 O2O（Online To Offline）的方式吸引顾客光临你的门店，就最好能在你的帖子上加上地理位置。这样，你的顾客就可以按图索骥来联系到你。很多餐饮企业或开展线下业务的企业都会使用 LBS 来招揽客人。

5.1.5　转载图片、视频和博客文章

在 Facebook 上转载包含图片、视频或博客的帖子，可以将不同媒体营销平台的资源串联起来。例如，我在一个网站中发现了一篇社会化媒体营销顾客参与度分析的文章，感觉这篇文章不错，于是就将这篇文章的 URL 地址填写在状态中。Facebook 会自动下载这个页面中的图片、页面标题和内容摘要，然后将这些信息放在我所要

发布的帖子下面，如图 5-14 所示。

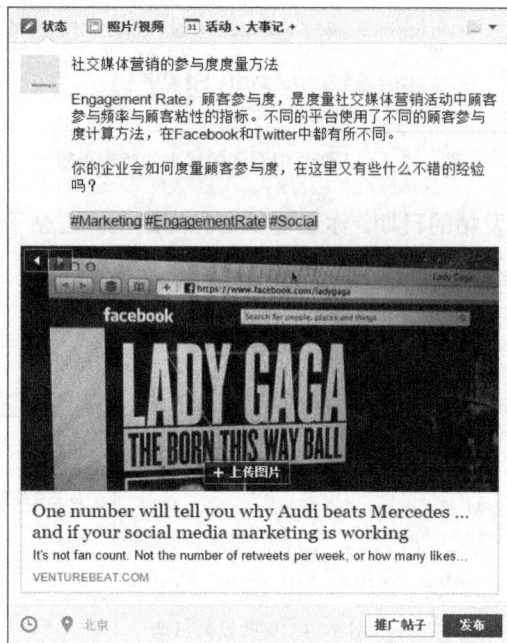

图 5-14　转载的文章

　　你还可以对转载内容进行二次加工，翻译成你的语言。甚至可以点击转载内容的图片换一张图片，点击标题更换标题，点击下面的摘要文字更换成你需要的文字，在 Facebook 中可以使用自己的语言对转载的内容进行进一步编辑，这是一个很有价值的功能。面对全球营销，不同的人对于内容的解读是不同的。修改转载内容的功能背后是让内容更加贴近粉丝的营销技巧。使用合适的方式解读内容，更方便于将你的想法传递给粉丝们。当然，大多数情况下还是使用原汁原味的信息，因为这样的信息最能表达转载文章原始作者的初衷。

　　在图 5-15 中，我将转载文章的标题换成了中文，这样发布之后，我主页的中文粉丝就可以方便阅读了。如果需要，你还可以进一步修改图片和摘要文字的内容。

　　　　小心谨慎地修改转载内容。

　　　　转载文章的图片和文字在发布之后就不能再修改了。当然，还可以继续修改帖子的文字，如图 5-16 所示。

　　同样的方法，我们也可以用于转载 YouTube 上的视频。在将 YouTube 的页面转载到 Facebook 的时候，Facebook 会自动帮我们截取视频的缩略图、标题和摘要文字。如图 5-17 所示。当然，你也可以根据需要使用自己的转帖缩略图，以及合适的标题和摘要介绍文字。

图 5-15 更改引用文章标题的帖子

图 5-16 编辑转载的帖子

图 5-17　转载 YouTube 的视频

如果你要在转载内容中使用自己加工过的缩略图，仔细观察就会发现，视频的缩略图与转载图和博客的缩略图的尺寸比例不太一样。

随着 Facebook 页面改版，不同类型的图片尺寸会发生变化。在写作这部分内容的时候，Facebook 主页的时间线中，视频缩略图尺寸是 150×115 像素，转载图片的缩略图尺寸则是 100×100 像素。在个人粉丝的状态更新页面中，视频缩略图尺寸是 130×100 像素，转载图片的缩略图尺寸是 150×150 像素。

> 随着 Facebook 用户体验设计的不断改善，这个默认缩略图尺寸也可能会发生调整。
>
> 一种定制缩略图的技巧是，将定制缩略图尺寸制作得稍大一些。未来，即便 Facebook 调整用户体验设计，你的主页图片效果依然舒适和专业。

5.1.6　在 Facebook 中分享帖子

在浏览 Facebook 主页的时候，往往会有一些令人感动的内容值得分享给朋友和粉丝们。通过分享帖子功能，可以将帖子分享到他们的时间线或者主页上。

在每个 Facebook 主页的帖子的左下角都有一个分享按钮，不管这个帖子是状态、视频、图片、内容转载，或者其他都可以分享，如图 5-18 所示。分享的途径有很多，包括：

- 分享到自己的时间线；
- 分享到朋友的时间线；
- 分享到小组；
- 分享到你所管理的主页；
- 使用站内消息分享给特定的朋友。

图 5-18 分享帖子

　　需要注意的是，这种分享方法在主页时间线上和个人账户的动态新闻中所呈现的样式是不同的。在主页的时间线上，分享帖子的内容和编辑的内容融合在一起，阅读起来更像是一个完整的整体，如图 5-19 所示。在个人账户的动态新闻中，分享时所编辑的内容和原来帖子的内容从文字排版上一目了然地被分隔开。

图 5-19 主页中的分享内容

　　另一个值得注意的细节是，一个帖子被不同的主页分享，在 Facebook 用户的动态新闻中只能看到最后一个帖子，之前的分享不会重复显示（如图 5-20 所示）。这样的好处是显而易见的。没有了那么多刷屏和重复的内容，读者的注意力可以更加集中在新鲜而有特色的内容上，碎片化阅读效率也更高。

图 5-20 时间线中的分享帖子

5.2 发布照片与视频

趣味横生的照片或视频的传播效果胜过千言万语。照片和视频也是我们在 Facebook 社会化媒体营销中经常会使用到的。

上传照片和视频之后可以对说明内容进行各种常规设置，包括：

- 添加主题标签；
- 设置帖子的发布时间；
- 设置照片或视频的地址。

此外，照片和视频帖子有两个实用却往往会被忽略掉的功能：

- 调整图片位置；
- 圈图片和圈视频。

圈照片和圈视频是一个很实用的功能，如图 5-21 所示。你可以在 Facebook 中用圈照片的功能将照片中的人物、产品或者地理标志物圈出来，再关联到相应的主页或者个人账户上。当粉丝的鼠标滑过照片或者右侧文字介绍中的姓名时，照片中会高亮显示他的名字和位置。

早期的 Facebook 中可以调整照片的位置。现在不可以调整照片位置，但是可以支持成比例缩放显示。所以照片要先编辑、修饰完成，再上传到 Facebook 中。在修饰图片的时候，利用黄金分割构图法将核心元素布局在黄金分割线上，照片看起来会更舒服。有的时候，当你看大照片的时候是一种感受，但是尺寸缩小之后味道就不同了。因此，每次你在发布照片到主页之后，一定要回去浏览一下这个图片帖子的显示效果是否符合要求。

图 5-21　圈照片

　　在早期的 Facebook 中，对于照片尺寸没有特别高的要求，相应的照片质量要求也比较宽松。现在就不一样了，Facebook 提供全屏浏览照片的功能，这是过去没有的。如果你的照片质量存在瑕疵，在全屏浏览下瑕疵就会被放大。所以，你在发布一张照片到主页的时候，需要更加严谨认真。当然，照片全屏显示的好处显而易见。照片尺寸越大越清晰，在几乎没有任何多余的干扰下欣赏图片越容易打动人心，如图 5-22 所示。现在大多数人的 PC 显示器都是 22 寸以上的了，笔记本也是 12 或者 14 寸宽屏显示器，如果你也尝试全屏播放图片，就会知道这个设计对客户心理影响会有多大了。

图 5-22　全屏显示图片

　　Facebook 支持批量上传多张照片和视频。第一个上传的照片会突出显示出来，其余照片会像幻灯片一样依次排列在下面。这个布局对于 PC 浏览器和移动 App 浏览的用户体验都提升不少。在营销活动中，不妨尝试将照片分组发布出来。

5.3　发布活动信息

在 Facebook 的主页中还可以召集品牌社区的粉丝们参加线上或线下活动。你可以在主页的状态更新中选择"活动、大事记+"，添加活动，然后再邀请你的好友、生意伙伴等参加这个活动，如图 5-23 所示。

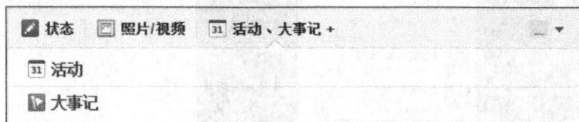

图 5-23　添加 Facebook 活动

点击创建活动链接之后，你会在 Facebook 主页中看到一个创建活动的对话框，如图 5-24 所示。依次填写活动名称、详细信息、活动地点、门票、开始与结束时间以及设定目标受众之后，就可以创建这样的活动了。

图 5-24　创建 Facebook 活动

在创建活动的页面中有一个门票（ticket）的输入框。如果你的活动是付费活动，例如，酒吧音乐会或研讨会，你可以将购票网站的 URL 地址填写在门票输入框中。你的粉丝如果希望参加活动，可以点击这个链接到你的网站购买门票。

活动发布之后就会出现在这个主页左侧的活动预告中，如图 5-25 所示。点击活动标题就可以进入活动页面。

图 5-25　发布在主页中的活动

在创建活动之前，最好能准备好一张高质量的活动封面照片。刚创建的活动是没有封面照片的。在活动创建之后，马上进入活动页面将照片更新。在广告营销中，优秀的广告创意能带来良好的转化，优秀的图片创意对于广告转化率的贡献最大。和广告营销一样，高质量的活动图片也能带动转化率提升。

点击活动页面右上角的"更改活动照片"来添加照片，如图 5-26 所示。活动照片可以单独上传，也可以来自 Facebook 其他地方：

● 从页面已有的照片中选择一张图片；
● 单独上传一张照片；
● 从活动照片中选择一张照片；
● 从相册中选择已经同步的照片。

图 5-26　更改活动照片

如果你的活动是一系列活动，建议每次使用的图片最好风格统一且容易产生联

79

想。这样你的粉丝们会更容易记住系列活动并持续参与进来。你甚至也可以上传一张照片之后，以后每次都用同一张照片。只要一看到这张照片，粉丝们就知道这个系列的活动要开始了。

通常活动照片的尺寸为 784×295 像素。根据经验，上传宽度在 1000 像素上下的 JPEG 格式图片就足够了。这个尺寸比较小，很容易上传，也可以支持在页面中拖曳，重新调整照片位置，让图片与活动标题文字形成呼应，更加美观。

活动过程中或活动结束之后，你还可以将活动中的精彩图片、视频和精彩花絮发布在活动页面中。这些美好的故事和记忆也将成为未来和朋友与粉丝们回味和探讨的话题。

5.4　发布大事记

大事记是你的产品或品牌在成长过程中所经历的重要的具有纪念意义的事件。这样的大事记会记录在主页的关于页面中，如图 5-27 所示。

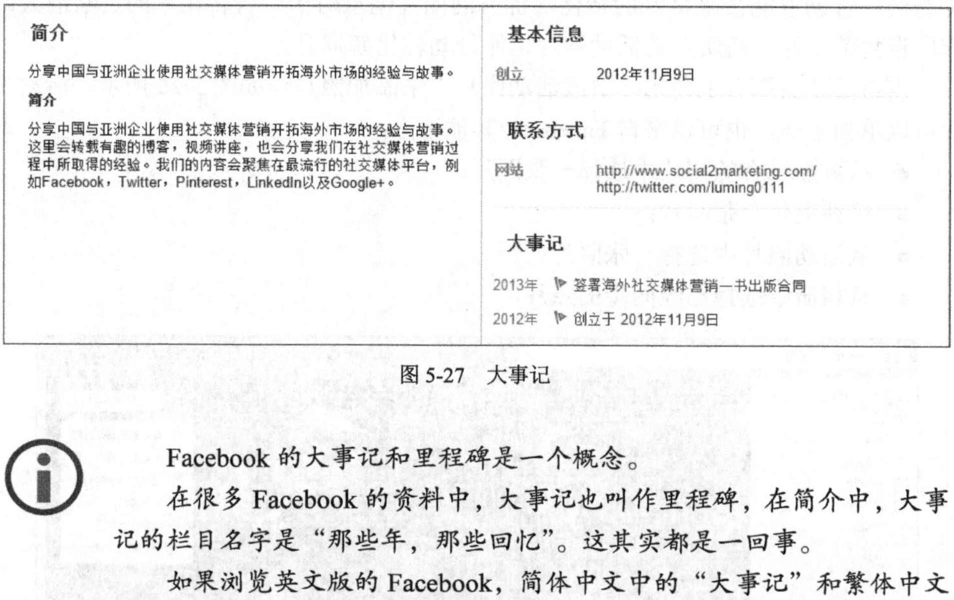

图 5-27　大事记

Facebook 的大事记和里程碑是一个概念。

在很多 Facebook 的资料中，大事记也叫作里程碑，在简介中，大事记的栏目名字是"那些年，那些回忆"。这其实都是一回事。

如果浏览英文版的 Facebook，简体中文中的"大事记"和繁体中文中的"里程碑"在英文版中的名称是 Milestone，而简体中文中的简介页面的"大事记"栏目以及繁体中文中的"人生大事"和"生活要事"的英文名称是 Life Events。

如果你正在阅读英文版或者繁体中文版 Facebook 营销资料，可以稍加留意这个用词的区别。

可以选择将大事记在主页的时间线中以通栏的样式呈现出来，也可以选择将大事记从时间线中隐藏，而只出现在关于页面中。这都是根据你的内容和你的选择而定的。

发布大事记的入口和状态更新在一起，选择最后一个"活动、大事记+"，然后再选择下面的大事记就可以添加大事记了，如图 5-28 所示。

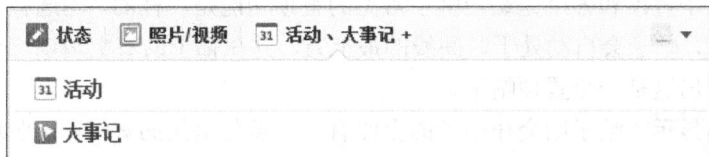

图 5-28　添加大事记

在添加大事记的对话框中，依次输入大事记的标题、地区、时间、说明并上传照片就可以了，如图 5-29 所示。如果你只是希望大事记出现在相关页面，而不想让它出现在主页的时间线和粉丝们的动态新闻中，你可以选择从动态消息中隐藏（Hide from News Feed）。

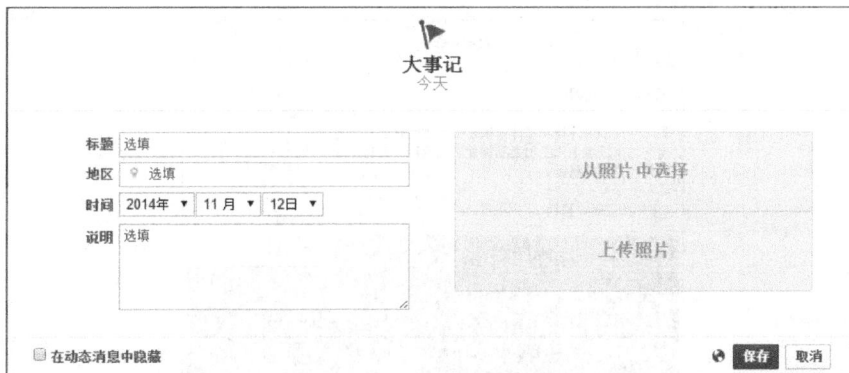

图 5-29　添加大事记

5.5　其他主页内容营销技巧

在主页的内容营销中，还会用到一些技巧。也许并不是经常使用，很多人会忽略这些技巧。用好这些技巧，能让 Facebook 营销绩效更加出众，例如：

- 将帖子发布在时间线的顶端并高亮显示；
- 发布推广帖子；
- 隐藏帖子与恢复显示；
- 删除帖子；
- 创建未发布的帖子；
- 将帖子发布到其他博客或网站。

5.5.1　将帖子置顶或突出显示

将帖子发布在时间线的顶端并高亮显示是 Facebook 的两种帖子呈现形式，如图图 5-30 所示。

- 将帖子置顶和各个论坛社区中常见的置顶功能是一样的。当选择了这个选项之后，帖子会自动处于时间线的最上方，并在帖子的右上角以一个黄色方块标记出这是一个置顶帖子。
- 突出显示的帖子则会在帖子的上面有一个蓝色星星的标记，说明这个帖子是突出显示的。如果取消突出显示，则这个蓝色的星星就会消失掉。

> 突出显示（highlight）功能在之前的版本中是通栏显示的，当时中文版对应的名称是高亮。
>
> 早期 Facebook 介绍中，会有一些关于帖子通栏显示的技巧。这个功能已经被现在的突出显示所替代了。现在的 Facebook 中已经没有通栏显示的效果了。

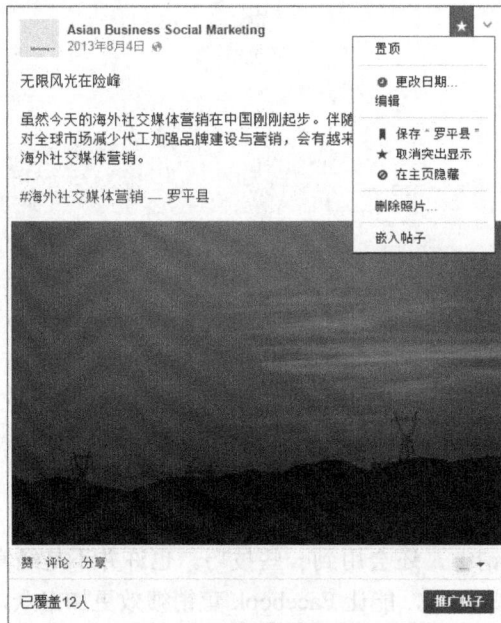

图 5-30　突出显示的帖子

5.5.2　发布推广帖子

在 Facebook 主页中，还可以对帖子或主页进行广告推广，如图 5-31 所示。进行 Facebook 主页推广，能够吸引更多粉丝注册，提升粉丝参与度，加强粉丝的黏性。

对 Facebook 帖子进行推广，能够将你的声音转播得更远、更久。本节会简单介绍在 Facebook 主页中推广帖子的方法。至于更进一步的广告管理、绩效分析和优化，我们会在后续章节中详细介绍。

图 5-31　推广 Facebook 主页

　　在 Facebook 主页的左侧和右侧各有一个对主页进行推广的入口。点击就可以进入。

　　可以对某一篇帖文内容进行推广。例如，对于一个社会化媒体营销沙龙活动的帖子进行推广，让更多的人能看到这个消息。点击这个活动帖子右下角的推广帖子按钮，设置受众范围以及预算之后，就会发布这个推广帖子的广告，如图 5-32 所示。

图 5-32　推广帖子

虽然推广帖子的方法简单易用，但是并不建议你在这里设置广告。建议你使用 Facebook 提供的 Ad Manager 和 Power Editor 来编辑和制作广告。

使用专业的广告管理工具可以帮助你进行很多精细化的创意、目标受众、发布时间调度、费用预算等方面的管理。不同的广告创意与目标受众设置不同，所带来的投资回报率可能会相差很大。

5.5.3　隐藏和恢复显示帖子

如果你有一个帖子，不想让它在时间线中显示出来，可以把帖子隐藏掉。如果想再恢复到时间线中，会稍微有些复杂。首先你要打开所有帖子列表，如图 5-33 所示。有两个方法可以打开帖子列表：

- 在设置页面中，点击"活动日志"；
- 点击主页左上角的"活动"菜单，在"通知"页面中点击"活动日志"。

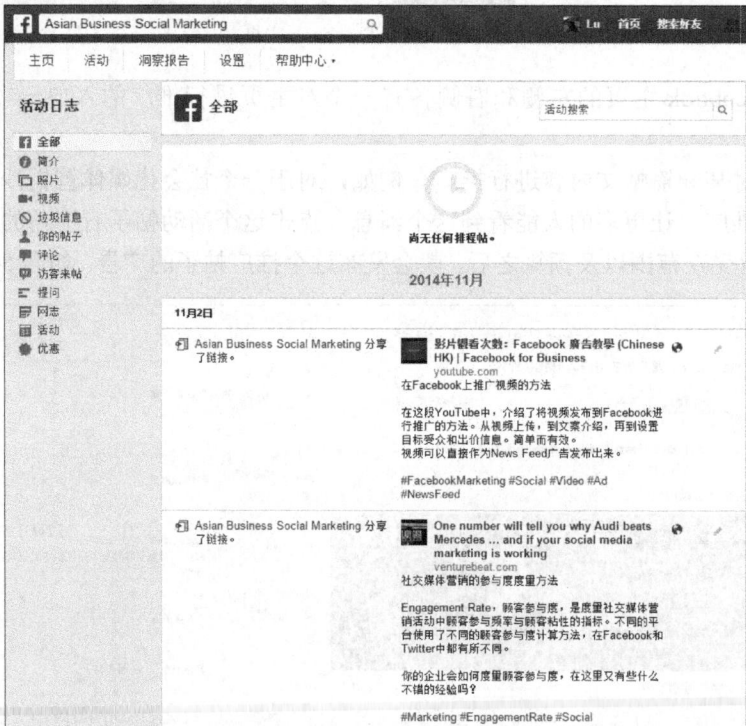

图 5-33　活动日志

点击帖子右上角的画笔图标，将菜单展开就可以将隐藏的帖子显示出来了。同样在这里也可以隐藏帖子，或者对正在显示的帖子进行高亮显示，如图 5-34 所示。

图 5-34 在主页中显示或隐藏帖子

> 隐藏的帖子并不是说你的粉丝无法看到，而只是在时间线中不显示出来。他们依然可以通过搜索或者其他方法打开。
>
> Facebook 还有一种"未发布"的帖子类型。这种帖子主要是用在Facebook 广告中的。这种帖子只有广告客户和设定的目标受众可以看到，其他人就完全看不到了。即便搜索也不可以看到。

5.5.4 删除帖子

如果你希望删除曾经发出的一个帖子，可以在这个帖子的右上角点击画笔图标打开菜单，然后点击"删除"即可。如果帖子删除了，是不能恢复的。

如果删除帖子的原因是帖子内有负面评价，大可不必。Facebook 社区中即便是有一些情绪化的评价，整体而言还是趋向于客观和有礼貌的。少数的负面评价也不会对你的产品和品牌产生很大影响。这本来就是一个客观的现实世界，只有好评没有中评和差评的商品几乎是不存在的。如果将删帖作为维护品牌的手段，那么即便你的粉丝不在你的地盘发表负面评价，也会在其他地方来说出他们的感受。你听不到，看不到，不等于没有。这时你也不能开展有效互动来解释说明，否则会对你的品牌造成更大的损害。删帖的功能是常用功能，但是需要看使用的场景。

5.5.5 创建未发布的帖子

创建帖子就是为了发布的，为什么还要创建"未发布的主页帖子"呢？其实这是为一种特定的Facebook广告 Dark Post News Feed Ads 而设计的。这种帖子可以是状态、链接、照片、视频或者优惠信息等。帖子创建之后并不会在 Facebook 的状态更新中显示出来，而只有随着广告一起在状态更新中才会显示出来。

"未发布的主页帖子"需要在 Facebook 广告管理工具 Power Editor 中创建，如图 5-35 所示。当创建帖子页面下方的"该帖子将仅作为广告使用"的单选框被选中之后，这个帖子就只会随着广告发布出来了。关于 Power Editor 这个工具，我们将在后续 Facebook 广告管理工具中详细介绍。

图 5-35　创建未发布的主页帖子

　　有别于 Facebook 主页中的帖子，如果未发布的主页帖子类型属于链接或优惠这两种，这种帖子还有很多更加精细化的设置。例如，对于链接类型的帖子可以设置行动号召。行动号召就是鼓励帖子读者采取行动，如图 5-36 所示。

- 立即购买；
- 了解详情；
- 注册；
- 现在预订；
- 下载。

　　对于发布优惠类型的帖子，不但包含优惠过期时间、提醒、条款和条件、领取限制、兑现 URL、兑现码、条形码，甚至可以设置条形码格式，如图 5-37 所示。将条形码格式设置为二维码，那么广告受众只要用手机扫描屏幕上的二维码就可以了。这非常有利于你的广告传播和提升投资回报率。

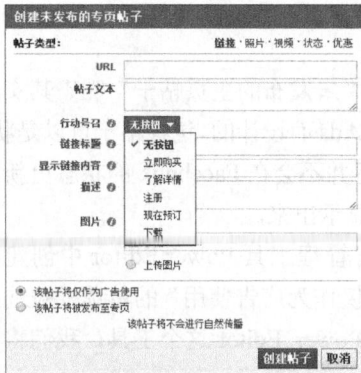

图 5-36　设置帖子的行动号召

图 5-37　设置优惠的二维码

在创建未发布的主页帖子中，还有一个有趣的功能就是将帖子发布到主页，但是只能被特定的目标受众群体所看到，如只有特定国家和地区，或者使用特定语言的 Facebook 用户才能看到这个帖子。在图 5-38 中，将帖子设置为"该帖子将被发布至专页"之后，就可以依次设置目标语言、国家/地区、州/省，直至城市。

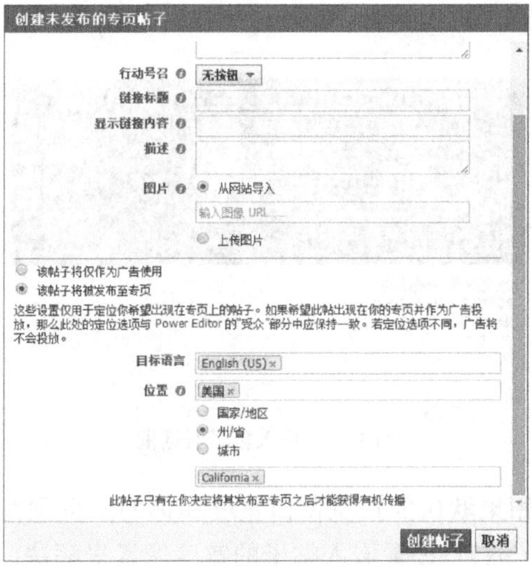

图 5-38 设定特定目标受众

5.5.6 将帖子发布到其他博客或网站

很多时候，你想将访问你的公司博客或者官网的访客引导到 Facebook 平台上，并成为Facebook主页的粉丝，那么就可以通过Facebook和粉丝们进行在线互动交流。因为Facebook的用户黏度很强，大家在 Facebook 上的每周使用时间和登录Facebook次数通常要比在你的博客和官网多得多。通过这样的方式，你的产品和目标受众之间的触点增加了。过去只能通过公司官网或者博客与目标受众接触，而现在社交媒体也成了与客户联系和互动的触点。你将会有更多的可能留住你的客户，并实现长时间的互动交流。

如果你希望如此，不妨尝试一下 Facebook 的嵌入帖子（Embed this Post）功能。嵌入帖子可以将一个帖子变成一段能够被发布的 HTML 代码。将这段代码集成到博客或网站页面中，就可以发布到 Facebook 之外的地方了。一方面，你可以通过你的渠道重点推广这个帖子，获得更多的曝光量和点击量。另一方面，这个帖子也成为把你的网站流量转化为 Facebook 社会化营销的一个入口。

在帖子右上角的下拉菜单中点击"嵌入帖子"菜单就可以打开嵌入帖子对话框，如图 5-39 所示。你可以使用这个对话框来生成嵌入脚本，将屏幕上方的脚本发布到你的网站就可以了。

图 5-39　嵌入帖子对话框

　　值得注意的是，如果默认的预览窗口宽度和你的网页预留的宽度不同，可以通过屏幕右侧的"宽度（px）"设置嵌入帖子的宽度像素来解决。这里设置的帖子宽度是 500 像素。这个尺寸并不是随意的，帖子的宽度是以像素为单位，最小 350 像素，最大 750 像素。

　　如果嵌入的帖子被删除或者调整隐私状态，那么在外边网站中的帖子也就看不到了。此时用户将会看到 Facebook 系统发出的提示消息："The page you requested is no longer available. The post may have expired or the privacy settings may have changed."

　　如果要删除或者修改这样的帖子，最好能同时将嵌入代码从外部网站中删除。

5.6　建立和参与小组讨论

　　小组是一个类似于 BBS 讨论组的社交工具。基于小组，你和你的粉丝们可以就某个特定的主题展开讨论。一些公司会通过建立小组加强与"铁杆粉丝"们的互动交流。也有公司通过 Facebook 小组与合作伙伴建立相对私密的沟通和信息发布的空间。

5.6.1　在小组中发帖

　　在你加入某些你感兴趣的小组后，你可以在小组中讨论有趣的话题，分享经验和方法。在小组中，发帖子的方法和在个人账户或者主页中的方法非常类似，大致包含发表留言、添加照片和视频、提问、添加文件这几种。其中的提问和添加文件是主页中所没有的。

提问是小组中比较常用的功能。你可以提出一个开放性的问题，你的粉丝们进行回答。或者，你在提问的时候同时提供若干个选项。你的粉丝在回答的时候，选择你的问题的答案即可。同时粉丝的头像会出现在这个选项的后面，如图 5-40 所示。

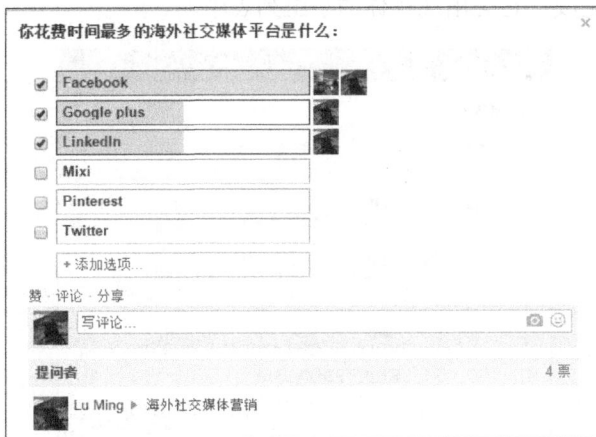

图 5-40　小组中的提问

如果你的选项是一个品牌，而这个品牌有自己的主页，你在设计选项的时候，最好可以将这个品牌的主页地址作为选项。这样当你的粉丝的鼠标放在这个选项上的时候，就会出现这个品牌的主页介绍。这其实是一种提升品牌曝光量的方法。例如，图 5-40 中的 LinkedIn 的选项就指向了 LinkedIn 页面，那么当鼠标放在这个选项上时就会看到这个主页的简介，如图 5-41 所示。

图 5-41　Facebook 提问选项上集成了主页地址

5.6.2　创建自己产品的小组

你也可以创建属于自己产品的小组。在这个小组中，发布和自己产品与品牌相关的消息，与商业伙伴或"铁杆粉丝"开展深入地讨论和分享。

在账户页面左侧栏中有一个小组的列表，点击最下方的"创建"就可以创建新的小组。小组创建完成，它会出现在你的小组列表中。

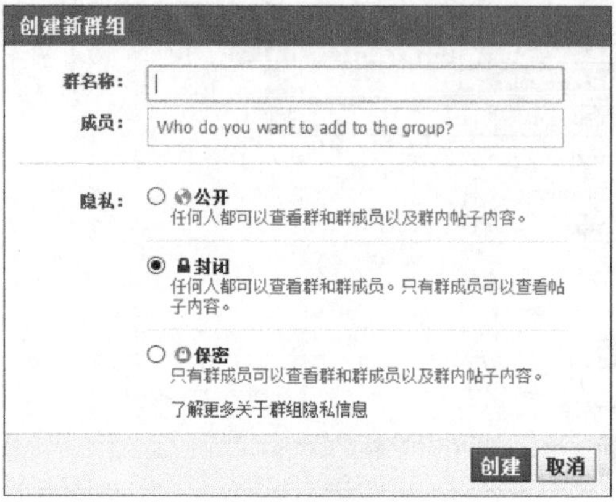

图 5-42　创建小组

在创建小组的时候，可以同时设置小组的隐私范围。如图 5-42 所示，小组的隐私设置有三个选项，即公开、封闭和保密。默认的小组隐私设置为封闭。

通常邀请商业伙伴们进行商业领域的讨论或小范围的信息发布，可以选择封闭的小组。而如果面对公众用户，就某款产品甚至产品特点开展讨论，那么就适合使用公开的方式了。例如，你的产品是一款对战游戏，红队和蓝队相互 PK，你就可以为红队和蓝队各自建立一个小组，方便队员讨论，所有公众用户都可以参与到讨论之中。

5.6.3　管理小组

管理小组有助于吸引更多人参与到讨论之中，还能管理讨论质量，保证小组的生机活力。

首先提到的是小组图片。吸引人们加入小组，自然离不开高质量的小组图片。当小组刚创建的时候，是没有小组照片的，此时的小组最上方是一片空白，如图 5-43 所示。你可以使用你的产品或者品牌的照片作为小组图片，一些公司甚至会在这里直接打上推广图片。

在小组中设置照片与在主页中设置照片基本相同。如果你是管理员，每次将鼠标放在照片上的时候，在照片的右上角会自动出现一个修改照片按钮，点击这个按钮上传一张封面照片即可。

图 5-43 创建完成且没有设置照片的小组

在小组中，点击位于页面右上角的"…"按钮会弹出小组设置的菜单，点击"编辑小组设置"可以对小组进行设置，如图 5-44 所示。

图 5-44 编辑小组设置

在编辑小组设置中可以进行多项设置，例如：

- 小组的名称和图标；
- 小组的隐私设置，包括公开、封闭和保密；
- 允许所有人批准添加小组成员，或者只有管理员才可以批准添加；
- 小组邮件地址；
- 小组描述与标签；
- 任何人都可以发帖，或者只有管理员才可以发帖；
- 是否需要得到管理员批准才可以发帖。

> 管理小组的时候，不是小组的成员越多越好。小组的成员和内容质量最重要。
>
> 通过 Facebook 搜索感兴趣的小组时，往往能看到拥有几千甚至几万名成员的小组。如果小组中大量广告和垃圾信息没有得到清理，逐渐地，高质量粉丝就会离开这个小组。"劣币驱逐良币"的问题在小组的运营中也会遇到。

5.7　分析主页帖子绩效数据，提升内容营销质量

在进行内容营销的时候，只是按照自己的喜好发帖、转帖，虽然也能获得一些粉丝参与，但是这个参与黏性未必很强。如果可以分析粉丝们的特点与喜好，有针对性地设计帖子内容，就能获得更好的营销效果。

在 Facebook 中，可以通过分析帖子的绩效数据，分析受众特点，逐步提升粉丝参与度，从而实现营销目标。Facebook 主页上方的洞察报告可以用来分析页面的受众人群、粉丝参与互动绩效、覆盖人群等绩效指标，如图 5-45 所示。如果需要，还可以通过调用 Facebook 的 Graph API 获得更加具体的主页和帖子绩效数据。

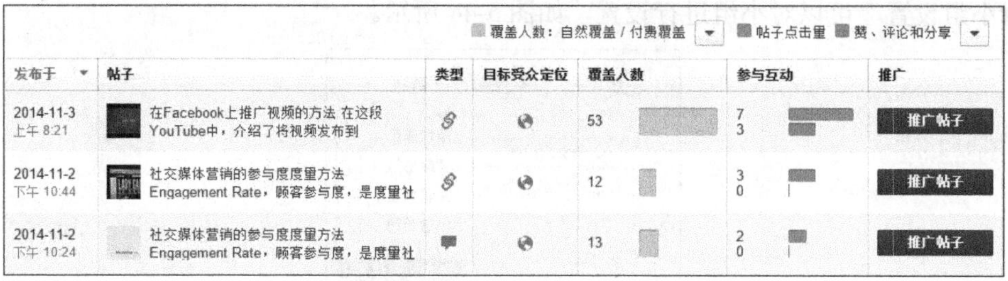
覆盖人数：自然覆盖 / 付费覆盖
帖子点击量
赞、评论和分享
发布于
帖子
类型
目标受众定位
覆盖人数
参与互动
推广
2014-11-3
上午 8:21
在Facebook上推广视频的方法 在这段
YouTube中，介绍了将视频发布到
53
7
3
推广帖子
2014-11-2
下午 10:44
社交媒体营销的参与度度量方法
Engagement Rate，顾客参与度，是度量社
12
3
0
推广帖子
2014-11-2
下午 10:24
社交媒体营销的参与度度量方法
Engagement Rate，顾客参与度，是度量社
13
2
0
推广帖子

图 5-45　主页帖子绩效

5.8　小结

使用 Facebook 开展社会化媒体营销，你需要很好的内容创意和管理能力。不管文字、照片、视频或者转载文章，对于从事社会化媒体营销的人而言，都需要认真思考如何更好地改善传播效果和提升社会化媒体营销转化率。

尽管 Facebook 拥有丰富的内容发布和管理方法，你依然需要根据你的品牌当前的营销目标来组织你的 Facebook 内容创意。社会化媒体营销要面向你的受众人群，你在 Facebook 的内容形式也需要投其所好地进行细致设计和测试。必要时，对不同内容形式开展 A/B 测试，最终你会逐渐发现适合你的品牌的内容形式特点。复用这样的经验，能够让你事半功倍，获得更好的营销活动的投资回报。

第 6 章
>>>>>> Facebook 广告营销

品牌是在不断传播中逐渐形成和强化的，没有连续性的传播，品牌的影响力会淡化。企业在 Facebook 上开展内容营销来提升品牌知名度并不是一朝一夕的事情。从某种角度而言，品牌与产品都是有时效性的。对于许多企业而言，要面对的现实是将产品快速地推广给合适的目标人群，并实现销售转化。Facebook 广告作为全球第一大社交媒体平台，能够帮助你加速实现梦想。

在这一章中，我们将了解到：

- Facebook 广告的特点；
- Facebook 广告运行机制；
- Facebook 广告创意；
- 定位目标受众；
- Facebook 广告系统的竞价类型。

6.1 在全球第一大社交媒体平台打广告

互联网广告是在网络媒体上投放的广告，以网站中的广告横幅、文本链接、多媒体等形式，展示给互联网用户。互联网广告具备传播范围广、用户交互程度高、营销门槛低、目标受众针对性强等特点。伴随着受众的注意力从电视转移到其他网络媒体，互联网广告已经逐渐成为广告营销的重要发展方向。互联网广告以网络媒体为载体，包括社交网站、新闻门户、搜索引擎、电商网站以及其他中小网站联盟等。而这其中，以 Facebook 为代表的社交媒体平台，吸引了越来越多的用户参与互动与分享，也吸引越来越多的企业从事社交媒体广告营销。

以 Facebook 为例，Facebook 是全球第一大社交媒体平台，第二大数字广告媒体平台。据著名市场研究机构 eMarketer 发布的最新研究报告，2014 年全球数字广告市场规模达到 1460 亿美元。按全部在线广告营收（包括 PC 和移动广告收入），Facebook 以 7.75%的市场份额排名第二，如图 6-1 所示。

Facebook 广告营销的价值已经被广大广告客户所接受，它的价值概括起来主要体现在以下 5 个方面。

**Net Digital Ad Revenue Share Worldwide,
by Company, 2013 & 2014**
% of total and billions

	2013	2014
Google	31.55%	31.10%
Facebook	5.75%	7.75%
Baidu	3.74%	4.68%
Alibaba	3.98%	4.66%
Microsoft	2.84%	2.72%
Yahoo	2.83%	2.36%
IAC	1.26%	1.00%
Twitter	0.49%	0.84%
Tencent	0.61%	0.83%
AOL	0.93%	0.81%
Amazon	0.62%	0.70%
Pandora	0.43%	0.50%
LinkedIn	0.46%	0.49%
SINA	0.38%	0.38%
Yelp	0.18%	0.24%
Millennial Media	0.09%	0.08%
Other	43.86%	40.85%
Total digital ad revenues (billions)	**$121.47**	**$146.42**

*Note: includes advertising that appears on desktop and laptop computers
as well as mobile phones and tablets, and includes all the various formats
of advertising on those platforms; net ad revenues after company pays
traffic acquisition costs (TAC) to partner sites; numbers may not add up to
100% due to rounding
Source: company reports; eMarketer, Dec 2014*

182526　　　　　　　　　　　　　　　　　www.eMarketer.com

图 6-1　全球各大公司数字广告市场占比

- **Facebook 是全球最大的网站之一**。根据 Facebook 的 2014 年度公布的财报，月活跃用户达到 14 亿人，移动业务月度活跃用户人数达到近 12 亿。在 Alexa 全球网站排名中，Facebook 是流量第二大网站，月平均访问量达到 170 多亿次，仅次于 Google。这是一个非常庞大的流量池。Facebook 用户遍布全球，为了吸引更多的用户，Facebook 现已支持全球 70 多种语言，日后 Facebook 还会支持更多语言。在如此庞大的全球性的网站开展营销，企业可以从中找到与品牌或产品相匹配的流量，让品牌获得充分的曝光与宣传。

- **Facebook 广告有助于口碑营销**。在社会化网络中，用户之间可以分享、评论和推荐内容。这是社交媒体特有的功能。Facebook 广告的一大特点在于它的社交属性，使得富有创意的广告在好友之间传播。举个例子，我在自己的动态消息中看到某比萨店的主页广告，广告下方还有我朋友的点赞。然后，我看了主页之后，也点了赞。于是，不光我朋友的好友，连我的好友也会看到我赞过这个广告。就这样，通过简单的点赞功能，该主页广告从一个好友传递给更多好友。口碑宣传已经被证实是一个行之有效的营销手段。Facebook 广告模拟了口碑传播的过程，这无疑大大扩展了广告客户的品牌宣传范围。

- **Facebook 广告精准定位目标受众**。把正确的产品推送给正确的目标受众，这是任何广告客户都希望做到的一件事。在社交媒体之前，细分广告受众的条件非常有限，主要是通过细分网页内容的方式投放广告，比如新闻门户根据不同的频道推出不同的广告，论坛网站根据主题内容投放广告。而 Facebook 作为最大的社交媒体平台，拥有巨大的人口特征数据，比如年龄、性别、职业、婚姻状况等基本的用户属性。这些资料信息在用户注册时就已经填写了。另外，从点赞、分享、评论等互动行为中，Facebook 还可以分析出用户的兴趣爱好和社交网络关系。有了这些信息，广告受众的定位就变得更加真实、精准而有针对性了。企业可以根据 Facebook 用户的年龄、性别、地理位置、教育背景、工作单位、就读学校、兴趣爱好等多种维度来定位目标客户。

- **Facebook 广告有丰富的营销形式**。广告客户需要针对不同的需求，选择营销形式。Facebook 广告与营销目标有清晰的对应关系。如果希望从 Facebook 导入流量到自己的网站，可以选择站外广告；如果为了品牌宣传，可以为你的公共主页创建广告；如果想要提高游戏的安装量，可以选择专门为推广游戏设计的广告。根据营销目标灵活选择广告形式，这是其他网络媒体广告所无法比拟的。因为展示形式更加明确，有利于吸引到真正感兴趣的用户。

- **Facebook 广告提高用户留存率，方便二次营销**。对于广告客户来说，传统互联网媒体的价值在于它们提供了曝光品牌的一个平台，也提供了向网站导流的入口。但是这种方式是无法留存用户的，无法持续地向用户施加品牌影响力，加深他们对品牌的记忆。而社交媒体不但满足了广告客户对传统互联网媒体的诉求，还可以将用户留存下来形成社区，方便开始二次营销。Facebook 广告的重要特点在于它可以让广告客户经营 Facebook 主页，通过广告不断吸引更多的用户关注订阅主页。粉丝可以看到 Facebook 主页发布的帖子，也可以转发有趣的帖子。广告客户借 Facebook 主页积极主动地维护粉丝关系，针对留存的粉丝用户开展后续的二次营销。这对于用户忠诚度的培养、提高用户对品牌的认可度，以及品牌的口碑传播都是有巨大价值的。

6.2　多种多样的广告目标

你大概已经了解了 Facebook 广告的特点。现在可以尝试创建一个广告，更加直观地体验 Facebook 广告的魅力。

广告可以看作是企业与用户之间的沟通。企业向用户传递有关广告产品的特性、品牌形象等信息，同时获得用户的正面反馈，如对广告品牌的肯定认识、购买产品服务等。概括起来，广告目标就是希望用户在看到广告后去做的事情。创建广告从选择广告目标开始。

Facebook 已经为广告客户预设了若干广告目标，如图 6-2 所示。比如希望鼓励用户给你创建的主页点赞，可以选择"主页赞"作为广告目标。在选择广告目标之后，Facebook 会创建符合该特定目标的广告。

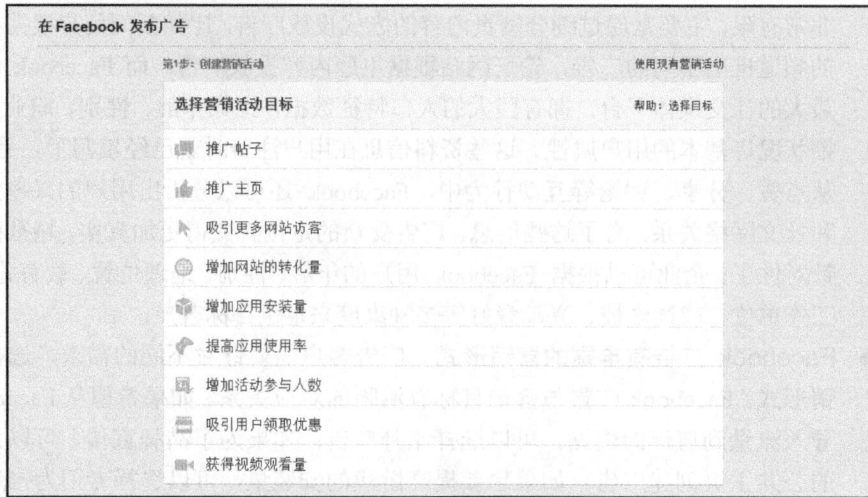

图 6-2　选择 Facebook 广告目标

下面我们将针对不同的广告目标，介绍不同广告类型的特点。

6.2.1　主页帖文互动

主页帖文互动旨在推广帖子，并让更多的用户参与互动，包括赞、评论、分享、视频播放和照片查看等。针对这种广告目标创建的广告叫主页帖子广告，它以公共主页上发布的帖子为推广对象，帖子的内容比较丰富，可以是网址链接、图片、视频、活动或状态。

在不使用任何付费广告的前提下，企业可以在主页上发布富有趣味或知识性的帖子来提高粉丝的参与度，强化粉丝心中的品牌形象。这种方式的营销成本看起来比较低，但考虑到时间线上真正收到帖子更新的粉丝用户实际不会超过总粉丝数的10%，所以这种方式的营销效果未必理想。Facebook 设计了一种消息推送算法，这种算法能有效提升主页帖子的营销绩效。只有真正关注企业公共主页并时常参与互动的粉丝才会收到企业在公共主页发布的消息。因此，企业除了开展内容营销之外，借力主页帖子广告与现有粉丝展开互动也是值得尝试的。

> Facebook 设计的这种消息推送算法叫 EdgeRank。它会根据好友之间的亲密程度来决定是否将一方的消息推送给另一方。
>
> 亲密程度指的是双方的互动情况，互动越频繁，亲密程度越高。举个例子，用户 A 是某企业 B 在 Facebook 上主页的粉丝。用户 A 赞过企业 B 的主页，但是往后就很少参与企业 B 的互动，如赞、分享、评论企业 B 发布的帖子等。这样，这个主页发布的消息在这个粉丝的时间线上就出现得比较少了。

创建主页帖文互动广告，你首先要选择公共主页，然后选择你要推广的帖文，如图 6-3 所示。主页帖子广告包括主页的名称、帖子内容以及点赞的按钮。图 6-4 给出的是展示在动态消息里的项目管理软件的主页帖子广告。

图 6-3 创建推广帖子的广告

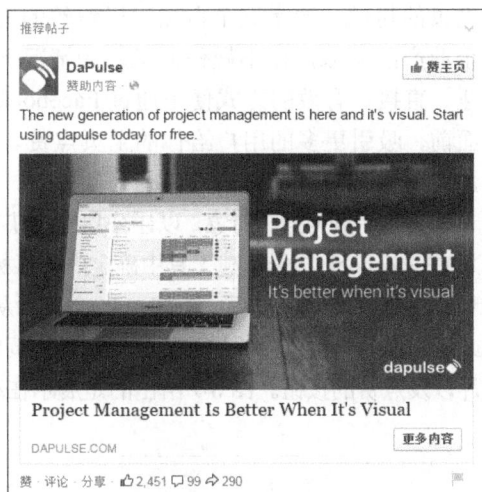

图 6-4 主页帖子广告

在尝试推广帖子的时候，有一点要特别注意。为了测试不同帖子的互动效果，你可能需要在公共主页上事先发布多个帖子。这种方式的问题在于一旦发布帖子，测试帖子会不加区分地被推送到粉丝的时间线上。有没有办法既可以创建主页帖子广告，又可以不让帖子出现在主页的时间线上呢？未发布主页帖子广告（Unpublished Page Post）可以满足这种要求。广告客户可以针对不同目标群体创建特定的帖子，而这些帖子是不会出现在公共主页的时间线上的。Facebook 高级广告创建工具 Power Editor 支持创建未发布主页帖子广告。选择主页帖文互动作为广告目标，选择创建广告标签页，并在下方填写帖子的详情，然后上传到广告系统，如图 6-5 所示。

图 6-5 在 Power Editor 创建未发布主页帖子广告

97

6.2.2　主页赞

粉丝是社交媒体营销的基础。当用户为产品或者品牌的主页点赞，用户便成为该主页的粉丝。通常这个自然积累粉丝的速度都不会很快。特别是在很多专业服务和企业产品领域，在不做任何推广的情况下，积累高质量粉丝的速度更是非常慢。快速、直接、有效的方式便是通过 Facebook 主页广告，将品牌或产品信息推送到用户面前，吸引更多的用户给你的主页点赞。如果你是在 Facebook 创建公共主页的初期，可以尝试主页广告推广你的公共主页，积累最初的粉丝资源。

以公共主页为推广对象，以让公共主页获得更多的赞为目标的广告叫主页广告（page ad）。在 Facebook 广告创建工具中确定广告目标之后，要选择其中一个公共主页，如图 6-6 所示。主页选择完成之后，Facebook 会自动从公共主页中提取相关信息、填充图片、标题或者文本等设置项作为广告详细信息。主页广告中将包括很多主页元素，如名称、封面照片以及点赞的按钮。图 6-7 给出的是展示在动态消息中的一家杂货店的主页广告。

图 6-6　创建公共主页的广告

图 6-7　主页广告

6.2.3　网站点击量

以获取网站点击量为目标的广告旨在引导 Facebook 用户访问广告客户的网站。将 Facebook 用户引向外部网站的广告叫站外广告（external ad）。在 Facebook 广告创建工具中选择网站点击量作为广告目标，输入目标网站地址，如图 6-8 所示。需要设置的广告信息包括图片、标题、目标网站地址和文本。图 6-9 所示为展示在右边栏的站外广告。当 Facebook 用户点击广告时，页面便会跳转到广告中设置的目标网站。

图 6-8　创建站外广告

图 6-9　站外广告

　　站外广告与上面已经讲到的广告类型的不同在于，它不要求广告客户事先在 Facebook 上创建公共主页。Facebook 拥有近 14 亿的月活跃用户，对于任何企业来说都是不可忽略的媒体平台。一些初次接触 Facebook 营销的企业更希望从 Facebook 直接购买流量，扩大销售漏斗的入口，为网站带来更多的实际消费客户。那么创建站外广告就是最简单直接的方式。

　　部分企业通过站外广告为自己的网站引流，目的是为了快速获得立竿见影的营销效果。这种营销方式不足之处是它带来的用户留存率几乎为 0。换句话说，广告客户无法对稳定的目标群体持续营销，加深品牌的记忆。这时候对于企业来讲，每次的营销成本就变得相对比较高了。比较好的策略是通过公共主页聚拢粉丝用户。企业可以通过内容营销，以及对粉丝用户进行二次营销，在提供品牌影响力的同时降低营销成本。所以在创建站外广告时建议选择关联 Facebook 主页，如图 6-10 所示。关联了 Facebook 主页的站外广告可以在动态消息中展示。用户也可以对广告点赞，同时让广告在用户好友中传播。此时，广告会带着好友的社交信息，比如"谁赞了什么"这样的文字。有朋友点赞的广告就要比没有点赞的更有说服力。这样就为普通的站外广告添加了社交属性，这不但提高了广告传播范围，也为后续的营销积累了粉丝用户。

图 6-10　将站外广告关联 Facebook 公共主页

6.2.4　网站转化量

　　在电子商务中，（网站）转化是一种将网站访客变为付费消费者的行为。而在互联网广告营销领域，转化被定义为客户在网站上完成的特定操作。它的外延更加丰富，除了销售成交之外，它还包括用户注册、将商品放入购物车、访问特定网页等。以网站转化为目标的广告与以获取网站点击量为目标的广告的不同在于，前者可以利用事先埋在网页中的脚本代码监控用户在网页上的操作，使得 Facebook 可以知道用户查看了广告之后在网站上采取的行为，并反馈给广告客户。

创建该广告的过程与创建普通站外广告基本相似，稍有区别的地方在于转化追踪像素的创建，具体步骤如下。

（1）从目标列表中选择"网站转化"选项，输入需要监控转换的网页，如图 6-11 所示。

图 6-11　为网页创建转化像素

（2）从网页地址下面的下拉列表中选择所需要追踪的转化行为。如表 6-1 所示，Facebook 已经预定义了一些转化行为类别。

表 6-1　预定义的转化选项

转　　化	描　　述
结账	用户支付和结账完成次数
注册	用户注册完成次数
潜在客户	实现目标转化的潜在客户数量
主要网页浏览量	主要页面浏览量
放入购物车	商品被放入购物车的数量

（3）为转化像素命名之后，Facebook 的广告工具会自动生成一段 HTML 代码，Facebook 把这段代码称为转化追踪像素（pixel）。图 6-12 所示为监测用户注册转化的追踪像素。

（4）网站管理员需要将追踪像素代码添加到需要被监测的页面中的<head></head>标签之间。建议在每个转化页面只使用一个标签。例如，在同一个注册确认页面上包含一个注册标签和一个主要页面浏览量标签，会影响报告中所反映的转化情况。

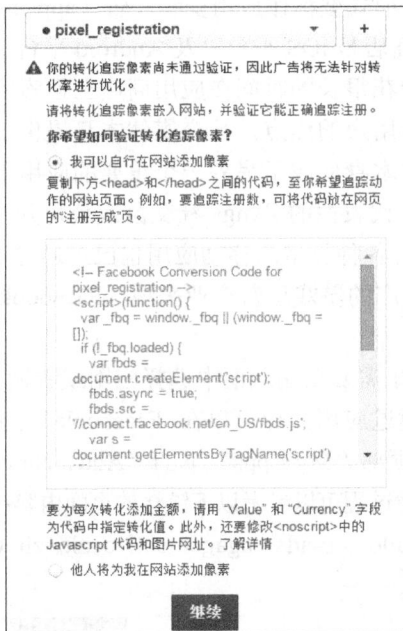

图 6-12　Facebook 广告创建工具生成的转化追踪像素

（5）当用户访问带追踪像素的页面，追踪像素会发送转化事件给 Facebook。

（6）Facebook 将该转化事件与看过或者点击过广告的用户进行匹配，并将发生的转化归因至表 6-1 中的某类转化。

（7）如果你想重新编辑转化追踪像素，你可以点击广告管理工具导航中的"转化追踪"，查看创建过的像素列表，并选择进行编辑，如图 6-13 所示。

图 6-13　查看、编辑转化追踪像素

6.2.5　应用安装量

该广告目标旨在推广 Facebook 桌面网页应用和移动应用程序，帮助提高应用程序的安装量。相应的广告形式被称作应用安装广告（app install ad）。Apple Store 和 Google Play 这两个应用商店是 iOS 平台以及 Android 平台上应用的主要分发渠道。显而易见的是，用户不会花很长的时间在应用商店上搜索应用程序、浏览推荐的热门应用等。关于如何吸引用户的焦点，社交媒体本身提供了很好的解决方案。社交媒体强大的用户黏性让它本身变成了另外一个重要的应用下载或安装的入口。最初 Facebook 上的应用以具有代表性的 Zynga 社交游戏公司开发的桌面网页游戏为主。现在，旅游、休闲、天气等各种类型的移动应用也已经通过 Facebook 来获取用户了。对于那些正在发愁如何推广的游戏运营企业来说，Facebook 应用安装广告是一个不错的选择。

创建应用安装广告时，需要在输入框中选择应用或者输入应用的网址，如图 6-14 所示。如果你还没有创建过应用，你可以在 Facebook 上注册应用。通过访问应用程序面板[①]，点击导航栏顶部"My Apps"下的"Add a New App"来添加一个应用，如图 6-15 所示。具体的创建过程可以参考以下链接的页面内容：https://developers.facebook.com/docs/ads-for-apps/mobile-app-ads-engagement?locale=zh_CN。

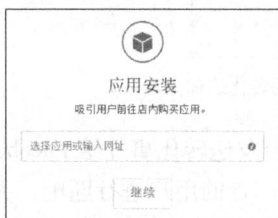

图 6-14　创建应用安装广告

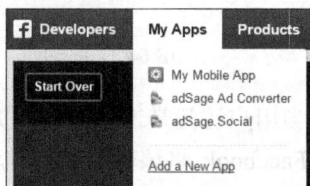

图 6-15　创建待推广的应用

6.2.6　活动响应

该广告目标旨在发布活动信息广告，吸引用户参与活动，比如在线网络研讨会活动、音乐会售票活动等。以此为目标的广告叫作活动广告（event ad）。在 Facebook 广告创建工具中选择活动响应作为广告目标，输入创建的活动或者 Facebook 上的活动地址就可以开始创建一个这样的广告，如图 6-16 所示。活动广告包括分享活动的 Facebook 主页名称、活动地点、活动时间。在动态消息里的活动响应广告等，如图 6-17 所示。

你可以通过两个不同的途径创建活动响应广告，一个是个人主页，另一个是公共主页。根据 Facebook 的使用条款，个人主页是不可以进行商业推广的，而公共主页可以。如果不是个人派对推广，而是商业推广行为，你就需要拥有一个独立的公共主页，基于公共主页创建相关营销活动。

---

① https://developers.facebook.com/apps/

图 6-16 创建活动广告

图 6-17 活动广告

具体步骤如下。

（1）在公共主页的时间线中，点击活动链接，如图 6-18 所示。

图 6-18 创建活动入口

（2）创建活动，设置活动时间、活动地点以及目标受众等信息，如图 6-19 所示。

图 6-19 创建新活动

（3）最后，当你在广告创建工具中选择活动响应广告目标时就可以看到该活动选项了。

6.2.7 优惠领取

优惠领取旨在通过发布限时折扣等优惠活动促进产品销售或引导用户线下消费，所对应的广告称作优惠广告（offer ad）。在 Facebook 广告创建工具中选择优惠领取作为广告目标，输入创建的优惠或者 Facebook 上的优惠页面地址，如图 6-20 所示。图 6-21 所示为动态消息里的优惠领取广告。

图 6-20　创建优惠领取广告

图 6-21　优惠领取广告

Facebook 促销广告可以从两个方向帮助企业获得更多的销售转化。一是开拓新用户，引导初次消费；二是盘活老客户，刺激再次消费。当一家新的咖啡店或者快餐连锁店出现在某个商圈时，可以利用 Facebook 促销广告开展本地化营销，通过促销活动发展一批种子用户。当用户量相对稳定之后，维护好企业与老顾客之间的关系就尤为重要。因为企业的营收更多地需要老客户的贡献。很多企业尤其是品牌企业特别注重关系营销。在客户第一次惠顾时会赠予会员卡。以后每次在他们惠顾消费时，顾客的会员积分都会累加。当达到一定数量的消费后，他们就会被奖励一杯咖啡或者一份套餐。同样的，企业可以针对老客户不定期发送优惠领取广告以吸引他们消费。

该广告类型类似于帖子推广广告，你需要在主页中创建一个优惠券。打开公共主页的时间线，在创建页面状态的地方选择创建优惠，如图 6-22 所示。

图 6-22　优惠券创建界面入口

在创建优惠的界面中，你需要定义优惠券的有效期、优惠券数量、广告受众以及预算。在点击创建优惠按钮之后，Facebook 会按照前面的设置向目标受众立即发布优惠券广告，如图 6-23 所示。

> 满足一定的条件才能创建优惠。
>
> 首先，创建者必须在创建优惠所在主页上具备管理或编辑权限。其次，必须至少有 50 人给该主页点赞。满足了这两个条件之后，才能创建优惠。
>
> 并不是所有的页面类型都可以创建优惠。比如社区主页是不可以创建优惠的。另外，主页的创建时间要求必须超过 1 个月。
>
> 如果无法创建优惠，您可以提交申诉。申诉地址是 https://www.facebook.com/help/contact/255505847961911。

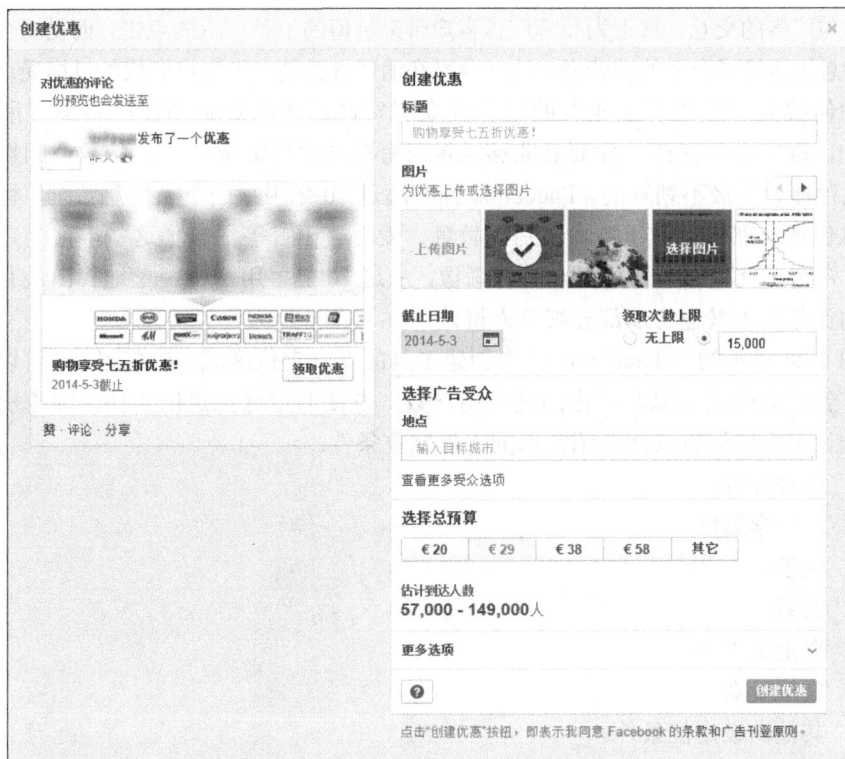

图 6-23　创建产品的优惠券

6.3　精细化和丰富的目标受众定位手段

　　受众是指传播媒介的信息接受者或传播对象。目标受众（target audience）[①]具有一般"受众"的意义，它是指广告营销信息希望覆盖到的用户人群。例如，某化妆品牌公司推出一款针对 20～30 岁的年轻女性的美容产品。20～30 岁的女性就是美容产品推广的目标受众。

　　目标受众有自己的人口属性，如年龄、性别、婚姻状况等。可以按照单个人口属性划分目标受众，比如青少年、女性、单身。也可以组合多个人口属性划分目标受众，如 20～30 岁的单身女性。

　　定位目标受众是广告营销管理中最重要的活动之一。2012 年，Facebook 与数据收集公司 Datalogix 有过一次合作，通过分析用户数据来评估 Facebook 的广告效果。Datalogix 公司使用一种工具评估 Facebook 广告曝光与线下购买之间的关系。结果表明，Facebook 广告营销带来的销量中，99%是来自用户看过品牌广告之后产生的，而不是因

---

① http://en.wikipedia.org/wiki/Target_audience.

为用户与广告的交互。真正为品牌广告客户带来价值的不是广告的点击,而是将合适的广告信息推送给了合适的消费者。这部分潜在消费者就是广告客户要找的目标受众。

如何找到与广告诉求相关的目标受众呢?最忌讳的是企图让广告覆盖所有的人。一,现实中不存在一样商品能够满足所有的消费者需求;二,从投资回报率评估,这种行为是极不划算的。Facebook 拥有超过 10 亿用户的个人信息数据。标准化的信息包括地理位置、年龄、性别、教育、爱好、语言等。有了这些丰富的定位条件,广告客户就可以为目标受众进行画像,从这 10 亿多用户中轻松地找出最有可能对你的业务产生兴趣的那部分细分人群。

图 6-24 显示的是 Facebook 广告创建工具的受众定位区域。在右侧,你可以即时看到广告受众的定义以及广告的覆盖用户数,方便调整这些定位条件,筛选出匹配的受众。下面我们将具体介绍常用的人群定位条件:

- 地理位置;
- 人口学属性;
- 兴趣;
- 关系;
- 自定义受众;
- 类似受众;
- 其他高级定位条件。

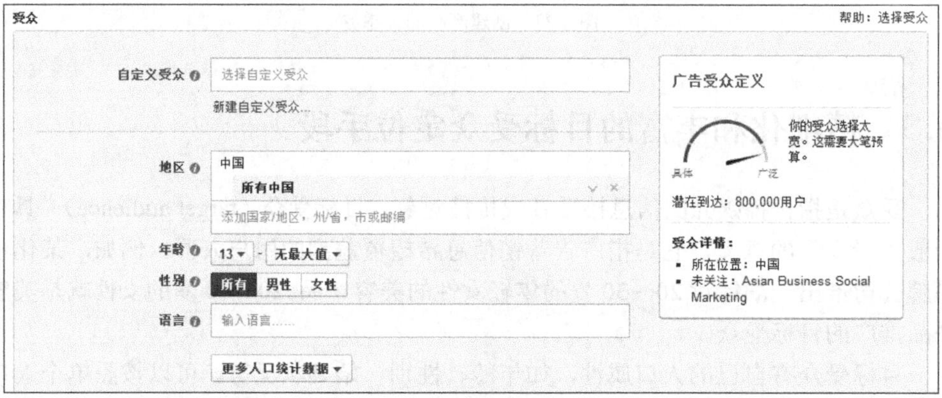

图 6-24　创建目标受众

6.3.1　地理位置

地理位置是用户细分的常用条件。它是根据用户登录时的 IP 地址、移动设备基站、GPS 信息或个人信息中填写的当前住址等信息来确定目标受众。在创建 Facebook 广告时,它是唯一必须要设置的条件。

例如,某海外游戏运营公司面向使用简体或繁体中文的海外华人提供软件游戏服务。这款游戏在北美和东南亚华人市场特别受欢迎。那么便可以使用地理位置、语言等属性来对目标受众进行广告定投。美国纽约、印度尼西亚以及旧金山都是华人比较聚集的地方，因此就可以通过设置这些地区来定位目标受众，如图6-25所示。另外，当地理位置定位至某个城市，你还可以选择定位以该城市为中心的特定半径范围内的用户，或者排除城市内更低行政级别的位置。

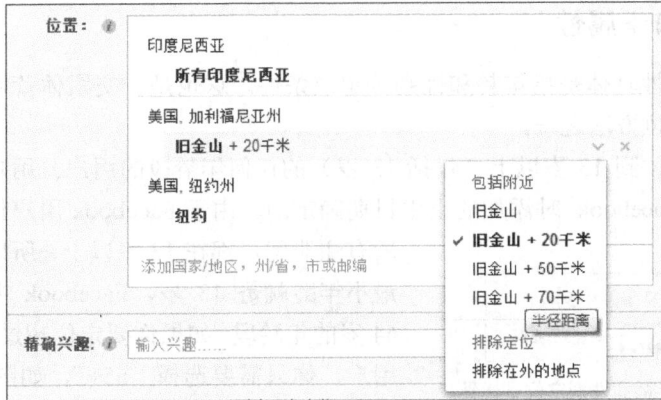

图 6-25　基于地理位置定位目标受众

Facebook 支持的地理位置类型有 4 种，包括国家、地区、城市和邮政编码，如表 6-2 所示。

表 6-2　支持的地理位置选项

选　项	作　用
国家	广告覆盖的用户所在的国家。每个营销活动最多可选择 25 国家
地区	广告覆盖的用户所在的地区。每个营销活动最多可选择 200 个州、省或者地区
城市	广告覆盖的用户所在的城市。每个营销活动最多可选择 250 个城市
邮编	广告覆盖的用户所在区域的邮编。每个营销活动最多可选择 2500 个邮政编码（目前只支持美国）

无论哪种位置类型，你可以输入多个地理位置。你也可以自由组合多个位置类型。当涉及多个地理位置时，它们之间的逻辑是"或"，而不是"与"的关系。举个例子，如果你的本意是选择定位为加利福尼亚的目标受众，而你指定美国，同时又选择了加利福尼亚州。因为地理位置存在从属关系，按照"或"逻辑取两个地理集合的并集，因此会以更高一级地理区域作为最终目标位置：

$$美国 \cup 加利福尼亚州 = 美国$$

所以这个例子的实际结果就变成了定位美国的目标受众了。如果本意就是选择加利福尼亚州，那么只需要指定加利福尼亚即可，不要同时选择美国。

广告客户在考虑使用地理位置定位受众时，不妨也从教育背景，喜欢的地点等属性着手选择目标受众。

不要仅依靠个人档案上的地理信息来定位目标受众，因为并不是所有的 Facebook 用户都会列上他们的所在城市。Facebook 用户的教育背景、喜欢的地点都能传递出他们的地理信息。

6.3.2 人口学属性

人口学属性具体是指年龄和性别等定位条件。这也是社交媒体营销中最常使用的目标受众定位方法之一。

你可以定位到 13 岁以上（包括 13 岁）的任何年龄段的用户。用户的年龄是根据他们注册 Facebook 时添加的出生日期确定的。由于 Facebook 用户使用条款要求所有注册用户都在 13 岁以上，所以你能选择的最小年龄就是 13 岁。Facebook 并不细分超过 64 岁的年龄段。如果你要定位超过 64 岁的目标用户，你只需要选择"65+"，如图 6-26 所示。

图 6-26 基于年龄和性别定位目标受众

你也可以基于性别定位目标人群。男女的生理特性、消费习惯、思维方式都是有区别的。广告客户可以针对自身的业务，结合产品的特点，将广告推送给特定人群的特定性别的受众。例如，剃须刀的目标受众通常是男性，节日促销活动的消费主体选择消费能力更强的女性所带来的效果可能更好等。

注意区分目标受众属性来自注册信息还是统计学信息。

通常人们会认为注册信息会比统计学信息更准确。但是在涉及具体业务场景的时候，可能还是需要通过比较才能知道。特别是在电商行业，统计学属性的变现能力往往可能更好。例如，夫妻两个人共用一个用户 ID 购物，因为可以获得更高积分。夫妻关注品类不同，所以就造成不同品类下所呈现的同一个用户 ID 的统计学性别属性相差很大。在这个注册用户和账户使用者可能不是同一个人的场景中，使用统计学属性的数据准确性更高，商业变现能力会更强。这种场景是大数据分析中常见的变异性场景，在现实的数据营销活动中是很普遍的。

6.3.3 兴趣

兴趣定位是根据用户在个人主页分享的内容，以及他们在 Facebook 关注的主页、小组、参加过的活动等信息来寻找目标受众的一种定位方式。兴趣包括喜欢的电影、电视、音乐、参加的运动、玩过的应用游戏和点赞的主页等。兴趣是 Facebook 广告营销中常用的定位方式，它可以让广告客户非常直观地判断哪些目标用户会对广告内容感兴趣。表 6-3 中列出的是 Facebook 广告创建工具中预定义的部分兴趣类别列表。

表 6-3 预定义的兴趣类别细分列表

一级兴趣类别	二级兴趣类别
健身与养生	体育健身、健身、减肥、尊巴、瑜伽、节食、营养品、负重训练、跑步、静坐
商业和工业	个人理财、企业家、农业、医疗事业、商务、广告业、房地产、科研行业
娱乐	游戏、电影、电视、阅读、音乐
家人月婚姻状况	友情、婚姻、家人、母子关系、父子关系、约会
爱好和活动	宠物、旅游、家居和园艺、艺术与音乐
科技	消费电子产品、电脑
购物和时尚	时尚饰品、服装、美容、购物
运动和户外活动	户外娱乐、运动
食物和饮料	烹饪、美食、餐厅、饮料

例如，运动鞋制造商要推广新款篮球鞋，他们首先要找到爱好篮球运动的目标人群。通过篮球这个兴趣关键词，该广告客户可以让广告覆盖到那些诸如关注了 NBA 在 Facebook 的官方主页、给喜欢的篮球队或者篮球运动员点过赞的用户。

设置用户兴趣有以下两种方式。

- **浏览兴趣目录，选择兴趣类别**。对于刚开始接触 Facebook 广告营销的广告客户来说，在使用兴趣定向时如果不确定如何选择合适的关键词，那么你可以使用已经预定义的兴趣类别来挑选目标人群。Facebook 根据用户点赞的主页、使用的应用以及其他个人信息将用户进行分组，整理出了兴趣细分类别列表供广告客户选择。在兴趣一栏的文本框中，点击最右边的"浏览"，就可以在下拉列表中选择兴趣类别了，如图 6-27 所示。详细的兴趣类别可参考表 6-3。

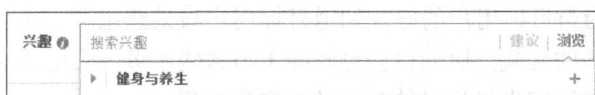

图 6-27 选择所需的兴趣

- **输入关键词，搜索兴趣**。如果你在兴趣类别目录中没有找到合适的兴趣类别，可以直接在兴趣的文本框中输入兴趣关键词。在下拉列表中，你可以看到 Facebook 根据你输入的关键词返回用户查询最普遍的若干推荐兴趣，并从中选择需要兴趣，如图 6-28 所示。

本质上，这两种方式在构建目标人群上没有差别。预定义的兴趣类别列表为使用兴趣定位提供了便利，但是类别有限，而从搜索框中搜索关键词则可以找到数以百万计的兴趣属性。你可以同时使用这两种方式设置兴趣，最多可以填写 1000 个兴趣。因为兴趣之间是或的关系，当目标人群比较少时，你可以通过设置兴趣来扩大受众范围。

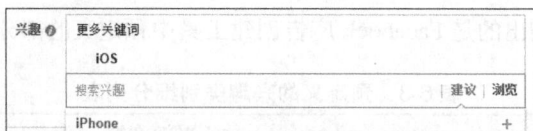

图 6-28　搜索兴趣

6.3.4　关系

Facebook 广告营销中的关系不是两个朋友在社交媒体上的好友关系，而是用户与主页、应用或活动之间的联系，比如用户点赞主页、使用应用程序、回复参加活动等。基于关系的定位可以帮助你设置向那些已经或者没有与你的主页、应用或活动建立了关系的用户展示广告，如图 6-29 所示。

图 6-29　通过关系定位目标受众

如果用户与你的主页、应用程序或活动有联系，通过关系定位，你可以指定广告投放给这些用户。这种方式将有助于你获得更多主页赞、用户参与或者提高应用程序使用量。因为当目标用户的好友知道目标用户与某些主页、应用或活动联系后，出于好奇或者相同的兴趣，他们也会更倾向于与这些主页、应用或活动互动。表 6-4 所示为选取主页赞为广告目标时的各个关系定位选项。

表 6-4　关系定位的各个选项

选　　项	作　　用
所有	默认选项，表示对关系内容不做任何限制，广告将覆盖到与公共主页、应用程序或者活动已经建立了联系的用户
仅限赞了特定主页的用户	广告将定位于已经与你的公共主页建立了联系的用户
仅限没有赞特定主页的用户	广告将定位于没有与你的公共主页建立联系的用户。特别是为了吸引更多粉丝点赞的场景，尤其适合这种选项。如果你的目标是获得更多的粉丝用户，那么将广告投放给你的粉丝显然就没必要了。这个选项是一种排除法，将粉丝用户排除在目标受众之外，将广告投放给尚未与主页建立关系的用户

续表

选　　项	作　　用
高级关系定位	有 3 个设置项： ● 缩小受众范围，仅面向与主页、应用或活动建立联系的用户投放广告 ● 排除与主页、应用或活动建立联系的用户 ● 缩小受众范围，仅面向好友关注了你的主页、应用或活动的用户投放广告

6.3.5　自定义受众

自定义受众是指广告客户利用已经掌握的用户个人信息与 Facebook 用户进行匹配，来定位 Facebook 用户的一种定位方式。用户个人信息包括用户邮箱地址、手机号码、Facebook 用户 ID 等。

现在很多网站允许新用户使用邮箱或者手机号码作为用户名。从用户角度说，这为他们省去了思考个性化的、不重复用户名的麻烦，便于登录和找回密码，也有助于加强参与度。为了管理方便，大多数用户习惯用一个他们使用最频繁的邮箱来注册网站。例如，一个用户使用同一个邮箱注册了电商网站和 Facebook。试想一下，又有多少人会经常更换他们的邮箱和手机号呢？这也就是说，如果知道了这些信息，广告客户可以非常精准地定位到这些用户。

下面我们一步一步讲述使用自定义受众功能创建广告受众的基本方法。

（1）在广告创建工具中自定义受众板块，点击"新建自定义受众"，如图 6-30 所示。

图 6-30　自定义受众

（2）在创建自定义受众的窗体中选择受众类型，即选择受众的来源，如图 6-31 所示。

图 6-31　选择自定义受众的数据源

（3）选择一种方式上传客户信息，如图 6-32 所示。如果你通过线下活动积累了一批用户信息，你可以直接上传文件。如果你使用 MailChimp 做过邮件营销，积累了一批客户邮箱，你可以从 MailChimp 导入客户邮箱。

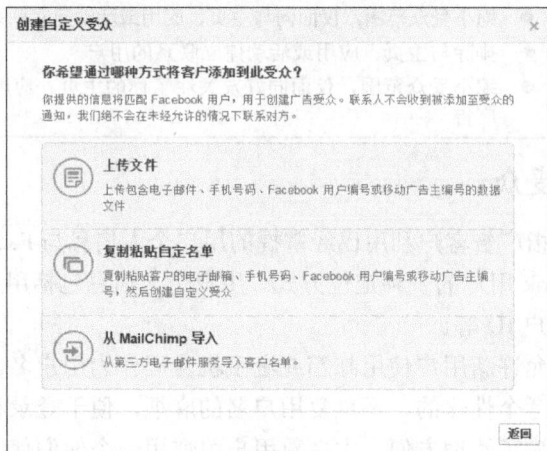

图 6-32 选择上传联系人的方式

（4）上传的数据类型可以是电子邮件、用户编号、电话号码和移动广告客户编号。每次上传的文件必须只包含一种数据类型，如图 6-33 所示。关于不同数据类型的格式如表 6-5 所示。

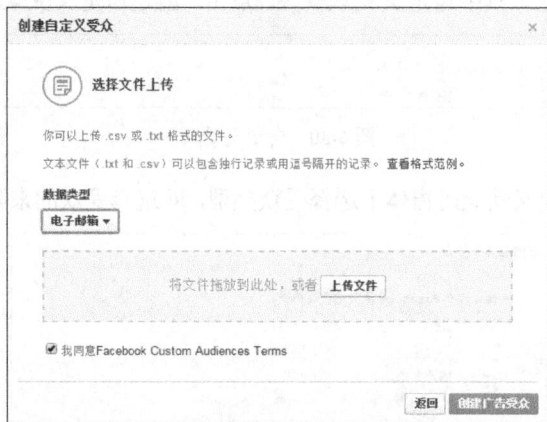

图 6-33 从数据文档中创建目标受众

表 6-5 不同数据类型上传的格式范例

数 据 类 型	格 式 范 例
电子邮箱	例如 name1@example.com、name1@example.com、name2@example.com、name1@example.com、name2@example.com
用户编号	仅限数字，例如 1234567890、1443637309

续表

数 据 类 型	格 式 范 例
电话号码	国家代码+区号+电话号码 去掉国家代码开头的 0 仅限数字 例如 16505551234、16505551235
移动广告客户编号	目前支持 Android 的广告编号、Apple 的广告识别码（IDFA）和 Facebook 应用用户编号

（5）上传文件之后，你就可以在自定义受众板块中选择刚刚创建的自定义受众选项作为目标受众展开广告营销了，如图 6-34 所示。

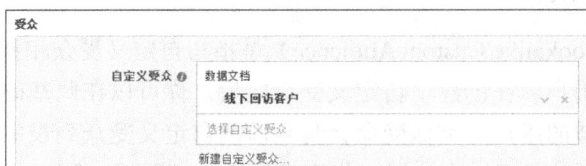

图 6-34　选择自定义受众创建广告

（6）你还可以从 Facebook 广告管理工具的导航栏中，点击"受众"来管理之前创建的受众列表。

> 如果是第一次使用自定义受众功能时，需要阅读并接受自定义条款 https://www.facebook.com/ads/manage/customaudiences/tos.php。
>
> 另外，创建的广告受众列表并不能马上使用。只有在审核通过、创建的受众列表的状态显示就绪之后，方可使用。

自定义受众功能在提高用户转化方面提供了两个方向。

第一，对用户进行二次营销，引导更多的回头客完成转化。不论是线上还是线下生意，拓展新客户的成本是非常高的。通过拓展更多新客户实现转化的数量一般不会超过广告营销所覆盖到的用户数的 2%，主要原因在于用户对广告内容不敏感。按照 AIDA 销售模式[①]，用户甚至没有足够的时间接触产品或服务信息，继而产生兴趣。自定义受众的用户来源可以是从线下活动收集的，也可以是前期邮件推广过程中积累的用户资源。前者已经使得用户与广告客户有过较长时间的接触以及一定的交互深度，而后者通过邮件的推广，也已经让用户注意到推广信息了。显然针对这类用户群体开展营销更容易让用户沿着 AIDA 模式进阶到更高一层阶段，让客户对广告内容产生兴趣，触发他们的购买欲望。

[①] 一种销售模式，让顾客对推销人员所推销的产品产生兴趣，这样顾客欲望也就随之产生，然后再促使其采取购买行为，并最终达成交易。

第二，提高目标受众与广告的相关度，拓展更多的新客户。针对现有的客户做广告营销是提高转化率的一种有效方式。但是你实际能收集到的客户量可能还是很少。如何找到更多与客户有关联的"靠谱"用户呢？这里要说的方式就是针对客户好友做广告营销。每个人都有自己的社交圈子，或大或小。之所以能形成一个朋友圈，是因为他们更可能有着相同的兴趣爱好。以户外运动为例，一个喜欢户外运动的人，他的周围可能也聚集着一帮或一起登山、或一起野炊、或一起探险的朋友。那么户外运动商品的广告与这群户外运动爱好者的相关性就非常高。因而针对客户的好友投放广告的精准性要比针对 Facebook 上相互之间没有多大关联的用户群体投放广告所获得的精准性要高得多。

6.3.6 类似受众

类似受众（Lookalike Custom Audience）是指与自定义受众相似的，可能对你的业务感兴趣的新用户。在创建了自定义受众之后，你可以在此基础上创建与你的自定义受众列表相似的用户。类似受众会与当前的自定义受众列表中的用户存在相似的兴趣，包括共同粉丝、站点注册、优惠券领取、相同活动等。

例如，Facebook 通过自己的算法对你创建的自定义受众进行分析得出一些属性，如热爱购物、喜欢时尚、追星、演唱会、音乐等。然后，Facebook 会根据这些属性在自己的数据库里找到和这批属性类似的人群。

通过以下几个步骤，你可以很快创建类似受众。

（1）在 Facebook 广告管理工具导航中点击"受众"，进入自定义受众管理页面。

图 6-35　创建类似受众

（2）在自定义受众管理页面的右上角点击创建受众按钮，在下拉菜单中选择"类似受众"，如图 6-35 所示。

（3）在创建类似受众窗体中，选择一个自定义受众，并且选择一个国家，创建与该自定义受众相似的一组类似受众。你可以通过调节规模来决定需要覆盖多少新用户，如图 6-36 所示。注意，每组类似受众只能是来自同一国家/地区的用户。

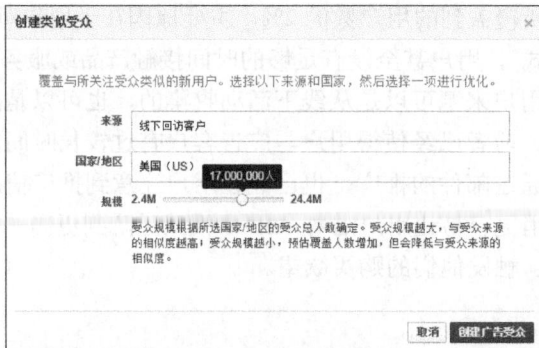

图 6-36　创建类似受众

该功能可以看作是对自定义受众功能的补充。自定义受众功能有助于提高用户的转化。但是无论是线下活动收集的用户信息，还是邮件推广过程中积累的用户资源，受限于用户规模太小，自定义受众功能没法为销售漏斗带来太多的用户流量。而类似受众功能则背靠 Facebook 海量的用户资源，基于自定义受众，让广告客户可以定位到更多兴趣类似的受众。因此，这种定位功能既保证了用户流量的相对精准，同时又扩大了流量规模，延伸了自定义受众功能的应用范围。

6.3.7　其他高级定位条件

除了上面几种定位方式之外，Facebook 提供了另外几个定位选项，方便你贴近业务需求进一步筛选用户，寻找特定的细分群体，如表 6-6 所示。

表 6-6　其他定位条件

定 位 条 件	作　　用
感情状况	按照 Facebook 个人主页上列出的感情状况来为广告定位用户，将广告定位至已表明交友、约会、恋爱或社交对象的人群
教育程度	按照最高教育程度来为广告定位用户
研究领域	按照用户的专业或研究领域来选择广告定位
学校	按照个人主页中所列的学校来为广告定位用户
大学就读年份	按照用户的大学毕业年份来为广告定位用户
雇主	按照用户的工作地点来为广告定位用户
职务	按照个人主页中的职业来为广告定位用户
行业	按照可能的工作行业来为广告定位用户
族裔	按照族裔来为广告定位用户
世代	按照可能具备的特定世代特征来为广告定位用户
父母	将广告定位至可能是父母的人群，比如准父母和子女在 0 到 3 岁之间的父母。在对父母这个群体细分之后，例如，母婴用品厂商可以精准地定位孩子还处于哺乳期的父母
大事记	将广告定位至处于某种生活状态的人群，比如新婚 1 年、新婚 3 年、刚订婚 3 个月等

ⓘ　并不是目标定位越细分越好。

目标人群越细分，广告的受众范围越小，广告带来的点击量也会相应减少。你需要权衡两者的关系，当发现广告的点击量太少，你可能需要考虑广告的受众范围是不是太小了，应该适当地放宽条件限制，扩大受众范围。

6.4　灵活的广告预算和排程设置

预算是广告客户愿意为营销花费的最高金额。这里讨论的预算指的是广告系列的预算。投放 Facebook 广告有两种预算类型可以选择：

- 每天预算；
- 总预算。

选择"每天"，输入的金额是广告系列单日消费的上限，选择"总预算"则是广告系列的总消费上限。预算类型的选择是跟时间联系在一起的，通常是同排程一起设置的，如图 6-37 所示。

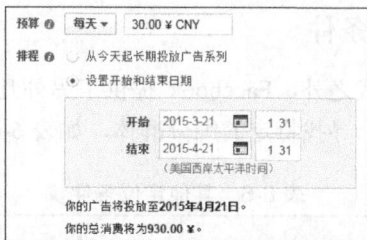

图 6-37　广告预算和排程设置

你需要考虑广告营销的周期，同样有两种选择：

- 从今天起长期投放广告系列；
- 设置开始和介绍日期。

前者表示不设截止时间，从创建广告系列开始投放广告直到预算花完为止。后者表示广告系列在指定的周期内花费预算。Facebook 广告系统会自动在整个营销周期内平均分配支出。例如，如果为一个为期 10 天的广告系列指定 1000 元人民币的预算，每天一般会花费 100 元人民币。如果广告系列在第一天只花费了 50 元人民币，系统将尝试在剩余 9 天内的某一天花掉少用的那部分费用。

在设置预算时，你可以看到"¥CNY"这样的货币符号；在设置排程时，你会看到"美国西岸太平洋时间"这样的时区。通常要设置的信息包括账户货币、账户国家或地区以及账户时区，如图 6-38 所示。这些都是在你第一次创建广告时需要设置的。

图 6-38　设置广告账户结算货币和账户时区

为便于理解预算跟广告系列的联系，这里简单讲述一下 Facebook 广告架构。

Facebook 广告架构核心包含 3 个层级：营销活动、广告系列和广告。它们的关系是：营销活动包含多个广告目标相同的广告系列，每个广告系列有自己独立的预算，广告系列中包含的广告共享所属广告系列的预算。

更详细的介绍请看第 7 章有关广告账户结构的介绍。

前面提到，广告系列在一个有明确终止日期的周期内花费广告预算。你的广告在一天之内不分时段投放，但实际上不同时间段的流量规模是不同的，对不同的广告客户的价值也是不同的。如果要想具体了解哪些时段的受众对广告的反响最好，你可以创建不同的广告系列，并对不同的广告系列设置不同的时间段。图 6-39 中的深灰色阴影表示广告在受众所在时区的选中时间段内投放，其中每小时用一个格子来表示。

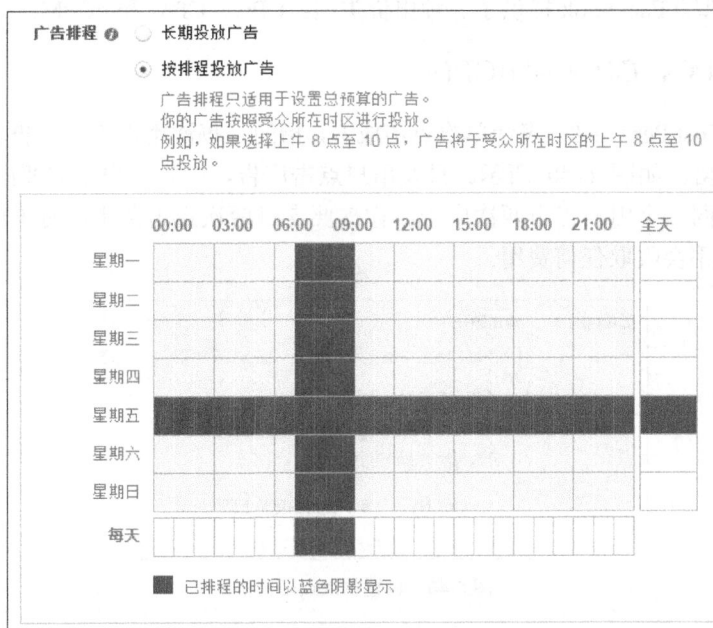

图 6-39　指定时间，指定天数投放广告

6.5　广告竞价

广告竞价和拍卖的过程很类似。拍卖是一种公开竞价的买卖方式。有意向的买家可以针对特定拍卖品给出他们愿意支付的最高价格，出价最高者赢得竞拍。和拍卖类似，广告竞价的作用是根据广告的总出价确定广告的展示以及成交广告的最终收费。

Facebook 广告平台本质上是一个竞价系统，你需要和其他广告客户一起竞争目标受众。举个例子，一个 Facebook 用户在个人信息中填写了自己的喜好，比如喜欢咖啡、旅游和摄影。那么他可能既是咖啡企业的目标受众，又是旅行社的招揽对象，也可能是摄影仪器制造商的潜在客户。尽管三个广告客户的业务不尽相同，但是三家企业都需要为争取对该用户的广告展示出价竞争。

和普通拍卖方式不同的地方在于，Facebook 广告竞价依据广告的总出价确定哪条广告赢得竞价。这个总出价代表了广告的竞争值，由广告的出价和广告的内在质量出价组成。广告出价表示广告主愿意为点击、展示次数或转化支付的最高价格。出价高的广告将获得优先展示的机会。广告的内在质量出价指的是广告参与度的衡量标准。构成该质量出价的因素包括点击量、赞、分享等。质量出价的意义在于避免出价高但是创意效果不佳的广告破坏了用户体验。结合这两个出价，出价高且有良好用户参与度的广告将赢得更多的展示机会。

　　关于广告出价，广告客户可以决定他们愿意为哪种结果支付费用，选择适当的广告出价类型。Facebook 提供了 3 种出价类型：CPC、CPM 和 oCPM。

6.5.1　CPC、CPM 和 oCPM

　　CPC（Cost Per Click）表示单次点击成本，指的是每次用户点击广告客户愿意支付的最高价格，如图 6-40 所示。只要用户点击广告，广告客户就需要向 Facebook 支付费用。同一个用户点击两次广告，你需要支付两次点击费用。对于广告展示，Facebook 则不会收取任何费用。

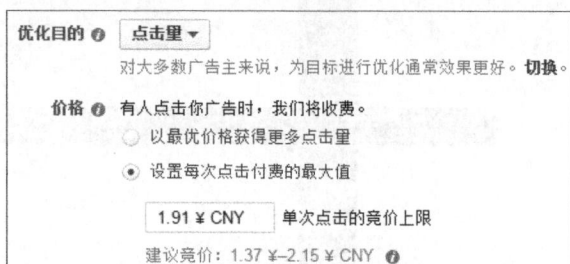

图 6-40　设置单次点击价格

　　CPM（Cost Per Thousand Impressions）表示千次展示成本，指的是愿意为千次广告展示支付的价格。需要注意的是，Facebook 现在已经允许为单次展示设置出价了，如图 6-41 所示。Facebook 不保证每次广告展示都是面向独立的用户，换句话说，同一个用户可能看到多次相同的广告。至于产生的任何广告点击，Facebook 不会另外收取费用。

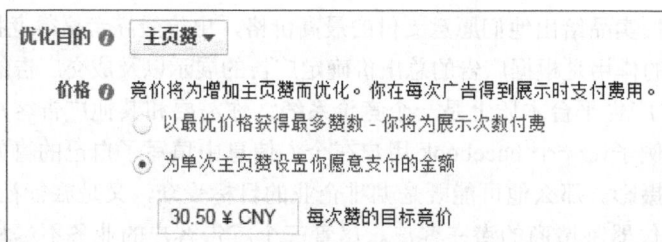

图 6-41　设置每次展示的价格

　　oCPM（Optimized-CPM，优化的 CPM）本质上也是 CPM，它是一种自动优化展示的出价类型，如图 6-42 所示。换句话说，广告客户无须自己设置广告出价，Facebook 代替广告客户自动调整出价，目的是让广告获得更多的点击或者更多的展示。

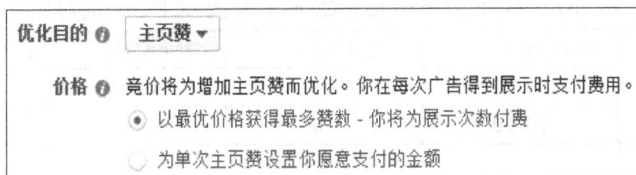

图 6-42　选择 oCPM 出价类型，无须设置出价

对于非 oCPM 的出价类型，如果广告的表现非常出色，只要广告创意符合 Facebook 的规定要求，Facebook 会继续展示这些广告。但是 Facebook 不会优化广告，CTR 也会随时间逐渐走低直至 Facebook 停止展示广告。oCPM 这种出价类型则会优化广告，Facebook 会向那些最有可能带来展示或者点击的人群展示广告。

6.5.2　选择合适的出价类型

广告竞价优化是指广告客户通过多种手段实现广告投入成本与广告绩效表现的收益最大化。选择哪种出价类型可以带来更多的效益就是一种广告竞价优化过程。

鉴于不同的广告客户有不同的目标，有的需要获得更多的广告展示量，有的需要获得更多的广告点击量。无论选择哪一种出价类型来投放广告，都能获得广告展示和广告点击。如果广告客户的目的是获得更多的点击量，可以引进 eCPC 这个概念，将 CPM 转化为 eCPC，将其与 CPC 进行比较，这样就可以在不同出价类型之间进行比较，以此判断哪种出价类型在获得点击量上效果更好。

eCPC 也叫单次点击估计成本（estimated Cost Per Click）。其计算公式为：

$$eCPC=\frac{广告花费}{点击数}$$

举个例子，你有两个方案：

- 选择 CPM，出价 3 元；
- 选择 CPC，出价 9 元。

你选择 CPM 出价类型，一天之后广告的 CTR 是 0.01%，其中展示 10000 次，点击 1 次。按照前面的 eCPC 计算公式可以分别计算得到广告花费以及点击数，并推导出下面的公式：

$$eCPC=\frac{\frac{展示次数}{1000}\times CPM}{展示次数\times CTR}=\frac{CPM}{1000\times CTR}$$

换算之后，eCPC 为 30 元人民币。与出价 9 元人民币的 CPC 出价类型相比，获得相同点击数的成本更高。这时候，你就得考虑改用 CPC 的出价类型来降低广告营销成本。同样的，如果 CTR 是 0.3%，则按照前面的换算公式得到的单次点击成本为 1 元人民币。这时候，选择 CPM 在成本上就更加划算了，如表 6-7 所示。

表 6-7　不同 CTR 情况下 CPM 转化为 eCPC 后的对比

CPM	Impressions	Clicks	CTR	eCPC
3	10000	1	0.01%	30
3	10000	30	0.3%	1

类似的，如果广告客户的目的是获得更多的展示，则可以引进 eCPM 这个概念，将 CPC 转化为 eCPM，将其与 CPM 进行比较，以此判断哪种出价类型在获得展示量上效果更好。

eCPM 也叫千次展示估计成本（estimated Cost Per 1000 Impressions）。其计算公式为：

$$eCPM = \frac{花费}{展示次数} \times 1000$$

通过推导，我们可以得到如下公式：

$$eCPM = \frac{点击数 \times CPC \times 1000}{\dfrac{点击数}{CTR}} = CPC \times CTR \times 1000$$

实践中，很难一刀切地说哪一种出价类型就一定比另一种出价类型好。你需要根据行业经验、营销阶段和目标，结合自己产品和服务的特点选择不同的出价类型进行一些测试，基于测试结果选择合适的出价类型。

6.6　小结

社交媒体的出现，为广大广告客户提供了不同的营销方式。以 Facebook 为例，许多企业纷纷在 Facebook 上创建品牌主页，开展内容营销，塑造品牌营销，通过口碑营销传播品牌，并且取得了很好的效果。另一方面，在 Facebook 上建立品牌形象通常也是一个缓慢的过程，这对于以快速打开市场为目标的中小型企业来说是不能接受的。Facebook 广告营销弥补了这一短板，让品牌可以更快地在特定群体中传播，而且广告特有的社交属性有助于品牌的扩散。这都是广告联盟、搜索引擎营销所无法比拟的。此外，细致的营销目标分类、多样的广告创意形式、丰富的定向条件，可以很好地满足不同行业广告客户的推广要求，也降低了开展广告营销的门槛。

- Power Editor 允许大量导入 PowerZone 的广告。PowerZone 也是 Facebook 认可的 Power Editor 广告商提供的广告。这套系统是一个第三方的软件工具，为那些需要创建许多 Facebook 广告的商家使用，从而让他们更有效地工作。

第7章

>>>>>> Facebook 广告管理工具

在 Facebook 上开展基本的广告营销并不是一件很难的事，但是要想获得与众不同的营销效果，则需要很多的努力。工欲善其事，必先利其器，高效地完成广告营销并获得不错的营销效果，强大的广告管理工具是必不可少的。它能帮助管理广告账户结构和广告对象，提炼高质量广告创意，监控广告账户执行绩效，并不断自动化优化广告。

在这一章中，我们将了解到：

- Facebook 广告管理工具的特点；
- 使用 Facebook 洞察报告优化广告；
- 支付账户绑定方式；
- 广告账户授权管理；
- 高级广告管理工具 Power Editor；
- 第三方广告管理工具。

7.1 管理 Facebook 广告的工具

当你制订营销目标并开始实施广告计划的时候，你就会用到广告管理工具。这类工具可以帮助你编辑和管理广告创意与目标受众，发布广告到 Facebook 等媒体平台，度量和持续改善广告绩效。

每个媒体平台都有适合自己的广告管理工具。例如，搜索引擎营销中，Google 的广告投放工具有 Google AdWords 编辑器（Google AdWords Editor），Yahoo 和 Bing 的广告管理工具有 Bing Ads 编辑器（Bing Ads Editor），百度推广可以使用百度推广助手。这些都是各个媒体平台自己发布的免费广告管理工具。Facebook 公司也发布了专门在 Facebook 平台上投放和管理的广告工具，如广告管理工具 （Ad Manager）以及高级广告工具（Power Editor）。

- Facebook 广告管理工具提供了很多基本功能以便广告客户快速上手管理和优化所投放的各种类型的 Facebook 广告，例如，管理 Facebook 营销活动与广告，管理营销活动的预算和广告出价，查看洞察报告，广告账户授权管理等。

- Facebook 的广告管理工具 Power Editor 的定位与 Facebook 广告管理工具有些不同。Power Editor 的特点在于帮助广告营销者快速地创建、编辑和管理大量的营销活动及广告。在 Power Editor 中，只需一个页面几乎可以搞定所有的操作，而不用像广告管理工具那样在不同的功能页面之间来回地切换。对于很多需要批量投放大量 Facebook 广告的广告主而言，他们不但会熟悉掌握 Facebook 广告管理工具，还会通过 Power Editor 来提升广告管理效率。当然，使用好 Power Editor 需要更多的 Facebook 广告知识和经验。

除了 Facebook 官方提供的广告管理工具，还有很多第三方的商业广告管理工具可以帮助管理和优化广告营销活动。这些第三方工具都是基于 Facebook 开放的广告 API 实现的。他们不但能够实现主要的广告编辑和管理功能，还可以贴近不同行业的营销特点，沉淀适合特定应用场景下的最佳实践经验，例如，创意设计、广告编辑、分离测试、自动优化、数据分析等方面的能力。通常第三方广告管理工具都是付费的，因为效果良好，所以付费购买的人也很多。你可以结合应用场景和行业特点来选择合适的第三方 Facebook 广告营销工具。

7.2　广告管理工具

Facebook 广告管理工具（Ad Manager）是 Facebook 提供的广告管理工具。营销者可以用它来创建广告，查看 Facebook 营销活动、广告，更改出价和预算，随时暂停或重新启动广告投放以及分析和管理广告洞察报告。广告管理工具还可以帮助管理账单信息，提供广告账户授权功能，查看和导出自定义报告，设置转化追踪。因为广告管理工具容易上手，使用简单，很多营销者都在用这个工具管理 Facebook 广告。

登录 Facebook 之后，点击页面右上角的倒三角图标，在下拉菜单中点击"管理广告"就可以进入 Facebook 广告管理工具，如图 7-1 所示。

图 7-1　从 Facebook 页面进入广告管理工具

如果你之前没有创建过广告，你在图 7-1 所示的下拉菜单中是看不到"管理广告"这一项的。你需要访问 http://www.facebook/ads/manage，打开广告管理工具。

广告管理工具界面分为 3 个区域，如图 7-2 所示。

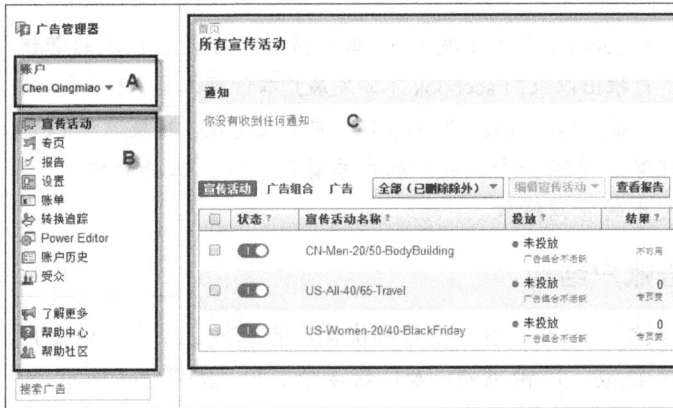

图 7-2　Facebook 广告管理工具界面

- 左上方的 A 区域是广告账户选择器，你可以在不同广告账户之间相互切换。
- 左下方的 B 区域是功能导航栏，各功能如表 7-1 所示。
- 右侧 C 区域是各个功能的功能页面，比如点击功能导航栏中的宣传活动链接，你可以在新的页面中管理宣传活动及其下的所有对象。

表 7-1　广告管理工具的功能列表

功　能	作　用
宣传活动	查看营销活动、广告系列、广告
主页	查看具有管理员权限的 Facebook 主页的洞察力报告
报告	查看营销活动或者广告报告数据
设置	修改广告账户的基本信息，管理账户的访问权限，查看报告的权限，调整通知信息
账单	绑定支付账户，设置广告账户的花费金额上限
转换追踪	管理已经创建的转换像素
Power Editor	快速、大批量地创建和管理 Facebook 广告的高级广告管理工具
账户历史	可以按照用户、活动类型、日期筛选查看多种活动类型的历史记录，比如账户花费上限更改，营销活动、广告系列和广告状态更改等
受众	广告主根据邮箱、电话、Facebook 用户 ID 等已经掌握的客户数据，自定义一批广告受众，以便创建广告时可以复用。另外，它还提供跟踪用户在广告主网站以及移动应用上特定用户行为的功能
了解更多	可以看到若干 Facebook 营销的成功案例
帮助中心	Facebook 广告的帮助文档
帮助社区	Facebook 的帮助社区。在这里，你可以查看其他社区成员提出的问题，也可以通过发帖获取帮助。但是未必能及时得到回复
搜索广告	用于搜索广告计划或者广告。输入的关键词只匹配广告的标题或者营销活动的名字，而不会搜索广告创意的内容。所以，为了便于管理，在给广告计划命名的时候，最好遵循一定的命名规则

Facebook 广告发展迅速，需要持续跟踪最新出现的营销手段和技巧。自推出以来，Facebook 不断发展广告管理工具，不断增加新的高级功能。例如，账户信息设置、账单管理、自定义受众、转换像素（Conversion Pixel）管理等。追踪和尝试最新的广告营销手段、工具和技巧，有助于获得更加突出的营销绩效。

7.2.1　广告账户结构

为了方便组织、管理广告，度量和优化广告绩效，整个广告账户结构被划分为广告账户、营销活动、广告系列以及广告 4 个层级，如图 7-3 所示。

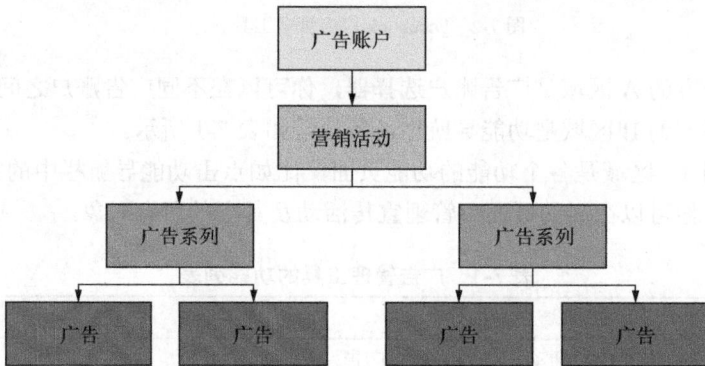

图 7-3　Facebook 广告账户的结构

1．广告账户

广告账户（account）是管理所有广告的最高层级对象。广告账户之下细分出营销活动和广告系列这两个层级来管理广告。信用卡绑定、支付货币选择、时区设置都需要在广告账户这一层来完成。如果需要，广告账户的管理者可以通过授权的方式，授权其他人共同管理广告账户。

2．营销活动

营销活动（campaign）是指为了实现某一个营销目标而采取的一系列推广行为。在 Facebook 里，它也是高层级的广告管理单位。营销目标是企业广告活动所要达到的目的。通常为了便于清晰地管理，一个营销活动只对应某一个具体的营销目标，如表 7-2 所示。一个营销活动包含一个或多个拥有相同营销目标的广告系列。

表 7-2　营销目标列表

营 销 目 标	描　　　述
网站点击量	吸引用户访问您的网站
网站转化	增加网站转化量。创建这种营销目标的活动，您需要先有一个网站转化像素，然后才能创建广告

续表

营销目标	描　　述
主页帖子参与度	推广帖子
主页赞	推广主页并获取主页赞，同更多用户建立联系
应用安装	增加应用的安装量
应用参与度	提高应用的参与度
领取优惠	创建可供用户在您的店内兑换的优惠
活动响应	增加活动的参与人数
视频观看次数	创建广告吸引更多用户观看视频

3. 广告系列

广告系列（Ad Set）是指共享预算与投放时间的一组广告。这里共享的意思是，如果你在广告系列中设置了投放预算，那么这个广告系列中广告的总花费会合计在这个预算范围之内。投放时间也是类似的，如果广告系列因设置的结束时间到期而停止，那么所包含的广告也都将停止。

4. 广告

广告（Ad）是展示给 Facebook 用户的宣传信息。你需要定义广告创意、目标受众以及出价。每个广告都要指定它所属的营销活动以及广告系列。

在一个广告账户内部，广告管理工具也按照三个层级展示广告数据：营销活动、广告系列和广告。可以单独选择某一个营销活动，然后独立管理和分析其下的广告系列以及广告，如图 7-4 所示。

图 7-4　营销活动、广告系列和广告

7.2.2　优化广告账户结构

高质量的广告账户结构对广告的管理以及绩效的优化都有好处。那么一个优质的广告账户结构应该是什么样子呢？

1. 每个营销活动只对应一个推广目标

每个营销活动应该只对应一个推广目标。营销活动包含的所有广告应该围绕同一个推广目标创建。这样做的好处有以下两点。

● **细分推广目标的整体营销效果清晰、明了**。在包含多个推广目标的营销活动中，你势必要先筛选出推广目标相同的广告系列，然后针对每个广告系列进行绩效分析之后才能推断某个推广目标的营销效果。但是如果一个营销活动只对应一个推广目标，就不会存在这样的情况。你只需要查看营销活动的绩效指标，就可以直接了解该营销活动所对应推广目标的营销效果了。比如营销活动的营销目标是提高粉丝量，那么你可以直接查看营销活动的"主页赞"这个绩效指标来了解营销活动的推广效果。

- **方便查看营销活动的用户转化行为。** 通常 Facebook 的转化行为包括帖子评论、视频播放、照片查看、主页赞、移动应用安装等。当一个营销活动包含多个推广目标时，在 Facebook 营销活动列表中，你是看不到营销活动的转化结果的。例如，赞页面和点击链接都将带来转化，并都将汇总在这个字段，但是不能清楚地知道每个具体的用户转化行为是多少。如图 7-5 所示，名为"drive web traffic"的营销活动包含了增加网站流量的广告以及增加主页赞的广告，这样在指标"成效"中，你无法知道每个推广目标的实际投放效果。

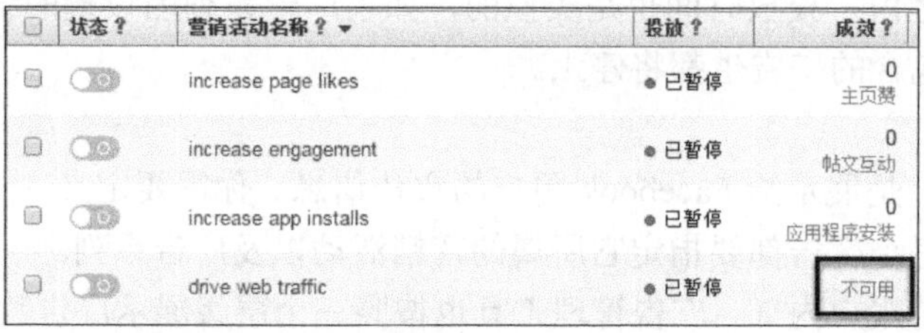

图 7-5　每个营销活动应该只有一个推广目标

2. **每个广告系列中广告之间的唯一区别应该只体现在创意上的不同**

每个广告系列中，广告类型、目标受众和出价类型要保持一致。广告系列之间唯一的不同应该只体现在广告创意上。这么做的目的有两点。一是有利于 Facebook 对广告进行优化，使得效果好的广告得到更多的曝光。二是在不涉及其他变量的情况下，可以清楚识别广告系列中效益更好的广告创意，为后续广告创意优化提供了基础。

广告系列中广告的这种要求只是若干最佳实践中的一种。对于不同行业经验的广告投放者往往会有不同的最佳实践。如果存在适合你的行业特性的最佳实践，不妨学习和参考这样的经验。

Facebook 会以广告系列为单位对广告进行优化，只有效益好的广告才会被留下来继续展示。

投放过程中，Facebook 会以广告系列为单位，对其中的广告进行集中的曝光，确认每个广告的 CTR 或者其他转化指标。经过一段时间的投放，效益低的广告逐渐被暂停展示，效益高的广告会被留下来继续展示。

3．为营销活动和广告系列起个好名字

为了方便管理营销活动，每个营销活动会有一个名称。这个名称最好直接反映营销意图。例如，你的营销目标是获得更多页面赞，那么你可以直接给营销活动起名 "increase page likes"。

在给广告系列起名的时候，最好也要能清晰表达出你的目标受众和出价类型，以便未来进一步对营销物料与绩效数据进行分析。你可以按照自己的需要来设定命名规范，同时也推荐使用中线分割不同的属性含义内容。例如，按照受众的特点加营销主题命名广告系列：[Location]-[Gender]-[Age]-[Bid Type]。这个命名方式，从前到后分别表示：

- 国家或地域；
- 性别；
- 年龄范围；
- 出价类型。

假如一个广告系列名称是 "US-Women-20/30-CPC"，那么通过这个名称可以分析出来这个广告系列包含一组这样的广告：

- 投放在美国市场；
- 女性用户；
- 年龄分布在 20～30 岁；
- 出价类型为 CPC 的广告。

社交媒体广告的目标受众信息准确度更高。

社交媒体注册用户会填写自己的准确信息，而搜索引擎用户的特征信息则是根据用户行为特征统计分析出来的。所以社交媒体的目标受众的信息更加准确。目标受众更加精准，这对于广告营销者而言是一个好事情。

如果你的广告系列命名尚未规范，你可以将鼠标移至广告系列之上，点击笔状图标即可修改，如图 7-6 所示。

图 7-6　编辑广告系列的名称

在命名规则确定之后，各个字段的命名也需要注意。例如，前面的广告系列命名规则为[Location]-[Gender]-[Age]-[Bid Type]。此时，假如 Age（年龄）的部分没有写成 40/65，而是写成 40-65，那么在后续数据加工处理中就会出现解析错误，而无法正确分析和改善营销绩效。甚至于错误的命名将可能使数据解析字段映射错误，进而导致营销优化策略制定错误，浪费了营销预算。这都是需要小心检查的。

　　给广告系列起个好名字，有助于后续数据分析和持续营销绩效改善。

　　显然图 7-6 中的广告系列名字似乎并不是人类自然语言，阅读起来也不那么直观。但是使用这样的命名有助于将数据导出到 Excel 或者其他第三方工具中，进行进一步的解析。将广告连同命名一起导入 Excel，可以使用 Excel 的函数对命名字符串进行解析。进而解析出投放国家、性别、年龄分布等字段属性，再结合相应的绩效数据，营销者就可以进行各种不同维度的数据分析。

　　后续章节中，我们将会详细介绍使用 Excel 进行广告创意和目标受众营销活动优化的具体方法。

7.2.3　管理广告系列的预算

　　广告预算是广告主愿意为每个营销活动花费的最高金额。广告管理工具提供两种预算类型，即每天预算（Daily Budget）和总预算（Lifetime Budget），如图 7-7 所示。

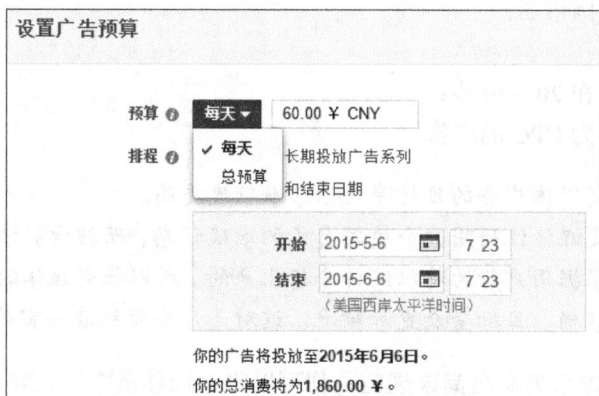

图 7-7　编辑广告系列的预算和投放时间

　　正确设置币种，避免操作错误。

　　以美元为准，Facebook 规定预算的最低费用是 1 美元。换成人民币，预算最低费用是 6 元人民币。不同币种，所对应的实际价值相差可能很大。所以设置币种和预算的时候，需要小心核对信息。

　　在设定预算类型、启动广告系列之后，营销者需要监测广告系列执行过程，包括花费情况和营销绩效。为了控制风险和提升投资回报率，营销者可以在广告系列之间调整预算上限，将资源尽可能地向营销效果比较好的广告系列倾斜。关于分配广告预算的技巧，可以参考以下两条经验。

- **在尝试进入未知领域的时候，建议不要设置过高的预算金额。**刚进入未知领域的初期，一切都将是不确定的。将过多的预算分配给低绩效的广告系列，意味着其他产生高绩效的广告系列所分配到的预算就相应地变少了。这将会削弱实际的广告营销效果。假设你实际可以支配的营销预算是 1 万元人民币，比较好的做法是给新建广告系列的初始预算设置一个比较低的金额，比如500 元。观察一段时间，如果关键用户转化行为数目提高很快，这时就可以提高营销活动的预算额度。

> 需要结合用户行为习惯来测试广告投放效果。
>
> 一些广告营销活动在特定时间段的转化率更高，你需要结合所在行业的用户行为特点进行测试。如果测试广告的投放时间不正确，也将影响广告营销效果。显而易见，游戏产品在晚上 9 点就比早上 9 点的转化率高。

- **创建多个广告系列来管理广告，不要将所有的广告放在一个广告系列中。**通常，广告文案的变化、图片的不同、广告类型的差异都可能对广告营销效果产生很大影响。在预算相对足够的情况下，广告系列中的各个广告一般都会有展示的机会。经过一段时间的投放，不同的广告会获得不同的展示、点击量，并带来不同的转化绩效。广告系列中的广告会按照 CTR 大小形成一个梯度。这时候你已经可以知道哪个广告的效益更好。为了能保证 CTR 高的广告获得更多的预算，你可以暂停那些效益不佳的广告。另外，如果每个广告系列只包含较少的广告，也没有绩效特别突出的广告，只需暂停整体效益低的广告系列即可。这样高效益的广告系列就可以获得更多的预算。相比较把所有的广告都放在一个广告系列的操作方法，运行多个广告系列的方式在操作和管理上更灵活。

7.2.4　管理广告系列的运行时间

在设置广告预算金额的同时，你往往还需要考虑设置广告系列的运行时间，如图 7-7 所示。

Facebook 提供两种选择。一种是没有结束时间，广告系列在创建之时起开始运行。另一种是设置开始运行时间和结束运行时间。如果你有明确营销周期，可以考虑设定广告系列的运行时间段。

> 如果不设置结束时间，需要在营销活动结束的时候手动停止这个营销活动。否则，它将一直产生费用。
>
> 反过来，如果营销没有结束，也不要因为错误的结束时间而过早地暂停广告投放。

另外需要注意的是，如果你所面对的客户跨越多个时区，设置广告系列的运行时间就必须要考虑 Facebook 账户时区的影响。

地球自西向东自转，太阳东升西落，世界上不同地区的作息时间是不同的。出于方便工作、生活等目的，世界被分成 24 个地理区域，每个区域即为一个时区。每个时区用 UTC±n 表示（n 表示相对于格林威治 0 时区的偏移量，向东为加，向西为减）。例如，北京时间属于东八区，（简单地说）比格林威治时间快 8 小时，表示为 UTC+8。西雅图时间属于西八区，比格林威治时间慢 8 小时，表示为 UTC−8。两个城市相差 16 小时。Facebook 规定，根据你的业务所在地，每个广告账户要设定一个时区。广告系列的运行时间便是基于广告账户的时区设置的。如果要使用一个广告账户，同时管理多个不同时区下的广告投放，就要精通时区计算。

> Facebook 的时区在账户级别设置。
>
> 有的媒体平台，例如 Yahoo 和 Bing 的广告系统 AdCenter 可以在 Campaign 级别设置不同的时区。这样，面对不同投放地域的广告系列拥有不同的时区信息。而 Facebook 中时区是在账户级别设置时区的，一个账户内所有广告系列和广告的时区都是相同的。所以管理 Facebook 广告活动的时候，你必须学会时区计算。
>
> 当然还有一种简单的方法。你可以制作一张媒体投放的表格，直接将你的客户时区和 Facebook 账户时区放在这张表格上。这样你只要查询表格就可以了。或者就好像宾馆前台，直接在墙上挂几个不同时区的时钟。

试问这样一个问题：

晚间时段往往是游戏的流量高峰期。设想广告系列的目标用户在西雅图，而广告账户的时区在北京。如果在西雅图的 2 月 26 日晚上 8 点钟启动广告系列，那么广告系列的开始时间该如何设置？

答案是：北京时间比西雅图时间快 16 小时，广告系列的开始时间是 2 月 27 日中午 12 点钟。

7.2.5　管理广告状态

运行中的广告是有状态的，可以启动也可以暂停。处于启动状态的广告才可以展示给目标受众，被点击并产生营销转化。处于暂停状态的广告则不会有任何动作，也不会产生费用。

新建的广告一开始并不直接进入启动或暂停状态，而是都处于待审核状态。如果广告获得批准，你会收到电子邮件通知，你的广告可以启动运行。如果广告未批准，你会收到一封电子邮件，被告知违反了哪一条广告刊登原则。Facebook 声明广告的审核时间一般在 24 小时内。如果在工作日提交广告，你的广告可能在几分钟内就完成审核。如果你对广告的投放时间比较敏感，那么你有必要了解 Facebook 广告的审核机制，避免关键时刻广告营销活动不能有效启动。

Facebook 广告的审核快慢与提交时间和待审核广告数量两个要素相关。

Facebook 专门有团队负责审核广告。如果你提交的广告不在他们的工作时间内，广告的审核时间可能会相对延长。因为受限于审核团队的工作时间，如果你在太平洋时间的周末提交广告，审核时间相比工作日也会延长。如果待审核的广告非常多，即便是工作日，审核时间也可能会延长。

(i) 除名字、状态和出价之外，如果编辑广告的其他属性，Facebook 都将会重新审核这个广告。

运行中的广告有启动或者暂停状态。因为在不同状态中进行切换是不需要重新审核的。所以很多广告投放者会将广告批量提交审核，同时设置很少的广告预算。在审核通过之后，这些广告很快就因为预算不够而被自动调整为暂停状态。在需要启动广告的时候，可切换广告状态到启动状态以快速启动广告。

另外，很多广告自动化工具也会利用广告启动和暂停状态进行不同批次的广告轮换投放。通常，即便绩效再好的广告创意也会出现审美疲劳的情况。通过定期轮换不同的广告创意，可以使目标受众持续新鲜感，而带来持续的营销绩效。当广告轮转一段时间之后，之前投放的广告批次又可以从暂停状态调整回启动状态，再重新投放。

7.2.6 创建类似广告

一个广告对象的内容可能会非常复杂，包括广告标题、正文、图片、出价信息、目标受众、投放设备等，如果逐一录入，则效率低、易出错。创建类似广告是一个非常有用的功能，就好像 Word 编辑文档中复制/粘贴功能一样，可以将广告复制到新的广告对象中。使用创建类似广告功能就可以节省大量广告编辑时间，而将更多精力放在设计广告创意、细化目标受众和投放设备等高价值工作上。

点击广告，在广告下方会展开一个页面。页面分成 3 个区域：广告预览、广告定位和广告绩效。有一个创建相似广告按钮在创意预览的最下方，如图 7-8 所示。点击该按钮可以复制出一个全新的广告。

如果批量创建类似的广告，建议使用 Power Editor，而不要在 Facebook 广告管理工具中操作。Power Editor 的批量复制、批量创建以及通过集成 Excel 进行广告管理和分析的功能都非常强。

创建类似广告也为广告优化提供了一种简单、可行的优化策略，这就是分离测试（也叫 A/B 测试），即同时投放两个或多个版本的广告，每次只控制有限个数的广告元素的变化。这个元素可以是广告图片、广告文本、目标受众等。根据测试结果，选出符合广告目标要求、绩效较好的广告。经过多轮测试活动就可以逐步筛选并沉淀出高质量的广告创意库或者高价值目标受众等。

图 7-8　创建相似广告

7.3　Facebook 广告洞察报告

绩效指标（Key Performance Indicator，KPI）是衡量效果的一种方法。广告洞察报告是 Facebook 用于评估内容营销和广告营销效果的工具。它提供若干绩效度量指标，广告客户可以借此数据来了解当前营销活动的营销效果，并基于此不断优化广告营销活动。

Facebook 广告洞察报告的主要功能包括：

- 分析洞察报告；
- 自定义洞察报告；
- 保存洞察报告；
- 订阅与导出洞察报告。

7.3.1　分析洞察报告

营销者在启动营销活动之后，了解针对特定广告目标营销活动的表现非常重要。通过 Facebook 洞察报告，你可以做到：

- 查看特定用户转化行为，例如，主页的赞或应用程序安装；

- 为效果良好的营销活动和广告分配更多预算；
- 对于效果不尽如人意的广告，可以更改目标受众的
  定位、创意，或终止广告运行；
- 了解每个用户转化行为的获取成本。

点击广告管理工具导航栏中的"报告"链接（如图 7-9
所示），在右侧即可看到 Facebook 广告报告页面（如图 7-10
所示）。Facebook 广告报告默认显示所有营销活动在最近
一周之内的绩效数据。报告页面左侧可以设置报告的统计
时间。

图 7-9 点击"报告"链接

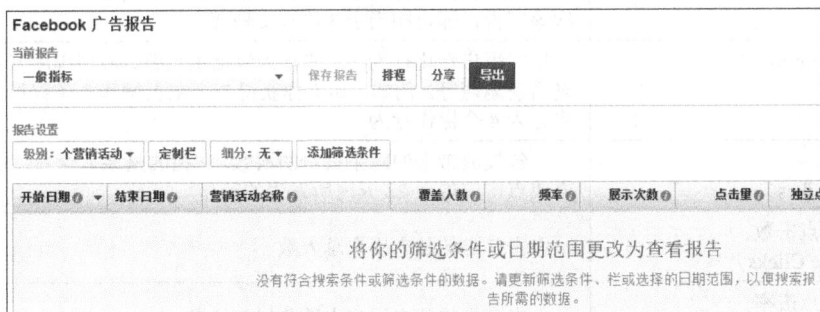

图 7-10 Facebook 广告报告页面

Facebook 预先定义了多个报告模板，每个模板会有不同的绩效指标。默认情况
下使用"一般指标"作为当前报告模板，显示比较通用的绩效指标。表 7-3 中列出
的便是这些通用的广告报表属性。更多的报表属性可以点击 Facebook 广告报告页面
中的"定制栏"进行查看。

表 7-3 部分广告报告属性

概　　念	描　　述
展示次数 （Impressions）	广告的浏览量。可能出现同一个用户多次浏览同一个广告的情况。例如，100 名用户看过你的广告 2 次，则展示次数为 200 次
社交展示次数 （Social Impressions）	包含社交信息的广告的展示次数。比如有一则广告包含了 1 位好友赞了你的帖子，并且有 3 个人 2 次看到这则广告，那就相当于有 6 次社交展示
点击量（Clicks）	广告的总点击数。根据推广的内容，此数字可能包括主页赞，回复活动邀请或应用程序安装。单个用户可能多次点击广告，那么你必须为每次点击付费
社交点击 （Social Clicks）	广告与社交信息一起展示时所获得的点击数。图 7-11 为带社交信息的广告。如果我的好友曾经赞过这个广告，好友的名字也将被展现出来，例如在这个广告中的"Shanny Wang 觉得 AdRoll 很赞"
点击率 （Click Through Rate，CTR）	计算方式为广告获得的点击数除以广告在 Facebook 上的展示次数

133

续表

概　　念	描　　述
CPC（Cost Per Click）	单次点击成本
CPM （Cost Per Thousand Impressions）	千次展示成本。广告展示 1000 次的平均成本
花费（Spent）	广告创建至今花费的总金额
覆盖（Reach）	看过广告的独立用户人数，相当于 Unique Impressions
频率（Frequency）	每名用户查看广告的平均次数
社交覆盖 （Social Reach）	看过包含社交信息的广告的独立用户人数。例如，一则广告包含你的好友赞了你的帖子这样的信息，并且有 3 个人每人看了 2 次该广告，那也相当于 3 次社交覆盖
操作（Actions）	也叫用户转化行为。这些行为包括主页赞、应用程序安装、回复活动邀请等。例如，如果你获得 2 个主页赞和 2 条评论，它们将计为 4 个操作行为
主页赞 （Page Likes）	广告投放带来的对主页赞的次数。它指的是某人查看广告一天内或点击广告后 28 天内所发生的动作
不重复点击数 （Unique Clicks）	点击广告的独立用户总人数
不重复点击率 （Unique CTR）	点击广告的独立用户人数除以到达数

Unique Clicks 和 Unique CTR 是社交媒体广告中才会有的广告属性。媒体平台要计算出不重复的点击数或点击率都需要基于真实广告受众信息进行分析。社交媒体用户在登录社交媒体平台之后才能浏览和发帖，所以社交媒体平台能够更清晰、准确地对特定用户的在线行为进行统计分析。

在搜索引擎广告中因为没有明确的个人登录和注册信息，因此搜索引擎广告营销中的 Unique Visitor 是基于某种跟踪数据，经过数据清理之后获得的。相比之下，Facebook 的不重复（Unique）更加精确。

图 7–11　带社交信息的广告

拿到洞察报告后，我们如何分析 Facebook 广告绩效并对其进行优化？这里举几种常见场景来简单解释这个问题。

- **展示量低**。这表示广告获得的曝光度不够。这很可能是因为广告出价太低。要知道，与你一起竞价相同广告受众的还有其他广告客户，不同广告客户在线竞争广告展示机会。如果你的竞价金额低于市场水平，展示量当然就会比较少。你可以尝试提高广告出价金额以争取更多展现机会。另外，也可能是广告设定的目标受众的规模太小了。例如，在美国首都华盛顿说中文、曾经在河北工业大学读书的人，这个目标受众就会非常少了。如果尝试扩大目标受众的范围也能带来更多的广告展示次数。

- **点击量低**。造成点击量低有两种情况：一种是展示量多，但点击量偏少；另一种是展示量本来就偏少，以至于点击量几乎为零。对于第二种情况，如果展示量本身就很低，那么首先要提升展示量，没有展示量就没有点击率。在优化点击量的时候，首先要保证广告能够覆盖一定量的目标受众，获得较多的广告展示。在保证足够量的展示后，如果点击量依然很少，那么这很可能是因为你的广告不够吸引人，也可能是因为广告与目标用户匹配度低。建议修改广告创意或者重新设置定位目标。

- **平均点击价格高**。这表示获取用户单次点击的成本比较高。广告客户可以考虑优化广告创意质量，使得在广告点击率变化不大的情况下，降低广告的点击成本，从而获取更好的投资回报率。要理解这一点，需要对竞价机制有简单的了解。参与竞价的广告通过其总出价相互竞争。总出价代表广告的竞争力，由广告客户的出价和广告的内在质量出价组成。

$$总出价=广告客户出价×广告内在质量出价$$

广告客户的出价表示的是他们愿意支付的最高价格。构成广告的内在质量出价的因素包括：点击量、赞、分享、用户反馈。当广告内在质量有所提升的时候，广告客户依然有可能以较小的广告出价赢得广告展示。针对点击价格较高的情况，广告客户不妨从广告创意上下功夫，吸引受众愿意参与广告的互动，提升广告的内在质量出价从而以较少的广告成本赢得广告竞价。

从上面的分析可以看出，一个绩效指标所表现的营销效果好坏可能要受多方面原因影响。要改善营销绩效指标，最佳的做法是通过测试来验证哪种因素才是导致所关注绩效表现不佳的原因，并在此过程中不断积累定位问题的实践经验。

7.3.2　自定义洞察报告

营销目标不同，所关注的绩效指标也不尽相同。Facebook 广告报告预设了若干报告模板，比如，度量 Facebook 主页上的粉丝行为，可以选择“Facebook 主页操作”模板；度量视频上的粉丝行为，可以选择“视频操作”模板。默认的 Facebook 广告报告是“一般指标”模板。此外，很多绩效指标并不会默认出现在页面中，你需要使用自定义洞察报告这个功能来查阅和分析这些绩效指标。

假如你要推广主页和积累粉丝，那么相关的绩效指标就需要包括主页赞数、参与主页活动数、帖子参与度等不同视角下的绩效指标。Facebook 已经按照相关性对现有的指标进行了分组，你可以按需从不同的分组中选择指标，在现有的报告模板基础上进行定制就可以生成你所需要的绩效报告。

在广告报告页面，点击定制栏按钮，弹出图 7-12 所示的页面。从左到右有三列，分别是指标分组（一些针对特定目标预设好的指标集合）、可选指标维度、当前已经选中的指标。选择一个分组，勾选不同维度下的属性，就可以多维度地分析广告的绩效，比较广告之间的转化效果了。

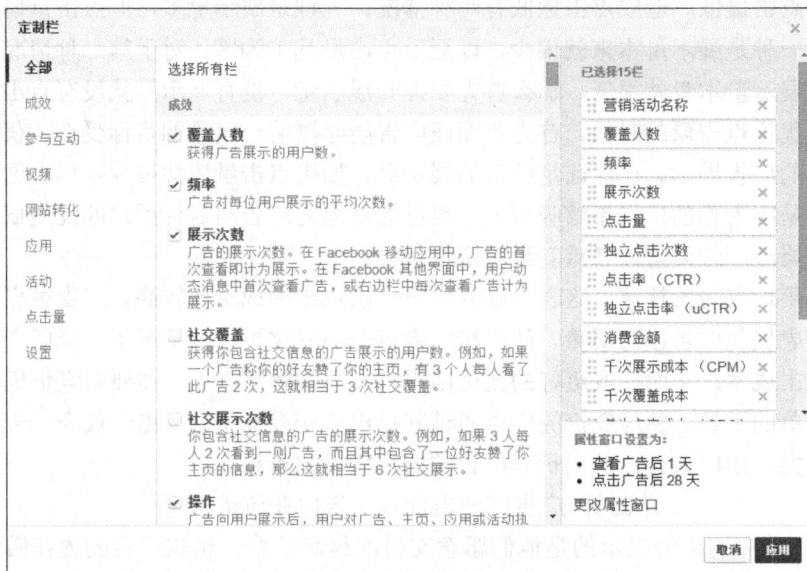

图 7-12　定制报表指标

绩效指标分组及其包含的预定义指标如表 7-4 所示。

表 7-4　绩效指标分组及其包含的指标维度

分组	指 标 维 度
成效	包括频率、展示次数、覆盖率、社交展示次数、社交覆盖、总转化值、操作、采取操作的用户、所有操作的单次成本、千次展示成本（CPM）、覆盖人数及花费金额
参与互动	包括签到、优惠领取、问题跟进次数、玩游戏次数、礼物销售、主页赞、网站点击量、主页提及、参与主页互动、照片浏览量、帖子分享次数、发布评论、帖子互动、帖子赞、主页选项卡浏览量、问题答案以及上述指标的单次操作成本
视频	包括视频播放点击量、视频观看次数、观看视频的平均百分比、观看视频的平均时间、超过 30 秒观看次数、不同百分比视频进度的观看次数、每次视频播放点击成本以及每次视频观看的成本
网站转化	包括网站转化率、放入购物车、结账、关键网页访问量、潜在客户、其他网站转化率、注册，以及上述指标的单次操作成本

分组	指 标 维 度
应用	包括移动应用操作、移动应用程序功能解锁、移动应用程序启动、移动应用程序支付详情、移动应用放入购物车、移动应用添加至收藏、移动应用程序注册、移动应用程序内容浏览、移动应用程序结账、移动应用程序成就、移动应用程序购买、移动应用评分、移动应用程序搜索、移动应用程序用户消费、移动应用程序教程完成、应用程序参与度、应用程序安装、应用程序动态参与、应用使用次数、用户消费、移动应用程序安装，以及上述指标的单次操作成本
活动	包括活动响应和每次活动响应的成本
点击量	包括点击量、每次不重复点击的成本、单次点击成本（CPC）、点击率（CTR）、社交点击、不重复点击、不重复点击率（uCTR）以及不重复社交点击量
设置	包括账户编号、账户、广告编号、广告名称、营销活动编号、营销活动名称、广告系列编号、广告系列名称以及目标

7.3.3 保存洞察报告

如果每次查阅报告都需要重复设置就太麻烦了。为了下次还能够便捷地查看关心的广告报表数据，你可以将广告报告的过滤条件、显示的绩效指标保存起来。下次打开报告的时候，就可以直接使用这些定制的报告查看绩效了。

在当前报告的下拉菜单中选择一个报告模板，编辑之后就可以为新报告起一个名称并保存，留待下次使用了，如图 7-13 所示。

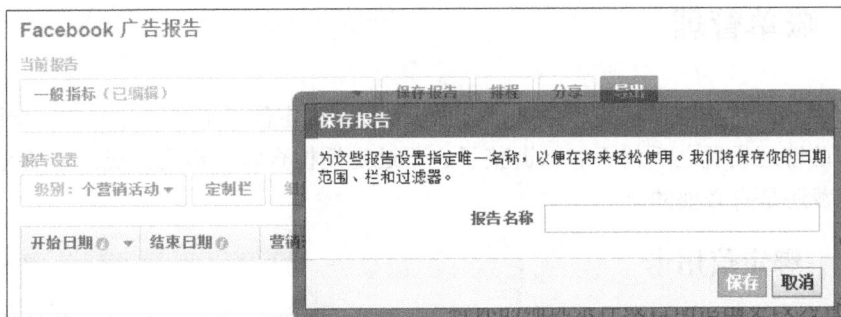

图 7-13 保存定制的报告

7.3.4 订阅与导出洞察报告

在 Facebook 广告报告页面点击"导出"可以将绩效数据导出到 Excel 中，然后通过 Excel 对 Facebook 的广告物料和绩效数据进行分析。你还可以按 Facebook 预设的频率订阅报告数据，让 Facebook 定期将报告发送给你。在 Facebook 广告报告页面点击"排程"按钮，在弹出的浮窗中设置邮箱、报表数据统计的开始时间、发送的频率、运行状态以及自定义报表的名字，Facebook 便会按照你设置的频率给你的邮箱发送 CSV 格式的报表文件，如图 7-14 所示。

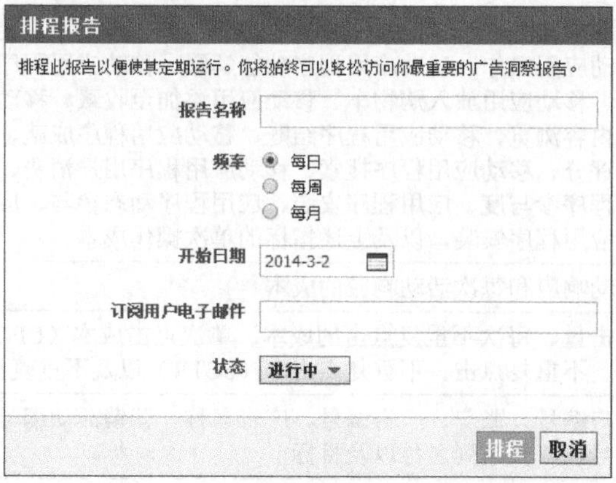

图 7-14　订阅报告

收到的报告文件是 CSV 格式的。这种格式可以在 Excel 中打开。如果你熟悉 Excel 数据透视图或者数据透视表，你还可以使用 Excel 针对不同数据进行聚合、分组、钻取以及图形可视化等数据操作。这个技术对于进行广告创意优化和绩效分析是非常有帮助的。强烈建议掌握 Excel 的数据透视表或 Power Pivot 分析 Facebook 广告绩效数据的方法。

7.4　账单管理

Facebook 广告账单的管理主要涉及两个方面：绑定信用卡和管理账户花费限额。通常账单管理设置之后就不怎么调整了。不过定期检查账户消费情况，避免无效的广告花费还是有必要的。

7.4.1　绑定信用卡

要让广告展示在用户面前，你需要在线支付广告费用给 Facebook。你的广告账户需要绑定信用卡并且选择支付方式。广告账户在没有绑定资金账户的情况下是不能投放广告的。

点击"账单"链接，右侧是账单摘要页面，如图 7-15 所示。一般情况下，Facebook 会按照自然日为单位统计广告账户的花费金额。

点击"支付方式"链接，可以添加支付方式。在图 7-16 所示的页面中选择添加信用卡。广告账户可以添加多个支付方式，你需要指定其中一个支付方式为主支付账户，广告账户发生的费用将优先从该支付账户扣除。

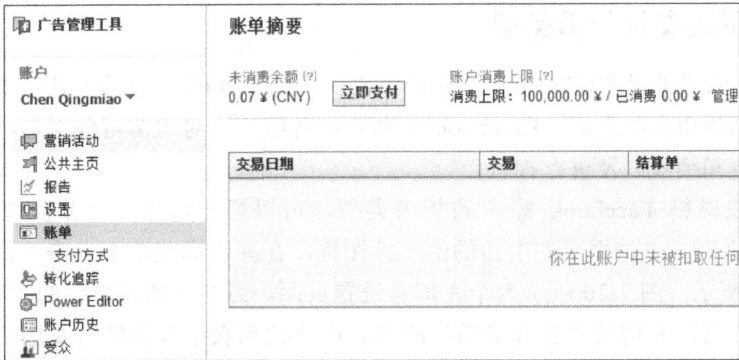

图 7-15　账单管理页面

图 7-16　支付方式选择信用卡/借记卡

7.4.2　管理账户消费限额

除了在广告系列级别上通过单日预算和总预算来控制预算外，还可以借助账单摘要中的账户消费上限来控制整个账户的预算，如图 7-17 所示。

账户花费上限指的是 Facebook 允许你一天内整个账户花费的最大金额。当账户到达该限额时，所有花费将会停止，且所有广告会在 15 分钟内停止投放。在授权广告代理商帮助管理 Facebook 广告营销的时候，广告主也可以设置代理商的广告账户花费上限。

你可以点击图 7-17 中账户花费属性右边的"管理"链接，在打开的页面中点击修改上限按钮，如图 7-18 所示，你可以在弹出的页面中设置账户花费上限。

图 7-17　账单摘要页面

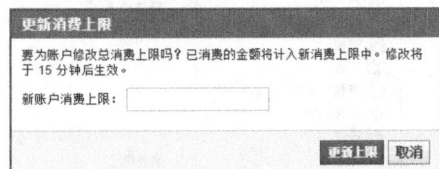

图 7-18　设置花费上限

7.4.3　更改支付货币类型

Facebook 可以支持多种货币，人民币也属于 Facebook 所支持的货币类型。在选择了正确的货币类型之后，Facebook 的账户中各级广告对象都将使用这种货币类型来计算费用和绩效以及进行扣费。

设置或调整 Facebook 账户的货币类型，可以通过这样几个步骤操作。登录 Facebook 之后，点击主页右上角的倒三角图标，在弹出的菜单中点击"设置"项，如图 7-19 所示。图 7-20 所示为个人信息设置页面。点击左侧导航栏的"支付系统"链接，编辑页面右边的"首选货币"属性。在下拉列表中选择你需要切换的支付货币，点击"保存修改"按钮，即可完成支付货币的切换过程。需要注意的是，你的信用卡或者借记卡必须支持这种货币类型。

图 7-19　Facebook 个人信息设置页面的入口

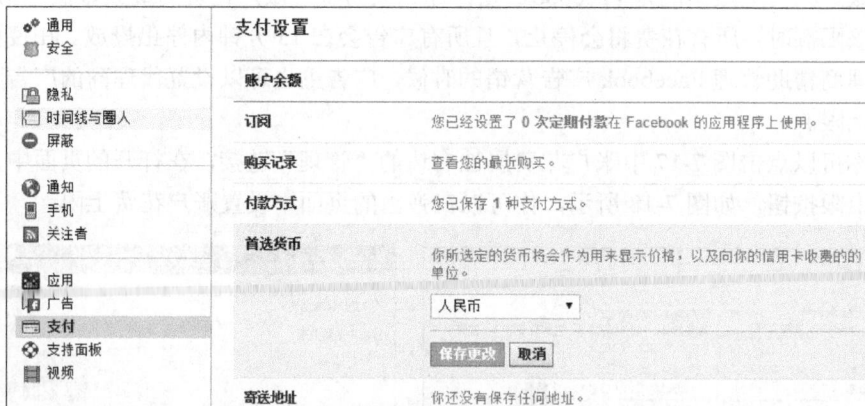

图 7-20　修改支付货币类型

7.5 广告账户授权

Facebook 有两种账户:个人账户(Personal Account)和企业账户(Business Account)。

个人账户指的是在 Facebook 创建的用户,包括用户名、密码、邮箱、性别、爱好、教育背景等个人信息。有了个人账户之后,你就可以有自己的页面,可以发表状态、发表评论、添加好友等。

企业账户不同于个人账户,它不能参与用户之间的社交行为。它负责管理广告账户以及 Facebook 实体对象,比如主页、应用、事件等。广告账户包含营销活动、广告、报表等数据。其中,广告账户可以被授权给多个个人账户。换句话说,经过授权,一个个人账户可以同时管理多个企业账户。

广告账户授权是一个非常实用的功能,它有以下几个优点。

- **避免泄露登录信息**。最初,广告管理工具是不支持广告账户授权的。这意味着,如果要与他人共同管理广告账户,就需要告诉对方自己的用户名和密码。这种方式不利于广告账户的安全保护。一旦有人修改了密码,就会影响所有广告账户的管理者。现在,只是授权广告账户并不会暴露个人账户信息。他人是无法查看或修改你的个人账户信息的。所以,使用广告账户授权有助于保护个人账户信息安全。

- **方便控制个人账户权限**。在企业内,人员流动是正常的,但这给广告账户管理带来了风险。在过去,公司广告账户的用户名和密码直接分配给同事们使用。然后,每次出现人员流动或岗位调整,都需要重新设置密码。这种方法烦琐、不安全,更无法进行账户使用过程的审计。如果使用授权机制,当出现广告账户管理员离开的情况时,只需取消广告账户的授权即可,操作审计也更加容易。

- **方便多人协作管理**。社交媒体营销越来越多地需要依靠团队的协同合作,而不仅是几个营销高手的独门秘籍。在团队协作中,每个人都有自己的 Facebook 账号,这些账号被授权对广告账户进行管理,从而实现协作管理。有的时候,同一个账户下不同的人负责不同产品、服务或不同目标市场的推广,例如,面向中东阿拉伯语市场、东南亚繁体中文市场和欧洲德文市场的营销者不是同一个人,大家一起协作开展营销活动。此外,Facebook 广告代理是一门很常见的生意。广告主自己并不负责实际的 Facebook 广告投放操作,而是将广告营销的工作委托给第三方代理商(agency)帮助进行营销推广。在 Facebook 营销活动中,最简单的方法就是将广告账户授权给广告代理商。

  在全球各地,当然也包括中国,有很多公司和工作室提供 Facebook 广告营销服务。你可以使用这种方式和他们共同管理你的 Facebook 企业账户。

- **广告账户之间财务独立,洞察报告独立**。假如一个广告代理使用同一套广告账户为多个广告主开展 Facebook 广告营销。这样会带来很多问题。例如，因为使用同一个广告账户，导致不同广告主之间的财务核算不独立，无法区分他们之间的广告预算。而且，广告主之间的洞察报告数据混乱，难以区分。广告账户授权功能的作用在于每个广告主都有自己独立的广告账户以及支付账户。即便授权给广告代理商，产生的广告费用依然来自广告主自己的支付账户。广告代理商也可以按照广告账户单独分开查看洞察报告并开展相关审计活动。

　　在广告管理工具中，要想实现广告账户授权，除了需要为广告账户添加一个用户，还要为该用户分派一个恰当的角色。点击广告管理工具导航栏的"设置"链接，找到"广告账户身份"一栏，如图 7-21 所示。点击添加用户按钮，在添加用户页面中输入你的Facebook 好友名称或者对方的电子邮件地址，如图 7-22 所示。需要注意的是，只有你的 Facebook 的朋友或者对方将电子邮件隐私设置为向公众公开，你才能添加他们。

图 7-21　点击"添加用户"按钮，将广告账户委托给其他用户

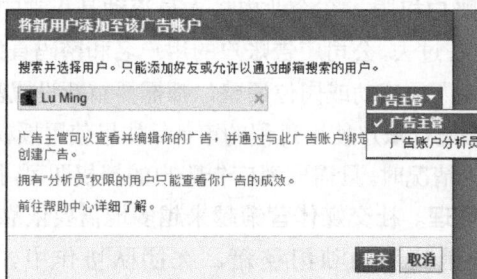

图 7-22　授权用户管理广告账户

　　就好像企业内部不同层级的员工账号的管理权限不同一样，在 Facebook 营销中不同的用户角色也会拥有不同的操作权限。合理设置这样的权限有助于安全、有效地推动团队开展营销活动。Facebook 广告账户中有三种类型的管理权限来帮助管理广告账户。表 7-5 列出了三种角色及其相应的职能。你可以根据业务和管理的需求为你的同事或者外部广告代理商分配合适的角色。

表 7-5　用户角色与权限的对应表

	管 理 员	广 告 主 管	广告账户分析员
查看广告	✔	✔	✔
查看报告	✔	✔	✔

续表

	管 理 员	广 告 主 管	广告账户分析员
创建并编辑广告	✔	✔	
编辑支付方式	✔		
管理管理员权限	✔		

7.6 高级广告工具 Power Editor

在前面内容中,我们介绍了如何使用 Facebook 的自助广告工具创建广告。自助广告工具面向的是大多数中小规模广告投放的营销者。如果需要对大规模 Facebook 广告对象进行高效、批量管理,自助广告工具就不那么方便了。此时你可以选择广告批量管理工具 Power Editor。Facebook 提供的 Power Editor 适合批量管理广告,它还可以与 Excel 集成进行复杂的广告绩效分析和管理工作。

因为 Power Editor 目前只支持 Google Chrome 浏览器,所以你需要先安装 Google Chrome 浏览器。首次使用 Power Editor 通过几个简单步骤就可以开始了。

(1)打开 Google Chrome 浏览器。

(2)访问 www.facebook.com/ads/manage,打开广告管理工具。

(3)点击广告管理工具左边栏的 Power Editor 链接,安装之后即可打开 Power Editor 了。

(4)选择广告账户,点击"下载至 Power Editor"按钮,完成营销活动、广告、绩效等数据的下载,如图 7-23 所示。

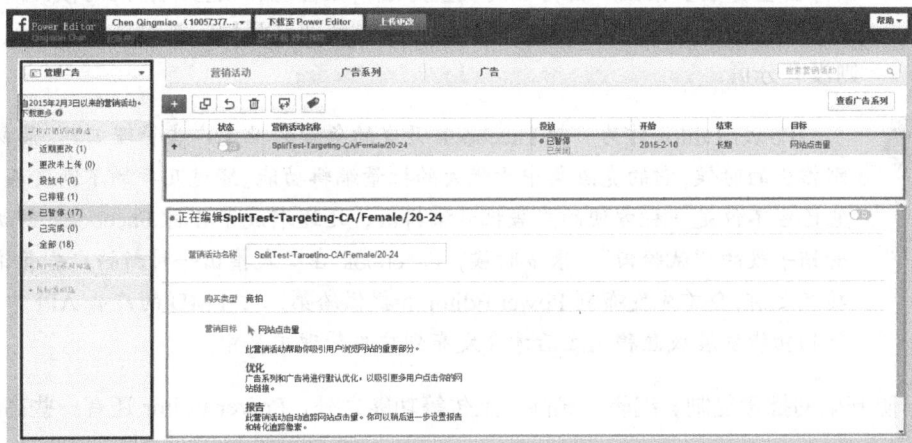

图 7-23 Power Editor 界面

Power Editor 分为 3 个功能区域。

143

- **位于屏幕左侧的导航窗口**。导航窗口包含当前账户的营销活动、广告系列以及在 Power Editor 中导航的下拉菜单。在这里，营销活动和广告系列按照状态进行了分组。因为大多数操作都是基于某一个层级的广告对象来操作的，如广告账户或者宣传活动，这样的布局可以非常方便地定位到你所需要操作的广告对象。这是一个很贴心的设计，尤其是管理成百上千个营销活动时，可以有针对性地对不同状态的对象进行编辑，提高了查找对象的效率。在下拉菜单中，你可以在"受众""营销活动面板""图库""报告""账单""账户设置"和"转化追踪"版块之间切换。

- **位于屏幕右上方的列表视图**。列表视图可以显示在管理导航窗口中所选的营销活动、广告系列和广告。在列表视图中，你可以配合 Ctrl 键选择不相邻的营销活动、广告系列和广告，配合 Shift 键选择相邻的营销活动、广告系列和广告。这些快捷键能大大提高广告管理效率。遗憾的是，这个列表区域高度有限，一屏只能显示有限数量的广告对象。如果你需要同时操作多个广告，就不得不上下拖动滚动条和小心定位广告对象。如果需要同时操作非常多的广告对象，建议导出到 Excel 中进行操作，而不要在 Power Editor 中进行多个广告对象的操作。不过，对于绝大部分营销活动而言，这个列表视图的尺寸已经足够使用了。

- **位于屏幕右下方的工作区**。在工作区中可以显示和管理所选营销活动、广告系列和广告的可编辑字段。如果选择多个对象，则可同时进行更改。批量编辑是 Power Editor 的基础功能，也是它强大的地方。如果您在操作广告，需要注意的是在工作区中包含创意、受众、优化及定价等几个分页。这几个分页都会包含很多相应广告特性的设置方法。在管理和设置广告的时候，需要注意不同分页中的内容。在宣传活动和广告系列这两种广告对象的工作区中则没有分页。

> Power Editor 作为一款 Facebook 开发的免费的批量广告管理工具，最初刚推出的时候，它的亮点集中于强大的批量编辑功能。经过几年的不断发展，它已经不仅是一种方便的广告批量编辑器，还逐渐成了各种 Facebook 创新营销手段的"试验田"。很多时候，Facebook 在正式推出一种新的广告营销功能之前，会首先发布到 Power Editor 和提供给第三方 PMD 的广告 API 中，待到功能发展成熟稳定之后才会发布到广告管理工具中。

除基础的批量复制、编辑、删除、上传等功能之外，Power Editor 还有一些高级功能：

- 选择恰当的广告展示位置，提高广告点击率；
- 选择恰当的广告展示的设备类型，避免不必要的预算浪费。

下面我们介绍选择广告展示位置以及设备类型这两种功能。

7.6.1　选择广告的展示位置

按照在 Facebook 上的展示位置划分，Facebook 有两种主要广告形式。

- 动态消息广告（News Feed Ads），如图 7-24 所示。
- 右边栏展示广告（Right Hand Side Ads, RHS Ads），如图 7-25 所示。

图 7-24　动态消息广告

图 7-25　右边栏广告

从营销效果来看，展示在动态消息栏的广告往往要优于传统的右边栏广告。我们可以参考第三方 Facebook 营销企业 The Wolfgang Digital 在 2014 年 1 月所提供的一组测试对比数据，如表 7-6 所示。在这组测试对比数据中，无论是展示数、点击数还是平均点击率，相同一批广告在动态消息栏获得的绩效数据要远高于在 Facebook 页面右边栏显示的广告所获得的绩效数据。值得注意的是，在动态消息栏中展示的广告所获得的点击率是展示广告的 51 倍。

表 7-6　动态消息栏中的广告和右边栏广告在点击率方面的差距

广告类型	展示数	点击数	平均点击率
动态消息广告	2528592	52952	2.09%
右边栏广告	745365	308	0.04%

从上面的数据可以看出来，不同的广告展示位对实际的营销效果的影响是很大的。所以展示位置是广告主不可忽略的定位条件之一。Power Editor 提供了 4 种广告展示位置可供广告主选择，如图 7-26 所示。

在默认情况下，你的广告可能会出现在所有的位置。除非想获得最大的展示量，通常这并不总是一个最优的选择。有经验的广告客户会根据广告目标选择展示位置，将有限的广告预算花在"刀刃"上。比如要推广手机游戏应用，一方面要提高受众覆盖面，另一方面要提高应用的安装量，在移动设备的动态消息栏展示广告是比较不错的选择。

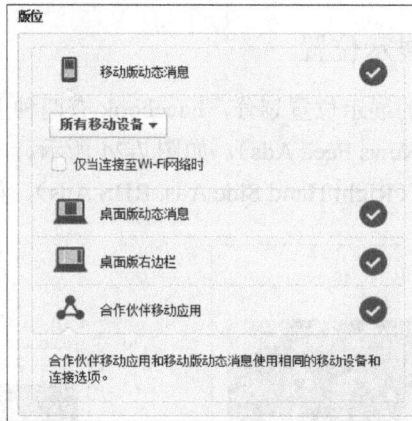

图 7-26   选择广告展示位置

7.6.2   选择广告的展示设备

运行在 iOS 操作系统的游戏一般是不能运行在 Android 操作系统上的，反之亦然。你需要选择正确的移动设备投放与移动应用相关的广告。如果不注意区分，将 iOS 手机游戏的广告展示在 Android 设备上就可能白白花费无用的营销费用了。同样的，如果一款游戏只能运行在 iOS 5.0 上的操作系统，广告主可以避免投放给在苹果移动设备上运行低版本操作系统的用户，有效地节省广告预算。所以广告主在投放广告时要考虑产品自身的特点选择展示设备。

这里的广告展示设备其实就是移动设备。Power Editor 对移动设备类型做了比较细致的划分，如图 7-27 所示。具体体现在以下 3 个方面。

图 7-27   选择广告的展示设备及设备版本

- 移动设备分为非智能设备和智能设备两大类。尽管智能移动设备越来越普及，但是一些地区的非智能移动设备的保有量仍然不少。所以这里依然提供了非智能设备投放选型。

- 智能设备按照操作系统分为 Android 设备和 iOS 设备。无论是 Android 还是 iOS 设备，Power Editor 都是允许你选择特定设备名称的，如 iPhone 4s、iPhone 6 Plus 等。这种区分对广告主也是有价值的。
- 不同的操作系统还会有系统版本的区别。一方面，当操作系统升级的时候，用户往往也会随之升级；另一方面，考虑到系统的兼容性，在高版本操作系统运行的程序未必能在低版本上运行，而维护多个不同版本游戏的成本是很高的。所以为了合理利用预算，可以只选择最近的几个系统版本，而不是默认选择所有版本。

7.7　第三方 Facebook 广告管理工具

Power Editor 相比第三方 Facebook 广告管理工具的优势在于免费和批量编辑功能，而且能在 Power Editor 中使用到最新的广告功能。第三方广告管理工具的优势在于他们在广告投放的自动化、优化、数据分析与行业特性支持能力方面积累的最佳实践经验，让广告营销变得更加智能、更加高效，也更符合特定行业需求。

Facebook 有一个称为 Preferred Marketing Developer 的项目计划，用以和相关第三方营销公司共同开发市场活动，如图 7-28 所示。Preferred Marketing Developer 项目（简称 PMD[1]）是 Facebook 发起的，由上百个市场营销管理工具开发商组成的一个社区。Facebook 每个季度都会检查合作方的广告工具是否集成最新的功能、是否符合 Facebook 对功能的命名规范、集成核心的绩效指标

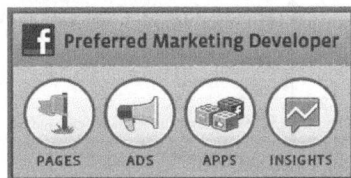

图 7-28　PMD Logo

等。只有通过 Facebook 的审核之后才能有资格继续保持 Facebook PMD 资质。比较出色的广告管理工具[2]有 Kenshoo、Adroll、Qwaya 等。

在大多数 Facebook 应用领域，Facebook 鼓励开发者使用 Facebook 开放 API 来开发第三方应用，不会对开发者限制过多。但是广告业务并不是这样。只有纳入 Facebook 白名单范围内的开发者才能访问 Facebook 广告和营销相关的 API。不是任何组织或个人都可以申请到使用广告 API 的权限，Facebook 会对候选者进行审核。只有具备一定的数字媒体营销经验的候选者才能进入白名单中成为 Facebook 广告 API 的合作者。而 Facebook PMD 要求公司具有 Facebook 广告开放 API 开发权限、不错的产品质量和市场反馈。Facebook PMD 有以广告管理工具见长的，也有以内容营销和站内应用开发见长的，还有以数据分析见长的。不同的公司有自己不同的特点和所适合的领域，所以在选择这类营销工具的时候，建议从 Facebook PMD 中选

---

① 具有广告 API 访问权限的公司可以申请加入 PMD News 小组，了解 Facebook 发布的有关广告 API 的最新动态，https://www.facebook.com/groups/pmdprogram/。

② 可以访问 http://www.facebook-pmdcenter.com/，查询具有 PMD 资质的第三方工具。

择适合的公司或产品。

我们将以 Qwaya 为例，讲解广告投放的自动化功能，包括：

- 自动轮播广告；
- 设置广告优化规则；
- 多时段运行营销活动。

7.7.1　自动轮播广告

广告轮播（Ads Rotation）的原理是针对目标受众，广告工具轮番展示广告系列中的广告，每个周期只展示其中一部分广告。这个功能是为了解决广告疲劳（Ad Fatigue）的问题。广告疲劳是在线网络营销常见的问题。通常广告在展示若干天后，点击量会逐步下降。原因是，当用户群体多次看到相同的广告时，因为缺乏吸引力，用户再次点击广告的可能性就会降低。

假设广告系列中有 20 个广告，你可以设置规则，每 3 天轮换一批广告，每次只显示 5 个广告，如图 7-29 所示。

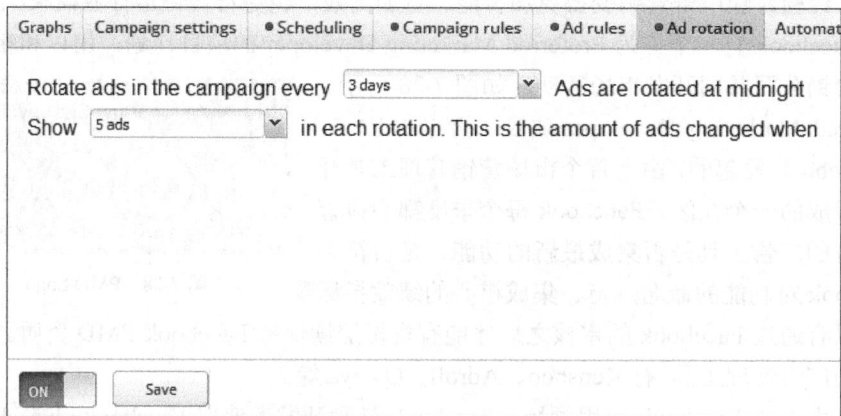

图 7-29　广告定期定量轮换展示

广告轮播的目的是避免相同的目标受众对广告产生疲劳，所以在开始启动广告轮播功能前，你要创建一批目标受众定位相同、创意不同的广告。广告创意的差别可以体现在图片、标题和文本上。

很多时候，广告轮播的目的不仅是应对广告疲劳，同样有助于对广告创意做分离测试，以筛选出高质量创意。在一个周期内控制一定数量的测试广告，测试之后暂停部分效益不好的广告，加入相同数量的不同创意的待测试广告，开始下一周期的测试。通过这种方式，如此反复，不断分离、沉淀得到优质广告创意。

7.7.2 设置广告系列优化规则

广告系列在启动之后，你需要了解广告系列的表现。有时，我们需要广告系列在运行一些时间之后来查看它的绩效表现，然后再决定是否暂停广告系列。如果一段时间内的展示量很低，点击数过少，或者转化成本太高，就需要考虑暂停这个广告系列了。通过人工来监控和调整广告状态，就需要有人 7×24 小时守在电脑旁，不断刷新和分析洞察报告，然后做出人工判断。这样的操作不但效率低、成本高，还容易产生误操作。使用第三方工具可以帮助你 7×24 小时监控广告运行绩效，并根据预设规则做出响应。

很多第三方工具允许你把这种模式固定的行为设置成自动运行的规则，这样就可以让计算机代替人工操作来监控绩效表现，并根据规则自动处理那些绩效不佳的广告系列。

你可以同时监控多组绩效指标数据，针对每个指标创建一个规则。例如，当营销活动在 7 天内获得少于 100 的点击数，则暂停广告系列，如图 7-30 所示。在一些第三方应用中，还可以通过自动化竞价功能在尽可能低的成本下争取更多的展示量和点击量。

图 7-30 设置营销活动运行规则

7.7.3 分时段运行广告系列

不同行业，在不同的时间段，广告的营销效果是不同的。因为不同行业所定位的目标受众在一天不同时间段内实际的活跃用户量是不同的。图 7-31 反映的是普通工作日、网络星期一、黑色星期五购物节这三天，Facebook 用户购买行为的数量变化。其中流量高峰出现在两个时间段：一个是 6 点到下午 4 点，另一个是晚上 7 点到晚上 10 点。为了吸引更多的用户，获取更多的流量，零售商可以设置在这两个时间段运行广告系列。

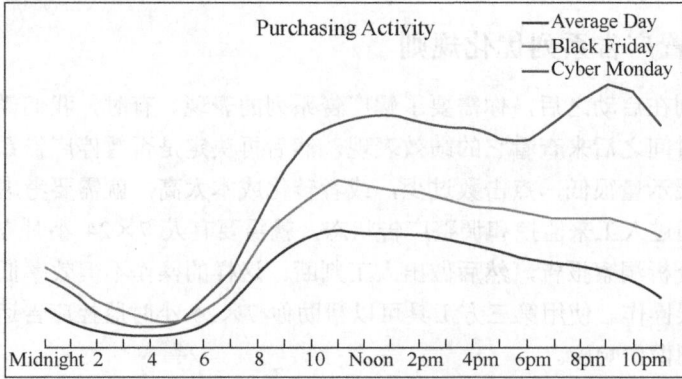

图 7-31　太平洋时间的一天当中，不同时间段出现的流量差异（摘自 https://blogs.akamai.com）

在 Qwaya 中，你可以选择一个时段，针对这个时段设置营销宣传计划。通过分析目标用户的特点，选择在用户活跃度最高的几个时段投放广告。这样可以提高广告预算的投资回报率，如图 7-32 所示。国内很多公司通过人工方式来管理广告开始和结束时间，这种方式辛苦而且容易出错。使用自动化的工具就可以从重复低效的工作中解放人力，进而可以在数据分析和优化上投入更多的力量了。

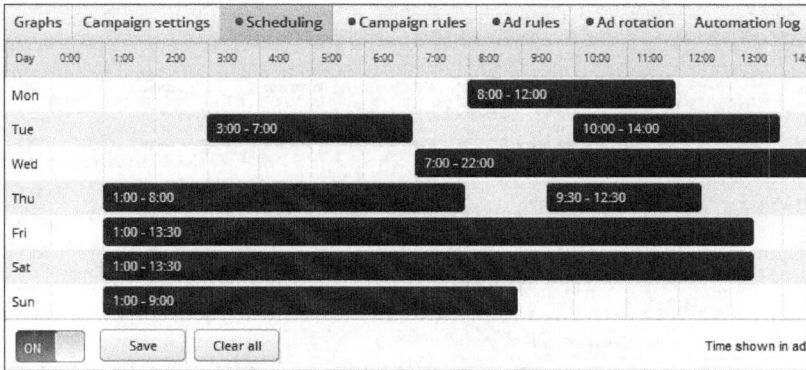

图 7-32　设置多时段运行广告系列

7.8　小结

Facebook 广告管理工具以及 Power Editor 的功能并不局限于对广告的管理。它是对整个 Facebook 广告账户的管理，涉及账户授权、账单管理、绩效报表查看，以及广告对象管理、绩效分析和一些优化功能。在资金允许的情况下，建议选择多个第三方 Facebook 广告管理工具，结合不同广告管理工具的优势来助力提升 Facebook 营销能力。第三方工具往往能更好地适应相关行业特点，提供更专业的营销解决方案，提高 Facebook 营销绩效。

第8章
>>>>>> Facebook 再营销

某个用户访问某个购物网站浏览商品之后，当他再访问其他集成了再营销广告的网站时，会继续看到这个商品的广告。这种广告就是再营销广告。相比传统的搜索引擎营销或网盟广告，再营销方式可以有效地分析用户之前的行为，将用户浏览过的商品的广告展示在其他网站上。在各个网站上，通过多次有针对性的广告曝光，使用户加深对品牌或产品的印象，刺激用户最终的消费行为。

在这一章，我们将了解到：

- 再营销的基本概念；
- Facebook 再营销工具；
- 第三方 Facebook 再营销工具。

8.1 再营销提升用户转化率

再营销是一种广告定向方式，更通俗的说法，叫回头客定向。它是针对到达过广告客户网站并在网站发生过浏览、点击等行为的用户进行的二次广告营销。以电商为例，通过定向广告投放，再营销实现销售转化的过程如下。

（1）潜在客户首先访问广告客户的网站，并在站内进行搜索、比较、浏览商品等一系列行为。

（2）客户关闭网站，此次网站访问，用户没有发生购买行为。

（3）用户在访问其他网站时看到了之前浏览过的商品广告。

（4）用户再次被商品吸引，点击广告重新回到了广告客户网站的商品页面，并最终购买了商品。

潜在消费者从访问广告客户网站再离开，因为再营销广告又回到广告客户网站并最终完成下单成为实际的消费者，整个再营销流程如图 8-1 所示。

通常，一个网站开拓新客户的成本是比较高的，相应的转化率也比较低。用转化漏斗模型[①]来表示的话，从用户进入网站、站内浏览、添加商品到购物车，到最后提交订单，每个阶段都会存在一定的用户流失率，如图 8-2 所示。真正到达购买页

---

① 转化漏斗模型指的是将潜在客户逐步转变为真实客户的过程量化模型。

面并完成交易的用户少之又少。根据 Retargeter.com 提供的数据，很多情况下可能只有 2%的网站访客在第一次访问时完成购买。对于很多单价高、产品特性相对复杂的商品而言，第一次访问就完成交易的比例几乎为 0。这样的场景恰恰是适合应用再营销技术的。

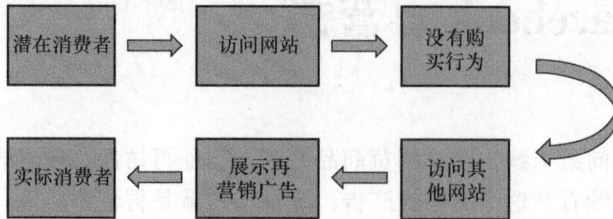

图 8-1　再营销流程图

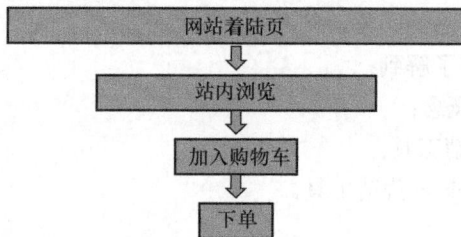

图 8-2　常见的转化漏斗

针对转化率低的问题，网站经营者通常会采取以下几种手段：

- 为网站导入更多流量，获取更多访客；
- 选择导入流量的媒体平台，以提升导入流量的质量和转化率；
- 优化产品设计，让产品显得更有吸引力；
- 简化注册步骤和购买流程；
- 向用户施加购买动力，例如添加限时优惠。

以上几种措施更多的是通过提高新访客的转化率来提高总的用户转化数。但是前面已经提到开拓新客户的成本比较高、整体转化率偏低的结果不会有很大的改变。既然开发新客户比较困难，在这些访客已经表现出了购买兴趣的情况下，那为什么不考虑开发现有的访客，针对访客做更多的二次营销来提高转化率呢？再营销的目的就是尝试将大量初次访问便流失的访客重新吸引到营销转化漏斗中，通过多次的广告营销，最终促成用户的转化。

再营销从 3 个方面提高广告的营销效果。

（1）**广告内容与用户的需求具备更高关联度**。广告如果无法契合用户需求，那就很难吸引用户，营销效果也会非常有限。例如，你在访问门户网站时留意到一个品牌耳机横幅广告。你不曾浏览过该品牌耳机，本身也没有购买需求，便没有点击广告的动机。相反，如果你之前在网站搜索过该耳机，当在其他网站看到该商品广告时，这时候商品广告反映了你的购买需求，那么广告会吸引你重新关注商品。这种通过提高广告内容与用户的需求关联度的方式更容易引导访客重新进入广告客户的网站，完成从关注到产生兴趣再到购买的进阶。

（2）**引导用户重新回到商品页面**。通过多次、反复的商品广告曝光，吸引访客重新回到购买页面完成最后的购买步骤。从转化漏斗看，营销过程的不同阶段都会有不同程度的用户流失率。初次访客流失的原因有很多，很多访客因为各种原因在完成下单前中断了购物过程。在用户访问其他网站时，通过反复展示商品广告提醒用户，重新将其引导到转化漏斗中，最终帮助实现营销转化的"临门一脚"。这种方式显然要比新用户的转化效率要高得多。

（3）**个性化推荐**。这里的个性化推荐往往是指根据用户的兴趣特点、浏览或购买行为，向用户推荐用户感兴趣的商品信息。之前提到的再营销广告一般是用户曾经搜索过的商品的广告。还有一种是根据用户的浏览行为，分析并推荐可能符合用户需求的商品。比如某用户浏览过汽车频道网页，有过购买婴儿奶粉的记录。这说明此用户可能有家庭汽车，并且育有孩子。针对这种用户，就可以向其推荐婴儿汽车安全座椅。这种再营销广告尝试抓住用户新的需求点来达到引导客户消费的目的。通常来说，根据线上销售商品特点和网站流量特点的不同，推荐方法也有所不同。可能是基于用户网站访问行为特点进行推荐，也可能是基于销售商品的关联关系进行推荐，还有可能是混合用户在线行为特点和商品特点，通过协同过滤进行推荐。通常，支持个性化推荐的再营销同样非常有效。

即便用户有可能没有完成购买就离开了，你依然可以从他们的上网痕迹中发现他们的关注点。挖掘用户的浏览行为，提炼用户的潜在需求，匹配恰当的商品广告，借助多网络渠道的曝光强度，再营销可以让已经离开的访客再次回到商品网站。这种方式盘活了访客流量，大大降低了访客流失率，也相应地提高了用户的转化率。

8.2 再营销技术

实现再营销的关键在于如何找到对商品表示过兴趣的用户。这里值得指出的是，感兴趣和表示过兴趣是不同的。感兴趣是在当前用户行为中，例如，搜索关键词中，所呈现的对某个特定主题或者产品感兴趣。而表示过兴趣则是在一定时间之前用户"曾经"表示过某种兴趣，即便用户已经跳出网站也没关系。对于用户已经离开的情况，再营销技术能在用户浏览的其他网站，将他曾经感兴趣的商品的广告再次呈现出来，推动销售或其他转化行为。

找到表示过兴趣的人，就可以针对这些用户展开二次营销。你可以通过线下活动获得用户在社交平台上的用户 ID 或注册邮箱。一些社交媒体广告平台，支持通过这些 ID 信息继续针对这些用户展开营销。这种方式操作简单，没有技术门槛。另外一种更加自动化的方式是 RTB 技术。RTB 技术通过用户追踪的技术手段获取用户的 cookie 数据，进而通过用户在网上的页面浏览深度、购买行为等分析出用户的性别、年龄段、经济条件等用户自然或社会属性，结合 RFM 模型[1]对用户展开个性化营销。

8.2.1　RTB 技术

RTB（Real-Time Bidding）是指实时竞价广告模式，它是一种高度程序化的广告购买与投放流程。RTB 与传统广告购买方式最大的区别在于它是购买受众而不仅是广告位。传统的广告购买方式通常是按媒体类型购买。比如广告主想要在广告联盟上购买广告位，覆盖女性群体，那么就需要购买时尚类网站的广告位，因为这类网站的流量可能主要以女性为主。而 RTB 则是通过技术手段分析、识别或推断出性别为女性的流量，然后再进行广告投放。这种人群统计分析能力所带来的精准定位是其他广告购买方式所不能比拟的。

RTB 这种广告交易方式已经有了一个相对完整的产业链，主要包括 Ad Exchange、DSP、DMP、SSP 等几个环节，如图 8-3 所示。

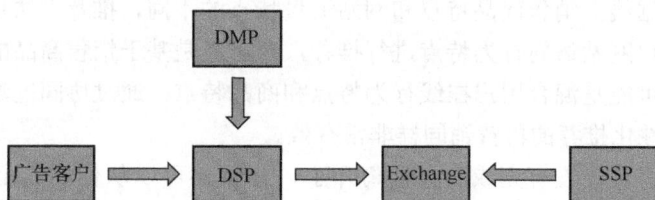

图 8-3　RTB 中各个环节的关系

它们的含义如表 8-1 所示。

表 8-1　RBT 主要环节与含义

概　　念	含　　义
Ad Exchange	Ad Exchange 是广告交易的技术平台，方便众多的广告媒体将网站的广告库存资源统一对接到该平台上进行买卖，通过多个购买的出价竞拍决定广告的价格
DSP	DSP（Demand Side Platform），即需求方平台，是允许数字广告库存的买家通过统一的界面管理多个 Ad Exchange 的系统。DSP 是 RTB 生态链中非常重要的一环。它面向客户是高度程序化的 RTB 广告购买平台
DMP	DMP（Data Management Platform），即数据管理平台，是对用户数据进行标准化和细分，创建有意义的目标用户群体，以便开展有效营销活动的技术平台。它是为 DSP 服务的，是实现 RTB 精准广告营销所不可或缺的一环，为广告投放决策提供重要依据

---

[1] RFM 是 Recency、Frequency、Mometary 这 3 个单词的首字母组合。通过检查客户最近一次购买的时间、最近一段时间的购买次数、最近一段时间的购买金额，对用户进行分级，并采用不同的销售策略。

续表

概　　念	含　　义
SSP	SSP（Supply Side Platform），即供应方平台，为广告媒体提供管理广告库存的技术平台。它面向广告媒体，支持将媒体资源对接到 Ad Exchange，帮助媒体为广告位指定合理的价格，并决定将广告库存资源售卖给哪些 Ad Exchange 或者 DSP。通过这种方式达到保护广告媒体品牌的效果

　　RBT 的 4 个重要技术环节协同实现了广告实时竞价的流程化、程序化，而要实现人群的精准定向，还需要 Cookie Mapping 技术。

8.2.2　Cookie Mapping 技术

　　Cookie Mapping 是 DSP 提供[①]的 Exchange 平台，Cookie 与 DSP 自有 Cookie 之间的映射服务。针对每一次的实时竞价，DSP 都需要评估用户的营销价值，提供相应的出价，这样才能以较低 CPM 成本来获得最高的 ROI 流量。受众的价值判断依赖于受众历史交易数据、上网时间、上网使用设备、页面访问深度、受众的社会学与统计学特征等信息。而这些信息要跟一个 Cookie ID（也就是用户 ID）关联在一起来唯一地标识一个网民。这是再营销技术的基础。

　　图 8-4 所示为 Cookie Mapping 的基本过程。

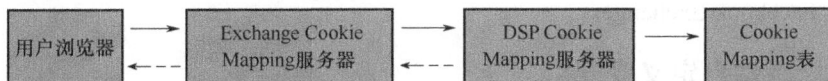

图 8-4　Cookie Mapping 示意图

　　（1）Ad Exchange 平台会将一段标记代码插入广告发布商的网站页面里，如 <img src="http://cm.some-exchange-platform.com/pixel?dsp_id=abc">。

　　（2）当用户访问嵌入此代码的网页时，浏览器会向 Ad Exchange 的 Cookie Mapping 服务器发送请求。

　　（3）Ad Exchange 的 Cookie Mapping 服务器将请求重定向到 DSP 的 Cookie Mapping 服务器。请求地址中包含交易平台生成的用户 ID（也就是 Cookie ID），如 http://www.some-dsp-platform.com/ cm?user_id =ID&user_id_version=1。

　　（4）DSP Cookie Mapping 服务器生成对应的 DSP 用户 ID，将 Ad Exchange 的用户 ID 与 DSP 用户 ID 的映射关系保存到 Cookie 匹配表中。

　　（5）DSP 返回一个 1×1 的像素给用户，并将自己生成的 Cookie 放到用户的浏览器中。

　　围绕经过 Cookie Mapping 之后的用户 ID，可以记录和跟踪用户网站行为记录，如访问页面的时间、页面访问次数、访问路径、看到广告的次数、访问页面关键词

---

① 有些 Ad Exchange 平台也提供 Cookie 映射关系的托管储存服务。

等。在此基础上可以进行目标用户细分。

- 针对不同的用户兴趣，按产品类型划分人群。例如，新潮女装目标受众、流行数码产品目标受众等。
- 针对不同的用户潜质，按用户访问页面的深度设置人群。例如，精准定位到访过购物车页面的人群或者进入订单页的人群等。
- 针对不同的用户访问时间，按时段设置人群。例如，按照 7/15/30/60/120 等不同天数的周期，细分最近一次浏览过某产品的人群，设计推广方案，重复加深目标人群对产品的印象。

每次竞价的时候，DSP 根据 Ad Exchange 竞价请求中的用户 ID 查询 Cookie Mapping 数据库，找出与该 Cookie 相关的分类标签信息，从而使得 DSP 可以评估广告展示价值，为竞拍和出价提供支持。

8.3　Facebook 再营销工具

根据 Facebook 公布的 2014 年第四季度的财报显示，Facebook 已经拥有近 14 亿的月活跃用户。为了帮助企业开展再营销，Facebook 提供了 2 种再营销工具：

- 网站自定义受众；
- Facebook Exchange。

8.3.1　网站自定义受众

网站自定义受众（Website Custom Audiences）指的是根据设定好的规则，从广告客户网站访客中筛选出特定的用户群体作为目标受众开展再营销的一种方法。

使用网站自定义受众功能需要经过 3 个步骤，如图 8-5 所示。

图 8-5　使用再营销技术的 3 个步骤

1. 安装跟踪像素

跟踪像素[①]的作用就是对用户行为进行跟踪。你需要将这段代码放在所希望追踪的网站页面中。在用户初次访问网站时，网站会向用户浏览器发送 Cookie 标识该用户。当用户访问装有跟踪像素的网页时，像素会被激活并向像素提供方的服务器发送用户的浏览信息，比如标识用户身份的 Cookie、用户访问的页面信息等。

按照使用再营销技术的 3 个步骤，广告客户首先需要从 Facebook 获取跟踪像素，然后在自己所运营的网站页面中部署跟踪代码。在 Facebook 广告管理工具的导航中，点击"受众"可以查看已定义的自定义受众列表数据。在右上角的创建受众按钮中

---

① 跟踪像素就是一段 JavaScript 代码，国内很多数字营销公司的从业者也会称之为跟踪代码。

找到"自定义受众"菜单项。点击该菜单项,在弹出的页面中选择"网站流量"选项,如图 8-6 所示。这表示你将网站访客或者查看特定网页的用户作为再营销的目标受众。

图 8-6 选择受众类型

在创建受众页面的左下角有一个齿轮图标,点击该图标可以查看像素代码,如图 8-7 所示。图 8-8 中的自定义受众像素,其实就是跟踪代码。广告客户需要把这段代码放在网站跟踪页面 HTML 代码的<head>标签之间,如图 8-9 所示。这段 JavaScript 代码可以用来跟踪用户在网页上的行为,例如,进入某个特定页面、将产品添加到购物车、提交订单等。这些用户行为最终在触发页面加载,点击按钮或者超级链接时发送给 Facebook。

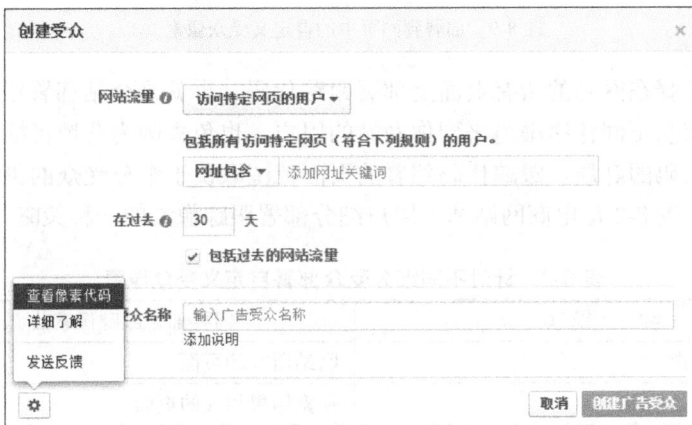

图 8-7 查看像素代码

创建自定义受众像素　　　　　　　　　　　　　　　　　　×

请复制下方的代码，并将其粘贴在网站代码的<head>和</head>之间。然后即可对用户在
网站上执行特定动作设置追踪规则。请访问帮助中心了解更多信息。

将代码发给你的网站开发人员

```
<script>(function() {
var _fbq = window._fbq || (window._fbq = []);
if (!_fbq.loaded) {
  var fbds = document.createElement('script');
  fbds.async = true;
  fbds.src = '//connect.facebook.net/en_US/fbds.js';
  var s = document.getElementsByTagName('script')[0];
  s.parentNode.insertBefore(fbds, s);
  _fbq.loaded = true;
}
  _fbq.push(['addPixelId', '225617000972914']);
})();
```

取消　　创建受众

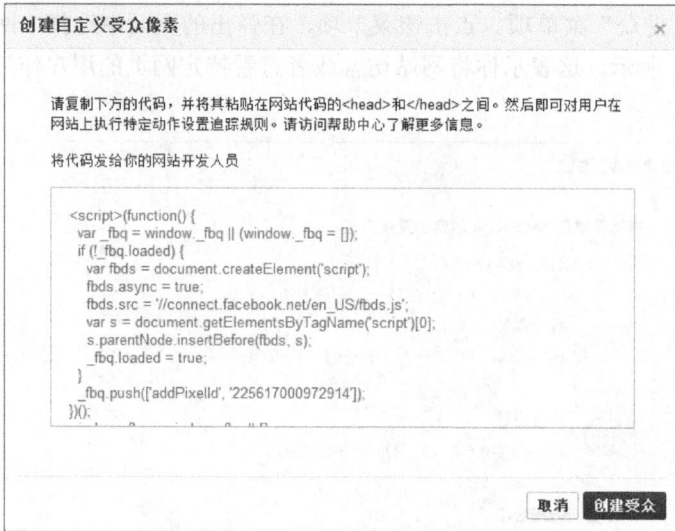

图 8-8　需要粘贴在页面中的自定义受众像素

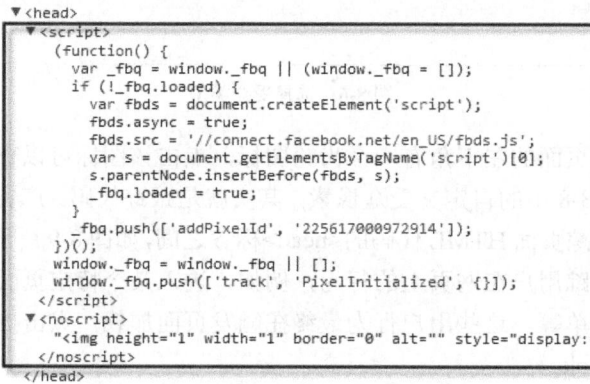

```
▼<head>
 ▼<script>
    (function() {
      var _fbq = window._fbq || (window._fbq = []);
      if (!_fbq.loaded) {
        var fbds = document.createElement('script');
        fbds.async = true;
        fbds.src = '//connect.facebook.net/en_US/fbds.js';
        var s = document.getElementsByTagName('script')[0];
        s.parentNode.insertBefore(fbds, s);
        _fbq.loaded = true;
      }
      _fbq.push(['addPixelId', '225617000972914']);
    })();
    window._fbq = window._fbq || [];
    window._fbq.push(['track', 'PixelInitialized', {}]);
  </script>
 ▼<noscript>
    "<img height="1" width="1" border="0" alt="" style="display:
  </noscript>
</head>
```

图 8-9　部署到网页中的自定义受众像素

　　你可以选择在网站的所有页面上部署跟踪代码，也就是全站部署跟踪代码。这
样你可以捕获从不同营销渠道来到你网站的用户，也免去因为营销目标的变化而需
要部署跟踪代码的麻烦。跟踪代码部署的页面范围取决于细分受众的策略或流量数
据保护策略。表 8-2 是电商网站基于用户细分部署跟踪像素的一种策略。

表 8-2　针对不同细分受众部署自定义受众像素

细 分 受 众	需要部署跟踪像素的页面
所有潜在的客户	网站所有的页面
搜索某一款商品的用户	搜索结果相关的页面
看过某一款商品的用户	商品详情相关的页面

是否全站部署跟踪像素，是需要谨慎处理的。

全站部署跟踪像素也势必造成其他公司了解到你公司的流量来源、目标受众、成本、质量、营销计划和预算等敏感信息。如果你只是一个初创的中小规模公司，那么这个风险还不是那么大。如果你的公司有一定规模，那么你需要非常谨慎小心地保护敏感信息不要外泄。

假如自己开发用户行为追踪技术，则开发和运维成本非常巨大。你可以同时使用不同的用户跟踪技术，部署在网站不同栏目或频道中，从而在一定程度上降低数据外泄的风险。这样你既可以低成本地使用第三方的用户追踪技术，第三方公司只能看到相关频道和栏目的流量信息，也不会将全站全流量数据暴露给某个第三方公司。这样可以在一定程度上保护了自己数据的安全。

2. 定义受众规则

再营销受众是一组经过 Cookie Mapping 标识的网站访客。广告客户创建规则，指定可以成为二次营销的目标受众的用户特征。比如访问过网站的所有用户，或者在网站注册过的用户，又或者浏览过商品却没有完成支付的用户等。如果用户浏览了部署有跟踪代码的页面并且符合受众规则，那么这个用户会被添加到再营销的目标受众中。

在明确细分受众之后，广告主需要创建规则，收集这些访客作为再营销的目标受众。这些符合规则的访客会被收集到自定义受众中。以下是两种创建受众规则的方式。

- **包含所有网站访客**。你需要在网站的所有页面添加跟踪像素，这样所有的访客都会被添加到受众列表中。
- **创建规则，添加只访问过具体页面的用户**。例如，某网站中有一个电脑品类目录的页面：http://channel.yourdomain.com/computer.html。如果想要将所有访问过"/computer.html"页面的访客作为目标受众展开营销，那么可以在图 8-10 中选择"组合定义规则"类型，并在规则条件中选择 URL 中要"包含"的关键词"computer"。

来自搜索引擎的流量中，搜索关键词和竞价关键词可能不同。不同竞价关键词使用不同的特定参数，这样就可以跟踪到竞价关键词。

例如，所有竞价关键词是"电脑"的流量，参数都是 bid=parameter1。那么在后期分析中，只要发现 bid 的参数值解析出来是 parameter1，就可以知道流量来自于"电脑"这个竞价关键词了。这个参数只是作为竞价关键词分析用，服务器后台程序可以不用处理这个参数。

这个技巧对于社交媒体营销同样适用，只要根据你的应用场景定制就可以了。

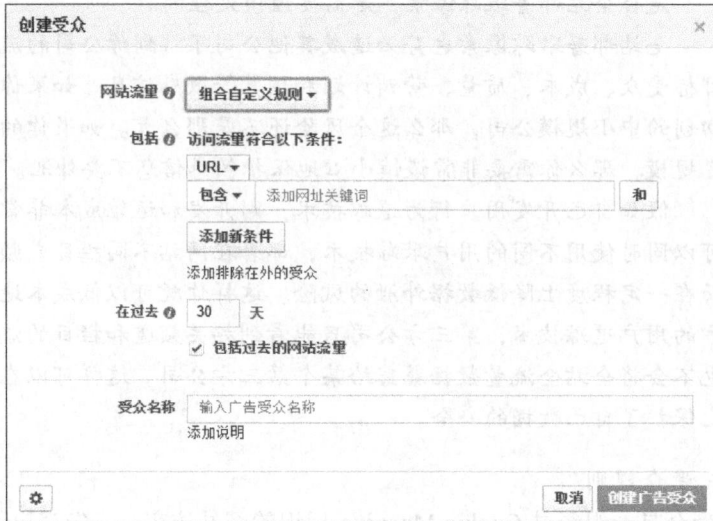

图 8-10　创建受众规则

默认情况下，创建的自定义受众列表的有效期是 30 天。30 天之后，用户会从自定义受众中移除。你可以调整保留受众的时间，最少 1 天，最长 180 天。

> 自定义受众列表刚创建时是没有用户的。只有当用户访问了包含跟踪像素的网站页面，并且符合受众规则，才会成为受众列表中的目标受众。而且必须在目标受众规模达到 100 人以后才可以使用自定义的受众列表创建广告。

3. 定位受众，创建广告

创建了自定义受众之后，广告客户在创建广告时可以从自定义受众一栏中选择自定义受众，如图 8-11 所示。现在，广告客户可以将收集到的自定义受众作为再营销的目标受众了。

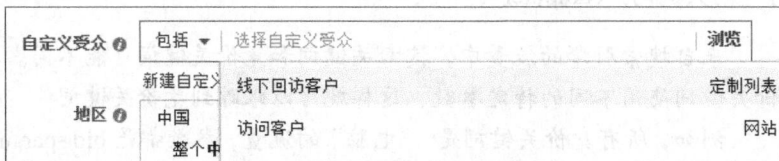

图 8-11　选择自定义受众创建广告

8.3.2　Facebook Exchange

Facebook Exchange（简称 FBX）是 Facebook 提供的广告交易平台。Facebook 拥有庞大的广告库存，但是不是所有的广告位价值都一样。不同的页面深度、不同的 Facebook 账户页面的流量价值差异很大。Facebook Exchange 可以帮助解决长尾流量的销售问题，尽量多地售卖现有的广告库存。

Facebook Exchange 的作用与前面再营销技术提到的广告交易平台的作用没有太大差异。只是对接的是 Facebook 自身的流量资源。

> 从传统意义上说，广告库存（Advertising Inventory）指的是某一段时间内（通常是一个月），报纸或者杂志上的广告位总和。报纸或者杂志的一些页面上会有一片区域专门用于刊登企业的广告。现在，广告库存广泛地被用来指代网络媒体可以销售的广告资源。不同的是，它是以页面展示为单位进行统计的。具体地说，广告库存指的是某一段时间内（通常也是一个月），网站页面所有的展示。这是因为当用户刷新 Facebook 页面时，这里就有前后两次不同的展示。每一次页面展示，Facebook 可以让广告主重新竞价以获取向用户展示广告的机会。

8.3.3　网站自定义受众与 Facebook Exchange 的区别

网站自定义受众和 Facebook Exchange 从技术实现上都是基于 Cookie 技术来定位受众，从功能上都是针对网站访客展开二次营销，但它们在使用上还是有一些不同的。

- **受众基数不同，Facebook Exchange 覆盖的受众更加广泛**。网站自定义受众只能针对广告主自己网站的访客创建再营销广告。但是 Facebook Exchange 能够覆盖的访客不仅仅限于广告主自己网站的访客。即便用户访问过其他广告主的网站，只要访客感兴趣的东西与自己的产品信息匹配，广告主都可以参与竞价购买。
- **出价模式不同，网站自定义受众支持所有的出价模式**。网站自定义受众支持所有的出价模式，包括 CPC、CPM 和 oCPM。Facebook Exchange 则是基于 CPM 进行竞价。
- **使用工具不同，使用 Facebook Exchange 需要借助第三方工具**。网站自定义受众功能不需要借助任何第三方工具，使用 Facebook 广告管理工具就可以操作完成。而 Facebook Exchange 需要借助与 Facebook 合作的第三方工具来销售 Facebook 广告。当然，不管哪种工具，它们都需要广告主在自己的网站上安装跟踪代码。

8.4　第三方 Facebook 再营销工具

Facebook Exchange 是 Facebook 实现 RTB 的一个核心基础服务，广告客户不能直接使用它来竞价购买再营销广告。第三方 Facebook 再营销工具是由 Facebook 合作方开发的，对接了 Facebook Exchange 服务的广告工具。广告主希望使用 Facebook

Exchange，就必须借助第三方 Facebook 再营销工具。

Perfect Audience 是提供 Facebook Exchange 接入服务的广告公司。该公司开发的再营销工具 Perfect Audience[①]对接了 Facebook Exchange 的 DSP 实现再营销。

1. 部署网站跟踪标签

网站跟踪标签（Site Track Tag）是第三方再营销工具提供给广告主的，用以部署在网站页面中的 JavaScript 代码，如图 8-12 所示。它会将 Cookie 植入用户的浏览器，标识该用户。再营销工具同时会将 Cookie 信息发送到 Facebook，以便用户访问 Facebook 时，Facebook 能够识别访客并通知再营销工具 Perfect Audience。

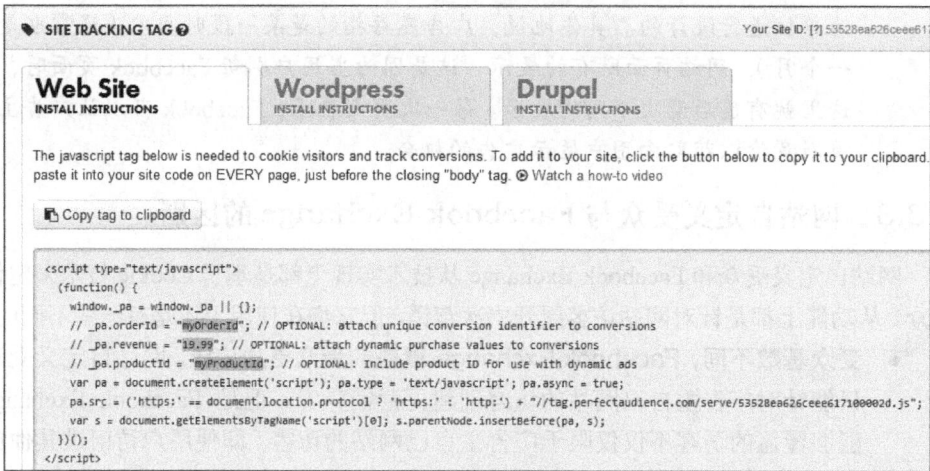

图 8-12　网站跟踪标签

广告主需要将代码放在每个需要跟踪的页面的结束</body>之前，如图 8-13 所示。当用户访问嵌有该跟踪标签的网页时，用户的浏览器会植入相应的 Cookie。

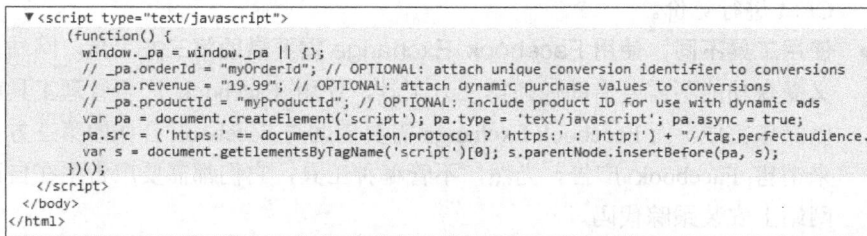

图 8-13　将跟踪标签放在结束标签</body>之前

2. 设置预算

RTB 的运行机制是代替广告主完成实时竞价。广告主自己不再需要参与实际的出价，一切都由后台系统实时调整再营销广告的实际出价。该工具采用预付费加后

---

① 网站地址是 www.perfectaudience.com。

付费的方式收取推广费用。用户在第一次创建营销活动时，该工具就会预先从关联的信用卡扣除费用作为预算，然后每周一根据过去一周的花费再从关联的信用卡中扣除实际的费用来填充预算。例如，广告主第一次创建营销活动设置的预算是 100元，该工具会预先从广告主绑定的信用卡中扣取 100 元。在随后的一周内产生的花费都会从该预算中扣除。而在每周一的时候，该工具根据上一周的实际花费再从信用卡中收取广告花费，补齐营销活动的预算。例如，上周的广告花费是 60 元，营销活动剩余的预算是 40 元。该工具从关联的信用卡中扣取 60 元，填充到当前营销活动的预算中，这样从新的一周开始，宣传活动的预算依然是 100 元。

3. 创建再营销访客列表

再营销访客列表中的访客都是已经被再营销技术服务商的 Cookie 标识过的。创建再营销访客列表的作用等同于创建自定义受众。自定义受众可以是网站的所有访客，也可以是实际的注册用户，或者是访问过某一个页面的注册用户、触发了页面上某个按钮的注册用户等。该工具提供了五种规则用于创建自定义受众，如图 8-14 所示。

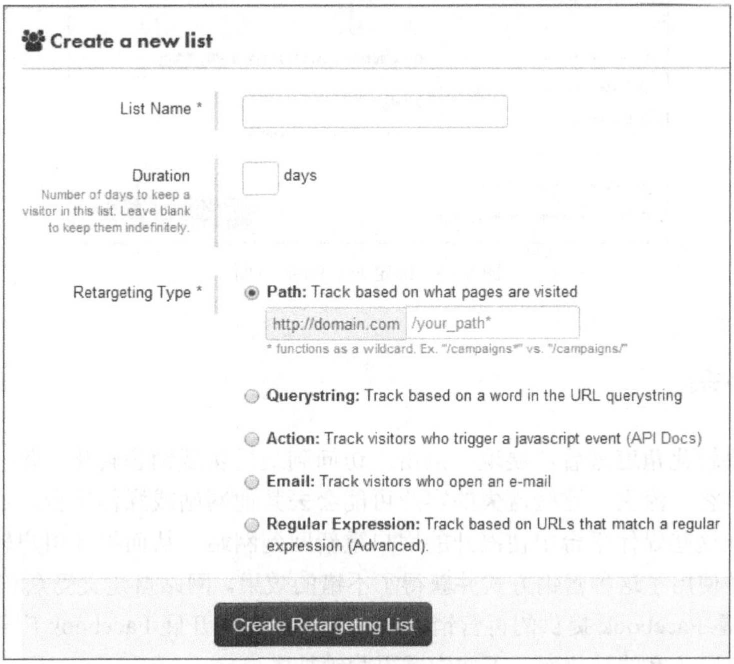

图 8-14 创建再营销访客列表

4. 创建再营销广告

有了再营销访客列表，广告主可以选择列表中的访客作为目标受众，创建 Facebook 再营销广告。Facebook Exchange 支持两种广告形式，一种是普通的右边栏广告，另一种是出现在动态消息中的广告，如图 8-15 所示。该工具会要求你绑定 Facebook 上的一个主页，这样你才可以创建动态消息栏广告，如图 8-16 所示。

163

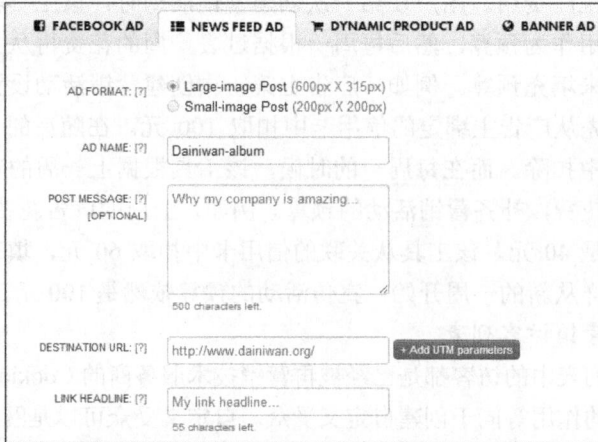

图 8-15　创建再营销广告

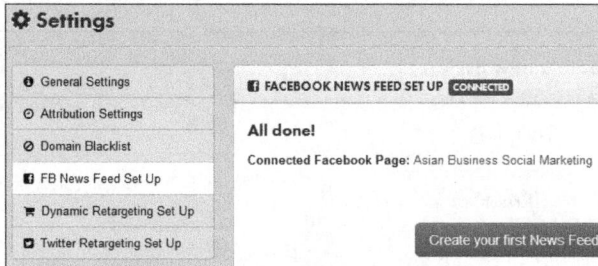

图 8-16　绑定 Facebook 页面

8.5　小结

从销售转化角度来看，展现、点击、访问到最后实现销售转化，每一个环节都有可能发生客户流失。这些流失的客户可能会去其他网站或媒体平台。通过再营销技术可以从这些媒体平台中使离开的用户重新回到网站，从而提高用户转化率。许多企业已经使用了这种营销方式并获得了不错的效果。网站自定义受众和 Facebook Exchange 是 Facebook 提供的再营销技术。如果你正在开展 Facebook 广告营销，并且希望改善回头客的转化率，不妨尝试再营销技术。

第三部分

Twitter 营销

第9章

>>>>>> **Twitter，实时传播你的声音**

Twitter 是对移动设备支持最好的社交媒体平台之一，不论你使用传统手机或者智能手机，都可以方便地使用 Twitter 的服务。对手机的良好支持成就了 Twitter 最大的亮点——实时。另外，Twitter 的每条推帖限制在 140 个字符内。由 140 个字符组成的一句话，几乎无法加入任何华丽的修饰。这成就了 Twitter 内容的最大特点：简洁、精练。同样因为 Twitter 对移动通信的良好支持和用户体验，不但为 Twitter 在全球赢得了大量的月活跃用户，也使得 Twitter 成为各类人群分布最为平均的社交媒体平台之一。

在这一章中，我们将了解到：

- Twitter 的特点；
- Twitter 内容的传播形式和途径；
- Twitter 吸引市场营销者的原因；
- Twitter 营销的基本策略。

9.1 实时传播你的声音

2008 年，中国经历了汶川地震，技术社区作者 Robert Scoble 第一时间通过 Twitter 发布出来这个震惊世界的消息，如图 9-1 所示。来自 *PC World* 的报道，关于汶川地震最早的一条 Twitter 消息是北京时间下午 2 点 35 分 33 秒。而彭博社（Bloomberg）是下午 2 点 35 分 55 秒，晚了 22 秒。

图 9-1　第一条关于汶川地震的新闻

很多媒体报道，Robert Scoble 的这条推帖是世界上第一条关于汶川地震的消息。在突发事件发生的时候，Twitter 的确是非常适合第一时间发布最新动态的平台。实时性正是 Twitter 与生俱来就有的"基因"。这个"基因"可以理解为，是 Twitter 与移动通信技术的紧密融合所带来的。由于手机和各种移动通信设备与生俱来的沟通实时性的特点，以及深入生活的各个角落，人们可以随时随地将身边所发生的事情通过 Twitter 发布出来。

时至今日，Twitter 面对新用户的首页将一部 iPhone 手机和一部 Android 手机放在了最显眼的位置，如图 9-2 所示。而这样的"基因"可以一直追溯到 Twitter 创立之初。

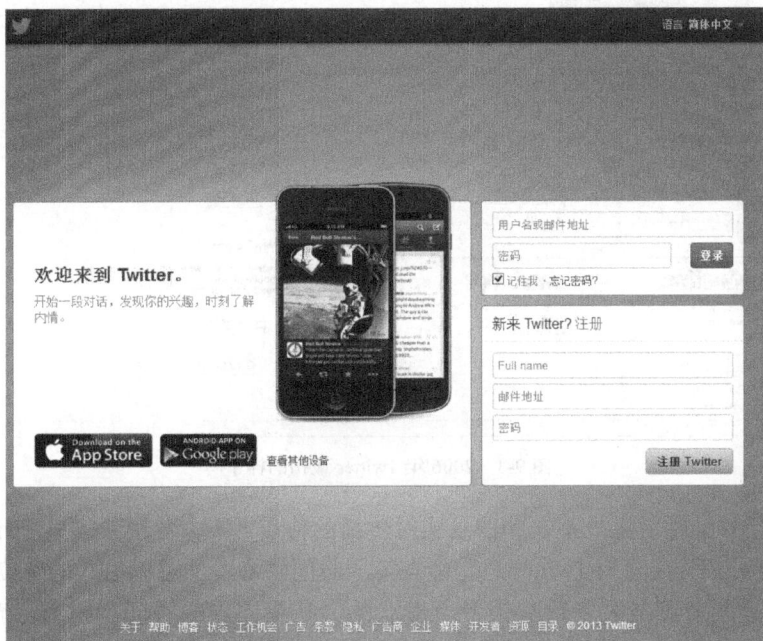

图 9-2　2013 年年底的 Twitter 首页

Twitter 在 2006 年刚成立的时候，它便是一个专注在移动通信的社交媒体平台，如图 9-3 所示。尽管今天看上去显得非常朴素，但是这个社交媒体平台所传递的价值却是清晰明了的。用户可以使用手机短信发布最新的消息，也可以订阅其他朋友的消息。在过去 10 年中，即便我们还没有使用智能手机，我们的手机也几乎一天 24 小时伴随我们，我们总是可以在第一时间收到来自手机的短信息。这造就了 Twitter 社区最初的基因：

- 几乎一切都基于移动通信；
- 实时性的信息发布和订阅平台。

还有什么通信工具能比手机更具有实时通信的特点？有人开玩笑说，一对夫妻一天在一起只有十几个小时，别的时间在忙工作、忙生活、忙交际，而手机则 24 小时伴随。不论地铁、开会，甚至去卫生间和睡觉的时候，手机都会寸步不离。手机已经渗透到生活的每个角落了。也正是这样，每当突发事情发生，最快速的信息发布工具就是手机。

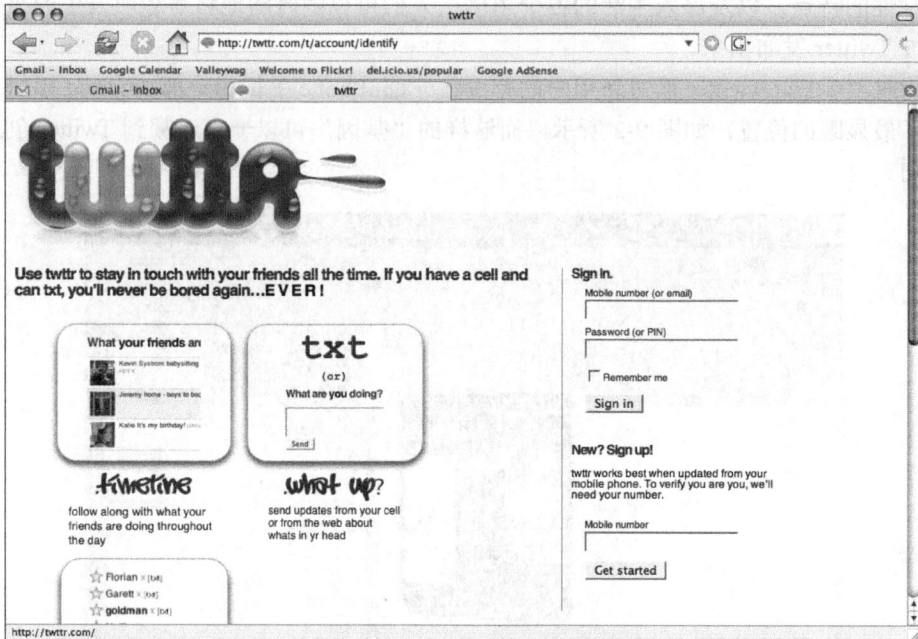

图 9-3　2006 年 Twitter 最初的样子

也正是移动通信无处不在和信息实时传播的特点，不少营销者揶揄 Twitter 为散播小道消息的平台。因为 Twitter 总是能在第一时间将各种消息以惊人的速度传播开。良好的传播能力正是大多数营销者所喜欢的。花费同样的时间和精力，营销者在 Twitter 上更容易吸引粉丝，进而开展高质量的互动。

不过，可能将 Twitter 称为"互联网的短信服务"更为贴切。因为小道消息总是会让人感觉是不严肃的，是未经证实的传言。而"互联网的短信服务"的说法则更加中性一些。虽然有一些消息未经证实就被快速实时传播出来，正是因为实时性特点，错误信息的纠正速度也是惊人的。一些不严谨或者不够准确的信息，可以很快被发现、反馈和纠正。另外，在转发推帖的过程中，Twitter 可以几乎完全按照原始文字进行转发。这样也有助于让最原汁原味的声音被传播开，而不会因为一次次转述而被曲解。

整体而言，Twitter 的实时性通信是与强大的社交媒体平台的规模和信息组织能力分不开的。

9.2　简明扼要的 140 字

有别于大多数社交媒体网络，Twitter 对推帖字数有 140 个字符的限制。早在创建之初，Twitter 就是面向移动应用设计的，而那个时候的移动通信主要还是以短信为主。2006 年 Twitter 创建的时候，手机之间最常用的通信方式是短信。短信通常只能容纳 140 个字符。这就是 140 个字符限制的由来。

> Twitter 的第一条推帖是 2006 年 3 月 21 日发出来的。这条推帖的内容是，"just setting up my twttr"。
>
> iPhone 的第一代智能电话是在 2007 年 1 月 9 日正式发布的。
>
> 所以，Twitter 的诞生比 iPhone 早了将近一年。或许，这能够解释为何 Twitter 身上留下那么多短信通信的设计痕迹。

140 字的限制在今天看来似乎已经有些跟不上时代潮流，任何智能手机和平板电脑都可以轻松发布几百字甚至几千字的长篇内容。但是又有谁会这么做呢？手机和平板电脑的输入用户体验并不如 PC 和笔记本键盘方便。虽然一些手机支持了语音输入，不过如果你用方言或者带有口音，那么语音识别输入的质量就不那么好了。另外，人们往往在碎片化时间中使用手机查询和发布消息。这时在手机上持续输入大量文字就更不方便了。

140 字的限制还为社区内容质量带来了积极影响，文字精练，内容丰富。任何用户发推帖都需要斟酌如何遣词造句，精练后的内容既可以充分表达自己的观点，又能趣味横生。英文的很多单词都超过 5 个字符，加上单词之间的空格，140 个字符写不了几个词。这样任何过度修饰的华丽辞藻几乎都被过滤干净，留下来就是平实的内容。内容简单直接，阅读者的体验因此得到很好的提升，或许这恰恰是 Twitter 最吸引人的一面。

140 个字符的确不能够充分表达你的所有观点。不过不用担心，很少有营销者会简单地只使用 Twitter 或者 Facebook 进行所有的社交媒体营销。每个社交媒体平台都有其特定的营销布局上的特色。将恰当的精力和内容投放在 Twitter 上，再通过与其他媒体平台共同作用，打好"组合拳"就可以获得不错的媒体营销投资回报率。毕竟 140 个字符很难完整地表达推帖作者所表达的内容，不过对于"标题党"而言，已经足够了。

在后续章节中会介绍营销者需要掌握的内容营销与社交媒体营销技巧。

9.3　海量信息，海量用户

Twitter 每天传递的数据规模比我们能想象的更高。每天有数以亿计的推帖在传播，而且 Twitter 还会接受超过 21 亿次的搜索请求。涉及内容包含方方面面，从饮食起居到产品信息，客户互动不一而足。平均每天新产生的推帖数量大概在 5800 万条，其中大约 43%的推帖是包含图片的。而包含图片的推帖，通常更容易获得更多的传播、更高的展示率，并带来更高的点击率和转化率。

在月均活跃用户方面，到 2013 年 6 月，Twitter 的活跃用户数量达到 2.18 亿人，如图 9-4 所示。这个数字还在高速增长中。2012 年 6 月，这个数字才只有 1.51 亿人。一年的时间，活跃用户数量增长了 6700 万人，年增速达到 44%。

Twitter 活跃用户数量

■ Twitter 月活跃用户数（季度平均百万）

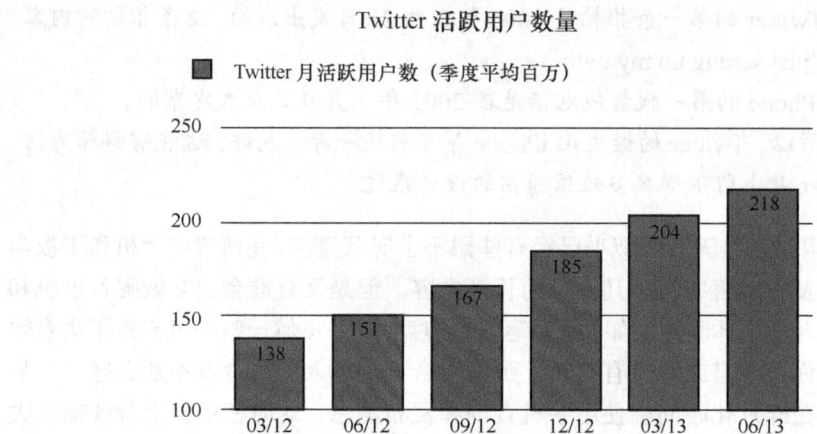

图 9-4　截至 2013 年 6 月 Twitter 活跃用户数量（数据来源：mediabistro.com[①]）

如果将上面的数字转换为季度活跃用户增速，那么也可以看到，Twitter 的用户数量季度增长速度普遍在 9%以上，如图 9-5 所示。即便是用户增长速度最慢的 2013 年 2 季度，用户数量增速也在 6.9%。这样的数字对于营销者而言，无疑是非常具有吸引力的。

■ Twitter 月活跃用户数（季度增长%）

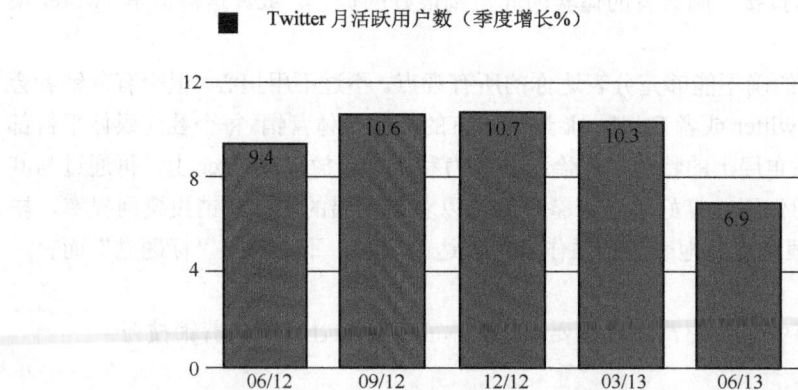

图 9-5　截至 2013 年 6 月 Twitter 季度活跃用户增速（数据来源：mediabistro.com）

① 原始数据来源，参见 http://www.mediabistro.com/alltwitter/twitter-active-users-growth_b50145。

从人口角度来观察 Twitter，这个平台在各种社交媒体平台中，人种比例分布相对平均。注册用户的人群多样性，也是 Twitter 的一个明显特色，如图 9-6 所示。

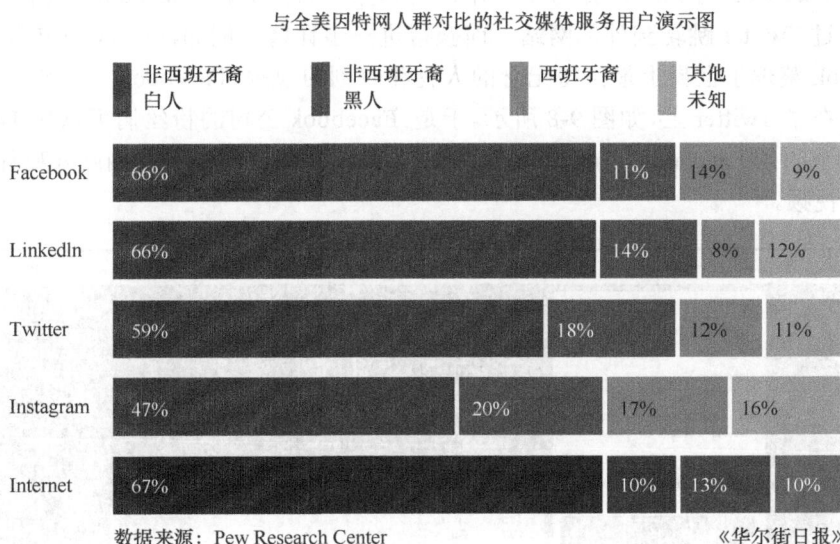

与全美因特网人群对比的社交媒体服务用户演示图

| 非西班牙裔白人 | 非西班牙裔黑人 | 西班牙裔 | 其他未知 |

	非西班牙裔白人	非西班牙裔黑人	西班牙裔	其他未知
Facebook	66%	11%	14%	9%
LinkedIn	66%	14%	8%	12%
Twitter	59%	18%	12%	11%
Instagram	47%	20%	17%	16%
Internet	67%	10%	13%	10%

数据来源：Pew Research Center　　　　　　　　　　　《华尔街日报》

图 9-6　不同社交媒体的用户人群多样性（数据来源：华尔街日报）

在图 9-6 中，Twitter 的非西班牙裔白人占 59%，非西班牙裔黑人为 18%，西班牙裔为 12%，其他为 11%。这个要比其他社交媒体平台（如 Facebook 或 LinkedIn）更加平衡。换言之，作为社交媒体营销者而言，通过用户众多、人口分布平衡的 Twitter 平台，投入同样精力和资源可以覆盖更加广泛的地域和更加广泛的人群。还有什么比这个更划算？

9.4　使用 Twitter 开展营销的故事

如果搜索"人们为什么喜欢使用 Twitter 进行市场营销"，我们会发现很少有文章回答这个问题。相反，几乎找到的所有答案都是关于"如何"使用 Twitter 更好地开展市场营销的方法或者最佳实践。也就是说，Twitter 是一种有效的市场营销工具，营销者可以方便地通过 Twitter 开展市场营销，作为一个结论已经是不争的事实，并且已在全球取得不错的实践效果。我们可以发现很多公司和品牌，正在通过 Twitter 拓展全球市场，并取得了不错的传播效果。

Facebook 公司的 Twitter 账号就是一个有趣的案例。没错！世界第一大社交媒体平台 Facebook，他们也在 Twitter 上开展营销。

Facebook 公司会通过 Twitter 发布公司重要事件、新闻以及软件更新，他们也会转发其他公司关于 Facebook 公司的新闻和故事。在 Twitter 上，Facebook 公司会和来自全球的 1300 万粉丝互动，如图 9-7 所示。

在 Facebook 的 Twitter 账号中，用户可以第一时间获得 Facebook 的消息，也可以通过 Twitter 跳转到外部网站，而获得进一步详情。例如，在 2014 年年初，Facebook 整理了世界上最值得纪念的人物和时刻的视频。Facebook 公司将这个消息发布在了 Twitter 上，如图 9-8 所示。于是，Facebook 公司的粉丝们可以从 Twitter 进入一个叫作 Facebook Stories（直译过来是，Facebook 故事）的网站来观看这个感人的视频。

图 9-7　Facebook 的 Twitter 账号

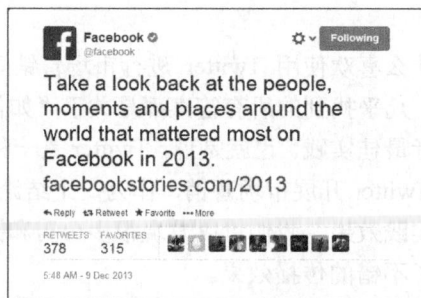

图 9-8　Facebook 公司发布了 2013 年回顾推帖

因为 Facebook 公司基于包括 Twitter 在内的很多社交媒体平台进行推广，所以这个 Facebook Stories 网站在 Facebook 获得了 1200 万个赞。

> (i) Facebook 并不是仅通过 Twitter 进行推广，即便 Facebook 本身就是社交媒体营销领域的老大，它也会综合使用众多社交媒体平台共同营销推广。

麦当劳也在通过 Twitter 开展营销推广，如图 9-9 所示。当打开麦当劳的 Twitter 页面的时候，就可以看到满眼的各种各样的汉堡包。通过 Twitter 这个媒介平台，麦当劳与 200 多万粉丝开展互动，发布最新的产品信息、促销活动以及分享大家在麦当劳的感受。从背景图到内容发帖，无不激发着粉丝们参与互动的热情和购买的欲望。

图 9-9 麦当劳的 Twitter 页面

> (i) 开展 Twitter 营销的时候，传播的信息一定要力图有趣、准确和精练。这不仅影响你的推帖的传播能力，也涉及企业和产品品牌形象，甚至法律事务问题。

不仅是面向终端消费者的 B2C 市场，在面对企业应用的 B2B 市场时，也有不少企业通过 Twitter 营销与上下游伙伴、客户和生态系统的其他相关公司建立交往互动。这其中，Wildfire Interactive 是一家社交广告创新公司，如图 9-10 所示有趣地提供社交网站广告管理和分析。Wildfire 吸引企业应用粉丝的重要原因就是这个 Twitter 账户总是能发现很多高价值的推帖，这些推帖会指向 YouTube、jefbullas.com、DIGIDAY

等媒体平台的最佳实践、分析报告或者新闻故事。内容相当生动，趣味性强、知识性强。

图 9-10　Wildfire 的 Twitter 页面

9.5　迈出 Twitter 营销第一步

使用 Twitter 和朋友们互通消息是一件简单而有趣的事情，而如果要开展 Twitter 营销就是另一种体验。

Twitter 营销开始之前，让我们先梳理一些常见的 Twitter 营销的问题。

- 你的产品品牌是如何定位的？
- 你对 Twitter 营销的期望如何，是发布实时消息、开展互动或者其他什么？你如何定位 Twitter 营销在各种营销手段中的作用？
- 你将如何衡量 Twitter 营销是否成功？最关注哪些度量指标，如展示率、抵达率、曝光率或者粉丝数量，又或者销售额的提升？
- 你的目标受众的细分市场在哪里，谁又会是你开展营销活动的典型用户？他们使用 Twitter 具有什么行为习惯，你的营销活动将会如何抵达他们。
- 与 Twitter 一起使用的媒体平台还有哪些，你将如何设计你的"组合拳"？
- 是否有计划地使用 Twitter 广告？如果有计划，那么有什么广告营销计划？

Twitter 的广告计划和其他媒体平台之间是什么关系，例如 Google 关键词广告之间或者网盟广告？

- Twitter 的市场测试如何开展，是否需要分离测试？
- 谁来开展营销活动，是你自己还是外包给其他数字营销公司？

ⓘ 　　即便你不在 Twitter 上投放广告，你依然需要平衡 Twitter 营销成本在所有营销费用中的比例。很可能你最大的营销费用就是你自己的人工成本。

传统搜索引擎广告或者网盟广告营销中，一个星期到两个星期能出一个精彩的创意就很棒了。而 Twitter 营销，你每天可能需要有很多条有趣、抓住眼球的推帖才可以。这个营销创意文案的开发速度，甚至是 Facebook 营销的几倍。从这个角度来说，高品质的 Twitter 营销创意的设计成本其实挺高的。

9.6　小结

Twitter 作为"互联网的短信服务"，充分利用碎片化时间，实时传播几乎未经任何繁复修饰的"干货"信息。这个媒体平台可以让你面向大概 2.18 亿月活跃用户开展营销活动。人们每天在 Twitter 上产生 5800 万条推帖，其中 43% 左右的内容包含图片。

如此庞大、活跃的实时互动社区好像是一座金矿，等待着社交媒体营销者的探索和挖掘。在这个平台上，很多公司已经开始系统性地开展营销活动，包括可口可乐、亚马逊，甚至 Facebook 公司都不会错过 Twitter 这个平台来开展营销互动。

还等什么？一起开始 Twitter 营销之旅吧！

第10章
>>>>>> **Twitter 营销第一步**

开展 Twitter 营销传播你的声音，首先从创建合适的 Twitter 账号和发推帖开始。但是 Twitter 开展海外营销并不是简单发推帖就可以的。发布 Twitter 推帖有很多有趣的技巧。一条推帖只能有 140 个字符，这对于一个单词动辄 10 多个字符的英文而言，其实写不了几个单词。好的技巧，将能让你的推帖更加鲜活精彩。我们就从发推帖开始，开启 Twitter 营销的第一步。

在这一章中，我们将了解到：

- 开始使用 Twitter，传播你的声音；
- Twitter 的规则；
- 创建 Twitter 账户；
- 管理和设置 Twitter 账户；
- 装修 Twitter 门面。

10.1 开始使用 Twitter，传播你的声音

开始使用 Twitter 非常简单，经过简单注册之后，就可以在 Twitter 上关注朋友或者公司的账户，发布自己的消息，甚至基于 Twitter 开展广告营销，如图 10-1 所示。

当你的朋友关注了你的账户，他就成了你的粉丝。你也可以关注你的朋友或者其他品牌的账户成为他们的粉丝。在图 10-1 的右侧，可以看到我的账户中关注了 Forbes、Entrepreneur 等账户，你关注的人所发布的消息就会出现在我的 Twitter 首页中。你在 Twitter 中所发布的内容，也会进入你的粉丝们的页面中。如果他们使用手机或者平板电脑，同样也会收到这些订阅的消息。

有别于 Facebook 等社交媒体平台，Twitter 的用户界面极其简洁。正因如此，各层次的用户都比较容易上手，同时也让 Twitter 的用户们更多地将注意力聚焦在内容上。可以说，Twitter 拥有庞大的用户群多少受益于这种简洁的设计。

图 10-1　登录 Twitter 后的页面

　　个人资料和账户的基本信息是当前这个 Twitter 账户的基本信息，如推帖条数、粉丝数量和关注者数量，如图 10-2 所示。

　　"推荐关注"是 Twitter 推荐你关注的账号，如图 10-3 所示。这个区域是可以做广告的，假如你通过 Twitter 来推广你的账户，广告信息就会出现在这里。通常账户类型广告会出现在"推荐关注"的第一个。在图 10-3 中，第一个推荐账户 Shopify 的旁边有两个字"推荐"，这就是账户广告。英文 Twitter 界面中，会显示为 Promoted。

图 10-2　个人资料和账户信息　　　　图 10-3　推荐关注的账号

177

在后面我们将会进一步介绍通过推荐关注拓展 Twitter 社交网络的方法。

Twitter 趋势（如图 10-4 所示）是最近流行的主题标签。同样，如果你希望通过 Twitter 推广你的市场活动，你也可以设计一个主题标签，然后针对主题标签来打广告，从而吸引更多人关注你的活动。通常趋势广告会在趋势列表的第一个，广告旁边会有醒目的推荐标记。

图 10-4　Twitter 趋势

将广告放置在推荐关注列表或者趋势列表的第一个位置是有特别价值的。通常展现在列表越靠上位置的广告就越能获得更高的转化率。列表的第一个位置能够获得最高的转化率。

这个营销经验，不仅对 Twitter 广告有效，对 Google 和百度关键词广告一样有效。在国内很多数字营销竞争性行业，例如医疗、电商和教育行业都在不惜重金争抢第一第二的广告位。

在 Twitter 页脚中，最后一行有一个广告的链接，它指向 Twitter 的广告管理工具。即便你不使用 Twitter 投放广告，你也可以使用这个 Twitter 广告工具的分析功能，对你的内容营销效果进行绩效度量和数据可视化，如图 10-5 所示。在后续涉及广告的内容中，我们将会详细讨论使用分析工具进行内容营销度量和优化的话题。

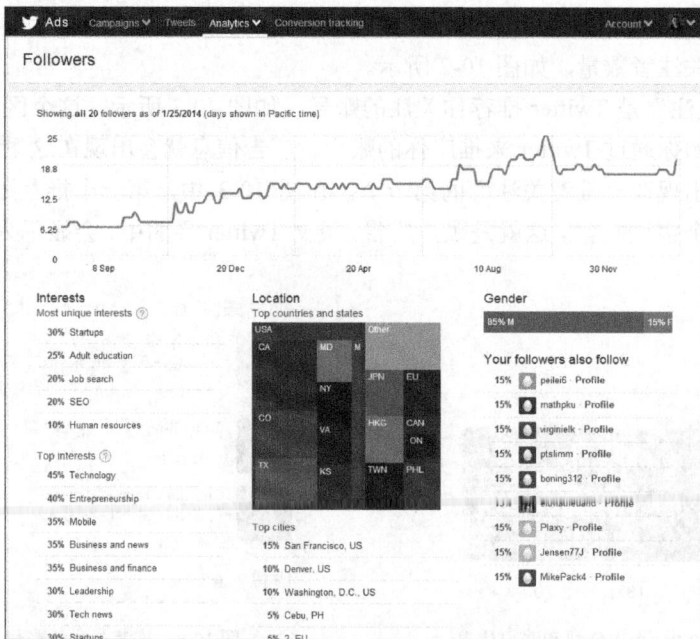

图 10-5　Twitter 内容营销度量

Twitter 提供了高效的内容组织形式和强大的数字营销机会，我们第一步就从学习 Twitter 用户条款和注册账户开始，进入 Twitter 营销之旅吧。

10.2　Twitter 的规矩——条款、规则与品牌指南

出门问禁，入乡随俗，在开始 Twitter 营销的时候，首先要清晰地了解 Twitter 对使用者的要求。只有清晰地了解 Twitter 对用户和营销者的要求之后，不论开展内容营销或者与粉丝们进行互动，才不会因为内容或操作违规而对公司或品牌带来负面影响。

相对于很多其他社交媒体平台而言，Twitter 的服务条款（Term of Service ，TOS）是比较简单和容易操作的。这个文件定义了用户访问和使用 Twitter 服务所需要遵循的条款和约束的定义。通常而言，这个服务条款与大多数网站的服务条款很类似。

如果查阅 Twitter 的服务条款具体内容，可以访问：https://twitter.com/tos。

10.2.1　Twitter 的规则

Twitter 的规则需要营销者小心阅读。很多国内营销者在从事 Twitter 内容营销的时候，如果不注意，很容易在一些必须遵循而容易忽略的地方跌跟头。

首先是关于垃圾推帖中大量@其他用户的问题。早些年，很多国内互联网营销者通过电子邮件进行营销。如今，他们又将营销渠道拓展到国内的微博平台上。因为国内各个网站管制相对宽松，一些营销者开始进行 Twitter 海外营销的时候，依然沿用之前的经验和方法，通过在 Twitter 上灌水的方式进行营销。通过灌水和不断@其他人来扩大影响这种方式，对 Twitter 营销是有很大风险的。一旦被认定从事恶意的垃圾推帖传播，或者购买与销售粉丝账户列表，那么这个账户就可能会被永久中止。更糟糕的是，这样的低质量内容可能会导致品牌形象受损等一系列负面影响。

意图通过创建大量 Twitter 僵尸账户来开展营销也是行不通的。如果批量创建一大批账户，却用作水军或僵尸粉，那么也可能会被永久中止使用。在 Twitter 规则中，超过 6 个月不活动的账户，Twitter 是可以不进行通知直接删除掉这个账户的。

此外，传播的内容是有意误导、混淆或者欺骗他人，使用别人的商标或知识产权，泄露他人隐私，发布暴力威胁信息，发布内容触犯当地法律等，这些以不恰当的方式使用 Twitter 传播内容都是不允许的。当然 Twitter 的 Logo 也是不能乱用的。

关于 Twitter 规则的具体内容，可以访问 https://twitter.com/rules。

10.2.2　Twitter 的品牌指南

Twitter 允许其他网站使用其 Logo，但是必须遵守相关规定。Twitter 提供了下载 Logo 图片的地址，以及禁止进行 Logo 修改或编辑的规定，例如不能将 Twitter 小鸟

改变方向，添加其他图标，做成动画，改变颜色或者其他。

图 10-6 是 Twitter 在品牌指南中明确禁止的一些应用场景。

图 10-6　对 Logo 变形的典型错误场景

此外，如果你还需要在营销材料的印刷品、邮件或者公司网站中使用 Twitter 进行社交网络营销，那么在美工的设计中 Twitter 对此也有明确要求。这些要求包括字体大小、图标尺寸等很多方面。图 10-7 简明地介绍了在广告和营销活动中，允许和禁止的 UI 设计场景。

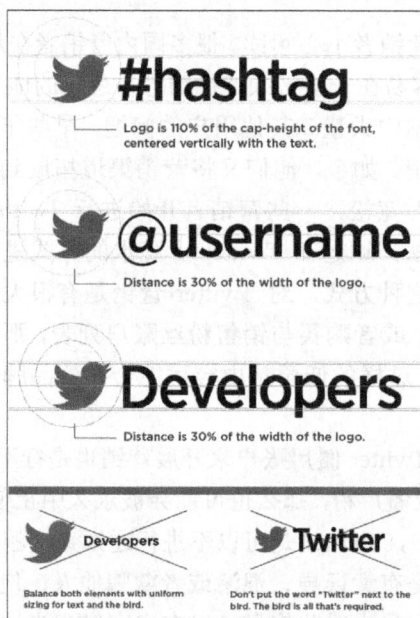

图 10-7　在广告与营销活动中，使用 Twitter 品牌的要求

Twitter 品牌使用指南所涉及的领域还很多，包括：

- 推广你自己的品牌账户；
- 在商品或工业品包装中使用 Twitter 品牌或内容；
- 命名产品、应用或者域名；

- 在书刊中使用 Twitter 品牌或内容；
- 在网站中显示推帖内容。

关于 Twitter 品牌指南的具体内容，可以访问 https://about.twitter.com/press/twitter-brand- policy。

10.3 创建 Twitter 账户

注册一个 Twitter 账户的过程非常简单。首先打开 Twitter 页面，twitter.com，如图 10-8 所示。在首页的右侧有两个输入区域，上面是登录 Twitter 的入口，下面可以注册 Twitter。

图 10-8　在首页注册 Twitter 账户

依次输入用户名电子邮件和密码，Twitter 将会验证信息是否正确，或者账户是否已经被注册过了，如图 10-9 所示。一旦信息被验证，电子邮件地址也被确认之后，注册过程就完成了。

需要注意的是，在进行 Twitter 注册信息验证的时候，Twitter 会给你推荐一个用户名。如果基于你的完整姓名生成的用户名已经被占用了，例如名字 Lu Ming 对应的用户名 luming 已经被别人使用了，那么 Twitter 将会自动在名字后面添加数字。这个用户名必须是唯一的。

假如你是为一个产品品牌来申请 Twitter 账号，那么这个账号一定要尽量与这个品牌具有很强的关联。如果遇到名称已经被占用的情况，至少也要用心思好好准备一个容易记忆、容易传播、和品牌具有很好关联而且不会带来负面影响的账号。

在图 10-9 中，Twitter 自动生成了 "14" 这个数字，插在名字各个位置。要知道 "14" 这个数字在中国以及很多其他国家并不是一个吉利的数字。如果你的品牌在海外目标市场使用的时候也遭遇类似问题，你的品牌营销效果就可想而知了。

图 10-9　验证注册信息

　　品牌命名的时候必须要考虑目标市场的本土文化对品牌的影响，命名的时候尤其如此。

　　奔驰有一款越野车在国外的型号是 GLK 250。这款汽车在引进中国市场的时候，考虑到 "250" 与 "二百五" 谐音，在中国表示一种负面的含义。所以，GLK 250 引进中国市场的时候更名为 GLK 260。事实上这只是针对特定目标市场品牌名称的一个变化，车子本身并没有太大不同。

当注册完成之后，Twitter 会一步步将最基本的使用方法介绍给你。你可以一步步按照指导关注 Twitter 推荐账户，也可以重新回到 twitter.com 首页直接开始使用 Twitter。

在 Twitter 中，每次登录只能管理一个账号。如果你正在管理的是一个企业多个品牌的 Twitter 账号，除非借助第三方应用，否则就不得不重复在不同账户之间登录/登出。

Twitter 推荐使用 TweetDeck 管理多个账号。有关于 TweetDeck 的详细信息，参见 https://about.twitter.com/products/tweetdeck。

10.4 管理和设置 Twitter 账户

Twitter 和所有其他社交媒体营销一样，当一个账户刚创建的时候，不要急于第一时间向朋友、生意伙伴或者客户推销。推广这个账户之前，你需要好好准备和装点一下你的门面。请别人关注一个空荡荡的 Twitter 账号，就好像早晨没有洗脸、刮胡子就到邻居家串门一样让人尴尬。首先要对 Twitter 进行一些基本设置。

在 Twitter 屏幕右上角有一个锯齿图标，点击这个图标就可以进入 Twitter 编辑界面，如图 10-10 所示。

图 10-10 点击锯齿图标，呈现设置菜单

其中编辑个人资料，我们将在后续装修 Twitter 门面中详细介绍。Twitter 广告，我们将在介绍广告营销部分详细介绍。列表，我们将在内容管理和内容营销的部分进行介绍。在这里，我们将简单介绍键盘快捷键和设置的使用。

10.4.1 全键盘操作

怎样能够以最快的速度阅读和处理 Twitter 的内容？当然是全键盘操作。全键盘操作，顾名思义就是对 Twitter 的一切操作都通过快捷键实现。这样就免去在鼠标和键盘之间来回切换的时间消耗。完全使用键盘，手臂和手指的运动行程最短。过去需要移动手臂和手腕才能实现的操作，现在只需要敲击一两个按键就能实现了。

Twitter 的键盘快捷键如图 10-11 所示。

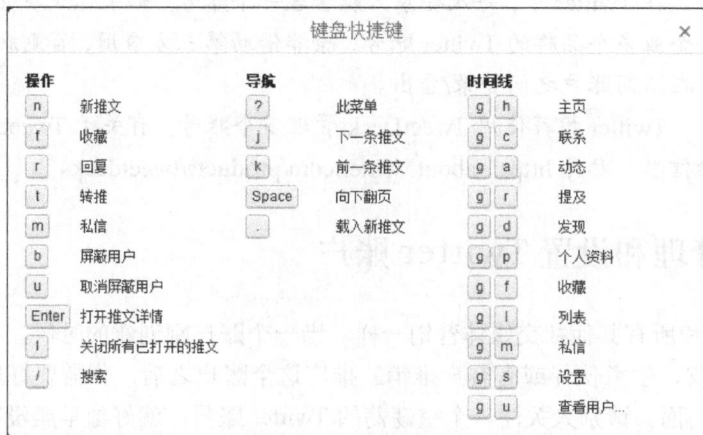

图 10-11　键盘快捷键

例如，依次按下 g 和 m 两个按键，就可以打开"私信"对话框，如图 10-12 所示。

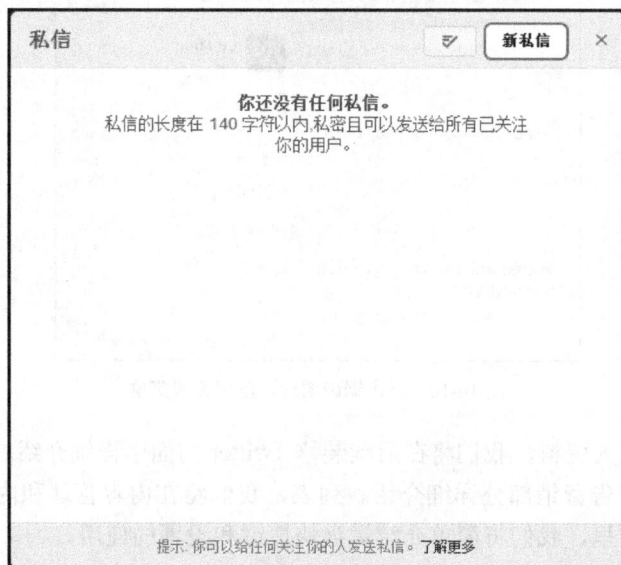

图 10-12　私信窗口

10.4.2　设置

在 Twitter 的设置中，最经常用到的设置是关于账号、安全与隐私、密码、移动设备、邮件通知、应用等，如图 10-13 所示。如果你有自己的网站，那么小工具也可能会经常用到。

图 10-13　Twitter 设置

这些设置中，大部分与其他网站并没有什么特别。不过还是有几个地方需要特别注意一下。

1．更换账户名称

还记得我们在注册 Twitter 账户的时候，我们曾经介绍过，Twitter 的用户名通常是与你所宣传的品牌相关。例如，星巴克咖啡的英文是 Starbucks Coffee，那么它的 Twitter 账户名称就是@Startbucks，如图 10-14 所示。又例如，微软公司的英文是 Microsoft，它的 Twitter 账户名称也是@Microsoft。

图 10-14　星巴克咖啡的 Twitter

如果你对注册时候所使用的英文名称不满意，或者随着经营变化，你所经营的品牌名称也需要更新，此时就可能需要使用新的账户名称了。你可以在 Twitter 设置的账户中修改账户名称。如果这个用户名没有被占用，你就可以更换新的用户名。

> 在更换用户名的时候，如果所使用的新名称是别人已有的注册商标或者侵犯别人的知识产权，那么可能会被投诉，从而影响你的营销推广。

2. 停用账号

如果营销推广开展起来，你的品牌也将与某个 Twitter 账户建立某种联系。很少有人会愿意停用账号。不过如果你真的希望停用你的账号，你可以在设置的账号页面中最下方找到一行小字"停用我的账号"。点击这个链接就可以停用你的账号了，如图 10-15 所示。

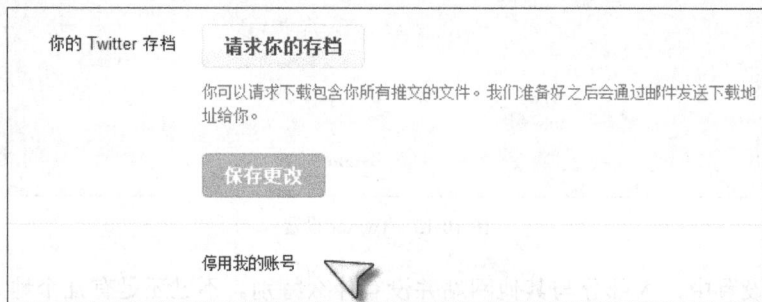

图 10-15　停用我的账号

3. 邮件通知

如果你不能经常在 Twitter 中维护内容并与你的粉丝们互动，至少在他们谈到你或者你的品牌的时候，你能收到邮件提醒。然后，你再登录到 Twitter 中与粉丝们进行互动。如果你在品牌创建的初期有这样的需要，你可以到设置的邮件通知中，将各个通知选中。

当然，最多的情况并不是接收邮件通知。恰恰相反，是取消邮件通知。既然需要与粉丝互动，那么为什么还需要取消邮件通知呢？如果你的粉丝很少，当然会希望加强与粉丝们的联系了。只是，当你的 Twitter 营销所沉淀的粉丝越来越多，如果继续打开所有的邮件通知选项，那么你将会无时无刻不收到大量 Twitter 的邮件通知。大量邮件就等于什么邮件都收不到，因为你已经没有精力逐一阅读所有邮件，而真正重要的信息也被大量的邮件所淹没。

为了能够聚焦在最需要关注的几件事情上，而不要将精力分散，很多营销者在 Twitter 营销沉淀一定品牌资产和粉丝数量之后，会有策略地取消一些邮件通知。例如，你已经有 10 万 Twitter 粉丝了，并且每天都在增加，你可能就会取消掉"我被某人关注"这个邮件通知选项了。

10.5 装修 Twitter 门面

注册完成 Twitter 账号后，先不要着急将地址分享给你的朋友、商业伙伴或者发布给你的客户。你需要首先对这个 Twitter 门面进行装饰。如果你的 Twitter 给人的第一印象是毫无价值的内容、简陋或与其他 Twitter 账号一样千篇一律的样式，那么一旦形成这样的印象，再要扭转就很难了。既然如此，不如在正式发布之前，将 Twitter 账号先好好装修一下，装修完成再开门迎客。

首先，建议你在新创建 Twitter 账号之后，先进入"设置"的"安全与隐私"中，将推帖隐私设置为"保护我的推帖"，如图 10-16 所示。这样你的推帖就不再是公开可见了，而且使用搜索也找不到。当然，即便你的朋友经过批准能看到你的推帖，他们也不能转推这些内容了。

图 10-16 保护推帖隐私

> 设置推帖隐私只能对设置之后所发表的推帖进行保护。
> 如果你之前已经发布过公共的推帖，那么这个选项将不会对之前的推帖产生影响。

初次装修 Twitter 门面主要包含 3 个准备工作：

- 在时间线上发布一些有趣的推帖；
- 编辑一段简明而精彩的个人资料、照片和横幅图像；

- 如果需要，还可以更换背景图片和自定义主题（Themes）。

在时间线上发布一些有趣的推帖，其实也不需要很多，大概有 20～50 篇就好了。通常而言，推帖包含有趣的图片，可以有助于吸引眼球和带来更好的效果，如点击率和转化率。

但是，也不要为每个推帖都配上一张图片，过犹不及。更不要像操作微博或者微信营销那样，通过长微博工具做出长长的图片。如果你真有那么多话要说，不如直接发布在 Facebook 或者博客中，你只需要将 Facebook 或者博客的 URL 贴在推帖中就可以了。Twitter 中使用长微博工具生成的图片的转化率并不如微博或微信营销。

10.5.1　编辑个人资料

个人资料就好像是一张名片。当打开你的 Twitter 账号的时候，首先看到的就是这张名片。之前，我们所看到的星巴克咖啡或者微软公司的资料都是经过精心设计的。犹如一个优秀的广告创意有助于你的营销计划获得成功，一个好的个人资料设计也将帮助你获得 Twitter 社交媒体营销的成功。

个人资料是在设置中编辑的，如图 10-17 所示。编辑完常用的个人资料设置内容并发布之后，你的 Twitter 访客就可以在你的 Twitter 账号上看到这些更新信息。

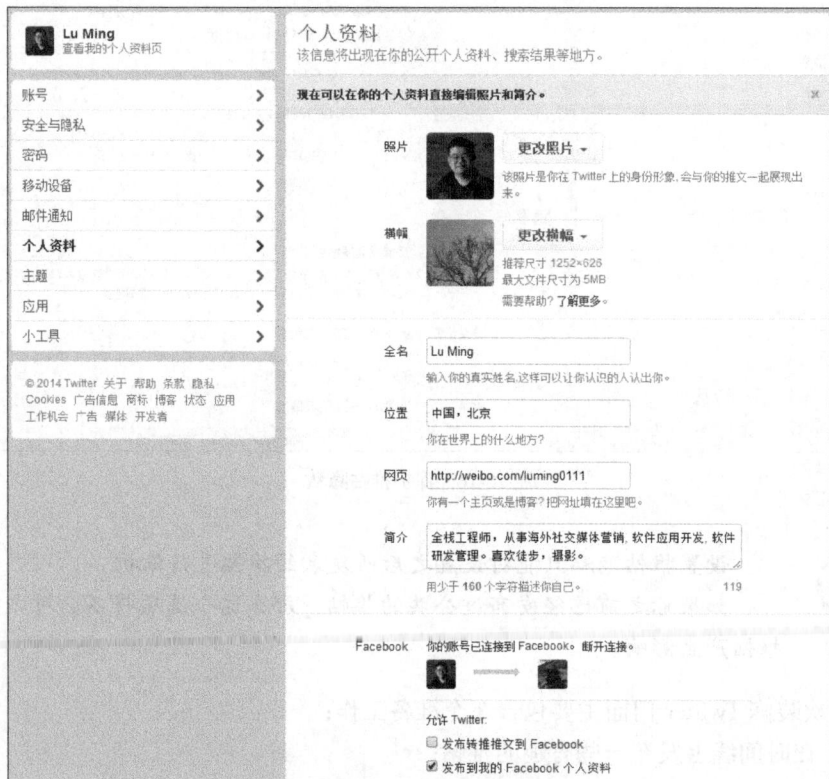

图 10-17　设置个人资料

虽然看起来很简单，但是实际设计的时候还是有很多需要注意的细节。

- **照片的选择，最好简单而高质量**。如果这个 Twitter 将用作品牌推广，但是你的品牌 Logo 很长也不是方形的，那么你就需要考虑使用其他形式来代替。Twitter 账户的照片只能使用正方形，而不能是其他比例。
- **横幅是位于个人资料背后的图片，可以看作是个人资料的背景图**。这个背景图一定要有趣，能抓住眼球，并能够强化品牌在受众心中的形象。但是背景图不能太过花哨，否则上面的文字将很难阅读。
- **全名将会用粗体的 Arial 字体和 24 像素的尺寸显示在照片下面**。全名当然是你的品牌名称。只是，你需要决定是否要在这里增加地域，或者在简介中说明这个账号的范围。
- **不管你的全名多长，最多也只能设置 20 个字符**。如果你的品牌名称很长，或者希望添加详细的地域信息，你可能就要有所斟酌了。
- **位置信息，通常是公司所在地**。但是也有很多国际化运营的公司，在这里会空着。可能最酷的要算 Skype 了。这个虚拟运营商可能是为了表示无所不在的在线聊天能力，他的位置是"Everywhere"，也就是无所不在。
- **网页信息，一般会使用公司官网或者博客，但是也不那么绝对**。还记得前面微软公司的网页是什么地方吗？不是微软的官网，而是微软在 Facebook 注册的粉丝主页。微软会将 Twitter 用户引流到其他媒体平台中。在 Twitter 中提供即时简明信息，而进一步信息可以在 Facebook、公司官网、视频网站或者其他媒体平台中看到。
- **简介，即关于品牌的简要介绍**。在写这个简介的时候，一定要仔细考虑你的品牌目标受众，以及社交媒体平台中的用户特点。脱离了不同媒体平台不同的受众群体特点，直接将官样文章复制过来，通常不会有太好的效果。

最后，在个人资料页面的最下方有一个关于 Facebook 的区域。在这里，你可以将 Twitter 和 Facebook 关联起来。这样，你在 Twitter 中的任何发言就能自动同步到 Facebook 的个人资料中，或者同步到某个你管理的主页中。

在账号建立的初期，这可能是一种快速同时在多个社交媒体平台中填充内容的方法，并能够在社交媒体营销的初期带来不错的新粉丝。但是并不建议你打开这个功能，特别是你严肃地投入力量开展社交媒体营销的时候。因为 Twitter 和 Facebook 用户的浏览习惯是不同的，Twitter 中的 140 字推帖发布到 Facebook 之后，阅读起来总是感觉怪怪的。特别是在 Facebook 主页中包含了各种缩写和导流到其他站点的链接。

10.5.2 主题

界面主题设计对于 Twitter 营销而言也是最重要的方面之一。良好的账号主题设置将直接影响到 Twitter 上内容营销的用户关注转化率，对于商业企业而言可能是到店咨询率，对于出版编辑而言可能是投稿数量和精品稿件数量。

为什么 Twitter 界面主题设计如此重要？让我们先来看一些知名公司的 Twitter 主题是如何设置的。

我们先看看 Optimizely 这家公司的 Twitter 主题（https://twitter.com/Optimizely），如图 10-18 所示。

图 10-18　Optimizely 主题

Optimizely 是一家专业从事互联网着陆页营销绩效分离测试的公司。简单地说，着陆页就是我们使用搜索引擎或者订阅邮件列表，点击链接所进去的那个页面。Optimizely 会帮助营销者分析不同着陆页设计对营销目标和转化率的影响，从而帮助营销者以很低的成本快速找到高质量的着陆页设计。因为 Optimizely 就是一家做着陆页优化的公司，而 Twitter 主题就可以看作进入 Twitter 账户之后的着陆页，所以当他们设计自己的 Twitter 主题的时候也会显得特别专业。

在 Optimizely 的 Twitter 主题中，我们观察到这样几个特点。

- 整体背景颜色是柔和的，且与 Optimizely 的横幅颜色一致，与 Logo 颜色比较起来略微浅一些。这样既能显得整体色调一致，也能同时保证 Logo 依然突出和容易识别。

- 在屏幕的左上角，Optimizely 醒目地将品牌 Logo 突显出来。当访客浏览到这个页面的时候，Optimizely 将会是最吸引注意的地方。

- 毕竟当前知道着陆页分离测试的营销者还不那么多。让更多营销者了解和使用着陆页分离测试仍然是 Optimizely 很重要的工作，所以 Optimizely 有意将口号也放在整个页面的左上方的位置。

让 Optimizely 声明大振的是奥巴马总统竞选的案例。

奥巴马竞选总统和竞选连任期间，总统竞选团队通过使用 Optimizely 进行竞选网站着陆页优化，大大提升了网站营销效果，实现转化率的大幅提升。而事后人们总结奥巴马最终赢得了两次总统竞选的原因之一就是出色地使用了各种互联网营销手段和营销优化工具。

如果对于分离测试的方法论和统计学背景感兴趣，可以看 Optimizely 创始人写的 *A/B Testing*。这本书在 Amazon 网站上有售。

TechCrunch 是另一个有趣的案例（https://twitter.com/TechCrunch），如图 10-19 所示。TechCrunch 是一个技术博客社区，他们会经常报道最新的技术、互联网产业的产品信息、公司新闻、评测与最佳实践。今天，TechCrunch 已经是全球访问量最大的技术博客之一了。

图 10-19　TechCrunch 主题

在 TechCrunch 主题的左侧最显眼的位置是 TC 的品牌 Logo，然后是互动邮件地址、Facebook 主页地址，编辑、作者、专栏和社区经理的姓名列表以及他们的 Twitter 列表。

也就是说，如果你有要爆料的内容，可以非常容易地联系到 TechCrunch 具体的人，而不是某个泛泛的、语句生硬的官方邮件地址。或许也正是和技术社区这样直接而紧密的联系，TechCrunch 才能够有如此多高质量的文章面世，并在新技术产业中产生如此广泛的影响力。

同样是媒体，福布斯（Forbes）的 Twitter 主题则显得简单得多。他们的账号是 https://twitter.com/Forbes，如图 10-20 所示。福布斯是全球最知名的财经媒体之一，内容主要围绕金融、工业、投资和营销等主题。

图 10-20　Forbes 主题

与其他主题类似，福布斯的 Twitter 主题设计的时候，左侧也会醒目地放置公司的 Logo。其实福布斯的 Logo 就是公司名称。同样，他们会在醒目位置放上 YouTube 的视频频道地址、Facebook 主页地址和 LinkedIn 公司资料页面。你可以从 Twitter 上很方便地进入福布斯的其他社交媒体平台，来获得最新的视频新闻、深度报道以及公司最近的招聘信息和新闻。当然，如果希望进入福布斯的官网，那么点击福布斯个人资料中的 forbes.com 就可以跳转到福布斯英文网站了。

观察这些公司，大家在设计主题的时候都会有如下倾向。

- 根据访客显示器尺寸设计主题样式。如果访客的显示器使用 19 寸以上宽屏显示器比较多，那么就会在屏幕的左侧用心思传递更多信息，加强转化效果。
- 会在主题上特别突出地显示 Logo。这样的强化信息对提升品牌在访客心目中的印象是有帮助的。
- 根据你的业务特点，还会在主题中加入产品宣传口号、主要工作人员联系方式或者整合其他社交媒体和网络媒体资源。

这些在主题图片中做文章的方法，或许在进行你自己的 Twitter 主题设计的时候可以参考。

为什么大家都在努力将设计重点放在屏幕的左上角呢？为什么不是右上角、左下角或者其他什么地方。

这里是有一个用户行为习惯的经验。在对用户行为习惯进行眼动分析之后，人们发现互联网用户浏览网页的时候，首先关注和停留时间最长的是屏幕的左上角，然后再依次阅读其中的内容。所以将高价值的内容放在用户浏览的第一屏的左上角，往往可以获得更好的营销转化率。

如果将用户对于网站的注意力分布进行热力图（heat map）的数据可视化，那么可以看到这样的热力图将会呈现为“F”形分布，如图 10-21 所示。从这张图中可以直观地看到，处于屏幕左上角的区域更容易获得用户的关注。那么当然应该将一些可以提升转化率的内容放在这个位置，这样可以提升 Twitter 营销的转化率。何况 Twitter 的内容是居中布局，它已经为你空出了这么一片宝贵的区域了。

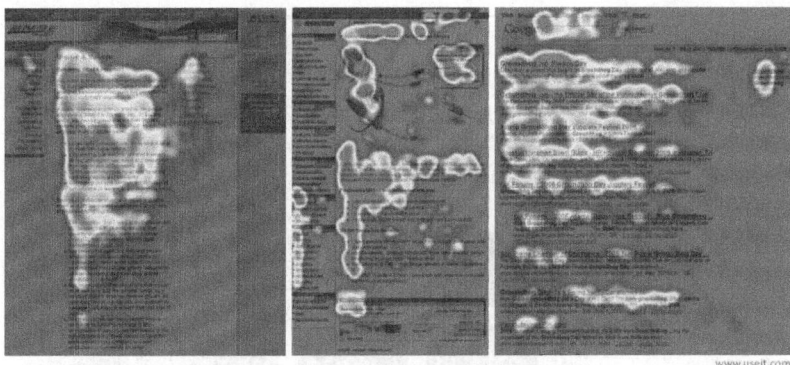

图 10-21　用户注意力的 F 型分布

眼动追踪（eye tracking），是一种专业的用户行为分析方法。营销者可以为网站浏览者戴上眼动仪来记录用户眼睛在屏幕上的停留位置和停留时间。通过观察眼睛的动作来分析用户对什么内容与什么呈现形式更感兴趣。眼动追踪在视觉系统设计、心理学和认知语言学研究中有广泛应用。

眼动仪就是跟踪眼球位置和眼球运动的设备。

当然，每个公司都会根据自己的需要来对主题样式有甄别地进行设计。

在 YouTube 这个全球最大的视频网站中，主题设计就是各种抽象图片，如图 10-22 所示。在这个主题中，我们会感觉有趣、充满活力和激情，但是他们并没有特别突出 YouTube 的 Logo。

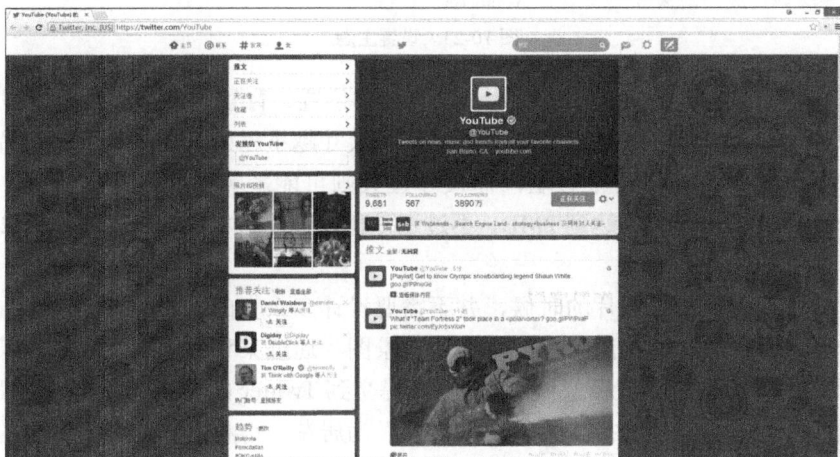

图 10-22　YouTube 的主题

回过头来，我们看 Twitter 的主题设置，如图 10-23 所示。对于个人用户，推荐使用主题设置上面的"选择预制的样式"进行设置。而对于品牌营销者而言，则推荐通过"自定义"的方式来自定义属于品牌自己的主题。

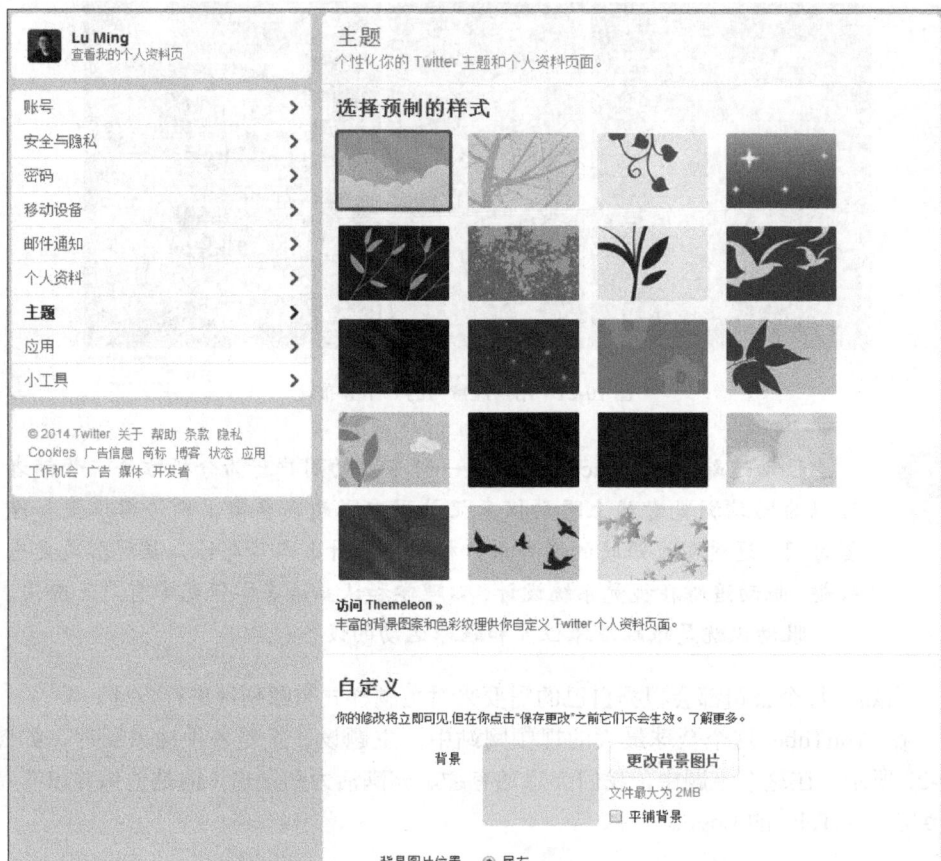

图 10-23　设置主题

在自定义中，可以设置背景图片、图片摆放位置、背景颜色、链接颜色等。

从以往经验来看，背景图片越清晰越好，尺寸越小越好。模糊的背景图片在高分辨率显示器下将会显得很丑陋，而尺寸过大则可能影响图片的载入时间。尽管 Twitter 允许背景图片大小达到 2MB，不过还是建议你能够将图片大小控制在 200 到 300KB。

其实你在设计背景图片的时候，并不需要设计多么宽的一张巨大图片。你只要设计一张尺寸足够合适的图片，再将这个背景图片通过某种颜色渐变设置到某个确定的颜色上即可。在设计完这张图片之后，提交到 Twitter 的背景图片上，取消"平铺背景"的选项，然后选择"背景图片位置"为居左，再将背景图片渐变到的颜色的 RGB 数值填写在"背景颜色"中即可。这样，虽然你的主题背景图片很小，但是与整体的背景颜色是协调统一的。

这些都设置好了以后，在 Twitter 选项中是不能马上看到效果的，需要保存更改，然后刷新浏览器页面才可以看到主题设置的效果。

10.6 小结

Twitter 营销刚开始的时候，可以先明确品牌定位与营销，希望将 Twitter 在各个媒体平台中定位成面向何种细分用户群体、传递何种信息的平台。在营销的初期，先了解基本的 Twitter 营销活动规则，然后进行一些基本的准备活动之后再开始进行 Twitter 营销。

通常，Twitter 的营销效果不像其他搜索引擎关键词营销或者网盟营销那么容易度量，特别是电商企业的销售转化率跟踪更是难以度量。但是很多营销者经过长期的沉淀，还是获得了非常不错的 Twitter 营销效果。

第11章
▶▶▶▶▶▶ 发推帖到 Twitter

Twitter 作为一种社交媒体平台，从内容组织到信息传播都与其他社交媒体平台存在明显的不同。通常而言，Twitter 的字数限制更加严格，而信息传播的实时性也更强。如何撰写高质量的推帖，基于 Twitter 与粉丝开展互动，并获得好的营销效果是 Twitter 营销从业者需要小心处理的问题。

在这一章中，我们将了解到：

- 撰写推帖；
- 内容互动；
- 主题标签；
- 缩略语；
- 发推技巧；
- 内容管理工具。

11.1　撰写推帖

在 Twitter 中撰写一条推帖，可以在屏幕左边的"撰写新推帖"的地方来写一条新推帖，也可以点击屏幕右上方的羽毛按钮来编辑一条新推帖，或者在键盘上敲击快捷键 N 就可以打开撰写新推帖的对话框。

"发推"旁边的数字表示还能继续输入多少个字符。如果字数一旦超过限制规定的 140 个字，那么多余出来的文字就会变成红色的，而这个数字计数也将变为红色。此时你就要小心裁剪内容，简化句式，或者使用缩略词，或者将一条推帖拆成多条。

> （i） 一个中文字符在 Twitter 中就是按照一个字符来处理的。
>
> 在很多计算机系统中，简体中文或者繁体中文是按照两个字符来记录的。这是因为在很多计算机存储和传输的时候，一个中文字符需要占用两个字符的空间。但是在 Twitter 中，一个中文字符就按照一个字符来保存了。例如，"字符"在 Twitter 中就被记录为 2 个字符，而不是 4 个。

在发推帖的时候，如果要一起发布图片，那么可以点击添加照片按钮。这里虽然说是照片，但其实就是保存在磁盘上的图片文件。

在发布照片的时候，你可以将原始照片提交到 Twitter 上。Twitter 会对图片进行处理。通常，你发布一张足够精细的图片就可以了。需要注意的是，在 Twitter 时间线上的图片宽度和 Twitter 详情的图片宽度略有差别：

- Twitter 时间线上的图片宽度为 506 像素；
- Twitter 详情的图片宽度为 490 像素。

其实这两个地方所用到的图片是同一个地址的图片，只是在不同页面略微进行一些缩放。图片本身并没有什么不同。如果没有特别的情况，请保证你上传到 Twitter 的图片宽度在 610 像素以上。因为 Twitter 在处理你上传的图片的时候，会将过大的图片重新调整大小到宽度 600 像素上下。

在撰写推帖的对话框中，有一个设置发出推帖位置的地方。通常，如果你在进行品牌营销，而不是和朋友进行互动，还是建议你将这个位置信息关闭掉。点击位置按钮之后，就会看见一个下拉列表，在这里点击最下面的"关闭位置"，就可以关闭位置信息了，如图 11-1 所示。

图 11-1　设置和关闭位置

当然，如果你希望能够设定推帖的位置，你也可以在位置信息的下拉列表的"搜索街区或城市"的输入框中输入你所希望定位到的位置。输入之后，再搜索就可以手动将这个推帖设置在你所希望的位置了。

> 位置信息不一定总是正确的。
>
> Twitter 所显示的位置信息是根据你的上网 IP 分析出来的。通常，这个分析比较准确，但是全球互联网非常复杂，再完备的 IP 地址库也难免有错误的情况。如果位置信息对你很重要，例如，你推销的正好是在新加坡或者旧金山召开的产品发布会，那么你就要小心核对地址信息了。如果不正确，就要手动纠正过来。

在输入推帖的时候，如果你所输入的这个词是某个 Twitter 账户全名或者账户名称的一部分，那么 Twitter 会自动提示给你这个账户的照片、全名和账户名称。假如你真的是希望与他对话，那么只要使用键盘上下键选择正确的账户就可以了，如图 11-2 所示。

图 11-2　自动显示账户信息

当一切输入完成，点击发推按钮，就可以将推帖发布到 Twitter 上了，如图 11-3 所示。

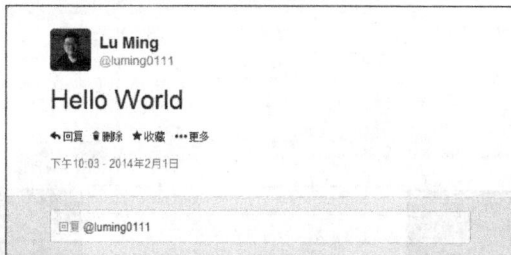

图 11-3　推帖发布完成

如果所要发布的推帖内容是一段视频、音频或者一个网页，可将视频或音频所在网站的 URL 地址填写在推帖中。Twitter 会自动将推帖中的 URL 变成短链接，再发布出来。这条视频或者音频推帖在时间线上会显示为"查看媒体内容"。当 Twitter 用户看到"查看媒体内容"这个链接就会知道，展开之后就会是一个视频、音频或者网页。感兴趣的人自然会打开来看的。

图 11-4 所示为 YouTube 发布的一个关于 Jimmy Fallon 和 Justin Timberlake 两个音乐艺人的视频。当这个视频推帖出现在时间线的时候，是折叠着的。如果点击"查看媒体内容"，推帖内容就可以展开，显示 YouTube 的视频。

图 11-4　在时间线中显示的视频内容

11.2　内容互动

只是自说自话而没有与粉丝之间的互动，那就称不上是社交媒体了。社交媒体营销一定是在与粉丝的沟通之中开展营销活动的。Twitter 营销也是这样，在营销过程中一定有大量的社交互动。

在 Twitter 中和粉丝进行内容互动，通常会有以下几种情形。

- 有问有答。对于粉丝的提问进行回答，并展开进一步的讨论。
- 提问投票。就特定话题提出问题，粉丝们会参与其中进行讨论或者表明态度。在 Twitter 中的投票和 Facebook 并不一样。Facebook 是实实在在的投票应用，而 Twitter 中更多是针对话题参与程度。试想 140 个字的问卷，其实不可能完整写下问题和选项的。
- 分享经验、图片、视频或者网站。将产品或者相关特定领域的经验分享给粉丝们。分享的可能是某个经验，也可能是图片、视频或者网站链接。
- 抒发感情。就某个话题抒发自己的感情或者点评，并围绕这个话题与粉丝展开讨论。
- 话题参与。与粉丝们就某个时兴话题展开讨论，并参与其中。如图 11-5 所示，在 2014 年春节期间，可口可乐公司在其 Twitter 上发布了舞狮照片和春节推帖。

在 Twitter 这个社交媒体中与粉丝之间进行互动主要是这样一些形式：

- 发布推帖；
- 回复和转发推帖；
- 使用主题标签助力 Twitter 趋势。

关于发布推帖，我们已经在之前介绍过了，这里就不再重复介绍了。下面主要介绍在营销活动中使用回复、转推和主题标签这些功能的技巧和方法。

图 11-5　2014 年春节，可口可乐公司发出的新春祝福

11.2.1　回复

如果你的一篇推帖获得粉丝们的共鸣，他们可能会参与到这条推帖的互动中。同样，你的粉丝正在讨论的一个话题，也会吸引你的注意，可能你也希望参与其中

与粉丝展开互动。此时，就可以通过回复功能直接进入互动。

　　在每个推帖的下方有 4 个链接，第一个就是回复。点击回复之后可以显示一个与发新推帖类似的输入框。如果进入推帖详情，在这个推帖下面就会默认有一个回复推帖的输入框。如果在 Twitter 中进行社交媒体互动，就可以在这里撰写推帖回复，如图 11-6 所示。

　　与新撰写推帖的不同之处是，在推帖开始的地方已经有一个"@对方账号"，表示回复推帖。在推帖中"@对方账号"可以理解为提及对方。单位为时间内，提及和回复推帖数量是度量 Twitter 推帖和粉丝活跃程度及参与度的重要指标。

　　如果推帖被回复，那么在 Twitter 中你就会看到原始推帖和你的回复之间用一条线连接起来，如图 11-7 所示。原始的推帖在上面，下面就是你的回复，一目了然。不管原始推帖是多久之前发的，一旦推帖被回复之后，这个原始推帖的位置就会提前到回复的时间。就好像图 11-7 中的这条推帖，原始推帖是几天之前的，通常这条推帖已经被隐没在过去几天的无数推帖中了。不过，因为作者的回复推帖是几小时之前的，所以在时间线上这个原始推帖不再显示在很久之前的位置，而是显示在时间线上今天的位置。另外，如果到几天前，1 月 31 日的时间线上去寻找，已经找不到这个原始推帖了。

　　这是一个非常有趣的用户体验设计，一方面能保证用户进行社交媒体互动的时候，总是可以看到最近的推帖，另一方面也不至于很多人不断转发和刷屏，在时间线上产生过多的重复推帖的噪声数据。通常，如果噪声数据过多，那么将会严重影响访客的阅读体验和更

图 11-6　回复推帖

多访客参与讨论的热情。从这个角度而言，Twitter 对数据的组织方式也为营销者提供了比较健康的网络环境。

图 11-7 在时间线呈现的回复推帖

11.2.2 转推

转推，就是将别人的推帖转发在自己的时间线上。转发之后，这个推帖将会显示在你的时间线上，同时你的粉丝们也将看到这篇推帖。如图 11-8 所示，微软转推了 XBOX 的推帖。

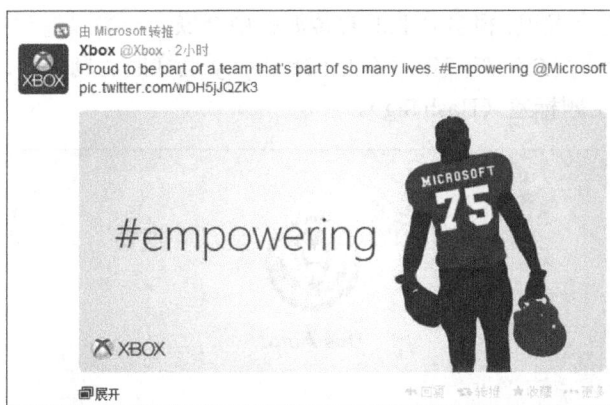

图 11-8 微软转推了 XBOX 的推帖

超级碗（Super Bowl）大赛是最吸引美国民众的美式足球比赛，超级碗的电视转播广告也是美国电视转播广告最贵的广告之一。2013 赛季的超级碗决赛是在西雅图海鹰队和丹佛野马队之间展开的。西雅图市是微软公司总部所在地。

超级碗比赛期间，XBOX 的这条打气的推帖一经发出之后，微软公司 Twitter 迅速进行了转发。一方面，XBOX 是微软在游戏领域重要的产品线，推帖的转发有助于提升 XBOX 的曝光率，另一方面，一条富有正能量的推帖也更具有传播能力。这条推帖经过如此多次转推之后，获得大量抵达率和收藏量，基于 Twitter 的内容营销获得了不错的传播效果。

从转推的形式来看，推帖作者的照片连同推帖、图片被原封不动地转发过来。而转推者的照片并没有显示出来，转推者的名称也只是在推帖最上面的一行淡淡的灰色文字。推帖读者的注意力焦点被引导在原始推帖作者和推帖内容上。

试想，如果你能有一个推帖获得大量转推和正面评价，那么将带来多少曝光量以及怎样的社交媒体营销宣传效果呢？精心设计的一条推帖，在正确的时间，面向正确的受众发出，一经层层转推将会带来非常可观的营销效果。

> 转推微博的影响力远远高过转推数量和收藏数量这两个绝对数值。"沉默的是大多数"，不论在亚洲、欧洲或者美洲都是这样。人们不会转推每个看起来有趣的推帖，却可能在阅读之后去谈论它。所以，每个转推的背后是这个推帖被更多人阅读、关注和谈论。

11.2.3 主题标签

在 Twitter 中，如果一个推帖添加了主题标签，这个主题标签在呈现的时候就会自动呈现为一个超级链接。点击之后，Twitter 会使用这个主题标签检索所有与之相关的内容。所以，主题标签可以看成是与推帖相关的某个主题的检索入口。

如果留心，你会发现，很多企业的宣传海报中会嵌入一段以#符号为开始的单词，例如图 11-9 所示的大众汽车广告下方的#GetHappy 这样的主题标签。这个#与之后的单词组成的就是主题标签（HashTag）。

图 11-9 大众汽车广告

还有一些网站，也会在显眼的位置放置 Twitter 的主题标签。在香港举办的 Predictive Analytics Innovation Summit（预测分析创新峰会）的页面中，左上角本来是放置 Logo 的位置，放上了#PAHK 的 Twitter 主题标签，如图 11-10 所示。点击这个链接之后，就进入了 Twitter 主题标签检索页面。

Twitter 的主题标签与 Facebook 是一样的，在#之后的单词就是主题标签。这个单词可以是某个英文单词，也可以是自造词，或者是若干单词连在一起而将每个单词的首字母大写以示区隔，如图 11-9 所示。

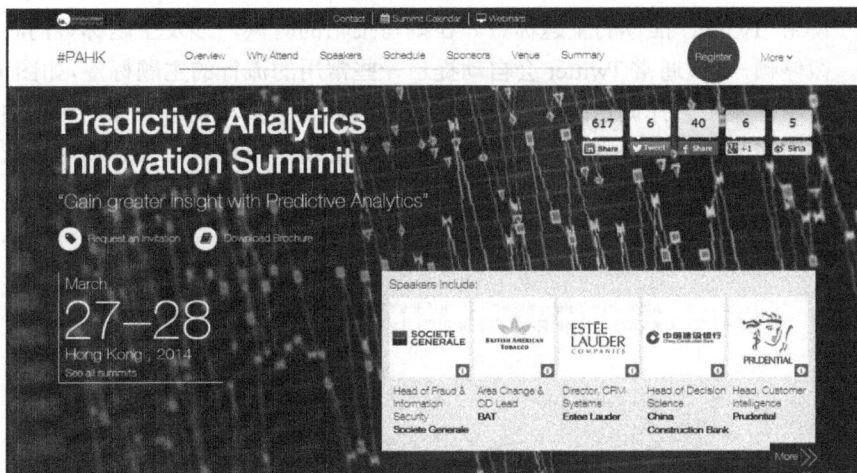

图 11-10　预测分析创新峰会的页面

　　这种写法和微博这种中文的社交媒体平台有些区别。在中文环境中，需要使用两个#将热门话题包裹起来，而不能只在文字开始用一个#，如图 11-11 所示。一种可能的原因是中英文语言环境特点不同。英文可以通过标点符号或者空格将单词区分开，而中文是没有空格的一个个汉字，分词不明显。所以，英文环境用一个#就可以表示主题标签，而中文社交媒体平台下需要使用前后两个#。

图 11-11　微博热门话题

　　在 Twitter 中使用主题标签的时候，有很多值得注意的技巧，善加应用才能获得更好的效果。

- 主题标签多使用正常的英文单词或短语，使用简写或缩略语需要很小心，否则会影响传播效果。
- 多个短语合并在一起，可以将每个单词首字母大写，这样能方便阅读。Twitter 在检索主题标签的时候，不会因为单词拼写的大小写差别而有什么不同。换言之，可以放心使用大小写混排，而不用担心对检索结果有什么影响。
- 一条 Twitter 中的主题标签最多不要超过 3 条。太多的主题标签会招惹阅读者厌烦，因为有刻意吸引流量的嫌疑。
- 一般不要将主题标签放在推帖中间。推帖和主题标签混排，通常会导致阅读体验不够流畅。
- 如果推帖中包含主题标签和超级链接，则建议超级链接放在推帖最后。其顺序为推帖正文、主题标签、超级链接。
- 主题标签不要拼写错误。主题标签也是推帖的一部分，高质量的推帖才能带来高质量的传播效果。

- 使用 Twitter 推荐的主题标签。在撰写推帖的时候，涉及主题标签的时候稍微停顿一下，通常 Twitter 会自动提示一些常用的流行的主题标签，如图 11-12所示。如果选择提示的主题标签，一方面，能够参与到最火热的对话中，带来更多流量，另一方面，也能够避免可能的拼写错误。拼写正确对于从事全球社交媒体营销而言是很重要的。

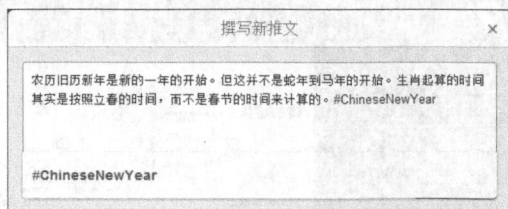

图 11-12　主题标签自动提醒功能

11.3　列表

列表功能是将一批 Twitter 账号放在某个列表中，通过列表查看列表时间线上的推帖。每个列表可以看作 Twitter 的分类目录，如图 11-13 所示。使用列表，即便不去关注某个账号，也可以在列表的时间线中浏览分类的内容。例如，点击 A/B Testing 这个列表，不论你是不是关注这个列表中的账号，都可以看到与 A/B Testing 列表相关的账号内容。

图 11-13　列表清单

列表中的推帖也是按照时间线由新到旧的时间顺序来排列的，列表页面的呈现样式和时间线非常类似。但是列表和自己登录 Twitter 之后所看到的时间线有所不同：

- 时间线是自己订阅的账户信息，当登录 Twitter 之后首先看到的就是时间线的内容。而列表则需要逐级进入才可以看到。
- 粉丝很难关注和你一样的人，但是你可以整理有价值的列表。粉丝们可以订阅这份列表的内容。
- 列表可以是面向公共的列表，每个人都能访问公共列表的内容，也可以是私密的列表。如果是私密的列表，那么只有你自己能看到，而别人不可以看到。对于营销者而言，可以使用私密列表进行竞争对手分析与舆情监控。很多营销者在跟踪竞争对手的时候都会使用这种私密列表，既不会让自己出现在竞争对手的关注者清单中，又可以实时跟进各种商业信息。

列表可以自己创建，也可以订阅其他公司或者个人发布的列表。在图 11-13 中，第二个列表就是 TechCrunch 创建的，若发现其中的内容很有帮助，就可以关注这个列表。同样，如果你整理的列表，你的粉丝们感觉有帮助，他们也会关注你分享的这个列表。如果你的粉丝们订阅了你的列表，那么你的列表也将会出现在他们的列表清单中，你的粉丝这个时候其实也在帮助你分享和传播这份列表了。

对于营销者而言，列表功能是一个投资回报率很划算的营销活动。一旦列表创建完成之后，你就基本上不需要有太多维护了。列表的内容都是由其他 Twitter 账号来发布和管理的。当然，你也可以将一些关联公司或者品牌添加到列表清单中。如果你的列表能够被粉丝们收藏，并且得到更多人的订阅，那么他们每次打开这个清单的时候，都能看到你的 Twitter 主题。假如你的 Twitter 主题中包含品牌的 Logo 和相关信息，那么 Twitter 列表无疑会提升你的品牌展示率和客户黏性。

例如，你关注了 TechCrunch 发布的 realtime-web 公共列表，当你每次打开这个列表的时候，列表就会使用 TechCrunch 的主题，所以在浏览器中一定会显示出 TechCrunch 的 Logo 和相关内容，如图 11-14 所示。如果你的公共列表也被你的粉丝们所订阅，当他们打开的时候，他们看到的内容也是基于你的个性化主题的。

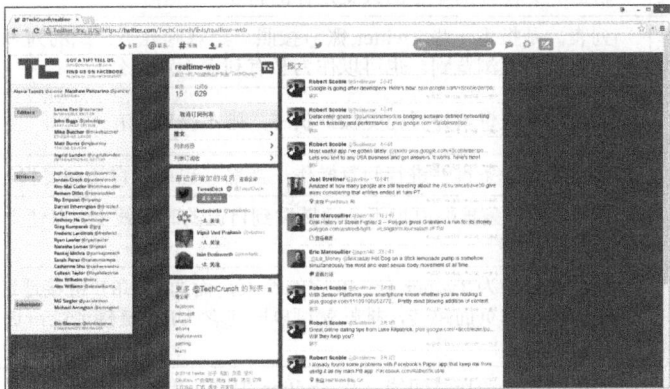

图 11-14　TechCrunch 的 realtime-web 公共列表

11.4　术语与缩略语

　　Twitter 作为一种涉及人口分布最广、注册用户最多的社交媒体平台之一，在过去多年的经营与发展过程中，人们逐渐形成一些 Twitter 所特有的"语言"。了解这些语言，有助于更好地理解社区居民的行为方式并开展有效的社交媒体营销。

　　另外，因为 Twitter 内容被约束在 140 个字之内，所以很多缩略语和表情符号也会被经常使用到。熟练了解这些缩略语和表情符号，有助于将推帖写得富有活力和感染力。

11.4.1　常用术语

　　在 Twitter 营销中，经常会用到一些营销或者粉丝互动中的术语。一些语言在其他社交媒体平台中也有使用，但是很多只是在 Twitter 中才会用到。表 11-1 所示为在 Twitter 营销中经常使用到的一些行话术语列表。

表 11-1　Twitter 常用术语

术　　语	含　　义
action	如果你看到一篇推帖中，通过星号"*"包裹起来一个单词或者一段话，那么就表示这是发推的人当前正在做的事情。例如，*reading*就是正在看书中
bot	机器人。在 Twitter 或者其他社交媒体平台中，并不是每个关注你的都是真实的人，也许是通过计算机自动生成出来的机器人。他们关注你，或许并不是想和你做朋友，可能就是以此来采集与你相关的数据和历史推帖信息
direct message	私信。是指在 Twitter 上，两个人之间发送的个人信息。只有这两个人之间可见，其他人看不到私信内容
hashtag（#）	主题标签。用于标记某个推帖的主题。一个推帖也可以有多个主题。推帖浏览者点击主题标签，Twitter 就会自动检索出所有与之相关的内容
favorite	收藏。看到感兴趣的推帖，可以通过收藏功能将这个推帖收藏起来，以备未来再打开
follower	粉丝。关注你的账号的人就是你的粉丝
lists	列表。是指将一些 Twitter 账号按照一定规则分类组织的列表。列表既可以公开给所有人浏览到，也可以作为私有列表不对外公开
Protected（private）profile	如果将个人资料设置为受保护状态，则不会对所有人公开
@reply	回复。对一条推帖进行回复操作。当然，也可以自己回复自己的推帖。
retweet（RT）	转推。将一条推帖原封不动地转发到自己的时间线上，以便于自己的朋友分享推帖的内容
shorturls	短链接。因为 Twitter 有 140 字的约束，而通常 URL 链接地址可能会很长。通过短链接和页面跳转，推帖就可以既包含 URL 链接地址，也可以包含主要的推帖内容了
timeline	时间线，也叫作时间线。在 Twitter 中看到推帖内容是按照时间顺序自新到旧依序呈现的，而这个自新及旧的时间轴线就是时间线

续表

术　　语	含　　义
tweet	推帖。在 Twitter 中发布的内容都是推帖
tweetup	Twitter 的网友在现实中的会面被称为 Tweetup
twibe	就某个感兴趣的话题，Twitter 用户们所形成的特定沟通圈子。如果形成品牌社区，并能够就这个共同的话题展开讨论的粉丝们，也可以称为 Twibe
Tweeple、Tweeps 或者 peeps	在用 Twitter 的人
twestimonial	Twitter 上人们对于某个话题的评价或者口碑。Twestimonial 取自两个英文单词，Twitter 和 Testimonial。Testimonial 就是证言、证明的意思
twitter feed	在时间线上不断更新的推帖内容。粉丝们订阅你的账号之后，也能看到这些推帖内容
twitter spammers	使用 Twitter 发送垃圾信息的人
twitter squatter	在 Twitter 中冒充名人或者知名品牌的行为。一旦被举报或者被 Twitter 发现，这个账号很快会被删除掉
who to follow	基于当前所关注账号的列表，Twitter 推荐的关注账号列表

因为作者在编写本书的时候，Twitter 的中文本地化并没有完全完成，很多功能还是中英文混杂，而且海外营销多半是面向英语国家和地区，所以这个术语列表中，主要使用了英文术语，并没有使用繁体中文或者简体中文。在很多具体使用场景中，繁体中文和简体中文对于同一个术语的翻译往往也会有些区别。因此，使用英文的术语最容易理解。

11.4.2　缩略语

缩略语通常是英文短语的首字母缩略词。因为大家都这么用，也都理解这个缩写的含义。用的人多了，大家交流起来就会使用这样的缩略语了。在 Twitter 中，因为字数被限制在 140 个字符之内，所以 Twitter 交流中缩略语的使用更加广泛。几乎没有 Twitter 营销者不熟悉缩略语的使用。

在 Twitter 营销中，缩略语可能是常用语言环境中的缩略语，就好像日常邮件中 A.S.A.P.是 as soon as possible 的简写，表示越快越好。而在一些涉及某个特定专业应用领域的语境中，缩略语可能就是某个专业词汇的缩写。例如，在国际贸易中 FOB 是 Free On Board，即船上交货。

日常 Twitter 沟通中，一些常用的缩略语如表 11-2 所示。

表 11-2　常用缩略语

缩　略　语	对　应　英　文	含　　义
AB 或 ABT	About	关于
AFAIK	As far as I know	据我所知

续表

缩 略 语	对 应 英 文	含 义
B	be	是，有，存在，发生
B4	Before	在……之前
B/C	Because	因为
BFN	Bye for now	再见了
BGD	Background	背景
BH	Blockhead	傻瓜
BR	Best regards	最好的祝福
BTW	By the way	顺便说
CHK	Check	检查
CLK	Click	点击
CUL8R	See you later.	回头见
DAM	Don't annoy me.	别烦我
DP	Profile Pic	资料照片
DYK	Do you know?	你知道吗？
EM 或 EML	E-mail	电子邮件
EMA	E-mail Address	电子邮件地址
F2F 或 FTF	Face to Face	面对面
FAB	Fabulous	极好
FB	Facebook	Facebook 网站
FODY	Find of the day	找寻的一天
FWIW	For what it's worth	对于它的价值
GTS	Guess the song	猜歌曲
HAGN	Have a good night.	有一个美好的夜晚
HAND	Have a nice day.	祝愿今天愉快
HTH	Hope that helps	希望有帮助
IC	I see.	我知道了
ICYMI	In case you missed it.	如果回复自己的内容，则将 ICYMI 放在推帖开始是一种谦逊的礼貌
IDK	I don't know.	我不知道
IIRC	If I remember correctly	如果我没有记错的话
IMHO	In my humble opinion	以我浅见
IRL	In real life	在现实生活中

续表

缩　略　语	对　应　英　文	含　　义
JK	Joke	开个玩笑
JSYK	Just so you know	只要你知道
JV	Joint venture	合资公司
KYSO	Knock your socks off	叹为观止
LHH	Laugh hella hard	大笑
LI	LinkedIn	LinkedIn 社交媒体网站
LMK	Let me know.	让我知道
LOL	Laugh out loud	笑出声来
MM	Music Monday	音乐星期一
MIRL	Meet in real life	在现实生活中见面
NBD	No big deal.	没什么大不了的
NJoy	Enjoy	享受
NSFW	Not safe for work	不安全的工作
NTS	Note to self	告诉自己
OH	Overheard	串音
OOMF	One of my friends	我的一个朋友
ORLY	Oh, really?	真的吗？
PLMK	Please let me know	请让我知道
RE	In reply to	答复
RTQ	Read the question	阅读问题
SFW	Safe for work	安全工作
SMDH 或 SMH	Shaking my head	摇头
SRS	Serious	严肃
TFTF	Thanks for the follow.	感谢关注
TFTT	Thanks for this tweet.	感谢这个推帖
TL	Timeline	时间线或者时间线
TLDR 或 TL;DR	Too long, didn't read	太长了，还没读
TMB	Tweet me back	推帖给我
TT	Trending topic	趋势主题
TY	Thank you.	谢谢你
TYIA	Thank you in advance.	提前谢过了

续表

缩　略　语	对 应 英 文	含　　义
TYT	Take your time	别着急
TYVW	Thank you very much.	非常感谢
U	You	你
W 或 W/	With	与……一起
W/E 或 WE	Whatever 或 Weekend	不论怎样，或者周末
WTV	Whatever	不论怎样
YGTR	You got that right.	你说的没错
YOLO	You only live once	你只活一次
YOYO	You're on your own	你是你自己，或者当你孤单一人
YT	YouTube	YouTube 视频分享网站
YW	You're welcome.	不客气；不用谢
ZOMG	OMG to the max	表示非常强烈的惊叹

缩略语虽然可以帮助在有限的字符之内表达更多的意思，但是并不是使用得越多越好。

缩略语的使用与上下文语境、受众对象以及专业领域相关。在受众并不常用缩略语的情况下，过于专业化或者生僻的缩略语会使营销效果大打折扣。所以决定是否使用一条缩略语的时候，不要仅从营销者的角度来考虑，更需要从推帖受众的角度来斟酌。

多阅读国外知名 Twitter 账户的推帖，对提升选择缩略语的经验会很有帮助。

11.4.3　表情符号

在 Twitter 中，有的时候一两个富有人情味的表情符号胜过无数文字描述。早在 WWW 服务诞生之前，在互联网的沟通中，表情符号就已经被广泛使用了。在那个时候，:) 表示开心，好像一张横着的笑脸，而 :(则表示不开心，好像一张横着的噘嘴的小脸。之后，类似的表情符号越来越多，传递的含义也越来越丰富。

国内的微博和 QQ 中，大家一般使用黄色小脸表示不同的感情，而很少再使用表情符号了。而在 Twitter 和 Facebook 中，并没有提供这样的黄色小脸图标，大家还在使用表情符号来表达某种感情。

常见的表情符号如表 11-3 所示。

表 11-3　常见表情符号

符　号	含　义
:)	笑脸
:(	哭脸
;)	顽皮笑脸。分号好像闭上一只眼睛，做鬼脸
:O	惊叹表情
:D	张嘴大笑
:'(	流泪悲伤
:P	吐舌头的鬼脸

国外有很多网站专门提供各种有趣的表情符号。

如果你使用 PC 或笔记本电脑来维护 Twitter 和 Facebook 内容，你可以直接到这些网站复制表情符号到你的社交媒体平台中。

推荐两个网站，一个是 hinh.tv，另一个是 www.i2symbol.com。

11.5　第三方工具

有效的 Twitter 内容管理工具能帮助你更高效迅速地管理 Twitter 内容，发现热点趋势主题，与粉丝开展更有效的互动，洞察自己和竞争者的社交媒体营销数据。使用第三方工具与直接基于 Twitter 账号开展营销有些不同。第三方工具多是基于 Twitter 提供的开放 API 所开发出来，数据来自 Twitter。不同的第三方工具会在一些特别之处予以加强，以提升营销者对数据的洞察能力和对外部环境的响应能力。

第三方工具多有侧重，需要选择适合自己的工具。

不同的第三方工具的侧重点会不同，而产品或品牌处于不同营销阶段并采取不同营销策略，适合使用的工具往往也会不同。很多时候未必在一个营销领域使用一种营销工具就足够了。

如果预算允许，建议营销者可以尝试使用不同的营销工具，组合不同工具的优势来提升自己的营销能力。

11.5.1　HootSuite

HootSuite 是社交媒体营销领域使用最广泛的营销工具之一。使用 HootSuite 可以同时管理多个 Twitter、Facebook 等社交媒体账号。在统一的界面下浏览时间线的内容、与粉丝互动、处理私信以及发布微博等，如图 11-15 所示。

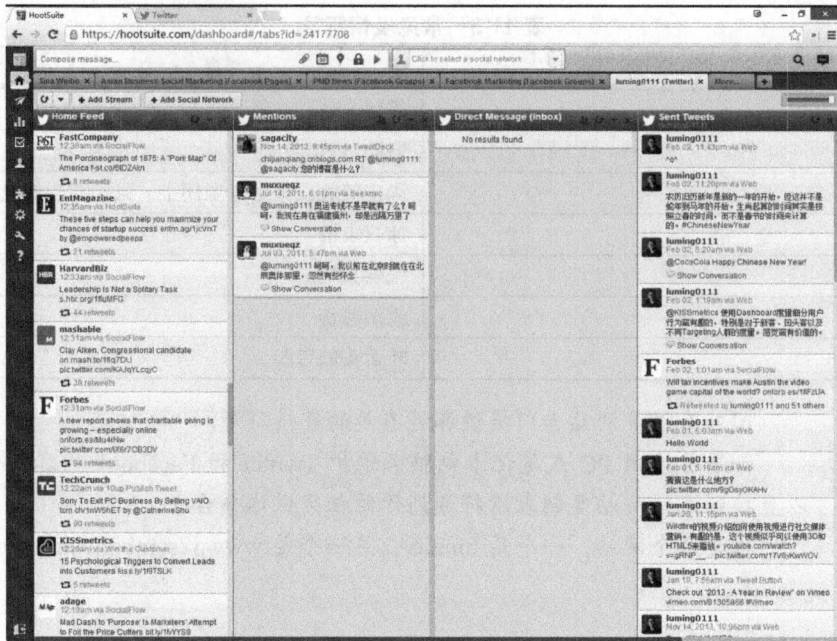

图 11-15　使用 HootSuite 管理 Twitter 账户

HootSuite 还可以定时发送多个平台的内容，建立洞察力报表对内容营销绩效开展度量，基于团队开展协作并管理不同使用者的用户权限。

11.5.2　Twitonomy

Twitonomy 是一个非常强大的账号分析工具，不但可以分析自己所管理的 Twitter 营销账号，还能分析竞争者的账号来生成分析报表。例如，你可以使用这个工具对指定的账户活跃情况进行分析，如图 11-16 所示。

你也可以使用这个工具分析一个账号的粉丝的人员构成、国家位置、注册时间、发推帖数量、上次发推帖时间、拥有粉丝数量和关注账号数量等。你甚至可以将这些数据导出到 Excel 来进行进一步分析和处理。

你还可以使用 Twitonomy 的搜索功能对某个特定主题标签开展舆情监控。如图 11-17 所示，观察在过去一段时间，多少人参与到这个主题标签的讨论中，有哪些最具有影响力的人曾经参与讨论，哪些人对这个主题标签的讨论最为热烈，他们最近正在讨论哪些话题，以及最多被转推的推帖和数量是多少，他们都在使用什么语言讨论这个话题。

甚至在进行舆情监控的时候，你能通过这个工具基于 Google 地图直观地看到哪些国家和地区的人们讨论这个话题最为踊跃，以及他们所讨论的内容。如果这个话题在一个地区讨论得非常多，这个工具甚至能通过热力图的形式直观地将这个地区的讨论数量呈现出来。这样你就能一目了然地看到这个话题的公众参与情况，并可以一步步深入到他们具体讨论的内容。

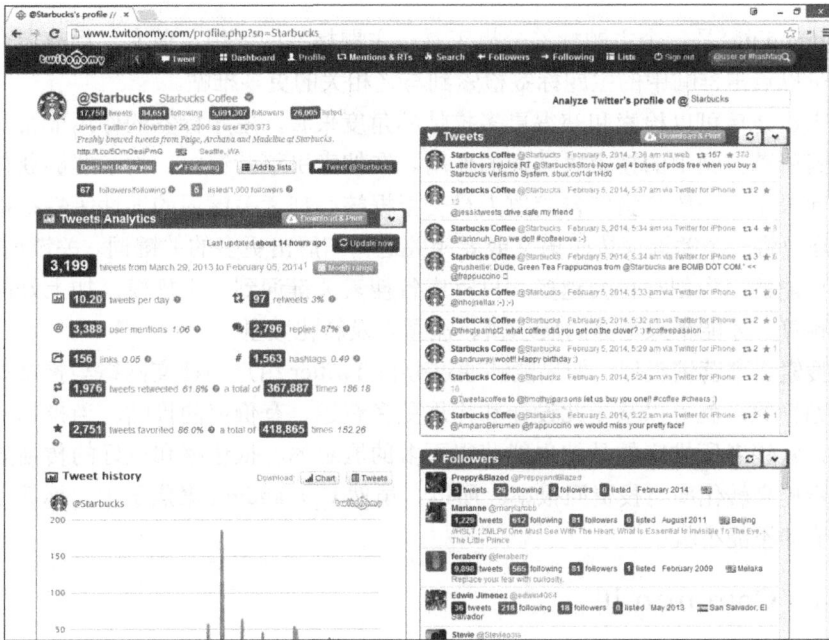

图 11-16　使用 Twitonomy 分析星巴克的 Twitter 账户

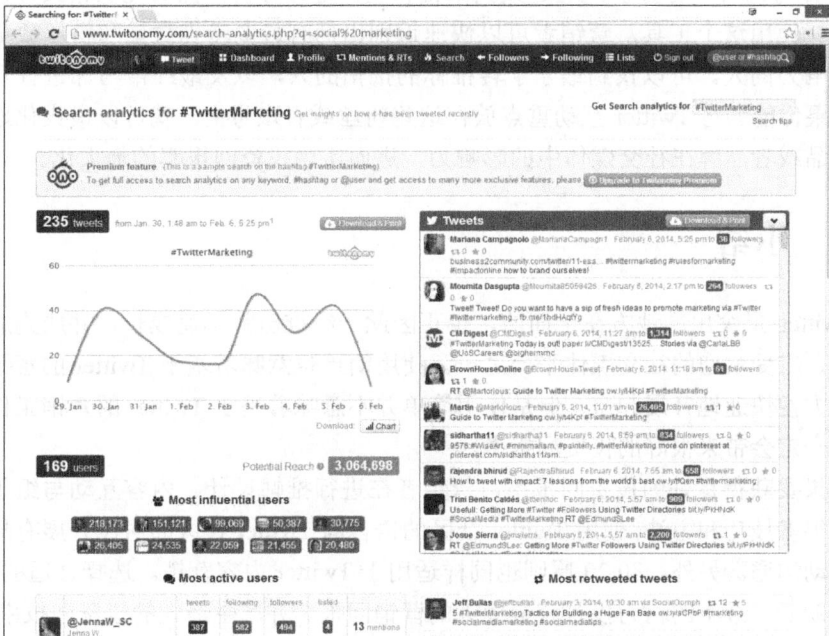

图 11-17　使用 Twitonomy 进行舆情监控

11.5.3　Cybranding

Cybranding 是一个主题标签分析工具。主题标签的作用，前文已经有所介绍，阅读者可以点击推帖中的主题标签检索到与之相关的更多推帖。

从点击之后可以检索和获得更多推帖的角度来看，主题标签的作用非常类似于传统搜索引擎营销中的搜索关键词的作用。在搜索引擎营销中，为了能够获得更好的投资回报率，一般搜索广告投放人员会根据核心搜索关键词的词性等特征进行拓词，就是说将一个关键词按照语义或者相关逻辑拓展出更多的关键词。关键词越多，对应的可能的广告创意也会越多。只有广告搜索关键词到一定规模，加上好的广告创意和预算，才能带来足够的展示量、流量以及转化数量。

和搜索引擎营销类似，如果能够通过分析 Twitter 用户的社交网络与推帖找到相关的主题标签，就可以基于此设计和构思更多有趣、有价值的推帖。当推帖变得丰富有趣，营销者所推广的品牌也能获得更多的展示率、抵达率和更好的传播效果，并进一步提高转化率与投资回报率。所以，虽然 Cybranding 聚焦于主题标签上，然而其价值却不能小觑。

11.5.4　Commun.it

Commun.it 是一个社交网络人脉关系管理工具。它会对社交媒体账号内容和相关 Twitter 账号内容进行分析，通过数据聚合和统计进行分析，然后提供相关分析洞察力报告。使用这个工具，营销者可以快速识别出拥有最多转推数量和粉丝数量的最具有影响力的人，可以找到最乐于转推你的推帖的人，以及最经常与你进行互动的人。如果你能够将 Twitter 互动重点放在这些粉丝或者账号上，就可以最大化地提升你的产品或者品牌在社交媒体中的影响力，进而实现投资回报率的最大化。

11.6　小结

Twitter 最突出的地方在于简洁，也正因此一经推出就迅速成长，并成为成长速度最快、广受欢迎的社交媒体平台之一。使用简单也意味着基于 Twitter 的营销活动也可以方便快速地开展起来。但是使用简单并不意味着基于 Twitter 的营销工作一旦开展就一定会带来很好的投资回报率。

如果要获得良好的投资回报率，营销者在进行推帖设计、内容互动与组织上需要掌握很多技巧和方法，使用 Twitter 社区的语言与 Twitter 社区的居民开展有趣而专业的互动沟通。另外，80/20 原则也同样适用于 Twitter 内容营销。选择合适的工具，将会有助于以最小的精力投入获得最大的营销回报，并产生最大的投资回报率。

第12章
>>>>>> Twitter 广告营销

超级碗、奥斯卡颁奖典礼、世界杯……现在这些超级大事件早已经不仅仅属于活动现场一群人的狂欢了。越来越多的用户在看电视、演唱会、体育比赛或家庭聚会的同时，习惯通过 Twitter 发表最新动态、观点和评论。用 Twitter 随时随地交换最新鲜的观点和意见，这也给企业营销带来巨大的机会。许多企业借助 Twitter 强大的传播能力和广大且具有黏性的目标受众群体在 Twitter 开展实时营销，取得了可观的效果。Twitter 已成为社交媒体营销的重要战场。

在这一章中，我们将了解到：
- Twitter 广告营销价值；
- Twitter 广告特点和设置方式；
- 开展 Twitter 广告的基本方法；
- 度量 Twitter 广告绩效。

12.1 Twitter 广告营销价值

根据美国市场研究机构 eMarketer 的测算，Twitter 在 2014 年全年的收入预估是 9.5 亿美元，如图 12-1 所示。而根据 Twitter 公布的财报显示，2014 年全年营收就已经超过 14 亿美元。是什么让广告主愿意尝试在 Twitter 开展广告营销呢？

12.1.1 Twitter 广告的精准投放特性

广告往往被视作对用户体验的破坏，不好的设计往往招致用户强烈的情绪反弹。但是这在 Twitter 上却并不明显，甚至很大一部分 Twitter 用户自称感觉不到它有广告。可见 Twitter 广告与 Twitter 所提供的服务本身融合得非常好。而这有赖于 Twitter 广告不错的用户体验设计和精准投放能力。

Twitter 对用户属性深入挖掘，提供了非常细分的定位条件。Twitter 广告系统后台提供了定位条件，包括地理位置、性别、语言、设备和平台、关注者、兴趣、自定义受众、电视等。

以用户兴趣为例，Twitter 提供了 25 个大的兴趣门类，包括电影、音乐、宠物、科学、体育、科技等。而大类下面又有很多细分的子话题，比如体育下面有健身、攀岩、棒球、拳击等。广告客户可以搜索兴趣，也可以简单地勾选相关的话题标签，将广告投放给有相关兴趣属性的目标人群。

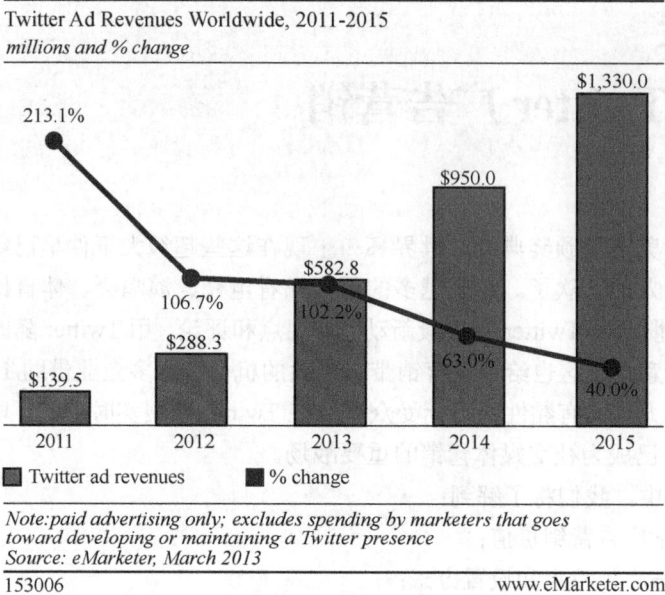

Twitter Ad Revenues Worldwide, 2011-2015
millions and % change

图 12-1　Twitter 广告收入的趋势图

正是有了这些细分的投放条件，广告客户可以真正按需找到想要投放的目标受众，提高广告与用户的相关性，以便从 Twitter 获取较高的营销价值。

12.1.2　完善的自助广告服务平台

Twitter 拥有大量的用户属性数据以及丰富的社交互动形式。为了充分利用这些资源，转化为广告客户的营销绩效，Twitter 提供了自助式的广告服务平台。该广告平台有标准化的投放流程，非常细分的投放条件，明确的广告竞价方式，以及清晰的绩效报告。完善的自助广告服务平台让广告客户可以快速上手。而通过 Twitter 的广告效果分析工具，广告客户可以清晰地看到推荐账号的关注数量，推荐推帖所获得的展示数、实际互动数、转化率等绩效指标，以及支付的广告费用等情况，并根据广告绩效情况持续优化广告。

12.1.3　基于效果的付费方式

从广告客户角度看，所谓按效果付费，不是按照广告投放时间来付费，而是按照广告投放后带来的实际效果来付费。这是广告客户比较青睐的付费方式。如果不是为了提高品牌认知知度，广告客户更希望广告营销能带来潜在的消费者，并为这部分广告营销支付广告费用。

Twitter 广告的收费模式有别于一般媒体。Twitter 广告的收费依据基于用户与广告的互动效果。当用户关注了推荐账号，或者对推荐的推帖进行了点击、回复、转发、收藏等行为，广告客户才需要为获取的一个账号关注者或一个互动支付广告费用。这样一来，广告客户只需真正为那些对企业服务或者产品表现出兴趣的用户付费，从而减少很多无效的广告开支。

12.2　确定广告目标和广告服务

和 Facebook 相似，开展 Twitter 广告营销时首先要明确广告的目标，即希望用户在看到广告之后采取什么行动。针对不同的广告目标，Twitter 提供相对应的广告服务帮助你完成广告目标。换句话说，当你确定了广告目标，你也就确定了广告服务。表 12-1 中展示了不同的广告目标以及所对应的广告服务。

表 12-1　Twitter 广告目标

广 告 目 标	广 告 服 务
提升企业在 Twitter 上的社区用户规模	推荐账户
提升企业网站流量和转化量	网站卡片
提升业务认知度，驱动更多用户转化	推荐推帖
提升移动应用的安装或者使用量	推荐应用
获得用户电子邮件以便开展后续营销	销售引导卡片

访问 https://ads.twitter.com，你会看到 Twitter 广告平台提供的广告目标，如图 12-2 所示。它们依次对应推荐账户、网站卡片、推荐推帖、推荐应用，销售引导卡片五种广告服务。下面我们将具体介绍这 5 种广告服务的特点。

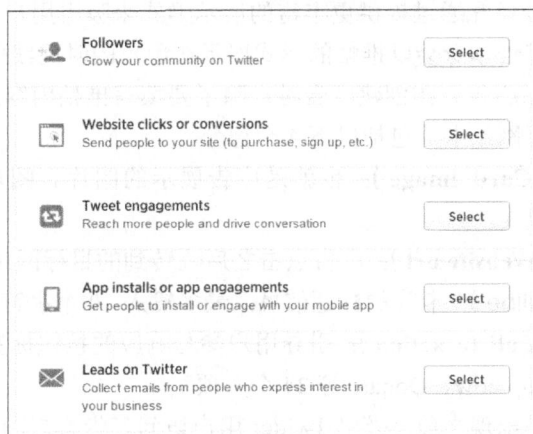

图 12-2　广告目标

217

12.2.1　推荐账户

推荐账户是指向当前没有关注此账户的用户推荐该 Twitter 账户的一种付费广告服务。被推广的账户会被贴上"推荐"这样的标注，以区别于其他推荐账户。图 12-3 中的"@MassSave"就是推广的账户。

推荐账户的目的是提高关注者的数量，扩大自身的影响力范围，有机会让那些对业务感兴趣的用户发现并且关注账户。推荐账户可以直接或间接实现以下三种目标。

图 12-3　推荐 Twitter 账户

- **增加购买、下载、注册等用户行为**。关注你的账户意味着用户对你提供的信息或者产品感兴趣。这是很好的向关注者提供有价值信息的营销机会。比如一个以销售营销工具为业务的公司提供公司产品的最佳实践的下载文档，这将有助于用户了解你的产品，甚至产生购买意向。
- **提高品牌认知度和口碑的传播**。账户的关注者除了能看到关注账户所发布的推帖之外，还会发起其他有利于你的业务发展的行为。例如，当关注者发现你发布的推帖非常有趣，这很可能会激发他们转推分享给好友的欲望。除了强化留存用户对品牌的认知度外，还会让你的品牌得到更广范围的传播。
- **为站外网站引流**。一旦通过付费广告获得用户的关注，你的用户就可以看到你发布的普通推帖，并且通过推帖与你展开互动。你也可以在推帖中包含站外的链接，引导他们跳转到你的网站。

12.2.2　网站卡片

网站卡片是一种旨在通过提供更丰富的展示形式来吸引用户，向广告客户网站导流的广告服务。广告本身会以推帖的形式展示在用户的时间线中。图 12-4 所示为带有网站卡片的推帖广告。在创建广告时，除了要填写推帖内容之外，还要创建针对网站导流的卡片。网站卡片包括以下 4 个部分。

- **卡片图片（Card image）**：也就是广告展示的图片。图片最小尺寸要求是 800×320 像素。
- **网站地址（Website url）**：广告点击之后跳转到的目标网站页面。
- **头条（Headline）**：卡片的标题信息，最多输入 70 个字符。
- **行为呼叫（Call to action）**：引导用户参与响应的按钮标签。目前包括 Read more、Sign up now、Donate 等 24 个选项。

在这种广告服务出现之前，吸引 Twitter 用户访问广告客户网站最直接的方式是在推帖中包含目标网站地址的短地址链接。但是这种方式呈现的展示效果太不起眼了，很难抓住用户的眼球。而且推帖内容和网址混在一起，在一定程度上也影响了用户的视觉体验，使得用户更倾向于过滤这样的推帖。总体而言，这种向网站导流的效果并不是很好。网站卡片则让推帖展示变得清晰多了。短链接不再跟推帖内容混合在一起，通过点击图片可以直接跳转到目标网站页面。图片可以凸显产品或者服务，配合相关的推帖说明以及行为呼叫按钮，鼓励用户完成特定的行为，让广告内容更加清晰，吸引真正对业务感兴趣的受众，提高网站的用户转化率。

图 12-4　带有网站卡片的推帖广告

12.2.3　推荐推帖

推荐推帖是广告客户购买的，旨在覆盖更大范围的 Twitter 用户，触发与当前账户关注用户进行交互的推帖。简而言之，它是一种付费的广告推帖。和普通推帖一样，它可以被转推（retweeted）、回复（replied to）、收藏（favorited）等。不同的是，广告推帖的下方会带有一个橙色箭头标识，以区别于其他推帖，如图 12-5 所示。

图 12-5　搜索结果页面中的推荐推帖

根据表 12-1 列举的广告服务与广告目标的对应关系，推荐推帖的目的在于提高品牌认知度，驱动更多用户转化。这里对该广告服务所对应的广告目标做一个细分，可以从两个方面考虑推广的用途。

（1）驱动用户行为转化

- 通过推帖中的链接导流到站外，提高 Twitter 站外的网站流量。
- 推帖中提供优惠券，增加销售机会。
- 吸引用户关注推荐账户。

（2）提高用户对业务的认知度

- 扩大推帖中外部链接文章的阅读量，如博文、白皮书等。
- 扩大推帖转发范围，覆盖更多的受众。
- 向当前关注用户推送服务或新品信息。
- 举办活动或者发布产品时的宣传。

推荐推帖本质上也是一个推帖，所以在推帖出现的地方，也能看到推荐推帖。推荐推帖会出现在以下几个地方。

- 搜索结果页面中。如图 12-5 所示，用户在 Twitter 搜索框中搜索 "htc" 时，可能会在搜索结果页面顶部看到美国无线运营商 Verizon 的 HTC 手机促销广告。
- 点击推广趋势之后的推帖列表中。
- 个人主页的时间线中。推荐推帖更多的是出现在用户的时间线中。
- 第三方 Twitter 客户端中，如 HootSuite。

12.2.4　推荐应用

推荐应用广告是针对移动设备发布的，旨在提高移动应用的安装量及使用频率的广告服务。这种广告只能在移动设备上看到，可以帮助提升 iPhone、iPad 或 Android 的装机量和用户参与度。用户点击广告之后，会跳转到应用商城或者打开移动设备已经安装的应用。图 12-6 所示为安卓手机上移动支付应用 Square 的广告。用户如果没有安装过该应用，当点击广告时会跳转到 Google 的应用商城 Square 下载页面。

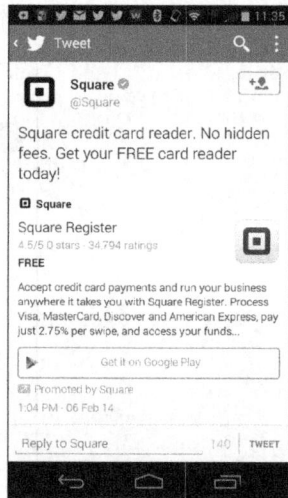

图 12-6　推荐应用

通过广告引导用户打开已经安装的应用和提升用户参与度，也是一种非常有价值的推广形式。用户对于某款移动应用的习惯是需要逐渐培养起来的。大多数情况下，用户手机中的应用经过安装和最初几次使用之后，就不再怎么打开了。Twitter 广告就能帮助引导用户重新打开和使用这些应用，从而提升用户参与度和用户黏性。

> 由于 80%的 Twitter 用户通过移动设备浏览和发推。Twitter 在移动设备领域的渗透率非常高。使用 Twitter 提升移动应用装机量和用户参与度，通常能获得不错的营销效果。

12.2.5　销售引导卡片

销售引导卡片是一种旨在简化广告客户获取销售引导①过程的一种广告服务。和网站卡片一样，它不是独立的广告类型，它需要跟广告推帖结合在一起，以此完成特定的广告目标。图 12-7 所示为带有销售引导卡片的推帖广告。在设计销售引导卡片时需要包含以下 5 个部分。

图 12-7　带有销售引导卡片的推帖广告

- **卡片图片**：广告展示的图片，最小图片尺寸是 800 × 320 像素。
- **简短描述**：告诉用户你要分享给他们的详细信息。
- **行为呼叫**：引导用户参与响应的按钮标签。可以自己定义，最多输入 20 个字符。
- **隐私政策的链接**：为了收集 Twitter 用户的数据，你必须提供隐私政策链接，向用户解释你要如何使用他们的数据。
- **后备网页**：如果用户是在不受支持的设备或应用上查看你的推帖，那么他们会被重定向至这个页面。

在线获取销售引导的常规过程是相对比较冗长的。例如，一个网站要获取一个订阅用户，一般包含以下几个步骤。

（1）向访客展示网页内容。

（2）访客点击订阅按钮以便了解最新动态。

（3）点击订阅按钮之后在表单中填写个人信息，包括个人邮箱。

（4）网站向个人邮箱发送确认邮件。

（5）部分用户返回到邮箱中确认个人信息。

步骤越多，获取销售引导过程中用户的流失也会越多。而销售引导卡片缩减了整个过程的步骤，将其减少为两步。一步是销售引导卡片的信息展示，吸引用户关注；另一步是用户表示出兴趣之后的点击确认。图 12-7 中的 "Join The Club!" 是行

---

① 销售引导也叫销售线索。销售线索是指通过举办市场活动、网络信息、电话咨询、消费者访谈等多样方式获得销售的初级线索。销售人员持续跟进和推动线索的前进，逐渐将其转化为销售订单。

为呼叫按钮。用户在点击该按钮之后可以看到一个带有你个人信息的确认页面，如图 12-8 所示。Twitter 会自动从 Twitter 个人信息中获取联系信息。当用户点击 Join The Club!按钮时，就会将个人信息发送给广告客户。整个过程不需要填写额外信息，也不需要跳出 Twitter 网站进行任何确认操作。

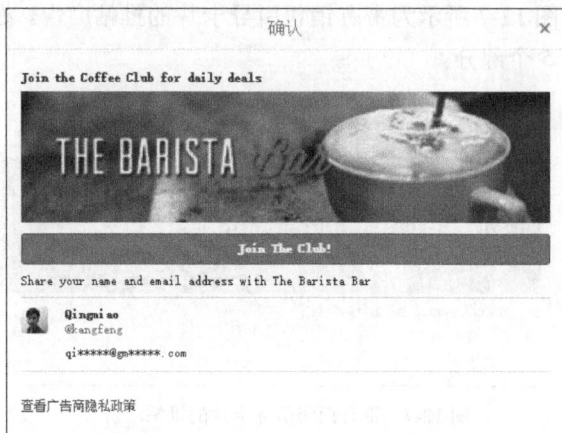

图 12-8　将个人信息发送给广告客户

12.3　命名规范与绩效优化

确定广告活动目标后，所使用的广告服务就确定了。接下来，你要为你的广告活动起一个名字。不要忽视广告活动的命名问题。规范化的广告对象命名，可以为你的广告管理和优化带来诸多好处。这样的好处主要表现在以下几个方面。

- **方便检索**：Twitter 广告工具并没有过滤功能或者搜索功能。但是一些第三方工具可能会提供广告活动的搜索功能。如果名字中包含"-US"这样的信息，只要在搜索框中输入该字符串就可以把所有针对美国地区投放的广告活动都搜索出来了。
- **提高可读性**：清晰的名字有助于使得同事之间的协作变得轻松，减少沟通成本。即便是其他同事接手管理工作，也能根据名字知道营销意图。
- **有利绩效分析**：名字中可以包含定向条件信息。通过解析名字，结合 Excel，可以针对不同的定向条件进行汇总，可以更加精细化地分析不同定向维度下的广告绩效。更具体的分析方法参见第 18 章。

首先来看几个广告对象命名的反例：

- World Cup Campaign；
- Christmas 2014；
- Get More Followers。

以上广告活动的命名显得非常随意。这些名字通常只有命名人自己在最初的一段时间知道是什么意思。因为没有命名规则可循，可能过了一段时间连自己也忘记了是什么含义。通过什么方式、针对什么人群、在什么时间开展的广告活动等，这些信息可以在名字中体现，但是在这些反例中完全没有体现出来。通过将命名规范化，好的名称不但能清晰反映营销意图，还能通过后期对名字的解析进一步对营销物料与绩效数据进行分析。

推荐的一种命名规则通过分隔符将若干英文关键词连接起来作为广告活动的名字。这里的关键词通常可以是表 12-2 中列举的信息。

表 12-2　广告活动名字中包含的信息要素

关　键　词	实　际　内　容
地理区域	广告的投放区域或者受众人群的所在地理位置，如 US、JP 等
定位方式	如具体的性别、兴趣等
时间	如 Jul（7 月）、Oct（10 月）等
营销目标	即你想通过广告活动获得什么，如注册用户、关注者、博客阅读量等
推广的产品或服务	企业的产品或者服务名称

根据以上规则，我们可以创建一个广告活动的名字，如 Oscar-Men-US-Mobile-Sales。其中，Oscar 表示这是针对奥斯卡颁奖典礼开展的广告活动，Men 表示受众人群的性别，US 表示投放区域或者受众人群所在的区域，Mobile 表示推广产品，Sales 表示营销目标是产品销量，横杠分隔符用于连接关键词。通过这个名字，我们可以清楚地知道广告活动的目标受众、推广的产品、营销的目标等信息。另外，借助 Excel，解析分隔符连接的名字获得多个字段，通过对不同定向维度字段的排序、汇总，你就可以对比分析不同定向条件下的广告绩效了。更具体的分析方法参见第 17 章。

> 通常营销目标和优化目标不同，所关注的广告创意、目标受众和其他物料属性也不同。你要能够根据自己的营销和行业特点，形成适合自己管理和优化需要的广告命名规范。

12.4　时间设置和时区转换

广告活动需要考虑不同时间下，广告绩效的差异性。一周当中不同日期，一天当中不同时间段，用户的活跃度都是不一样的。图 12-9 所示为通常情况下 Twitter 一周当中不同日期的用户活跃度。横坐标表示一周中的每一天，纵坐标表示推帖数量。其中红线表示推帖发布数量，蓝线表示推帖转发数量。无论是发布的推帖还是转发的推帖，周三到周五的数量是最多的。同样的，美国东部时间一天当中下午 4 点前后的推帖达到峰值。早上 3 点到早上 10 点，推帖数量则是持续走低的，如图 12-10 所示。可见，广告营销时间的选择对广告的传播效果会存在一定的影响。

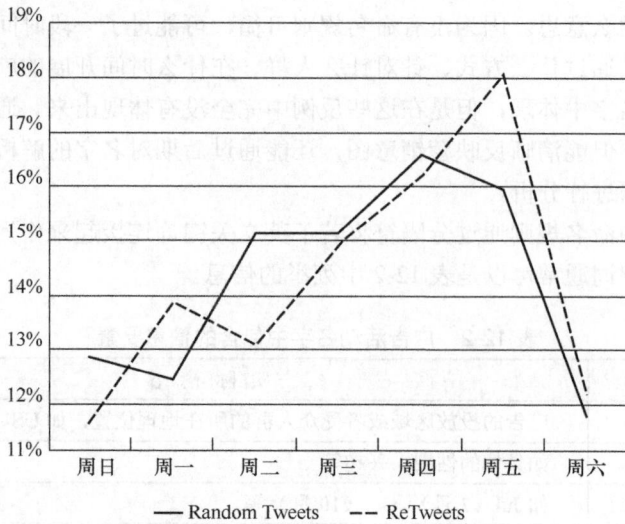

图 12-9　Twitter 一周当中不同天的用户活跃度（数据来源：http://www.paisablog.com/）

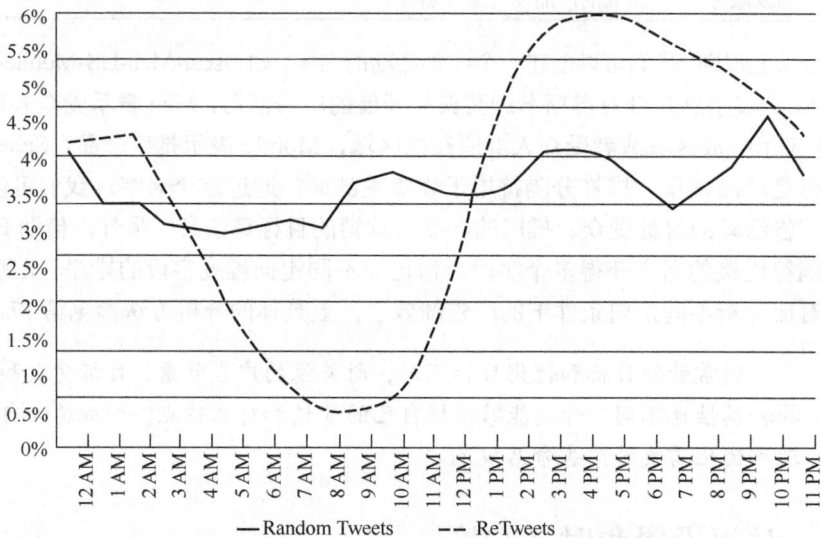

图 12-10　Twitter 一天当中不同时间的用户活跃度（数据来源：http://www.paisablog.com/）

　　Twitter 广告平台中可以设置广告投放的时间范围。一种是创建广告活动之后，即时开始投放，不设终止时间，直到预算花完为止。另一种是在明确营销时间的前提下，为广告活动定义一个时间范围，如图 12-11 所示。

图 12-11　设置广告活动时间

默认情况下，广告活动运行所在的时区是美国的洛杉矶时间，也就是太平洋标准时间。并且 Twitter 不提供修改时区的功能，所有的广告活动都只能在一个时区下运行。如果需要在洛杉矶以外的地方投放广告，你可能需要考虑广告投放区域所在时间，并将其转化为洛杉矶所在时区的时间。具体关于洛杉矶与世界其他主要城市的时差，参见表 12-3。

表 12-3 世界主要城市与洛杉矶时差表（说明: +表示早于洛杉矶时间）

城 市	时 差	城 市	时 差
新加坡	+16	法兰克福（德国）	+9
东京（日本）	+17	苏黎世（瑞士）	+9
悉尼（澳大利亚）	+18	日内瓦（瑞士）	+9
堪培拉（澳大利亚）	+18	哥本哈根（丹麦）	+9
奥克兰（新西兰）	+20	都柏林（爱尔兰）	+8
赫尔辛基（芬兰）	+10	伦敦（英国）	+8
开普敦（南非）	+10	多伦多（加拿大）	+3
约翰内斯堡（南非）	+10	华盛顿（美国）	+3
柏林（德国）	+9	纽约（美国）	+3
巴黎（法国）	+9	芝加哥（美国）	+2
阿姆斯特丹（荷兰）	+9	休斯敦（美国）	+2
罗马（意大利）	+9	布宜诺斯艾利斯（阿根廷）	+5
布鲁塞尔（比利时）	+9	里约热内卢（巴西）	+5
斯德哥尔摩（瑞典）	+9	西雅图（美国）	0

面对洛杉矶时间以外的区域投放广告一定要小心进行时区转换。

一天不同时间下，广告展示机会和绩效可能会相差很大。时区计算错误将会直接影响广告营销绩效。

12.5 精准定位目标受众

营销必然有受众对象，广告营销更是如此。和大多数社交媒体广告平台类似，Twitter 广告平台有常见的受众定位功能，比如性别、地域、语言等。同时，Twitter 广告平台也有自己独特的定位方式。表 12-4 列出的是 Twitter 广告的定位条件清单以及相应的功能说明。

表 12-4 Twitter 广告定位条件

定位条件	说 明
地理位置	输入国家、州/地区、城市或邮编，通过当前可用的位置的组合来限制广告的覆盖范围
性别	从用户使用 Twitter 分享的信息中推断他们的统计学性别特征，并对不同性别群体投放广告

续表

定位条件	说　　明
语言	将广告覆盖那些理解指定语言的用户，如中文用户、俄文用户等
设备和平台	将广告活动的宣传范围限定在任何设备组合上使用 Twitter 的用户。设备组合包括不同的移动设备、不同的操作系统版本、不同的运营商
关注者	覆盖所有与指定账号的关注者拥有类似兴趣的用户。例如，输入@TwitterAccount 以定位与该账户有类似兴趣的 Twitter 用户
兴趣	定位那些对某些兴趣类型感兴趣的用户
自定义受众	通过自定义受众，可以使用自己收集的用户数据定义广告活动的目标受众

12.5.1　地理位置

地理位置是按照用户所在的位置来限制广告投放范围的一种定向条件。Twitter 根据 IP、个人信息、在推帖中分享的地理位置等确定用户的位置。在搜索框中输入地理位置，你便可以定位该区域内的目标人群，如图 12-12 所示。

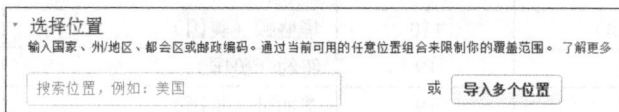

图 12-12　基于地理位置定位受众

对于着力大范围提升品牌认识度的广告主而言，可以从一级或者二级地域定位用户，比如国家或者地区，扩大广告的覆盖受众范围。对于许多注重本地化营销的企业而言，可以使用 Twitter 定位到某个精准区域之内的目标受众，实现更好的 LBS 定位和营销。这时候，广告客户可以选择更细粒度的地理位置，比如城市或者邮编。像零售商这样的广告客户希望更多的用户线下到店消费，目标受众偏向于附近的生活社区。在使用 Twitter 广告推广时可以选择邮编，将商品折扣广告推送给就近的用户，真正做到"有的放矢"。

Twitter 支持的地理位置类型有四种，包括国家、地区、城市和邮政编码，如表 12-5 所示。

表 12-5　支持的地理位置选项

选　　项	作　　用
国家	广告覆盖的用户所在的国家
地区	广告覆盖的用户所在的省或州
城市	广告覆盖的用户所在的城市
邮编	广告覆盖的用户所在区域的邮编。目前只限于美国的邮编

无论哪种位置类型，你可以输入多个地理位置来扩大广告的覆盖范围。你也

可以自由组合多个位置类型。在涉及多个地理位置的情况下，它们之间的逻辑关系是"或"，而不是"与"。举个例子，当你指定美国的同时又选择了纽约。因为地理位置存在从属关系，按照"或"逻辑，将以上一级地理区域作为最终目标位置。

$$美国 \cup 纽约 = 美国$$

所以这个例子的实际结果就变成了定位美国的目标受众了。如果要定位纽约的目标受众，请不要选择从属关系上比它大的地理区域。

另外需要注意的是，当前可以通过使用地理位置定位部分国家的用户，具体国家如表 12-6 所示。最新的更新可以关注 https://business.twitter.com/solutions/geo-targeting。

表 12-6 目前可以定位到的用户所在的国家

地　区	国　　　　家
美洲	美国、加拿大、墨西哥、危地马拉、阿根廷、智利、哥伦比亚、厄瓜多尔、巴拿马、秘鲁
亚太	日本、新加坡、澳大利亚、新西兰
非洲	南非
欧洲	英国、爱尔兰、意大利、荷兰、比利时、瑞典、卢森堡、挪威、芬兰、丹麦、德国、奥地利、瑞士、列支敦士登
中东	以色列

12.5.2 性别

性别是 Twitter 根据用户在 Twitter 上发布的内容、他们关注的账户等信息推断出来的。广告客户可以基于该定向条件，结合产品的特点定制推帖信息，将产品推送给真正有需要的用户。举个例子，对于女性护肤产品，它的用户使用群体比较明确，男性通常是不会对该产品感兴趣的。零售商就可以在发布广告时指定女性群体，如图 12-13 所示。另外，在考虑设计推帖内容时，可以使用更贴近女性的用语，突显产品本身的特点。

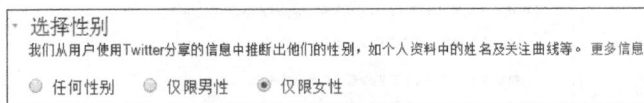

选择性别
我们从用户使用Twitter分享的信息中推断出他们的性别，如个人资料中的姓名及关注曲线等。 更多信息
○ 任何性别　　○ 仅限男性　　● 仅限女性

图 12-13 基于性别定位受众

12.5.3 语言

Twitter 是全球性的互联网社交媒体平台，自然也不乏出现来自世界不同地方的语言。Twitter 根据用户在个人信息中填写的使用语言以及分析用户发布的推帖所使用的语言来细分不同的用户群。对于旨在全球范围内寻找经常使用某一个特定语言

发布推帖的营销者来说，这个定位功能就尤为重要。像足球世界杯这样的全球性的
体育赛事，吸引着世界各地的球迷观看，并且
用自己国家或地区的语言发布推帖。当广告客
户发布德文的推荐推帖或者推荐账户时，只有
懂德文的用户才能看到发布的广告。可以在搜
索框中输入语言，也可以从下拉列表中找到指
定的语言，如图 12-14 所示。目前，Twitter 只
支持 20 种语言。所以如果在搜索框中搜索不到特定语言，那表示 Twitter 还不支持
该特定语言。

图 12-14　基于用户使用的语言定位受众

12.5.4　设备和平台

　　Twitter 最显著的特点在于它的移动特性。按照 Twitter 公布的 2014 年第四季度
财报显示，Twitter 第四季度移动端月度平均活跃用户人数在总月度平均活跃用户人
数中所占比例约为 80%。简单地说，更多的用户选择花时间在移动设备上而不是 PC
上使用 Twitter 服务。Twitter 也提供了与移动设备相关的定位属性，让广告客户从移
动设备用户中找到潜在的消费者。这些属性包括设备类型、操作系统版本、移动运
营商等，如图 12-15 所示。

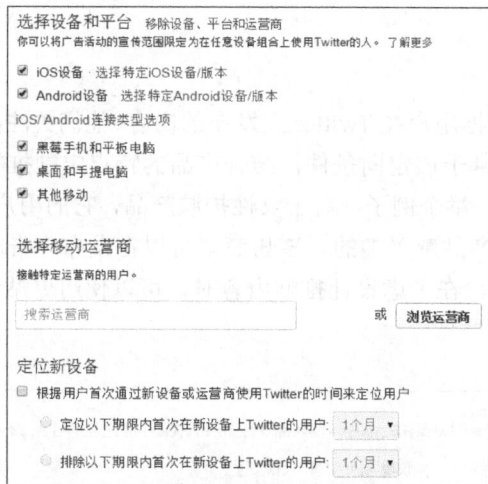

图 12-15　基于用户使用的设备和平台定位受众

　　市面上移动设备品牌众多，从用户规模以及手机操作系统层面，Twitter 对 iOS
设备、Android 设备以及黑莓设备进行区分。这里以一款 iOS 原生移动应用为例讲解
如何使用该功能定位用户。当新款苹果移动设备上市，往往能吸引用户追逐换代升
级。广告客户可以选择 iOS 设备覆盖新的潜在消费者。例如相对低价的 iPhone 5C
的上市，扩展了 iPhone 用户群范围。而随着 iPhone 6 以及 iPhone 6 Plus 的推出，很

多原本有大屏使用需求但是使用 Android 设备的用户开始转而购买 iPhone 6 Plus。通过选择"iPhone 6"以及"iPhone 6 Plus"，移动应用的广告可以很方便地覆盖到这部分受众，如图 12-16 所示。除了设备类型的选择外，还有设备运行版本的定位选项，它可以帮助移动应用营销者推送只与手机操作系统版本兼容的移动应用。另外每次 iOS 系统版本的升级，往往导致大量用户从旧版本升级到新版本。及时地选择新的系统版本号，广告就可以覆盖尽可能多的主流用户。

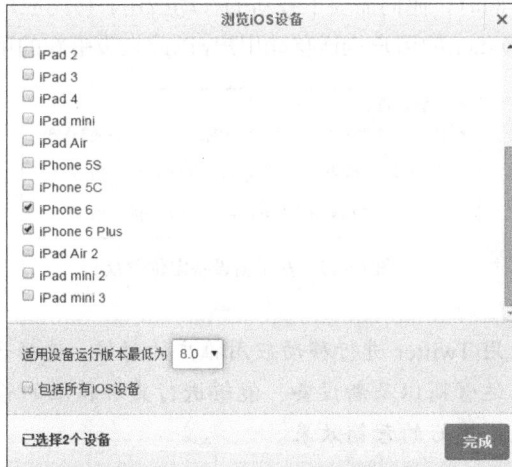

图 12-16　基于设备类型以及设备运行系统版本定位受众

在 Android 设备定位选项下方还有一个 iOS/Android 连接类型选项。这个功能主要是针对需要高带宽或消耗高流量的应用场景，例如，视频或者游戏应用下载都是需要消耗较多流量的。如果不能保证视频观看的流畅性或应用下载速度，用户可能会失去耐心而离开。勾选这个定位选项之后，只有当用户移动设备正在使用 Wi-Fi 连接时才会显示这种类型广告，如图 12-17 所示。

图 12-17　基于移动设备是否使用 Wi-Fi 连接推送广告

除了上面的设备和操作系统平台定位选项外，Twitter 允许广告覆盖特定运营商的目标受众。这是用户区分度比较明显的定位条件。通常用户使用的移动运营商变换不会很频繁。像运营商就可以借此向自己的用户推广增值服务，或者推销使用运营商服务的合约机，通过他们的口碑吸引他们的好友购买自己的产品。你在搜索框中输入运营商的名字。如果不清楚具体的运营商，你可以点击"浏览运营商"按钮查看并选择不同国家的运营商，如图 12-18 所示。

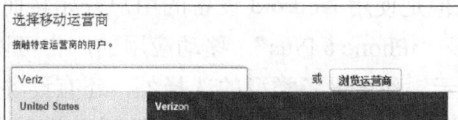

图 12-18　基于移动运营商定位受众

　　定位新设备是 Twitter 推出的新的定位服务。它的应用场景在于当用户更换新的移动设备或者移动运营商时，他们需要下载新的移动应用。移动应用营销者可以向那些在指定的期限内使用 Twitter 的用户推送移动用户，以此来吸引新的用户，如图 12-19 所示。

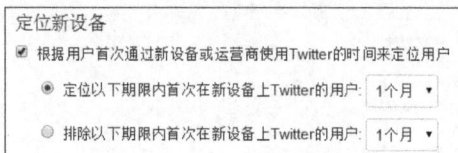

图 12-19　基于新设备定位受众

　　　　在使用 Twitter 进行移动应用推广的时候，选择合适的移动设备、网络环境、运营商以及新设备，能够进行更加精准的移动目标受众定位，也可以获得更好的营销效果。

12.5.5　关键词

　　关键词定位是基于用户在搜索框中、在发布的推帖以及他们参与互动的推帖中包含的关键词来定位潜在客户。从用户搜索的关键词、互动推帖中包含的关键词，可以反映出他们正在关注的焦点。增加广告与受众关注焦点的关联度，可以提高他们与广告推帖互动的概率。使用关键词定位，可以在文本框中输入关键词，也可以点击输入多个关键词按钮，批量输入多个关键词，如图 12-20 所示。

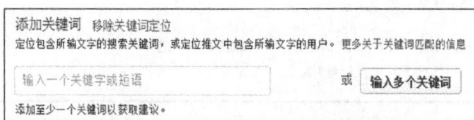

图 12-20　关键词定位受众

　　关键词可以是用户在推帖中用到的关键词，也可以是主题标签（hashtag），@用户名。以主题标签为例，《神探夏洛克》中饰演夏洛克的男主角本尼迪克特·康伯巴奇的一举一动都能吸引大家的关注。当他来中国参加劳伦斯世界体育奖颁奖典礼时，Twitter 上出现很多有关该活动带有#benedictcumberbatch 的推帖。当关键词定位时添加了"#benedictcumberbatch"，那么发表过带有此主题标签的用户将有机会看到你的广告，并与你发布的广告推帖展开互动。

关键词定位非常适合与你的业务相关的各种活动，比如产品发布会、各种体育赛事等有特定主题的，能引发大量话题的活动。苹果的每次产品发布会总是让全球电子产品爱好者翘首以盼，并在社交媒体上引发议论热潮。将"wwdc"[①]作为关键词可以定位到电子产品爱好者、苹果产品爱好者，如图 12-21 所示。

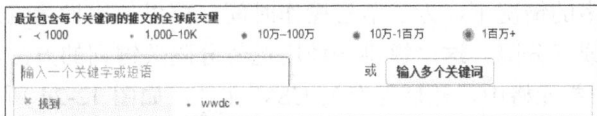

图 12-21　通过蓝色圆圈大小辨别当前用户讨论的热点

在输入的关键词"wwdc"左边有一个蓝色圆圈。圆圈表示包含该关键词的全球推帖总数。按照半径从小到大，推帖数量的估算值被分为 5 个档次（如图 12-21 所示）。

它可以帮助你了解哪些关键词是当前用户讨论的热点。选择使用量比较高的关键词可以让你覆盖更多的受众。

在输入关键词之后，在关键词下方可以看到这样一行文字，"添加已推荐关键词以扩展你的覆盖面"，如图 12-22 所示。点击"扩展你的覆盖面"链接，在弹出的窗口中可以浏览选择 Twitter 广告系统根据输入的关键词所推荐的其他关键词，如图 12-23 所示。这个是推荐关键词功能，Twitter 会推荐与你的受众相关的关键词。

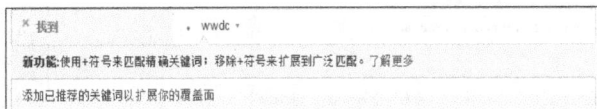

图 12-22　使用推荐关键词扩大受众覆盖面

图 12-23　关键词推荐列表

推荐关键词功能除了可以添加更多讨论多的关键词扩展受众覆盖面外，另一个

---

① wwdc 来源于英文全称 Worldwide Developers Conference，即苹果公司一年一度的全球开发人员大会。

好处是避免凭空猜想和造词，选择用户真正常用的关键词。因为 Twitter 推帖有字符的限制，Twitter 用户在发推帖的时候会大量使用单词缩写。例如，把 Laptop 写成 lptp。这个缩写词在 Twitter 上的使用量就比 laptop 的使用量高。选择 lptp 作为关键词可以覆盖更多的受众。

在关键词很多的情况下，为了节省操作时间，可以使用批量输入功能。关键词之间要求用逗号或行分隔。这里提供一种用逗号分隔关键词的方法。将关键词写在 Excel 中每一行的单元格中，然后保存为 CSV 文件，如图 12-24 所示。用文本编辑器打开该文件，可以看到用逗号分隔的关键词，如图 12-25 所示。

又或者输入的关键词用行分隔。比较便捷的方式是将关键词写在 Excel 中每一列的单元格中，如图 12-26 所示。然后直接复制关键词粘贴在"导入关键词"窗口的输入框中，即可完成快速批量输入关键词，如图 12-27 所示。

图 12-24　在 Excel 中每一行的单元格中输入关键词

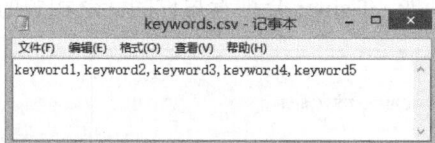

图 12-25　用记事本打开 CSV 文件　　　　图 12-26　在 Excel 中每一列的单元格中输入关键词

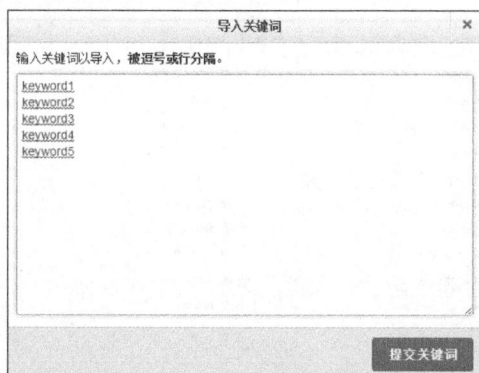

图 12-27　将关键词列表直接复制粘贴到"导入关键词"页面中

12.5.6　关注者

关注者定位指的是帮助广告客户定位那些关注某特定账号或者与账号的关注者有相类似兴趣的用户的功能。用户关注某个账号表明该账户提供了用户所关心的特定信息。许多 Twitter 账号都会专门发布某一领域的知识，因此根据用户关注的账号可以细分受众范围，为广告客户提供更多的选择。

理查德·布兰森（Richard Branson）是维珍集团（Virgin Group）董事长兼创始人。他的 Twitter 账号是"@RichardBranson"。布兰森经常在 Twitter 上使用专有标签 #readbyrichard，发布有趣文章的链接。他发布的推帖也被视为创业建议的绝佳源泉，受到财经人士、投资商和创业者的关注。而这部分群体也是受过良好教育、高收入的用户群体。这样优质的用户群体也是品牌企业青睐、追逐的目标受众。在搜索框中输入"@用户名"，在下拉列表中选择匹配的 Twitter 账号，就可以定位该账号的关注者以及与这些关注者有类似兴趣的用户，如图 12-28 所示。

图 12-28　定位相似受众

在使用关注者定位时有一些最佳实践值得尝试具体如下。

- **每个广告活动包括 10～25 个账号。** 建议准备多个账号，方便 Twitter 从中找到更多相似度高的目标用户，让广告覆盖更多的受众。

- **选择推帖内容比较专注的账号。** 柯南·奥布莱恩（Conan O'Brien）是非常受欢迎的美国脱口秀节目的主持人。他在 Twitter 上账号的关注用户达到 1610 万人。尽管关注者众多，影响力很大，但是用户之间的差别太大，跟你的业务关联度未必很高。比较好的建议是选择那些推帖话题比较专注、用户区分度比较高的账号。"@museumnerd"是 Twitter 上拥有 22 万关注者的账号。它会发布与历史、艺术相关的推帖内容，也会定期发布各种艺术展、博物馆以及美术馆展览的信息，因此也吸引了不少艺术爱好者。这样的用户群因为共同特点比较突出，更有利于广告客户的精准定位。

- **每个广告活动包含相同类型的账号。** 在选择账号的时候，不要将差别很大的账号放在一个广告活动中，使得目标用户之间特点不够突出、关联度不高，导致与推广内容匹配度不高。可以创建多个广告活动，每个广告活动只包含相同类型的账号。例如，你要定位创业想法的用户群，可以选择"@RichardBranson"和"@ericknopf"。"@ericknopf"是埃里克·克诺夫（Eric Knopf）的 Twitter 账号，他也会发布与经营小企业相关的建议。但是不要选择"@museumnerd"，它们之间的关联度比较弱。只有将资源投入细分的受众，才真正可以引起目标受众的注意，并打动他们，达到事半功倍的效果。

12.5.7　兴趣

兴趣定向是让广告客户找到兴趣与你的业务相关的目标用户。用户来到 Twitter 平台是寻求一些让他们觉得有趣的东西。休斯敦火箭队的球迷可能会去关注火箭队的 Twitter 账号，Tayler Swift 的歌迷会去关注她的 Twitter 账号。但是如果作为企业要推广新款篮球鞋时，它的目标用户是喜爱篮球运动的人，这时候不可能利用关注者定位功能逐一输入各个篮球队的账号。同样的，喜欢 Taylor Swift 的歌迷可能是乡村音乐的爱好者。要定位这部分用户，光是 Taylor Swift 的账号也是不够的。兴趣定位属性提供了更大粒度的、更直观的定位选择。

要定位篮球爱好者，你不需要去定位 NBA 在 Twitter 上的账号或者某支 NBA 球队的 Twitter 账号。你只需要搜索"Basketball"，并在搜索列表中选择"NBA basketball""College basketball"，如图 12-29 所示。同样的，搜索"Country"，可以定位喜欢乡村音乐的用户。

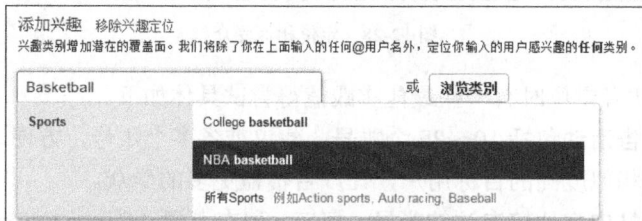

图 12-29　定位相同兴趣爱好的受众

除了搜索兴趣之外，还可以点击浏览类别按钮，在弹出的窗口中选择兴趣，如图 12-30 所示。兴趣被组织成两层的结构。左侧包含 25 个目录，右侧包含 350 个子话题，它们各自按字母表顺序排列。例如，宠物用品零售店推销猫狗用品。广告客户可以选择"Pets"目录，并在子话题中选择"Cats""Dogs"完成用户的兴趣定位。

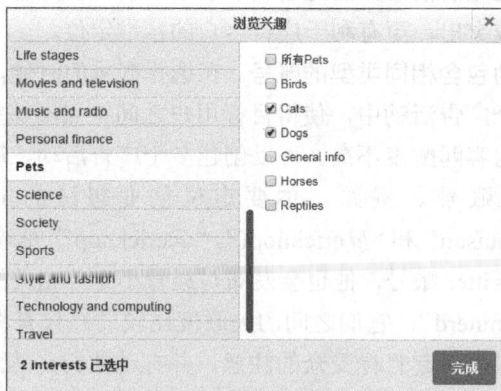

图 12-30　浏览选择兴趣

12.5.8　电视

电视定位是指根据所选择的电视市场、电视节目、电视网络或电视节目类型，使得电视网络或者品牌商可以向正在热聊特定电视节目的用户推荐推帖广告，如图 12-31 所示。

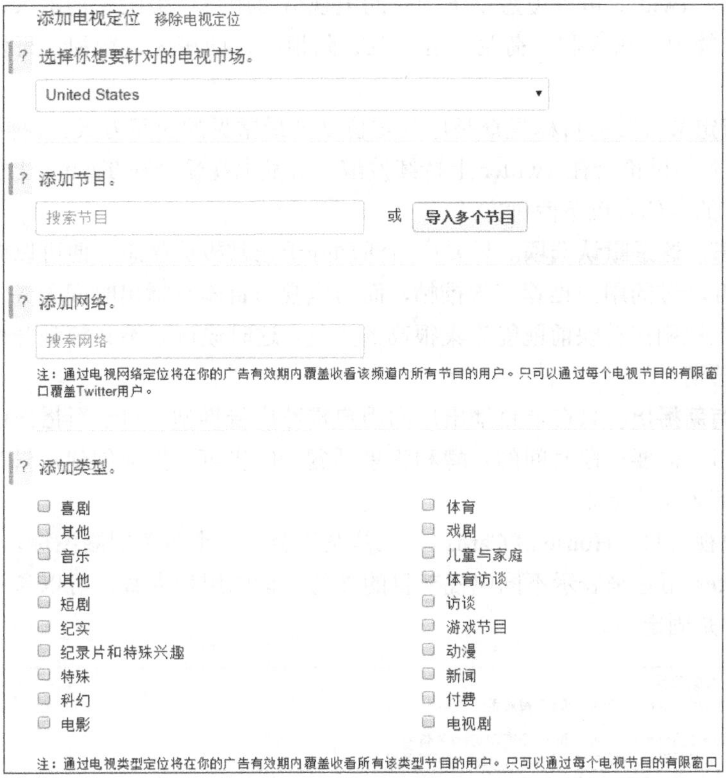

图 12-31　按电视定位受众

用户在发布的推帖或参与互动的推帖中包含节目的名字，通过选择电视节目可以覆盖到这部分用户。但是这跟关键词定位还是有些区别的。Twitter 会分析用户在 Twitter 上的对话，确定用户正在讨论的话题，以及他们正在关注的电视节目。一个电视节目可以和多个关键词关联在一起。通过电视定位功能，你只需要确定电视节目的名字，Twitter 会帮你找到这部分受众，而不需要关心用户讨论的具体内容。如果是使用关键词定位，则更多要求自己去确定关键词列表来定位参与某特定电视节目的受众。

现在越来越多的网民已经习惯在看电视节目的同时，在社交媒体平台上发表自己的看法，讨论与节目相关的话题。早在 2010 年，Twitter 高管罗宾·斯隆（Robin Sloan）就透露过，那时的 Twitter 每日推帖数量就已达 9000 万条，其中绝大部分推帖话题与电视相关。除了与电视本身的内容相关的话题之外，推帖内容也会包含衍生的话题，比如与女主角同款的手提包，男主角的手表、手机，又或者是电视中出现的户外烧烤设备等。无疑，这给品牌客户带来了营销机会。用户关注的焦点也正好与一些品牌企业的业务相关。

使用电视定位时，先选择电视市场，也就是针对哪一个特定市场的电视节目的用户。目前，Twitter 可以覆盖以下国家的电视节目用户：美国、加拿大、日本、英国、法国、德国、意大利、荷兰、爱尔兰、阿根廷、西班牙、智利、哥伦比亚、墨西哥。

选择特定节目覆盖目标受众是电视定位功能最常见的应用方式。《神探夏洛克》和《纸牌屋》的讨论会在 Twitter 上持续发酵，引发电视受众在 Twitter 上的讨论。针对特定节目的定位有以下两种方式。

- **一直**。这是默认选项。只要广告活动处于正常投放状态，便可以向与特定节目互动过的用户推荐广告推帖，而与电视节目本身播出时间无关。像一些热门电视剧在首映前就能聚集很高的人气，这时候可以不必等到开播才开展广告营销。
- **只有新播出**。只在节目播出后向用户推荐广告推帖。对于新播出的系列电视节目，需要一段时间的发酵和积累话题。广告可以提前创建，只等节目播出之后才定位受众。

搜索电视节目"House of Cards"，在其左边会有一个蓝色圆圈图标，如图 12-32 所示。Twitter 用它来表示不同电视节目的参与互动的用户人数，可以参考，但是每天的人数不是固定的。

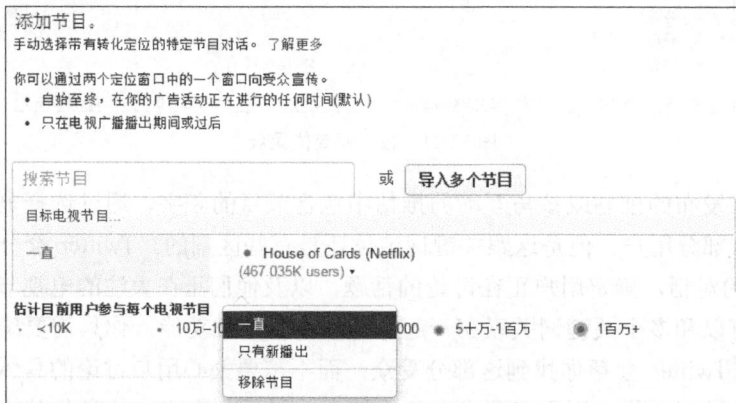

图 12-32　基于电视节目定位受众

除了可以按照电视节目推荐广告推帖外，也可以按照用户所使用的电视网定位受众。Twitter 会根据讨论的节目来确定用户属于哪个电视网。广告可以覆盖观看所选任意电视网播放的任意节目的用户。例如，Fox 电视网有很多频道，你也可以专门选择特定的频道，定位与该频道所播放的任意节目互动的用户，如图 12-33 所示。

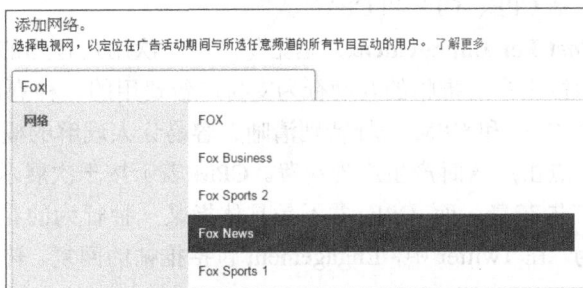

图 12-33　基于电视网络定位受众

还有一种定位方式是按照电视节目的类型定位目标受众。详细的节目细分给了广告客户"量体裁衣"的空间，他们可以结合自己的业务定位不同的细分群体。电视节目按照形式内容划分为喜剧、戏剧、体育、动漫等。图 12-34 列出了当前 Twitter 支持的节目类型细分。通常一个电视网会分为若干的频道，不同的频道播放不同类型的电视节目，所覆盖的用户群体也是不同的。动漫节目的关注群体也可能是容易接受新鲜事物的年轻人；体育节目定位喜欢体育运动的用户，同时也可能是体育运动设备提供商的关注群体。

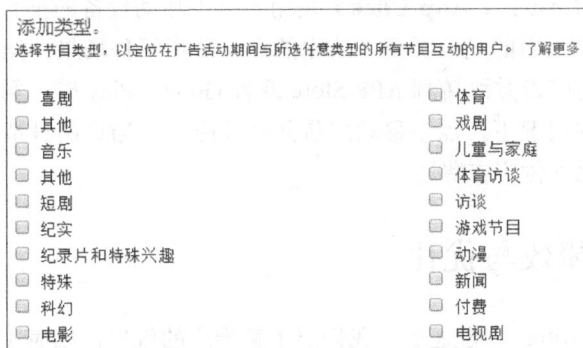

图 12-34　基于节目类型定位受众

12.6　购买广告与竞价

要让广告展示在用户面前，你需要在线支付广告费用。如果你是第一次创建 Twitter 广告，你的广告账户需要绑定银行卡并且选择支付方式。在没有绑定银行账户的情况下，广告账户是不能投放广告的。

Twitter 现在支持多种类型的银行卡和货币。

在做好前面的广告账户支付的准备工作之后，接下来可以为广告服务设置出价。

不同的广告服务，它所对应的竞价类型是不同的。针对 3 种 Twitter 广告服务，相应的 3 种竞价类型包括 CPE、CPF 和 CPAC。

（1）**CPE（Cost Per Engagement）**是指每产生一次用户行为的成本。它也是针对推荐推帖，表示按用户与推帖的互动行为支付广告费用的一种竞价类型。

CPE 并不是像 CPC 和 CPM 一样特别清晰、容易让人理解的概念。CPC 表示按点击付费，当用户点击广告时产生广告花费。CPM 表示按千次展示付费，当广告向用户曝光时产生广告花费。而 CPE 并不是具体指某一种行为的花费，Engagement 是一种泛指的行为。在 Twitter 中，Engagement 包括推帖的回复、转发、收藏、点击，视频的观看等。

CPE 区别于 CPC 和 CPM 的地方在于，它不会为每次用户行为都产生费用。例如，对于 CPC 来说，当用户多次点击广告时，广告客户需要为每次点击支付广告费用。而对于 CPE 来说，用户可以对某一则广告产生多个交互行为，那么 Twitter 依然只收取用户第一次交互行为的费用。例如，用户回复然后转发了推荐推帖。这里发生了推帖回复和转发两个交互行为，但是广告客户只需为回复这个用户交互行为付费。

（2）**CPF（Cost Per Follower）**是获得一个粉丝订阅（Follow）所产生的平均花费。它是针对推荐账户的竞价类型。广告客户需要为获得的每一个账户的订阅用户（Follower）支付广告费用。

（3）**CPAC（Cost Per App Click）**是用户点击移动设备的推荐应用所产生的花费。它是针对推荐应用的竞价类型。这里的点击特指两种场景：第一种是当用户点击移动设备的应用广告并跳转到 APP Store 或者 Google Play 时，第二种是本地已经安装了移动应用的情况下，点击移动广告并打开应用。当这两种情况之一发生时，广告客户需要为此支付广告费用。

12.7　查看绩效与优化

在我们发布 Twitter 广告之后，我们要了解推广的效果，如表 12-7 所示。

表 12-7　广告效果

广 告 服 务	关 注 效 果
推荐推帖	发布的推帖获得的展示次数
	参与互动人数
	效果出众的推帖
	获取销售引导的花费
	获得网站卡片点击的花费
	网站转化的数量
	网站卡片的点击量
	销售引导卡片的点击量

续表

广 告 服 务	关 注 效 果
推荐账户	获得的关注人数 获得关注者的成本
推荐应用	移动应用被打开的次数 移动应用被安装的次数 移动应用用户注册的数量

Twitter 自带的绩效查看工具有助于回答上面的问题。访问 https://ads.twitter.com，在 Campaign 管理页面中点击"分析"，然后在下拉列表中选择"推帖动态"，如图 12-35 所示。

图 12-35　Twitter 绩效分析工具

通过页面中展示的表 12-8 所示的指标数据，你可以了解推帖或者应用程序推广的效果。

表 12-8　Twitter 绩效指标列表

指　　标	含　　义
App install attempts	在 Twitter 营销中，用户尝试安装被推广的移动应用的次数
App opens	移动应用打开次数
Hashtag clicks	推帖中主题标签的点击次数
Impressions	推帖向用户展示的次数
Replies	推帖回复数
Url clicks	推帖中链接地址的点击次数
Retweets	推帖被转推的次数
Follows	通过推帖关注账户的用户数
Favorites	推帖被点赞的次数
Embedded media clicks	推帖中图片或视频被打开的次数
Engagement	Engagement 表示一段时间内粉丝参与社交媒体的活跃程度。在 Twitter 营销中，Engagement 指的是粉丝与推帖的互动次数，包括推帖的回复、转发、收藏、点击等

指　　标	含　　义
Engagement rate	Engagement Rate 是对于社交媒体网站用户活跃程度的度量指标在 Twitter 营销中，Engagement Rate 表示在粉丝中进行回复或转推的比例。其计算公式为：$$\text{Engagement Rate}=\frac{\text{Replies数量}+\text{Retweets数量}}{\text{粉丝数量}}\times100\%$$
Detail expands	推帖明细展开次数
User profile clicks	用户个人信息点击次数

　　Twitter 还有一个有趣的洞察力分析工具，它可以从兴趣、位置、性别等多个维度让广告客户了解自己账户的关注用户。在图 12-35 中点击"关注者"，可以打开关注者洞察力分析工具，如图 12-36 所示。

　　对于推荐账户，Twitter 提供了洞察力分析，方便广告主从更细的粒度了解关注者的特点。

　　Twitter 的关注者洞察力报告分为 4 个区域。

- **位于屏幕上方的二维视图**。二维视图反映的是自创建 Twitter 账户以来的关注用户的数量变化。横轴表示时间线，纵轴表示关注用户数量。
- **位于屏幕左下方的兴趣列表**。Twitter 分析工具按照百分比对用户关心的兴趣做了排序。例如，在热门兴趣列表中，55%的账户关注用户关心"Tech news"，27%的账户关注用户关心"Computer programming"。另外，通过深层次的挖掘，Twitter 还列出了最特别的用户兴趣。广告客户由此可以站在更高的视角了解，自己的关注用户正在寻找什么信息，聚焦在哪些兴趣点。这样，广告客户在撰写推帖时就可以有更高的针对性了。
- **位于屏幕正下方的地理位置图表**。你可以从图中了解自己的账户关注用户都分布在哪些地方。不同颜色的格子表示不同的地域，可以是国家或者城市。左上角用国家或者城市缩略语表示。当你将鼠标悬停在某个格子上时，会显示关注用户生活在哪个国家或者城市，以及该地区的用户在所有关注用户中所占的比例。另外，在图的下方还列出了用户所在的比较集中的城市。广告客户在撰写推帖时就可以考虑如何更好地与该地域的用户互动了。
- **位于屏幕右下方的性别比例**。该区域除了包含关注用户的男女比例之外，还列举了关注者主要关注的用户。广告客户可以从他们关注的用户所发布的推帖内容，发掘用户的关注点，针对不同性别的用户群，发布推帖，提高与用户的互动。

　　这个工具是完全免费的。通过它，你就可以了解到自己的用户的关注点，包括他们想要的服务类型，他们期待的产品等；你还可以从不同维度的指标，了解哪些推帖内容更容易引起用户的兴趣，从而指导你的推帖创意，提高内容营销绩效。

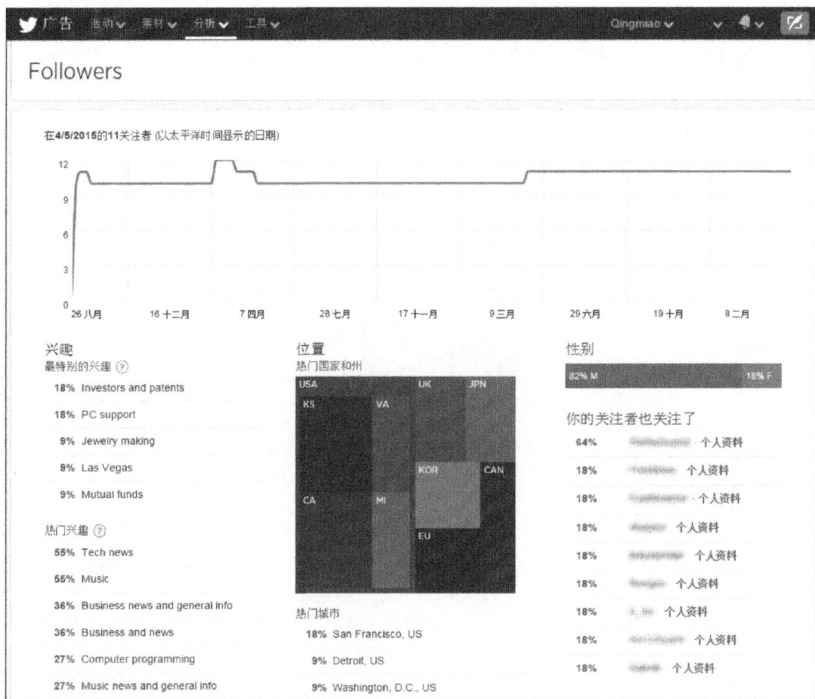

图 12-36　Twitter 关注者洞察力分析

12.8　小结

生活是由身边各种琐碎的事情构成的，人们习惯拿起手机将这些鲜活的事情通过 Twitter 分享给朋友们，发表自己的观点和意见。大家彼此分享生活、交换意见，这已经成为一种生活方式，同时时间会变得碎片化。对于广告主来说，需要能够不限时间、不限地域地捕获用户的焦点，达到产品或品牌推广的目的。Twitter 广告营销让这些变得简单。通过账户广告，可以获取更多目标用户的关注；通过推帖广告，可以扩大影响范围，增加与留存粉丝的互动；通过移动应用广告，庞大的移动设备活跃用户群让 Twitter 成为应用分发的主要渠道。结合 Twitter 丰富精准的定位条件，越来越多的广告客户参与 Twitter 广告营销，满足品牌或产品推广的需求。

第13章
>>>>>> LinkedIn 构建商务社交网络

说到底，做生意是和"人"做的生意。如果你从事 B2B 贸易，那么你不但需要建立自己的品牌，还需要找到那个能够对你的产品销售产生直接影响的"人"。基于社交网络建立人际关系，发现关键决策者，并由此带来更多的询盘和成单，这无疑是最能够提升 B2B 贸易销售额的方法。就这个方面而言，LinkedIn 可称作是最有助于 B2B 贸易的社交媒体平台之一。

在这一章中，我们将了解到：

- LinkedIn 的历史、规模和特点；
- LinkedIn 与招聘网站和 Facebook 的不同；
- LinkedIn 用户的人口学特点；
- 使用 LinkedIn 构建公司品牌与个人口碑；
- LinkedIn 是一个生意场。

13.1 LinkedIn 商务社交网络

在 LinkedIn 的首页上有一句话"Join the world's largest professional network."（如图 13-1 所示），直接翻译过来就是"加入全球最大的专业网络吧"。这是一个怎样的专业网络呢？

在 2003 年 5 月的时候，Reid Hoffman 和他的创始团队创建了 LinkedIn。经过之后十多年的发展，LinkedIn 已经成为全球最大的商务社交媒体平台和全球最大的社交媒体招聘平台之一。

LinkedIn 是全世界最大的招聘平台之一，同时也是世界上最适合于 B2B 营销与销售的媒体平台之一。2015 年 3 月的时候，LinkedIn 已经拥有超过 3.6 亿的注册用户。即便在过去没有 LinkedIn 中文版"领英"的时代，来自中国的 LinkedIn 注册用户居然也超过了 400 万。LinkedIn 中文版自 2014 年年初推出之后，来自中国的 LinkedIn 注册用户数量有了更多的增长。其中很多人是受过良好教育的专业人士，特别是在外贸、互联网等行业。在涉外业务的公司中，LinkedIn 的注册用户比例更高。

图 13-1 LinkedIn 的登录界面

　　现在，LinkedIn 已经可以通过 20 种语言提供服务，包括汉语、英语、法语、德语、意大利语，以及很多小语种语言。LinkedIn 网站不仅可以运行在桌面 PC 浏览器中，还能运行在 iPad 平板电脑、iPhone 和 Android 手机等很多智能移动设备中。不管作为商务人士、求职者或者猎头，都能方便地随时、随处、随地按照自己的语言与文化使用 LinkedIn 做生意、找工作、聘人才。

　　大多数人的印象中，LinkedIn 是一个基于社交网络的招聘与求职的平台。在求职者眼中，LinkedIn 是一个找工作的好地方。这里有全世界大大小小的公司，从跨国巨头到充满激情的创业性公司。在猎头眼中，LinkedIn 是一个优秀人才库。猎头们只需要花费很少的费用，就可以在 LinkedIn 中找到大量高质量的管理者、专家、工程师的简历，还能够看到他们的同事同学的推荐与背书。尤其是在中国，很多大城市的猎头非常喜欢通过 LinkedIn 沉淀人脉、发掘高端人才资源。

　　其实 LinkedIn 这家公司的营收并不都是来自求职招聘，它还有大约 25% 的收入来自于市场营销活动（如图 13-2 所示），因为 LinkedIn 还是市场营销和销售的平台。如果我们留心国内几个知名的外贸论坛，很多人通过在 LinkedIn 上拓展人脉网络，建立联络，获得了不少询盘。这里聚集了世界方方面面的专业人士和专业群组。很多 B2B 的营销者尝试在这里提升自己公司和产品的品牌影响力，买家和卖家之间也通过社交网络实现沟通交流，并逐渐转移到线下开展贸易活动。

2013 Q4 revenue distribution by revenue stream

Total revenue advanced 47% year-on-year to $447.2M

Premium Subscriptions 20% – $88.1M

Talent Solutions 55% – $245.6M

Marketing Solutions 25% – $113.5M

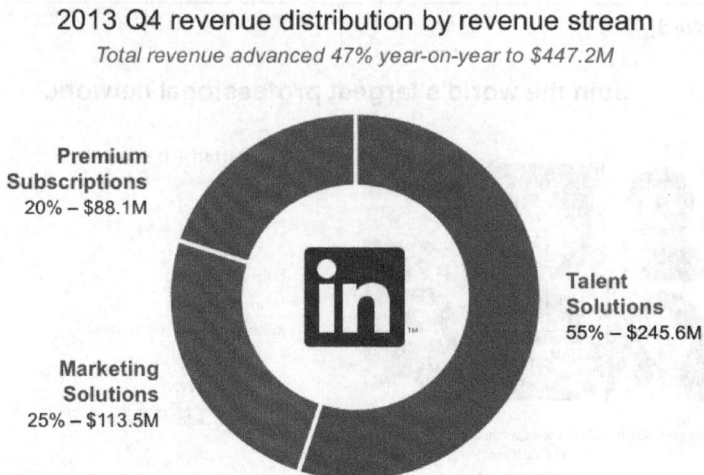

图 13-2　2013 年第四季度 LinkedIn 的收入构成[①]

13.1.1　LinkedIn 是招聘网站

提到招聘网站，可能很多人首先想到的是到处打广告的招聘网站。在国内，人们想到的可能是智联招聘或者前程无忧；在国外，很多人马上会想到的是 Monster 或者一些行业垂直招聘网站。虽然很多人知道专门的招聘网站中的招聘机会更多，但是很多人依然会选择 LinkedIn 来寻找适合自己的机会。LinkedIn 究竟有着哪些魔力，吸引着全世界的人呢？

首先，LinkedIn 的用户可以制作一份完整而出众的个人档案。个人档案也可以看成是招聘网站的个人简历。和 Monster 或者智联招聘不同，LinkedIn 的个人档案中有很多内容是由你的同事、同学、商业合作伙伴帮你完成的，例如技能认可、推荐等。而这些通过社交网络所完善的内容恰恰是在专业招聘中非常重要的。就好像一个招聘经理很难判断一个精通分布式文件系统和双活数据中心容灾的系统工程师的个人能力和价值究竟有多少，但是看得懂他的同事和商业伙伴的推荐词。一份 LinkedIn 个人档案会包含职业概述、工作经历、工作项目、教育背景、参与的社会组织与媒体、出版作品、专利发明等多个方面。

对于大学毕业生或者刚进入职场的新人，LinkedIn 还可以添加测试成绩，所学课程等内容。

同时，还有来自全球各行各业的工作职位在 LinkedIn 上发布。不管是在中国还是在海外，很多就业岗位属于中高端岗位。也正因为有如此多不错的就业机会，LinkedIn 吸引了很多职场佼佼者的加入。

[①] 内容来源：http://press.linkedin.com/ImageLibrary/detail.aspx?MediaDetailsID=505。

很多国内的知名创业者和职业经理人也会在 LinkedIn 中构建自己的社交网络。他们的加入也使得很多猎头活跃其上。这就形成一个循环，越来越多的高质量人才被吸引进来，越来越多的金领岗位也被发布在这里。久而久之，LinkedIn 就沉淀了大量宝贵的高价值信息和人才。

LinkedIn 作为招聘网站，的确对于求职者和人力资源部门的招聘专员们来说是一个很好的平台。同时，随着越来越多的人，特别是高端专业人士和经理人在 LinkedIn 上大量注册，LinkedIn 的营销价值也开始凸显出来。营销们可以很方便地使用 LinkedIn 找到业务机会的关键决策者。针对他们开展营销和销售往往能获得很好的投资回报率。

13.1.2 LinkedIn 也是社交媒体网络

毫无疑问，LinkedIn 是一个不错的找工作的平台。很多公司会在这里发布招聘信息，吸引很多高质量的求职者。特别是在很多垂直行业，LinkedIn 的注册人群质量更是超过其他招聘社区。物以类聚、人以群分，高质量的人士在这个平台上越聚越多。但是光有数量，而没有参与热情以及商务领域的互动交流，那么 LinkedIn 充其量还是一个招聘平台，而不是商务社交网络。LinkedIn 还能为商务人士带来哪些价值呢？我们还是回到社交媒体网络的视角来观察 LinkedIn。或许这样可以找到有别于其他招聘平台而具有 LinkedIn 特色的地方。

首先，人们可以在 LinkedIn 上和同事、同学、商业伙伴、朋友来建立联系，浏览朋友的动态信息，为曾经的同学与朋友添加技术技能背书，或者写一封简短的推荐信。这点能直接为商务人士个人带来好的口碑，并且有助于提升个人品牌形象，自然也很受商务人士的欢迎。

假设你正在找工作，LinkedIn 的社会化能力将为你提供一些很有价值的支持。在求职过程中，你可以看到你的朋友是否曾经在这个公司工作过，或者查找你的朋友的关系网，是否有人曾经在这家公司工作过。假如你的网友正好是某个部门经理，那么经过熟人介绍的面试，成功率将会大大增加。图 13-3 反映的就是这样一个场景。当你对某个公司感兴趣时，你可以使用 LinkedIn 很方便地挖掘这样的线索。下一步，就是请这个朋友帮助你牵线搭桥了。

另一个角度，社会化招聘也帮助用人单位提升招聘质量，降低用人风险。假如你作为部门经理，看到某个候选人的同事或者同学的推荐或技术能力背书，那么对他的信心可能会大大增强。或者，你是一个人事经理，你可以通过候选人的人脉网络方便而准确地开展对他入职之前的背景调查。人事经理通过候选人的社交网络可以全方面地观察职位候选人，这个岗位的招聘风险就大大降低了。不管从哪个角度而看，将现实社交网络的关系建立在 LinkedIn 之上，很多求职招聘活动都开始变得"社会化"起来。这让招聘活动的双方都能受益。

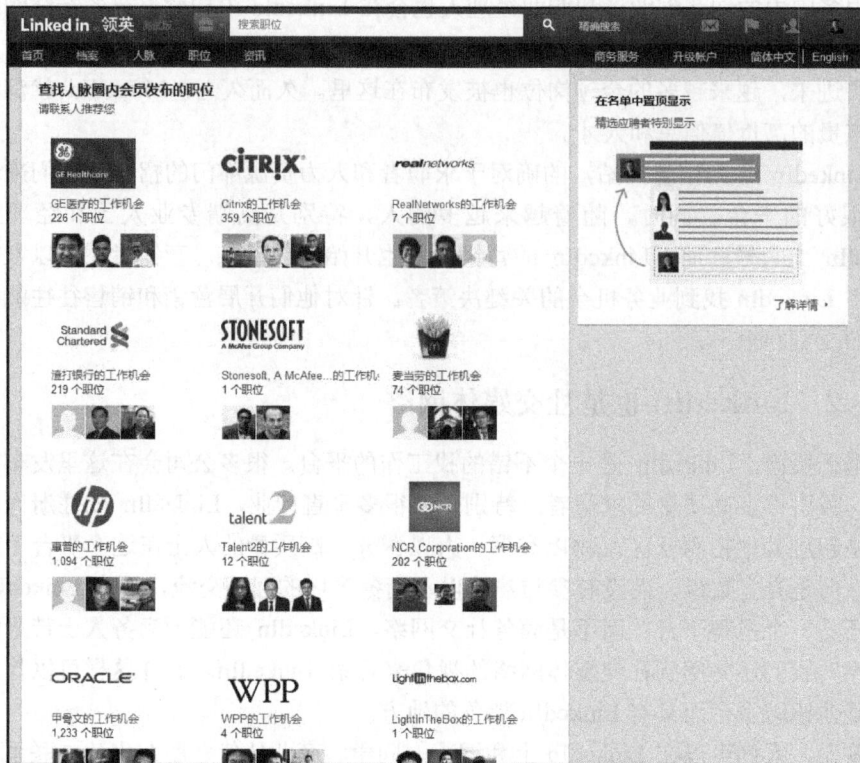

图 13-3　人脉网络成员相关公司的招聘机会

其实社会化招聘和基于 LinkedIn 的社交媒体营销有很多类似的地方：找到正确的人。

任何生意都需要与正确的人开展正确的营销活动。基于 Facebook 或者 Twitter 所开展的营销活动，能够帮助你找到兴趣相投的人。不过很多 B2B 生意具有非常强的行业性和专业性，使用 Facebook 或者 Twitter 开展营销就未必效果那么明显了。例如，你希望向欧洲某个国家的经销商推销某款机械设备。你就非常需要能够精准地找到这个人，并开展营销活动。此时，Facebook 和 Twitter 营销能够帮助你建立和提升品牌形象。但是在销售转化的环节上就不如 LinkedIn 那么直接了。在 LinkedIn 上，你能够直接找到对销售活动产生直接影响的关键决策者。这个场景对于国内很多外贸加工企业或者代工厂而言都是很现实的。

LinkedIn 还提供了很多与兴趣相关的功能，例如你可以关注感兴趣的行业脉动（Pulse）、群组、公司和学校所发生的最新动态，如图 13-4 所示。LinkedIn 的社交媒体更多是具有行业特性的商业社交媒体特点，很多信息的维护者也是职业编辑、营销者或官方信息发布机构。LinkedIn 的噪声信息更少，高价值信息更多。你可以从这里获得最新的行业动态、竞争对手和商业伙伴的消息、商业评论与分析等。

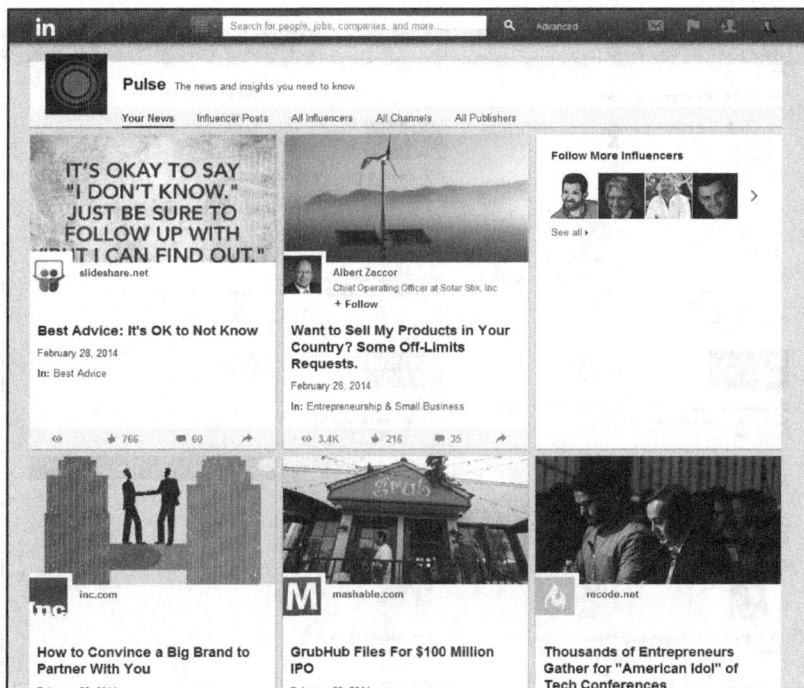

图 13-4　LinkedIn 的 Pulse

你可以建立自己公司或品牌的页面，在上面发布有价值的信息，成为一个高价值专业信息的发布者。当你的订阅者逐渐积累起来，LinkedIn 也将成为你面向行业用户的内容营销阵地。

LinkedIn 还有一个群组（Group）的功能，如图 13-5 所示。在这里，你可以与行业专家开展讨论，并基于群组建立你的行业人脉资源。相比其他社交媒体平台的群组，LinkedIn 群组的商务气息更重。很多 LinkedIn 的群组都是面向特定行业或者专业技能的，如数字营销、产品设计等。

在 LinkedIn 中，有的群组是开放的，有的群组则需要经过管理员审批才能够加入。选择适合自己的群组，参与到相关专业或者行业的群组中，这对于信息获取和基于群组进行品牌营销来说是一件值得探索的事情。

> ⓘ　LinkedIn 的中文版和英文版存在一些差别。
>
> 至少在 2014 年年初，LinkedIn 中文版"领英"测试版刚发布的时候，Group 功能是看不到的。在英文版中，这是一个存在很久的功能了。此外还有很多细节也是不同的，例如此时中文版的"谁看过您的档案"，所呈现的洞察力报告就比英文版显得简单一些。
>
> 如果你在进行海外市场的营销，建议尽量使用 LinkedIn 的英文版。如果在国内开展招聘活动，那么不妨使用 LinkedIn 的中文版。

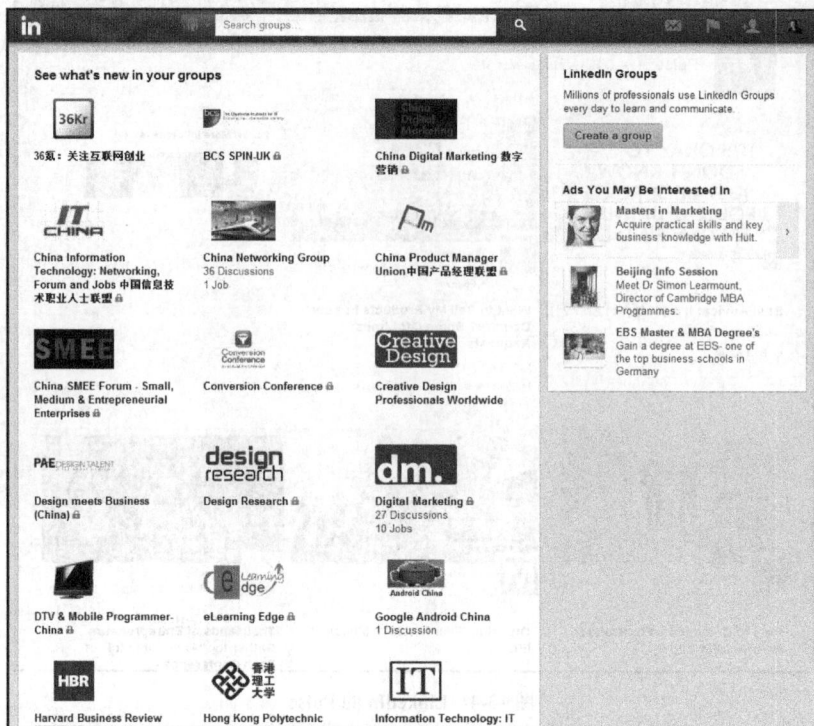

图 13-5　LinkedIn 的 Group

13.2　LinkedIn 的人口学特点

　　仅仅聚集了高质量人群还是不够的，这个人群必须足够大才可以。否则，开发客户的成本就太高了。既然营销者花费同样精力在一个媒体平台上，那么该平台聚集的人群多、覆盖范围广、人群分布越精细，所能挖掘出来的价值通常就会更大。LinkedIn 究竟有多大呢，你真的能在这里找到海外的合作伙伴吗？

　　我们可以了解一下 LinkedIn 的人口学特点。看过下面这些激动人心的数字之后，你自然就知道为什么在各个外贸社区中，每次出现 LinkedIn 的时候，往往能引起外贸老手们的关注。

　　LinkedIn 是全球最大的商务社交媒体网络，到作者写作本书时已经拥有注册成员 2.77 亿人。注册用户主要分布在北美、欧洲、印度等。和世界其他各大社交媒休平台相同，LinkedIn 的注册用户大多使用英语，但是在中国、法国、意大利、西班牙、土耳其这些不使用英语的国家中也有大量注册用户。例如，中国有超过 400 万注册用户，法国超过 700 万，意大利超过 600 万。即便是在沙特阿拉伯，LinkedIn 的注册用户也超过了 100 万。这个注册用户数看起来似乎不那么大，但是要知道沙特阿拉伯的国家人口也只有 2829 万人。也就是说，沙特阿拉伯全国人口不到河北省人口的一半、河南省人口的 1/3。从这个角度，我们可以直观感受到 LinkedIn 在全球商务人士中的渗透率是非常高的。

在一些统计中，有大概 87% 的 LinkedIn 的使用者表示会相信 LinkedIn 的内容，并且在决策活动中会参考 LinkedIn 中的信息[①]。在数字营销中，LinkedIn 的这个比例是比较高的。

有超过 260 万企业在 LinkedIn 建立了公司主页，并与关注者进行互动。其中信息技术服务、金融、高等教育、软件、电信行业的渗透率最高。从国内的外贸企业来看，在我们常见的传统出口制造业领域中，也有很多人借助 LinkedIn 获得了不错的询盘和销售成果。

13.3 推广公司产品与营销

在推广公司品牌与营销方面，很多营销者会通过 LinkedIn 与生意伙伴展开互动。这些生意伙伴可能是已有生意伙伴，也可能是潜在的合作者或者买家。LinkedIn 有别于常见的社交媒体网络，在这里，人们更多从商业角度开展合作和咨询，而不是娱乐或兴趣。所以，将 LinkedIn 所获得的关注者和人脉导入公司或者品牌的网站的流量也更有价值。

> 流量不同，其相应的的价值与获得成本也是不同的。
>
> 虽然通常度量流量的指标都是 PV 或者 UV。但是在追求商业转化的环境下，流量不同，相应的价值与获得成本也是不同的。例如，你是一个机械制造企业或者印染企业，你可能希望访问你的页面或者网站流量背后的人是与你的行业相关的。这就是导入的流量的价值。
>
> 另外，即便导入流量的价值相同，它们的流量采买成本也是有很大差异的。因此，在数字营销过程中，需要不断在投放媒体、广告创意设计、受众群体选择方面下功夫。

在 LinkedIn 中，人脉是指一个人与朋友、同事或生意伙伴之间的关系。关注者则是对一个产品、公司、学校或其他机构表示关注的人。人脉的两边都是活生生的人。而关注者是人，被关注的对象通常是一个公司在 LinkedIn 上的主页。主页当然不是人了。一个人的同学或同事通常有几十个到几百个，而运营良好的 LinkedIn 主页则会有上万甚至更多的关注者。例如，香港理工大学的 LinkedIn 主页就吸引了超过 3 万的关注者，如图 13-6 所示。而微软公司则更是吸引了 155 万关注者，如图 13-7 所示。

---

① 内容来源：http://www.slideshare.net/punchmedia/linkedin-statistics-2013。

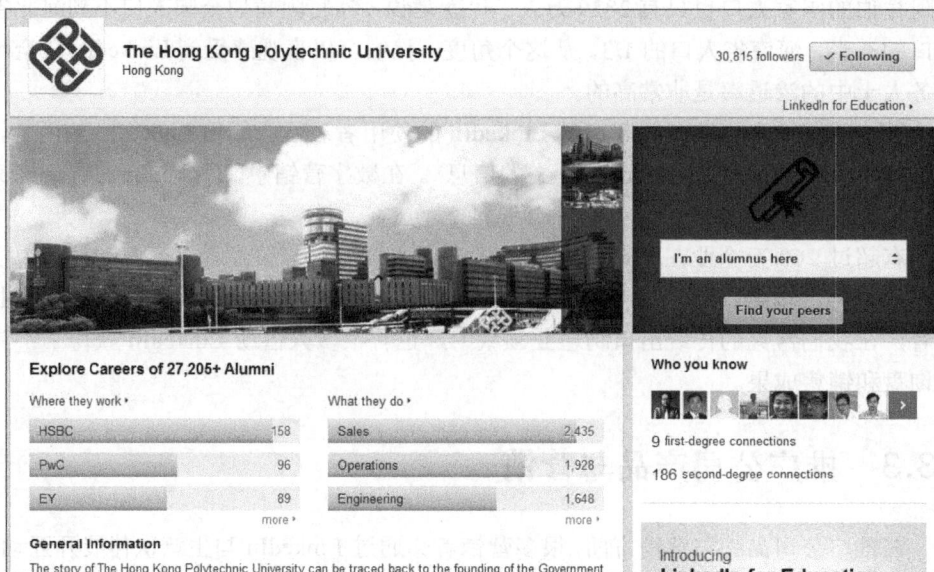

图 13-6　香港理工大学的 LinkedIn 主页

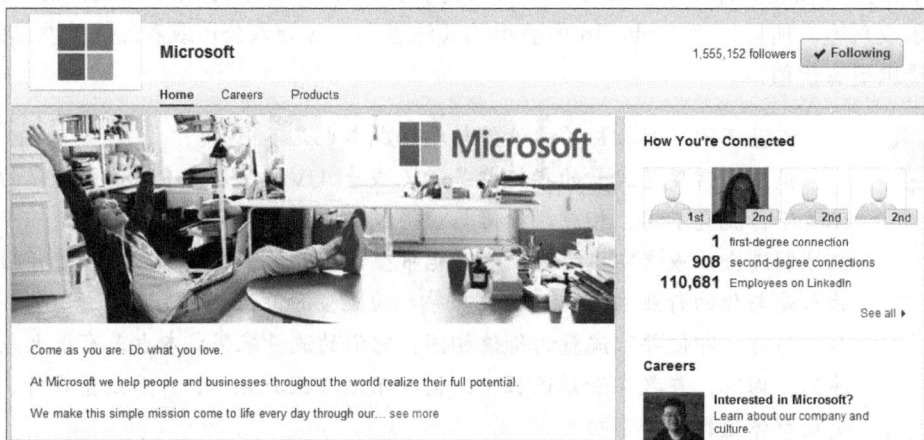

图 13-7　微软公司的 LinkedIn 主页

　　除了可以为公司、机构建立主页，你也可以为你的产品建立主页。微软就为其 Office 产品建立了 LinkedIn 主页。这个页面吸引了来自全球的 1 万多关注者，页面最显眼的位置还放置了一个 Twitter 主题标签#GetItDone，如图 13-8 所示。

　　不难发现，不管是公司、机构或者产品的主页，从设计到内容都与其他社交媒体平台的内容风格有所区别。这里更多是关于商业咨询或者分析评论，相应的娱乐性的内容就少了很多。所以，通过 LinkedIn 所带来的人脉或者关注者的平均价值会比其他社交媒体平台更高，特别是在专业性相对较强的 B2B 贸易领域。

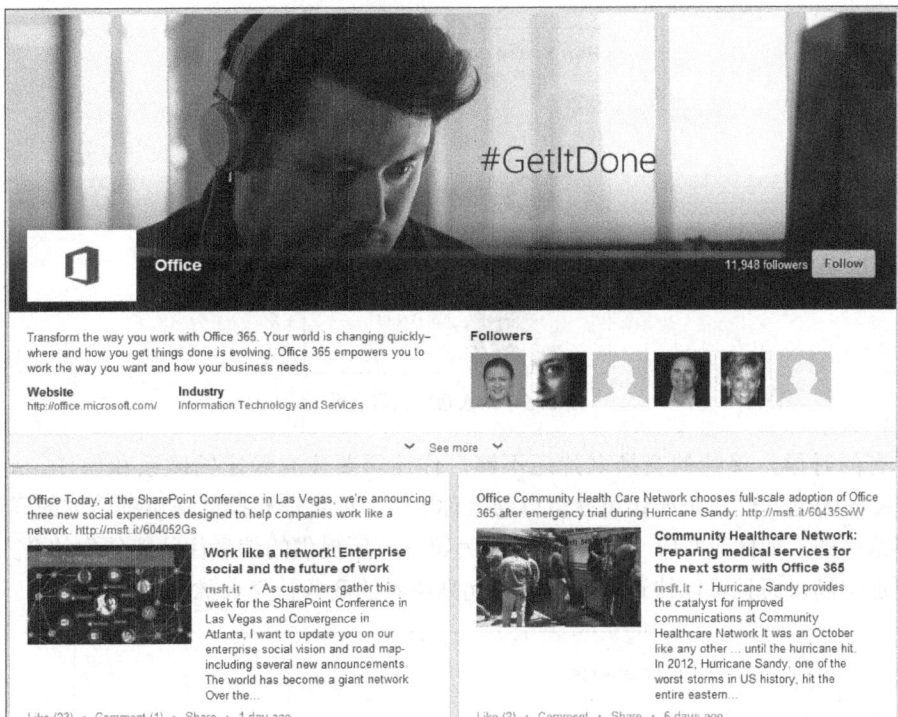

图 13-8　微软 Office 产品的 LinkedIn 主页

13.4　销售的生意场

LinkedIn 还是销售的生意场。一个销售需要考虑的问题很多，而最重要的问题之一就是"卖给谁"。例如：哪家公司有采购意愿，购买需求由谁提出，谁是采购的决策者，谁将影响到采购决定。

找到正确的人，开展正确的销售活动是销售活动的核心之一。与潜在购买者之间建立信任，获得和挖掘需求，并提供正确的产品达成销售是每个销售活动都或多或少需要面对的。

在面对未知市场的时候，很多有经验的销售人员会使用 LinkedIn 搭建自己的社交网络，依次解决上面的问题。例如，使用搜索引擎、LinkedIn、行业展会等发现可能达成销售的目标公司，然后通过 LinkedIn 找到这个公司决策者，然后再研究如何通过中间人牵线搭桥，引荐给这个生意上的关键人。

李开复博士是创新工场创始人，他是一位在互联网创新和创业领域知名度很高的人。我之前没有见过李开复博士。假如我想建立和李开复博士之间的联系，LinkedIn 或许就可以帮助我。因为在 LinkedIn 中，我的一些朋友有可能认识李开复博士，如图 13-9 所示。

图 13-9　请人帮助拓展联系

　　有的时候，单纯的交换名片还不够，你还需要建立稳定的联系和信任。此时 LinkedIn 的推荐信和技能认可就可以帮上你的忙。推荐信和技能认可都是你的同学、同事给你的，如图 13-10 所示。他们作为第三方所提供的信息往往能使你的个人档案更加丰满，而且可以快速帮助你建立起高质量的商务社交人脉网络。

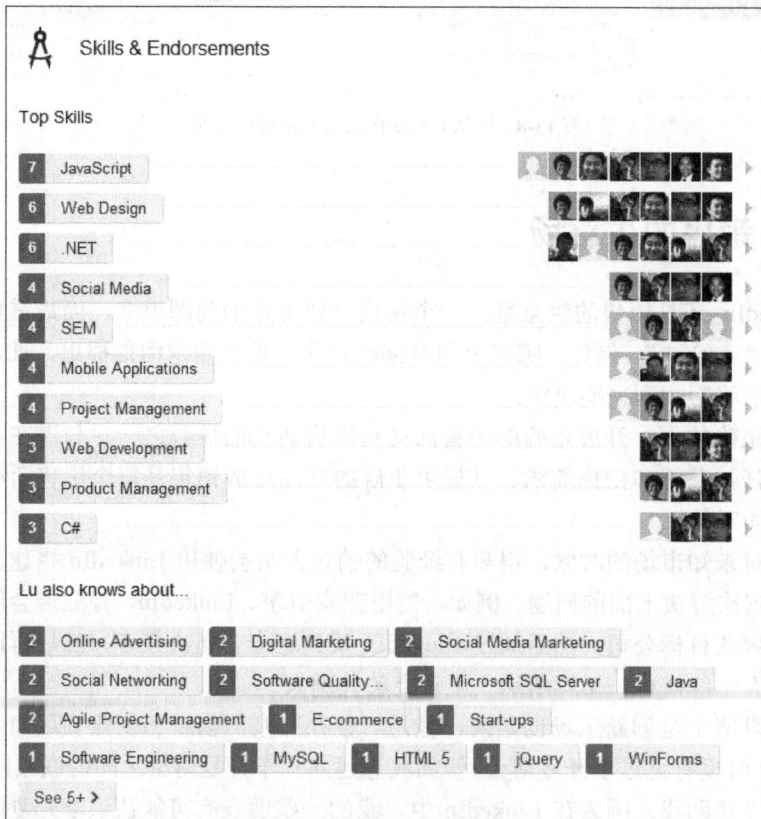

图 13-10　技能认可列表

13.5 小结

　　如果你在从事全球的 B2B 贸易，那么 LinkedIn 一定是一个特别值得关注的社交媒体平台。这里聚集了全世界大量的商务人士，不管是采购商或者供货商。很多外贸营销者已经开始使用 LinkedIn 拓展自己的业务，并获得了不错的询盘和销售转化。在后续章节中，我们就会逐步建立基于 LinkedIn 的商务社交网络。

第 14 章
>>>>> 第一步，从不是简历的简历开始

当开始 LinkedIn 营销的时候，不管是要宣传你所在公司或者所负责的产品，还是基于 LinkedIn 拓展人脉、发掘销售机会，第一步你要做的就是完善 LinkedIn 的个人档案。在 LinkedIn 上了解一个人是从浏览对方的个人档案开始的。了解一个公司也是从认识这家公司的第一个人开始的。

在这一章中，我们将了解到：

- 完善个人档案的重要性；
- 注册 LinkedIn 账户，创建个人档案；
- 依托人脉网络，完善个人档案；
- 设置个人档案的一些常用技巧；
- 常用的插件和生产力工具。

14.1　让 LinkedIn 成为你的精美名片

LinkedIn 是一个非常优秀的 B2B 营销平台。要利用它为你的企业开展营销活动，你首先需要有一份简历。因为别人是从了解你开始，然后才一步步了解你的企业和产品。

但是，你要准备的这份简历并不是求职简历，你不是在找工作，而是在建立生意上的联系。目的不同决定了你的简历和求职简历内容一定是不同的。

除非你是在一家已经经营了很多年、行业影响广泛的企业。大多数情况下，在 LinkedIn 这个商务社交网络中，你的朋友很可能是首先认识你或者你的同事，然后才认识你所经营的公司或产品品牌。一份高质量的 LinkedIn 个人档案甚至胜过一张精美的名片，能够帮助你的潜在生意伙伴很快建立对你和你所在公司的可靠、专业的良好印象。

LinkedIn 中的个人档案不仅会包含基本的个人信息、从业经历、教育背景这些经常出现在简历中的内容，还可以包含你所分享的 PPT 或视频，朋友对你的评价与对你技能的肯定，如图 14-1 所示。这些都使得你的个人档案不但可以向别人展示你自己的工作业绩和学习成绩，还能够通过别人对你的评价使得个人档案具备更高的可信度。

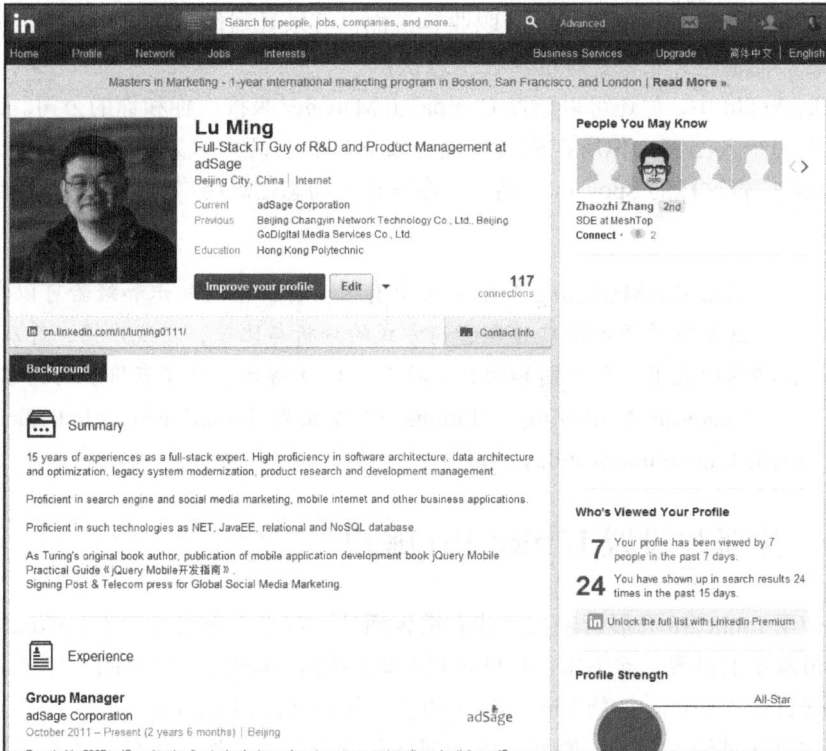

图 14-1　个人档案

　　作为一种社交媒体平台，LinkedIn 还提供了度量工具帮助你度量你的个人档案被浏览的情况，如图 14-2 所示。如果你是付费用户，你还可以看到过去 3 个月浏览过你个人档案的用户。

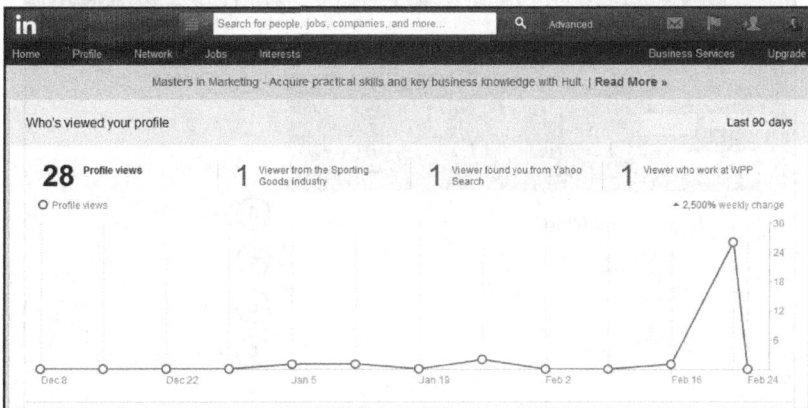

图 14-2　个人档案最近浏览情况

　　此外，LinkedIn 还可以提供个人档案的访客分析，如供职的公司、所在国家和城市、访客浏览来源、所属行业与职业等。你也可以看到你的哪位好友曾经浏览过你的档案，而他也许正好是你的潜在生意伙伴。

在 LinkedIn 中，你还可以通过 Campaign Manager 来推广你和你的公司。你不但可以为你的个人档案、你所在的公司页面发布广告，还可以发布类似于 Facebook News Feed 广告这样的 Sponsor 广告，将你发布的动态信息用广告的方式推广给更多的受众。

> LinkedIn Marketing Solutions 中有很多有价值的知识和经验可以参考。
> 这里有关于不同广告和营销方式的分析与比较，在线广播，普及经验技巧的白皮书、信息图和洞察力报告，以及博客等很多有价值的内容。
> LinkedIn Marketing Solutions 的网址为 http://business.linkedin.com/marketing-solutions/index.html。

14.2　注册与设置 LinkedIn 账户

要使用 LinkedIn 开展营销推广或者销售活动，首先你需要有一个 LinkedIn 账号并完成最基本的设置。接下来，你就可以开始使用 LinkedIn 开展你的工作了。

注册过程很简单。访问 LinkedIn 的首页（www.linkedin.com），你只需要在首页右侧的注册区域输入基本的姓名、电子邮件和密码之后，按照指导一步步走下去，就可以开始进行账户设置了。

当完成了基本的注册之后，进入的页面通常是空荡荡的，如图 14-3 所示。在此时的个人档案中，个人图片、简介、工作经历、教育背景都是空的，看起来非常简陋。

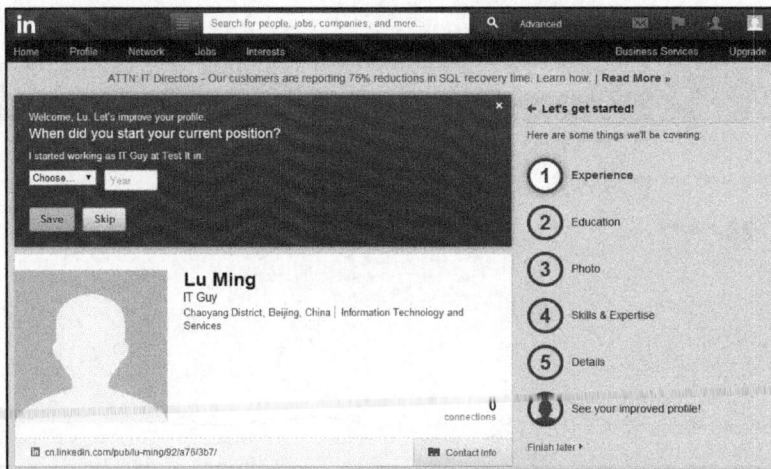

图 14-3　刚完成注册的个人档案

此时，你需要做的第一件事情是设置你的个人档案隐私保护。通常注册完

LinkedIn 后，你会将最愿意联系的人加入 LinkedIn 人脉网络中。很多人还会迫不及待开始从电话、邮件、通信录中导入人脉网络，这无疑会浪费你沉淀的优质营销资源，因为你的个人档案还是粗陋、原始、没有任何打磨的。一定不要在没有将个人档案（简历）打磨好的时候仓促地拓展你的人脉网络！这点特别重要。特别是，如果你是在一个备受关注的公司或产品线上，而你又很想尽快拓展你的生意，此时更需要先将个人档案设置好之后，再公开给更多人。

下一步，我们就来设置一份最基本的个人档案。

14.3　设置 LinkedIn 个人档案

设置 LinkedIn 的个人档案信息就如同填写一份个人简历一样简单。甚至很多人就是直接将智联招聘的英文简历复制过来，在国外也有人直接从 Monster 将简历复制过来。如果你的目的是基于 LinkedIn 开展营销活动，那么复制简历的"捷径"并不可取。你需要一份以"营销"为目的的简历。

个人档案的设计当然要根据正在做的事情和目标受众的不同有所侧重。使用营销目标不同或者面向的受众不同都将影响你的个人档案的内容。如果个人档案的目的是为个人建立品牌和口碑，或者是快速搭建和拓展商务社交网络，又或者是希望带来更多询盘和销售，那么个人档案就需要紧紧围绕你自己和你正在推广的产品这个核心主线来展开。

浏览你的个人档案的目标受众也往往不同。如果使用 LinkedIn 开展营销，那么个人档案的目标受众可能是采购经理、上下游企业的决策者或者其他商业伙伴。如果使用 LinkedIn 找工作，那么你的个人档案就和个人简历很类似，目标受众可能是人事经理、猎头顾问或者未来的雇主。LinkedIn 中一些个人基本信息是可以设置对外公开的，它包括你的姓名、照片、一段简要描述、当前和既往工作经历、教育背景、公开的 LinkedIn 档案地址、联系方式。

个人背景包括个人概述、工作经历、教育背景、项目经历、出版作品、专利、荣誉奖项等内容。这部分内容和通常的个人简历非常类似。完善这部分内容的时候需要特别留意，不要将你的个人档案写成了个人简历。你的个人档案应该是营销工具中的一部分。

推荐信是别人对你的评价以及你给朋友所写的推荐信。联系人是你的人脉网络。关注内容包括你正在关注的公司以及参与的社区组织。

14.3.1　基本信息

在个人档案最上面的部分是一些基本信息，如姓名、照片、最近的工作等，如图 14-4 所示。这里的部分内容是基于个人背景信息自动生成的，而一些能够定制化的信息其实潜藏了很多设计技巧。

图 14-4　个人档案基本信息

图 14-4 最醒目的是左边的个人照片。这张照片最好使用专业的职业照，或者能突出个人特点的照片。我见过很多 LinkedIn 个人档案的照片，有的没有照片，有的用卡通漫画，还有用手机或者笔记本摄像头拍出的自拍照。这些照片形式随意，如果要作为营销工具就显得不专业了。如果你希望通过 LinkedIn 展示自己可信的、专业的一面并赢得商业上的机会，不妨在表现个人形象上使用更加专业一些的照片。

也有人会使用照相馆的一寸免冠照片作为 LinkedIn 的照片。这类照片通常死板而又缺乏层次感，只能表现出来你的相貌，却不能让你的形象鲜活生动。如果说手机自拍是一种极端，那么一寸免冠照片则可以看成是另一个极端，这两种都不是很适合用作 LinkedIn 的个人照片。

我推荐的 LinkedIn 的个人照片具有这样一些特点。最好是清晰、完整的正面或者侧面照，个人照片能占到照片的大部分。对于男生来说，有肩膀的头像照片，会让人感觉可靠。头像照片最好是侧光或者蝴蝶光，以勾勒出你的相貌轮廓。

面貌轮廓清晰的人适合使用蝴蝶光。

蝴蝶光是人像摄影的用光方法，属于一种斜顶光的用光。将主光从被摄人物的正前方较高处投射下来。这种用光能在鼻子下方形成类似蝴蝶的影子，蝴蝶光因此得名。

如果你的脸型骨骼轮廓比较清晰，就会比较适合用这种光表现你特有的气质。美国 2012 年总统竞选候选人罗姆尼的照片使用的就是蝴蝶光的，参见 https://www.linkedin.com/in/mittromney。值得指出的是，女性尤其适合使用蝴蝶光。CNBC 记者 Kayla Tausche 的照片使用的就是蝴蝶光，参见 https://www.linkedin.com/in/kaylatausche。

大部分的半身照或者全身照都不适合作为 LinkedIn 的个人照片，因为在一些场景下，LinkedIn 会用尺寸很小的照片。如果使用全身照，那么经过缩放之后，别人很难看清楚这张照片里面的人是谁。当你在 LinkedIn 选择和调整照片的时候，可以在下方查看照片的预览效果。我们可以对比一下，图 14-5 所示为头像和半身照经过缩放后的效果。头像照和半身照在上面的大照片中还看不出来效果有什么差别。但是，如果我们留意下面缩放的四张照片就会明显感觉到，半身照里的人物很难被识别。半身照尚且如此，如果使用全身照，就更难识别了。

图 14-5　头像照与半身照效果对比

　　的确有一些营销者会定期更换头像。不是每张头像照片都那么精致漂亮，不过每张照片都有特色，或者富有生活气息，或者能传递某种情绪。而每次更换头像之后，都会在 LinkedIn 的状态更新中看到这个更新的头像。或许每周或者每隔两周更换一张照片，可能也是一个提升个人形象展示率（Impressions）和抵达率（Reach）的方法。

　　在基本信息的右侧有几个可以修改的部分，分别是姓名、个人描述和所在地与行业。姓名部分最好使用真实姓名，不过你可以将你常用的网名或者笔名写在曾用名中。如果你实在不愿意让无关的人浏览你的信息，你可以在这里设置姓名的公开范围，如图 14-6 所示。

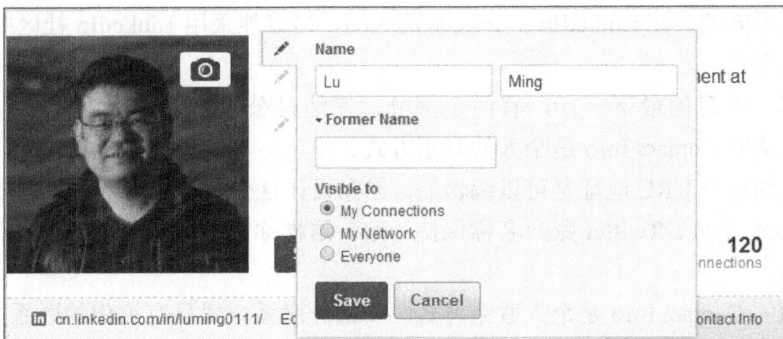

图 14-6　修改姓名、曾用名和公开范围

个人描述的部分会为很多营销者提供很大的文字创意施展空间。

默认情况下，LinkedIn 会将你的头衔和公司拼写在一起。例如，你在一家叫作

Some Company 的公司担任 Sales Lead，那么默认的描述就会是 Sales Lead at Some Company，直译过来就是"某家公司的销售主管"。虽然这个表述清晰地介绍了自己，但是格式化的描述并不那么生动，也不是很容易给人留下鲜活的印象。

如果我们留意一下，会发现有很多有趣的个人描述。有的人会突出自己所具有的特质或价值，或者调整文字形式使之生动有趣，或者是价值主张或口号。下面举几个例子。

- 一个 UX 设计师，她的描述是 "UX Evangelist @ Some Company"。她用了传教士 Evangelist 这个词生动地表现出自己对事业的热爱。而其他相同职业的人可能只会写 UX Designer（用户体验设计师）。另外，她没有使用英文 at 而是使用@符号将公司和自己的工作分割开。这段简介既具有 LinkedIn 简介的风格，又有自己的特点。
- Yahoo 的美女 CEO Marissa Mayer，她的个人描述是 "Yahoo!, President & CEO"，参见 https://www.linkedin.com/in/marissamayer。更换句子顺序之后，特别是 Yahoo 后面的那个感叹号，使得这句话读起来新鲜而富有节奏感。
- 2012 年美国总统竞选候选人米特·罗姆尼的个人简介写的是 "Believe in America"，参见 https://www.linkedin.com/in/mittromney。"Believe in America" 是他的竞选口号，也是他一本著作的名字。

通常来说，个人介绍所用文字越精简，越能有节奏感和传播能力。如果既能表现出来你的专业、严谨的职业化能力，也能表现出来你的个性化的一面，那么在你的潜在商业伙伴还没有开始看下面的内容时，就已经对你建立起不错的第一印象了。

如果有可能，多花些功夫认真组织你的个人简介。尽量让这句话令人过目不忘，这样能提升你的营销效果。

所处行业和地域也是可以修改的，在这方面，LinkedIn 和大多数社交媒体平台是一样的。在 Twitter 中，账户的所在地有很多娱乐性很强的写法，例如 Skype 的 Twitter 账号的所在地写的就是 Everywhere（无所不在）。不同的社交媒体平台，它们的特点是不同的。在 LinkedIn 上开展营销活动，最好能采用 LinkedIn 社区中大家都有的行为方式。

在基本信息的最下一行，有两个部分，左边是公共访客能看到的个人档案的 URL，右侧的 Contact Info 是个人的联系方式。

左侧的这个 URL 地址是可以编辑的。你在设计这个名字的时候，最好能够与你的 Facebook 主页、Twitter 账户名称保持一致。这样你的生意伙伴就更容易记住你，联系到你。

右侧的 Contact Info 是个人联系方式。一部分联系方式只有被你的联系人看到，还有一部分可以被所有人看到。你可以根据需要开放或隐藏你的联系方式。

只可以被你的联系人看到的联系方式是电子邮件、电话、即时通信（如 QQ）、通信地址。

可以被所有人看到的联系方式是 Twitter、微信（WeChat）、网站地址。

这里有两个实用的小技巧。首先是，LinkedIn 的微信可以出现在两个地方。既可以出现在即时通信的位置，也可以出现在 WeChat 的位置。如果只想让你的联系人看到，那么微信联系方式可以是一个 QQ 号或者手机号。如果需要将微信显示给所有人看，则可以用二维码形式显示出来。使用二维码显示微信号会有助于保护个人隐私，避免你的 QQ 号或者电话号码泄露出去。当任何人打开这个二维码链接的时候，可以看到图 14-7 的样子。

图 14-7　LinkedIn 中的微信（WeChat）二维码

另一个实用技巧是关于写出具有吸引力的网站地址的方法。LinkedIn 默认会支持这样一些网站定义：

- 个人网站（Personal Website）；
- 公司网站（Company Website）；
- 博客（Blog）；
- RSS 源（RSS Feed）；
- 作品集（Portfolio）；
- 其他（Other）。

大多数人会使用默认的分类，例如个人网站的位置填写个人网站或者博客，在公司网站的地方填写自己供职的公司网站。我并不建议使用这些默认的地址，而是使用"其他"这个选项。如果你选择"其他"，那么 LinkedIn 的网站地址栏会增加一个输入网站名称的地方，如图 14-8 所示。利用这个个性化的输入框，你可以制作更加个性化的网站，如图 14-9 所示。

图 14-8　个性化的网站地址

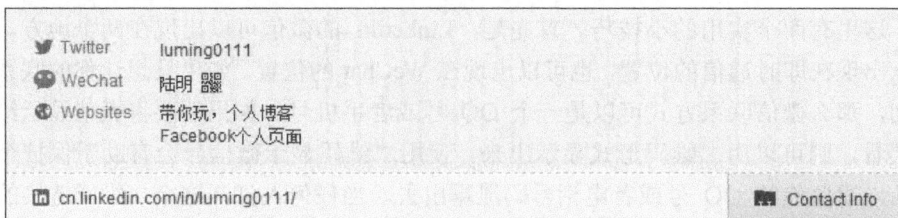

图 14-9　个性化网站的编辑效果

14.3.2　职业概述

职业概述（Summary）可以用简要的语言将你的个人特点和相关信息写下来。精心设计内容简洁的职业概述是非常有必要的。阅读你的个人档案的人未必能有耐心阅读所有工作和教育背景信息，却可以在职业概述中，一目了然地浏览相关内容。

通常职业概述位于个人档案最靠前的位置，如图 14-10 中 Summary 的部分。

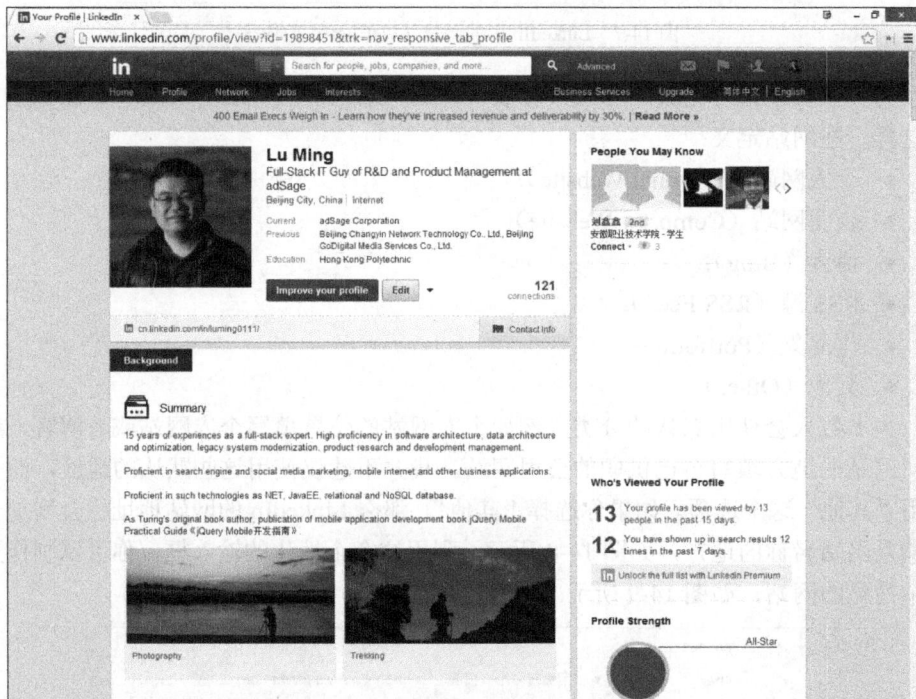

图 14-10　职业概述（Summary）

这部分描述要将自己或者所从事的工作介绍清楚。文字内容最好精简并且突出重点，不要使用过长和过于复杂的句子。

职业概述的整体篇幅也不宜过长。你可以在电脑上打开你的个人档案。看看读者是否需要上下滚动屏幕才能完整阅读这部分内容。如果是的话，就需要小心调整这部分的文字数量了。如果文字内容实在比较多，则可以考虑斟酌各个语句的顺序，尽量将重点的内容放在前面。

ⓘ 中文版和英文版职业概述有所区别。

LinkedIn 中文版（领英）中，这部分内容被称作职业概述，而在英文中是 Summary。所以，可以看到很多 LinkedIn 的英文版用户不仅会在这里介绍个人信息，也会有所侧重地提及所推广的公司、产品或者服务。

来自不同行业的 LinkedIn 用户的职业概述中所包含的内容也不尽相同。我们看到很多猎头顾问的职业概述中会包含正在招聘的人才范围和自己的联系方式。人们很容易认为职业概述中放置联系方式是一个好的经验，其实未必如此。猎头顾问的很多工作内容就是不断发现和认识目标候选人，然后将他们推销给有招聘需求的雇主。一个人一旦被推销出去之后，几年也不会再去推销他。这样，猎头顾问又要继续寻找和结识新的目标。将联系方式放在职业描述而不是基本信息中，的确有助于猎头顾问提升 LinkedIn 营销的转化率。这是因为，电话、电子邮件、QQ 等信息只有在双方成为联系人之后才能看到。而如果将这些信息放在职业概述中，即便你们没有添加成 LinkedIn 的一度人脉，只要浏览过个人档案就可以获得联系方式。这样猎头和求职者就可以跳过建立人脉的步骤，而直接将线上资源转化为线下资源，并很快开展后续活动了。对于大多数从事营销和推广的人而言，你所从事的行业主要是沉淀人脉网络，以及与稳定的商业伙伴开展合作，你大可不必在职业描述中写下那么多联系方式和推广文字。将联系方式放在基本信息中，把推广文字放在公司或产品页面里，这样就可以了。

LinkedIn 的英文版职业概述，不但可以添加文字，还可以添加海外其他社交媒体平台的媒体资源，如图片、视频、PPT 和在线文档。LinkedIn 可以支持的媒体平台非常多。这些媒体平台的列表可以参见 http://help.linkedin.com/app/ answers/detail/a_id/34327/。

如果有 ABC 新闻或者 CNN 新闻有关于你个人或者公司的正面报道，你就可以通过添加链接的方式，将这篇媒体报道添加到你的职业概述中。或者，你也可以直接上传图片和文件到职业概述中。打开图 14-11 右侧的菜单，你就可以选择添加链接或者上传图片了。例如，在图 14-10 所示的职业概述中有作者的两张照片。左边一张是作者在尼泊尔摄影，右边一张是作者在喜马拉雅山徒步。这两张照片就是通过上传文件的方式添加到职业概述中的。

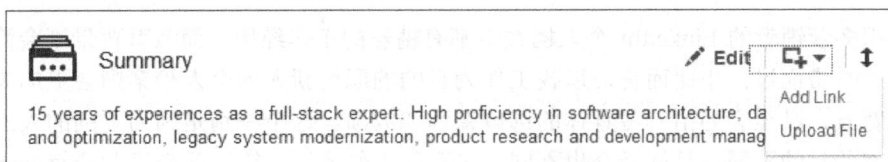

图 14-11　添加链接或者上传文件

14.3.3　工作经历与教育背景

通常在个人档案中，都会添加基本的工作经历和教育背景，以增强对方对你的了解，如图 14-12 所示。工作经历（Experience）和教育背景的基本书写方式和传统的招聘网站简历非常类似。

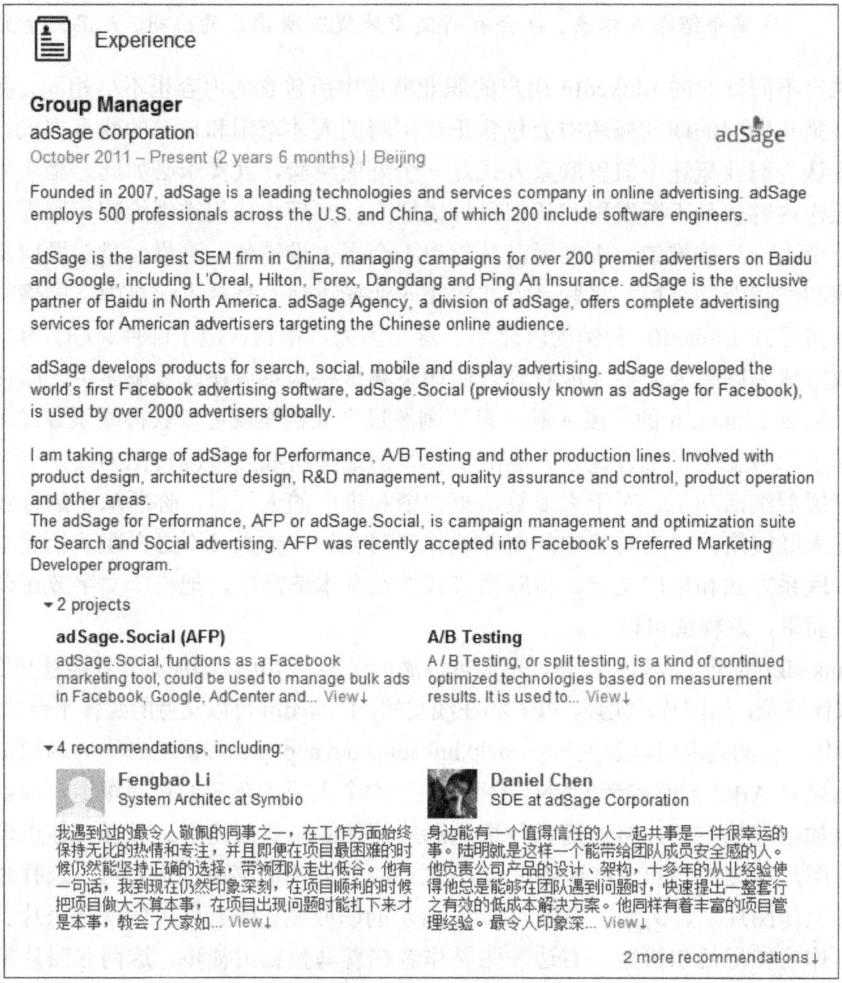

图 14-12　工作经历

很多营销者的 LinkedIn 个人档案中都有精彩的工作经历，而教育背景则会简单明了、一带而过。相比而言，以找工作为目的的职场新人的个人档案则会更加突出教育背景，甚至会列出一些具体的选修课程和成绩。这个差别是因为不同的人的个人档案的目的不同，目标受众也不同。丰富的工作经历、简洁的教育背景有助于让读者将注意力集中在工作经历和所能提供的专业价值上。所以，在这里我们将会重点关注与工作经历相关的内容。

以营销为目的和以求职为目的的个人档案有所不同的。

以营销和销售为目的的个人档案，尽管也要展示自己的个人履历背景，但是很多内容主要还是围绕着相关品牌和产品来写的。这个时候，重点突出的是你所经营的品牌。如果你的个人经历丰富，一些职业生涯早期或者细碎的内容可以一笔带过。

以求职为目的的个人档案，则完全围绕自己的职业生涯来组织内容。

如果你正在从事营销工作，你最好能够帮助你的同事们提供一份格式化好的、高质量的公司描述。你的同事们可以将这部分公司描述放在个人档案的公司部分。如果不同产品线有不同的同事，最好还能够为不同产品线的同事准备不同的产品介绍的文字。即便是个人所从事的项目和工作部分，也最好能抽些时间帮助同事们将文字润色处理好。最好不要出现一段工作经历中，公司介绍和个人介绍部分的内容文字质量相差很大的情况。

在工作介绍中，同样可以上传文件和链接。这部分功能和职业概述部分的操作方法几乎是一模一样的。你可以将相关的公司获奖、媒体报道、产品白皮书或者其他有助于营销的链接、文档或者图片放在这里。当然，这些内容需要保持一定的新鲜度。例如，产品名称和官方介绍已经更新，或者产品已经下架，则这部分上传的内容最好也要同步更新。如果你的个人档案的工作经历是作为求职招聘，那么就是另外一回事了。

在添加工作经历或者教育背景中的公司和学校名称的时候，LinkedIn 会给出自动提示。这样既可以防止输入错误，也有助于基于同事或校友网络建立社交媒体网络。在个人档案发布之后，你和你的朋友点击公司和学校名字就能找到具有类似经历的人。

如果你的公司已经建立了 LinkedIn 公司页面并上传了 Logo，那么在输入你公司名称的时候还能够同时显示公司的 Logo。此外，建立公司页面还能帮助你的其他同事添加这段经历的时候不会写错公司名称。

很多中国公司会同时有几个不同的公司名称，有的公司在国内和国外会使用不同的品牌开展营销。最好能让公司员工正确使用 LinkedIn 个人档案的的公司名称。

如果公司品牌是大家所熟知的，那么也可以直接使用公司品牌。使用公司品牌必须符合公司政策。

在一段工作经历中，还可以添加相关的项目经历。项目经历可以对某个你所参与过的产品项目进行详细介绍。

你还可以请你的同事、商业伙伴和客户为你写一份推荐信。关于如何基于人脉网络邀请朋友给你写推荐信以及推荐信的管理方法，我们将在 14.4.2 节中详细介绍。

14.3.4　设置其他内容

在个人档案中，除了工作经历和教育背景之外，还可以添加所参加过的公益组织、出版过的作品、申请中或者已经颁发授权的专利、获得过的荣誉奖项、语言能力以及兴趣爱好等内容。

通常工作项目、出版作品和发明专利这些内容可能是一个人独立完成的，也可能是和同事或同学们共同完成的。在这些部分，你可以添加其他参与者作为共同的团队成员。你的个人档案的访客如果对这些内容感兴趣，他们也会看到其他成员的信息。

在设置工作项目，出版作品和发明专利的团队成员的时候，LinkedIn 会建议按照贡献高低排列团队成员的顺序。有的时候，需要注意一下这个排序。例如，在图书出版中，第一作者和第二作者排序不同也就表现为贡献价值高低的不同。

> LinkedIn 中增加团队成员需要征得对方同意，并符合公司政策。
>
> 如果对方表示拒绝，则最好将他从列表中移除掉。如果需要，最好咨询对方拒绝的原因是什么。添加团队成员与排序也要符合所在公司或组织的政策。

14.4　社交网络提升个人档案

有别于常见的招聘网站，LinkedIn 拥有强大的社交媒体网络人群，LinkedIn 用户可以通过同事、同学和商业伙伴帮助自己搭建高质量的社交媒体网络，也可以在LinkedIn 上沉淀自己的口碑，建立所在公司和个人品牌。

人们可以使用 LinkedIn 的社交媒体网络实现：导入人脉网络、推荐信、技能认可、参与讨论组、关注公司。

14.4.1　导入人脉网络

完成了基本的个人档案之后，就可以导入你的人脉网络了。当然，导入人脉网络的时候，你的朋友们会首先看你的个人档案。所以，先完成之前介绍的个人档案的基本内容，再开始导入人脉网络，而不要将顺序操作反了。

通常人脉网络是通过电子邮件来导入的，通过这样的导入操作，你就可以将你在工作、学习和生活中积累的现实生活中的人脉网络迁移到 LinkedIn 上了。然后，你会发现你的很多海外贸易伙伴都已经活跃在 LinkedIn 之上了。你甚至可以通过他们的支持，借助 LinkedIn 来拓展你的生意圈子。

LinkedIn 支持 Gmail、Outlook、IMAP、QQ，以及其他大概 330 个邮件服务商

导入电子邮件联系人来建立人脉网络。在导入人脉网络的时候，可以通过 LinkedIn 菜单的 "Network" 下的 "Add Connections" 进入导入人脉的界面。

在导入联系人中，你可以选择电子邮件服务商，输入电子邮件地址并按照提示一步步完成操作。如果你的联系人所使用的电子邮件地址已经存在于 LinkedIn 之上，则可以直接发起建立联系的邀请。如果他没有使用过 LinkedIn，那么对方邮箱会收到你发起的建立人脉关系的邀请邮件，并由他选择是否注册 LinkedIn 并添加你为好友。

> 先小规模测试，再大规模邀请好友。
> 从发送邮件到建立人脉网络，并不是每个人都会接受你的添加好友邀请。你可以先在小规模范围内进行测试，并基于测试结果优化个人档案等内容。在测试效果较好之后，再大规模邀请好友和拓展商务社交网络。

并不是所有人都适合添加到人脉网络中。如果你希望移除某个人，可以在人脉网络的列表中选择移除联系，然后将他移除掉，如图 14-13 所示。

图 14-13　在列表页中移除联系人

14.4.2　推荐信

推荐信是你的同事或者同学为你们有过的共同经历写的推荐文字。如果接受，这段推荐信会在你的工作经历或者教育背景中显示出来，如图 14-14 下半部分所示。推荐信不是 "王婆卖瓜，自卖自夸"，而是别人写给你的评价，所以推荐信可以让别人从不同角度观察你，也更有助于提升你的个人品牌，获得生意伙伴们对你的信任和认可。同样，你给别人写的推荐信也会显示在对方的个人档案中。

> 推荐信是提升商务社交网络中个人口碑最有效的方法之一。
> 越是有 "分量" 的人所提供的推荐信，对你的价值就越大。推荐人的 "分量" 不仅仅从个人视角来衡量，也要从目标受众的视角综合考虑。

你可以在吃工作餐或者喝咖啡的时候请你的同事、朋友为你写一份推荐信。你也可以通过 LinkedIn 邀请他们为你写一份推荐信。在你的个人档案 "Edit"（编辑）按钮的右侧有一个下拉菜单，当鼠标放在上面时，这个菜单会自动展开，点击其中的 "Ask to be recommended" 就可以向你的朋友发出邀请，请他们为你写一段推荐信。

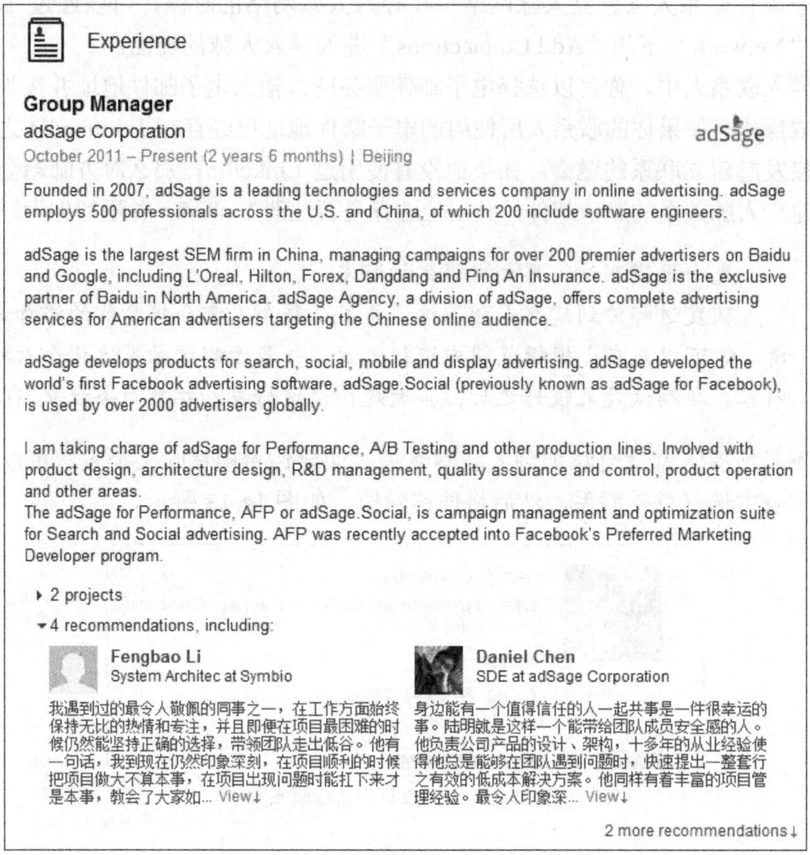

图 14-14　显示在工作经历中的推荐信

写推荐信的时候，LinkedIn 会要求明确你和被推荐人的关系。在 LinkedIn 中通常会有 4 种常见的关系，如图 14-15 所示。各关系的含义如表 14-1 所示。

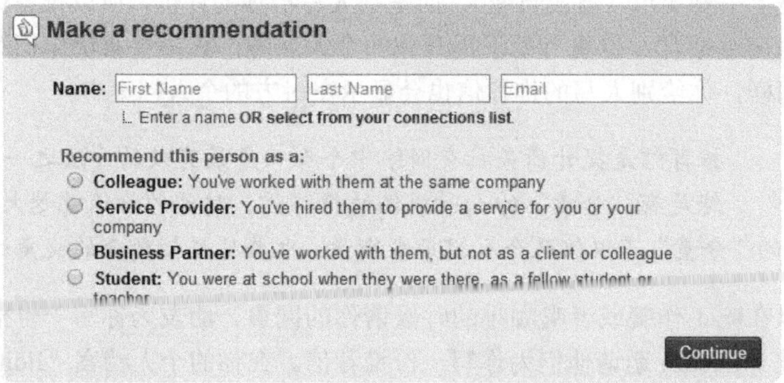

图 14-15　推荐人与被推荐人的关系

表 14-1　LinkedIn 常见的 4 种推荐人和被推荐人的关系

关　　系	含　　义
Colleague	曾经在同一家公司供职过的同事
Service Provider	作为服务提供商，曾经为你或你所在的公司提供过服务。例如，常见的软件合同中的乙方就是这个类型
Business Partner	曾经共同工作过，但并不是传统概念的合同甲方和乙方的关系，而是商业合作伙伴的关系。例如，共同打造某个产业的生态系统
Student	曾经在同一所学校。这个关系既可以是同学关系，也可以是师生关系

　　刚开始收到推荐信的时候，可能会很开心，并急于将推荐信展示在个人档案中。但是，并不是每个推荐信都适合显示在个人档案中。过多内容雷同的推荐信会分散读者的注意力。假如你收到同一个岗位的很多推荐信，你可以根据不同的营销阶段或者推广内容重点的不同，有选择性地显示或隐藏不同的推荐信内容。在 LinkedIn 中，你可以有选择地显示或者隐藏部分推荐信，按照不同的工作经历和教育经历，将推荐信进行分组，如图 14-16 所示。

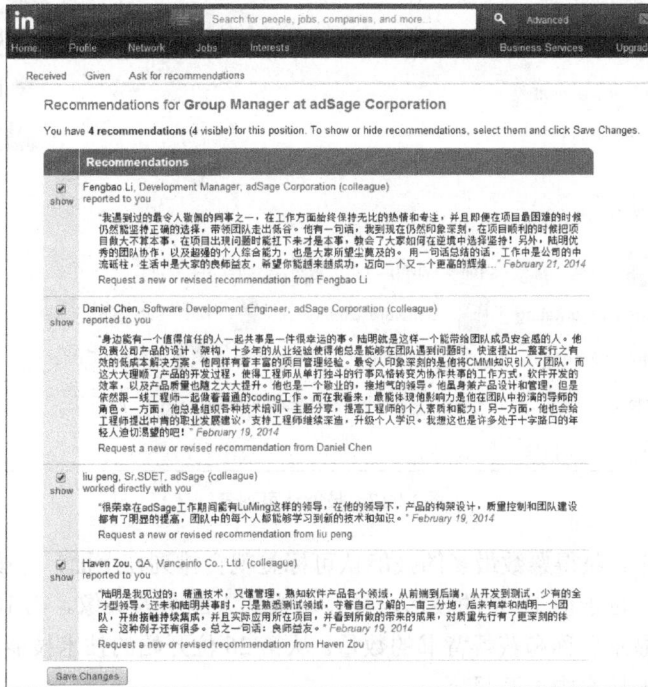

图 14-16　显示或隐藏推荐信

14.4.3　技能认可

　　技能认可的英文是 Skill & Endorsements，表示你的同学或者同事认可你的某项技术技能，并愿意为此背书。在 LinkedIn 上，技术技能变成了一个个标签，技术认可其实就是一个大家对标签投票的过程。下面以本书作者之一陆明的 LinkedIn 信息为例（如图 14-17 所示）进行详细讲解。

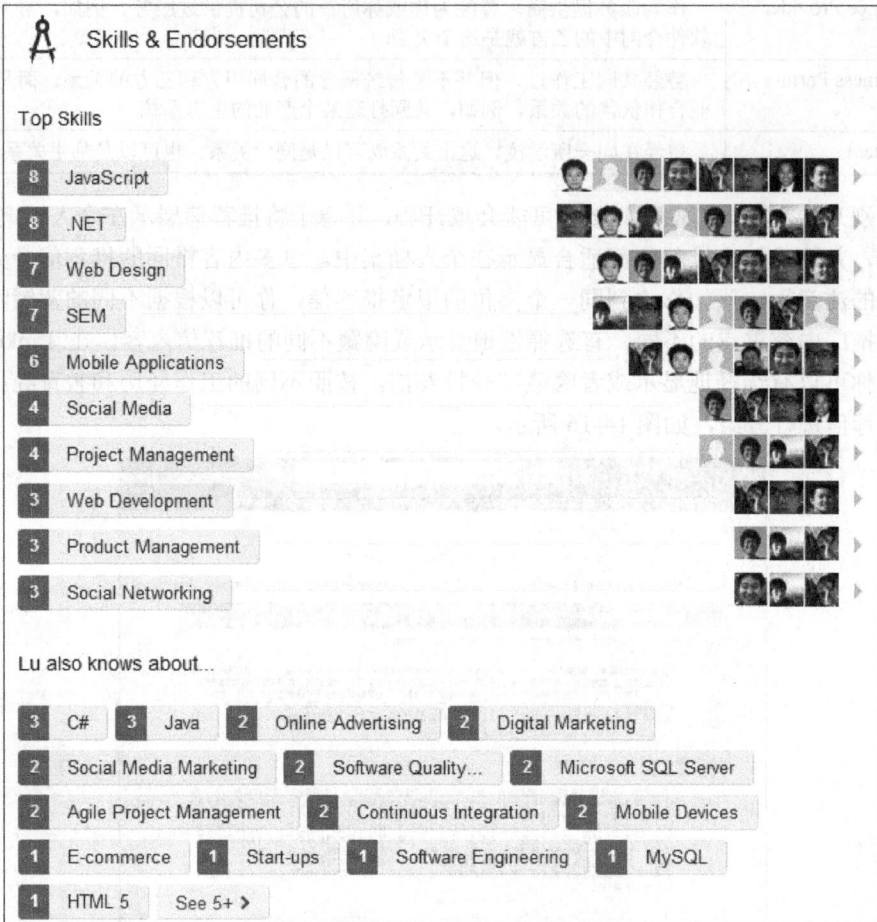

图 14-17　技能认可列表

默认情况下，获得票数最多的技能认可标签就会排列在上面，并按照获得票数，从多到少排列。位于前 10 位的技术，会显示投票人的个人头像。第 10 位之后的 15 项技能就会只显示名称和获得背书的数量。从第 26 位开始的技术技能就会被折叠起来而不会在个人档案中展开显示。

这种排序和内容元素呈现的设计可以被看作是一种帕累托图。帕累托图反映出来的是我们常说的 80/20 原则，也就是说常用的那 20% 的技术技能能够为周围的人带来 80% 的价值。在 LinkedIn 的技能认可的设计中，获得认可最多的条目也是在历史工作中表现最突出的方面。这些能力可以为周围的人带来更多价值，所以排列在前面。

很多时候，技能认可并不那么准确。

首先，人们知道的和你的特长往往不是那么匹配。在图 14-17 中，排在第一位的是 JavaScript。可能是因为陆明出版了一本关于用 HTML5 和 JavaScript 开发 Web 移动应用的书《jQuery Mobile 开发指南》，所以，很多同事和同学就将陆明和 JavaScript 标签联系在一起了。陆明虽然曾经负责一个移动互联网的产品时使用 JavaScript 比较多，但是陆明工作内容也涵盖了很多其他技术跨度巨大的领域，如云计算、大数据、数据科学等。

其次，你的朋友聚集在某个领域越多，在这个领域你获得的技能认可自然也会越多。而这也未必和你的特长相匹配，只是表现出你的朋友们对这些更关心。很多人知道我所曾经负责的几个产品线对于搜索引擎营销会有些帮助，如 A/B Testing。于是，更多的人在谈到营销领域的时候，很自然地会将我和搜索引擎营销联系在一起。当然，这也是因为在国内，我身边从事百度凤巢相关产品研发和营销的朋友要比从事 Facebook 营销产品的人要多一些。也是因为这样，在我的技能列表中，搜索引擎营销居然排在了社交媒体营销的前面。

再次，有的技能认可的标签含义是类似的，只是稍有不同，让技能认可被分散在不同标签之下。例如，有的同事在给我写技能标签的时候，知道我在社交媒体营销领域，特别是 Facebook 广告营销做了一些年。但是，他们会将社交媒体（social media）、社交网络（social network）、数字营销（digital marketing）和社交媒体营销（social media marketing）都加上技术认可。而当几个人都投票之后，这个列表中社交媒体营销相关的内容被分散在不同标签上，每个标签所获得的票数反而不多。而与之相关的其他领域的技能标签却因为获得更多投票而排在前面。

从上面三个方面，我们可以看到技能认可所描述的虽然是一个人的技术技能，但是更多是从身边同学和同事的视角来看的，不会完全跟一个人的自我认知相同。其实，我的本意是让大家记住我在社交媒体营销、架构设计、应用开发以及创新领域的能力。为了解决这个问题，LinkedIn 提供对技能认可进行二次编辑的功能。通过编辑技能认可的列表，你可以：

- 设置是否允许其他人为你的个人档案添加技能认可标签；
- 是否允许对自己添加的技能认可进行投票；
- 有了新的投票是否接收提醒邮件；
- 添加自定义的技能认可标签，或者删除不合适的标签；
- 对于技能认可进行手工拖动排序；
- 管理技能认可的背书人员范围，可以隐藏掉一些投票人的信息，隐藏之后，技能认可的投票数量也会相应地发生改变。

在这些编辑技能认可的功能中，有一个非常有用而又容易被忽略的功能就是手工拖动并重新排列技能列表。这个调整可以在投票数相同的范围内，重新组织各项内容。例如，经过重新排序，一些获得 2 票的技能被排在前面，而一些获得 8 票的技能被排在后面，如图 14-18 所示。经过调整之后，一些软件开发和架构设计的技术技能出现在行业经验、产品和项目经验的后面。

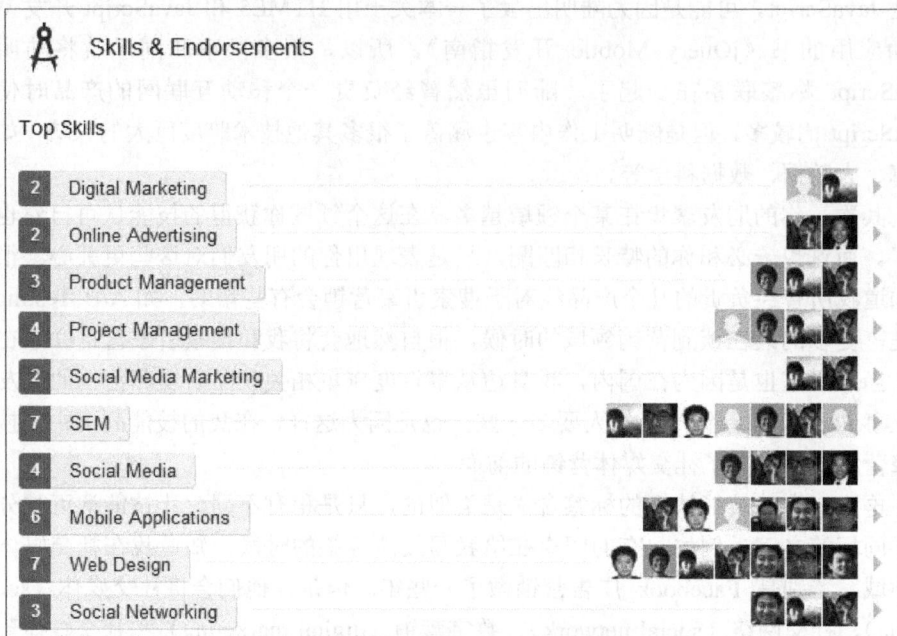

图 14-18　调整顺序之后的技能列表

14.5　其他

LinkedIn 的个人档案中还有一些有用的设置，有的能够帮助你面对不同应用场景时更好地管理和分享你的个人档案，有的则能帮助你更加聚焦在有价值的工作事务上。

14.5.1　多语言个人档案

如果你的营销所面向的目标受众涉及不同的语言，那么你可以为不同群体创建多种不同语言的个人档案。对于不同语种的受众，可以使用不同语言和他们展开交流。

LinkedIn 可以提供非常多的语言支持。你可以使用 40 种左右的语言来写你的个人档案，但是档案只能有一份。这与国内很多招聘网站是不同的。在招聘网站中，你可以创建很多份简历，但是每份简历只有中文和英文两种语言。

如果需要创建更多语言的个人档案，你可以在基本信息的 Edit 按钮右边，点击

"Create profile in another language"菜单来创建其他语种的档案，如图14-19所示。

图14-19　创建不同语种的个人档案

在创建其他语种个人档案的界面中，你可以选择创建档案的语种来设定这份新档案是基于何种语言的，如图 14-20 所示。然后再一步步按照创建新档案的步骤操作下去，一份基于新语种的档案就创建完成了。

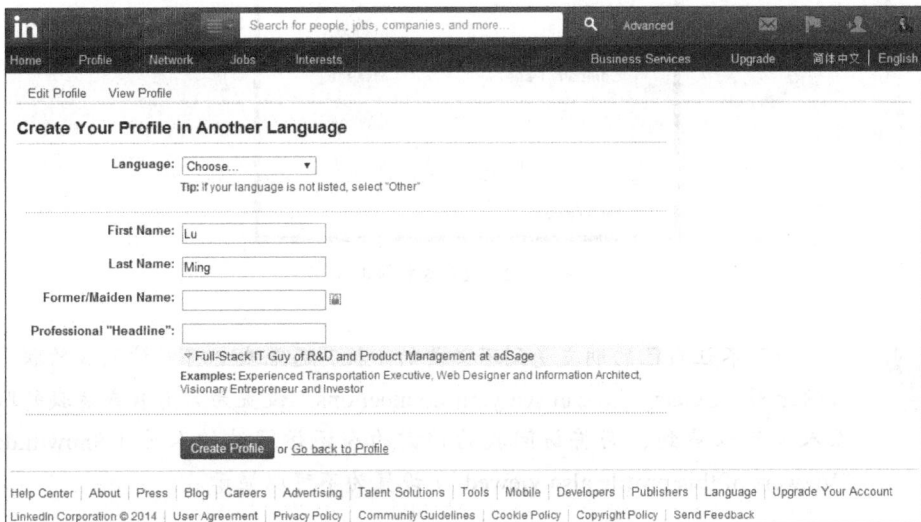

图14-20　创建其他语言的档案

14.5.2　设置公开内容范围

如果你并不打算将个人档案公开给所有人，可以设置个人档案公开的范围，比如是否允许别人看到你的人脉网络，是否允许别人在访问你的个人档案的时候还能访问其他相关档案，是否屏蔽掉不受欢迎的人等，如图14-21所示。

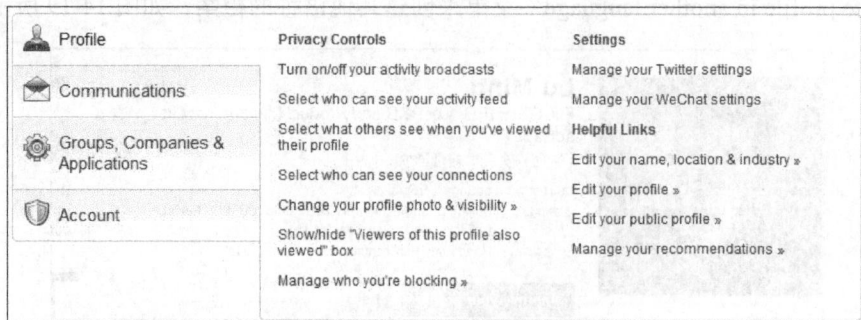

图 14-21　管理个人档案和账户隐私

在 LinkedIn 的右上角，将鼠标放在你的头像图标上，可以自动出现一个菜单，点击其中的"Privacy & Settings"菜单就可以进入隐私保护界面，如图 14-22 所示。

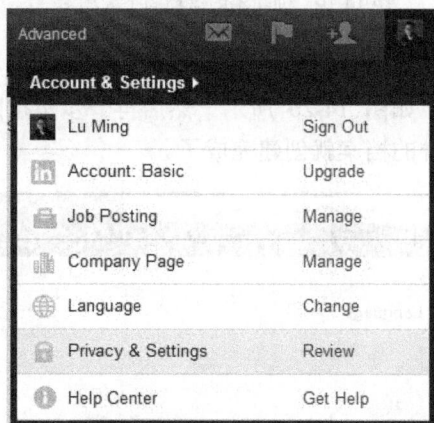

图 14-22　设置隐私保护

为了不让自己的朋友受到不必要的干扰，通常我会将能访问我的联系人的选项（Select who can see your connections）设置为只有我或者我的联系人才可以看到，而将访问我的档案的人还访问过的人员（Show/hide "Viewers of this profile also viewed"）设置为不可以显示。

14.5.3　设置邮件提醒频率

有人抱怨 LinkedIn 是垃圾邮件的集散地，什么消息都会通过电子邮件发到邮箱中。其实 LinkedIn 可以进行很多电子邮件与提醒的设置，如图 14-23 所示。可以设置的内容包括提醒的频率、提醒的类别、可以发送通知邮件的沟通对象等。你可以根据需要和喜好设置这些沟通的选项。

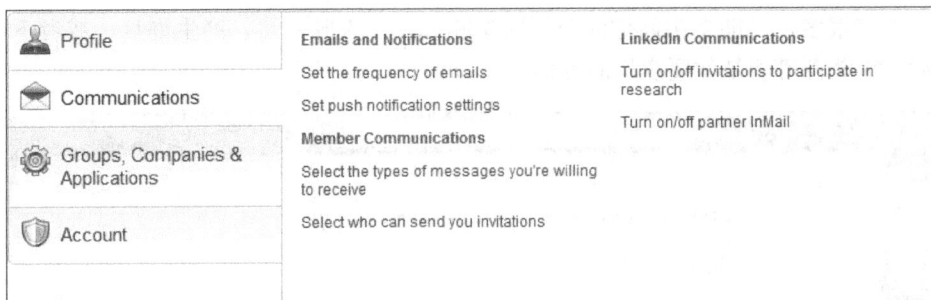

图 14-23 设置沟通选项

14.6 搜索关键词优化

很多人会通过 LinkedIn 的检索功能来建立社交人脉网络。在 LinkedIn 页面最上面、中间的位置，醒目地放置着一个检索栏。你可以在这里方便地检索到各种常用的有价值的信息，例如友人、工作、公司、兴趣组、学校、文章，甚至你在 LinkedIn 邮件中的内容，如图 14-24 所示。

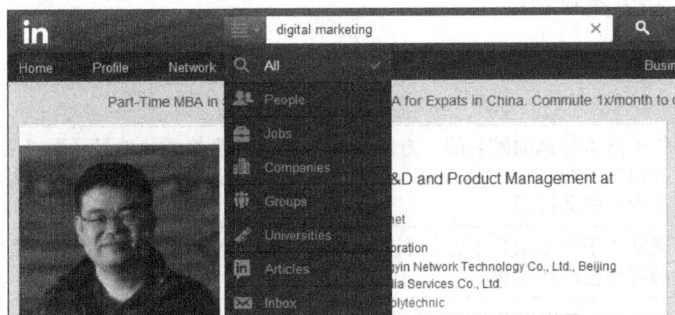

图 14-24 LinkedIn 常见的检索分类

举个例子，当我们在检索栏中输入"Digital Marketing"，检索栏下方会显示一个列表，如图 14-25 所示。这些列表中的信息按照一定顺序排列。不同的搜索引擎都有自己的排名算法，虽然大家各不相同，但是基本原则是一样的，那就是越接近你所检索的关键词内容，排名位置越靠前。而越靠前显示的内容，也就越可能被访问者打开。搜索关键词优化就是针对 LinkedIn 的内容排序规则和用户内容检索的行为习惯展开的。

首先，你需要分析可能会带来流量的关键词。这个关键词的范围可能会很大，不过最核心的关键词可能是你日常营销就会经常用到的，例如产品或者服务的品牌词，或者某个基于行业经验所沉淀下来的、容易带来营销转化的长尾词。

然后，基于你的营销目的来分析，哪些关键词可能会带来营销转化。转化的定义可能有很多，可能是访问你的公司网站和你建立人脉网络，产生询盘，或者下单采购。这些都可能是你要度量的目标。

图 14-25　搜索提示

当确定这些关键词的范围之后，就要研究如何将这些关键词放置在你的个人档案中了。适合包含搜索关键词，并能够带来访客流量以及营销转化的位置，从重要到次要按照表 14-2 来排列。

表 14-2　放置搜索关键词的位置

位　　置	简　　述
个人描述	位于基本信息的姓名的下方。虽然 LinkedIn 会格式化地显示为 "某个职位 at 某个公司"，例如 Dev Lead at Some Company。但是你可以定制这部分内容，放入希望被搜索到的关键词
职业概述	通常位于基本信息下方，可以用 2000 个字进行简要地自我概述。很多猎头会将热点招聘岗位放在这里
当前工作	位于工作经历最上方的一个工作经验。如果能将关键词放在当前职位上，则转化率可能会更高一些。例如，你的职位标题中包含一个所营销产品或服务名称的品牌词
历史工作	过往的工作经历。不过，因为通常会围绕当前工作经历所在的公司或者产品开展营销，所以如非必要，应尽量简化过往经历
技能认可	你的同学或同事对你能力的认可，以及他们所打的标签
兴趣	共同的兴趣爱好会让志趣相投的人走到一起

很多时候，刚开始所选择的 LinkedIn 关键词未必会带来很高的营销转化。寻找到高质量的关键词是一个需要逐渐沉淀的过程。你可以通过几个方面的努力来逐渐沉淀这些关键词。

- 基于搜索引擎营销的 ROI 比较高的竞价关键词和搜索关键词来设计 LinkedIn 的关键词范围。
- 基于搜索引擎营销的拓词工具，在核心关键词基础上拓展更多的关键词。

- 设定营销目标，确定度量指标，并轮换部署不同的关键词来检验高质量的 LinkedIn 关键词。

此外，在实施 LinkedIn 关键词优化的时候还要注意以下几个方面。

- 不要做关键词堆砌的工作。虽然大量关键词可能带来流量，但是如果因为堆砌关键词造成文案质量低下，对于营销是没有任何好处的，还会影响你的品牌形象。
- 使用关键词的时候要语句通畅。不要为用关键词而用关键词。
- 综合评价实施关键词优化的成本。如果你当前的营销目的并不是提升转化率，而是要实现很高的展示量（Impressions）或者抵达率（Reach），那么选择投放一些 LinkedIn 广告所能带来的实际效果可能会高过关键词优化。所以需要综合各方面因素来平衡在关键词优化上所需要投入的精力。

14.7　LinkedIn 的网站插件

如果你有自己的个人网站或者你的公司网站中有关于你的介绍，你可以将 LinkedIn 的徽章放在这个页面中。访问这些页面的人如果对你感兴趣，也可能会将你加入他们的人脉网络中。LinkedIn 可以提供很多可以集成在网站中的个人档案样式，如图 14-26 所示。点击相应样式设定界面下面的 Get Code 按钮就可以获得将插件集成到网站的 HTML 代码。

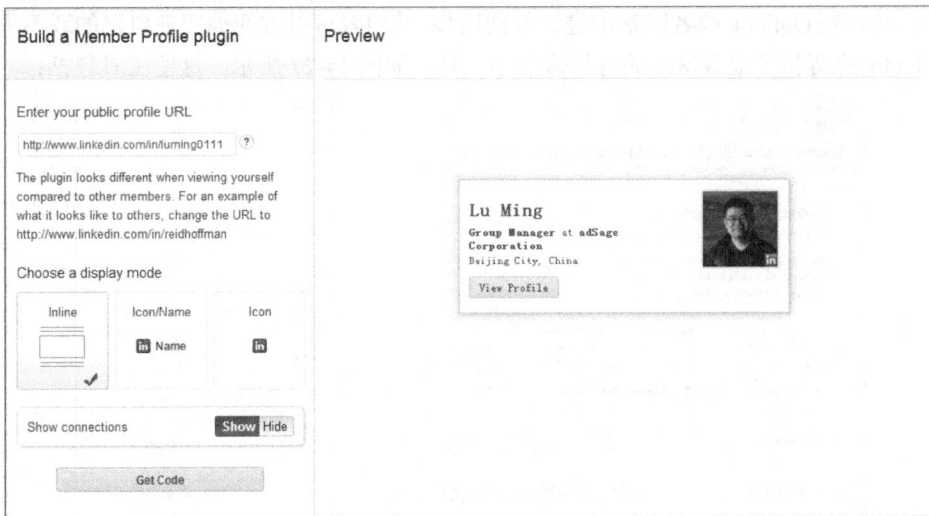

图 14-26　设置个人档案插件和样式预览

LinkedIn 可以提供很多不同的插件，根据使用场景不同，可以将这样的插件集成到你的网站中。表 14-3 所示为一些常用的 LinkedIn 插件。

表 14-3　常用的 LinkedIn 插件

分　享　方　式	作　　用
Share on LinkedIn	可以集成在博客或者网页中，方便访客将网页分享到 LinkedIn 的状态更新中的插件
Follow Company Plugin	关注公司页面的插件
Member Profile	展示个人档案的插件
Sign In With LinkedIn	在 LinkedIn 注册的插件
Company Insider	展示某个公司中和自己建立人脉关系的插件
Company Profile	公司的档案页面插件
Apply With LinkedIn	使用 LinkedIn 应聘某个岗位的插件
Full Member Profile	完整的个人档案插件
Recommend with LinkedIn	在 LinkedIn 中推荐产品或服务的插件
Jobs You May Be Interested In	你可能会感兴趣的工作的插件

LinkedIn 的插件列表位于 https://developer.linkedin.com/plugins。你可以在这里找到和定制你需要的插件。

14.8　LinkedIn 的生产力工具

早年间使用过 Plaxo 的人一定对于 Plaxo 的 Outlook 插件印象深刻。使用这个插件，Plaxo 可以在 Outlook 或者网站中进行双向同步，使用者可以方便地管理自己的联系人。LinkedIn 也提供了很多这样的有价值的小工具，如图 14-27 所示。这些工具包括：

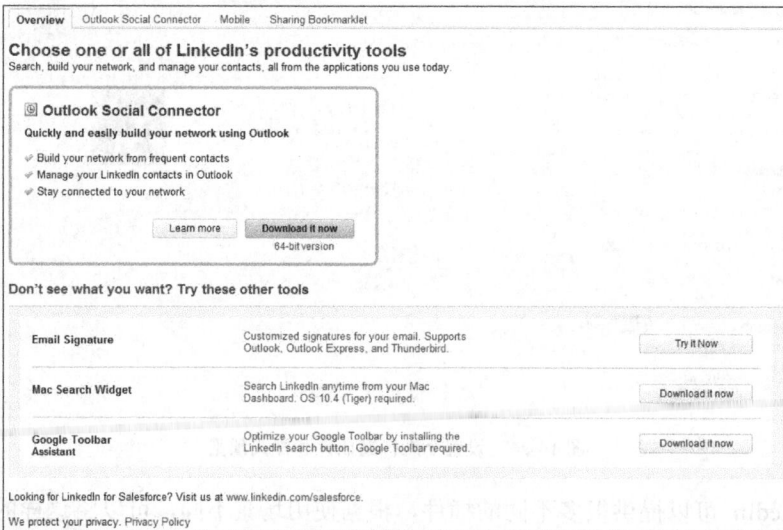

图 14-27　LinkedIn 的生产力工具

- Outlook Social Connector，用于在 Outlook 中建立经常访问的列表，管理 LinkedIn 人脉的联系方式，以及管理联系人；
- Email Signature，在各种主流的电子邮件客户端中，自动加入 LinkedIn 的签名；
- Mac Search Widget，用在苹果电脑上的搜索小工具；
- Google Toolbar Assistant，安装在 Google 浏览器工具栏上的 LinkedIn 检索按钮；
- LinkedIn 移动客户端，包括 iPhone、Android、iPad 等多种设备的应用；
- LinkedIn 的分享按钮。

你可以访问 http://www.linkedin.com/static?key=tools 下载这些工具。

在这些工具中，Outlook Social Connector 是一个值得推荐的小工具，如图 14-28 所示。大多数人使用 Outlook 来管理联系人、电子邮件以及与移动设备同步数据。集成了这个插件之后，对于写邮件和管理联系人地址是非常方便的。

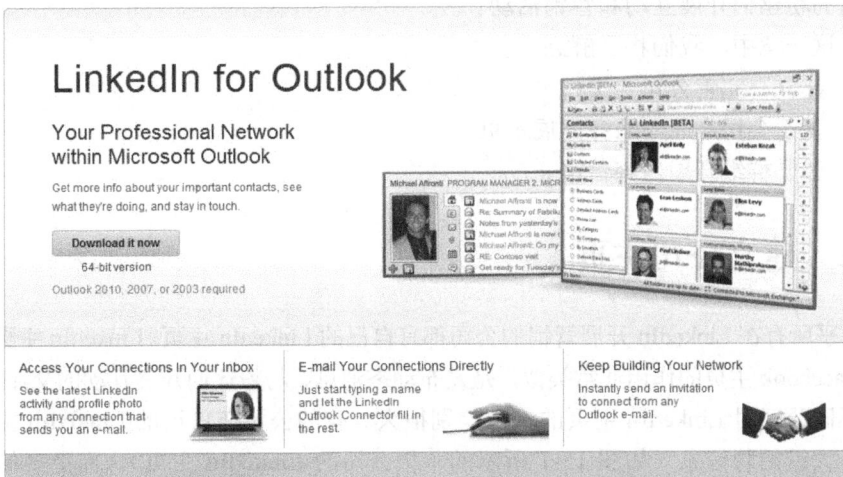

图 14-28 LinkedIn 的 Outlook 管理插件

14.9 小结

虽然 LinkedIn 通常被用作求职与招聘平台，但是 LinkedIn 也是非常有效的沉淀个人和企业品牌的社交媒体平台。特别是在 B2B 领域，LinkedIn 可谓一枝独秀。在很多中国中小型企业走向世界舞台的过程中，很多商务活动从一开始的销售活动，逐渐拓展到市场营销和品牌营销领域，使得企业的影响范围不断扩大。

建立和经营高质量的个人档案与沉淀个人品牌是基于 LinkedIn 开展社交媒体营销的第一步。完成高质量的个人档案，以及在 LinkedIn 中和已有的商业伙伴建立联系之后，你就可以开始考虑着手建立和推广公司页面和展示页了。

第 15 章
>>>>>> 公司主页与资讯管理

当开始 LinkedIn 营销的时候，不管你的目的是宣传所在的公司或者所负责的产品，还是基于 LinkedIn 拓展商业网络，发掘销售机会，你都需要将你的公司和所推广产品的页面建立起来。建立完成之后，你和你同事的个人档案中的公司或产品介绍部分就可以关联到这个页面。你也可以继续在这些页面里发布动态时报的更新，与公司的粉丝们开展互动和营销活动。

在这一章中，我们将了解到：

- 建立与完善公司主页；
- 基于公司产品与服务的展示页；
- 基于群组开展内容营销。

15.1 建立公司主页

几乎所有在 LinkedIn 开展营销的公司都有自己的 LinkedIn 主页。LinkedIn 主页的作用和 Facebook 主页的作用非常类似，是发布动态消息、与粉丝们开展互动的交流工具。

不同公司对 LinkedIn 主页的定位差别很大。有的公司在自己的 LinkedIn 主页中发布了大量招聘信息（如图 15-1 所示的苹果公司的 LinkedIn 主页）。而更多的公司是把 LinkedIn 主页当作一种社交媒体营销平台与粉丝开展互动（如图 15-2 所示的联想公司的 LinkedIn 主页）。如果你希望通过 LinkedIn 拓展海外市场，进行产品营销，发掘销售机会，你不妨多关注那些使用 LinkedIn 作为营销平台的企业。

各个 LinkedIn 的公司页面布局都是相同的。页面左上方，醒目的位置放置着公司 Logo 和公司名称，右侧是吸引访客点击的 Following（关注）按钮。点击 Following 按钮之后，LinkedIn 用户在每次登录 LinkedIn 之后所看到的动态时报更新就包含了这个公司所发布的最新资讯。

ⓘ 用户如果关注了公司页面，那么这家公司的动态时报也会自动呈现在粉丝登录之后的 LinkedIn 首页中。

定期更新有价值的动态时报内容，是基于 LinkedIn 开展内容营销和社交媒体营销的重点。

图 15-1　苹果公司在 LinkedIn 的主页

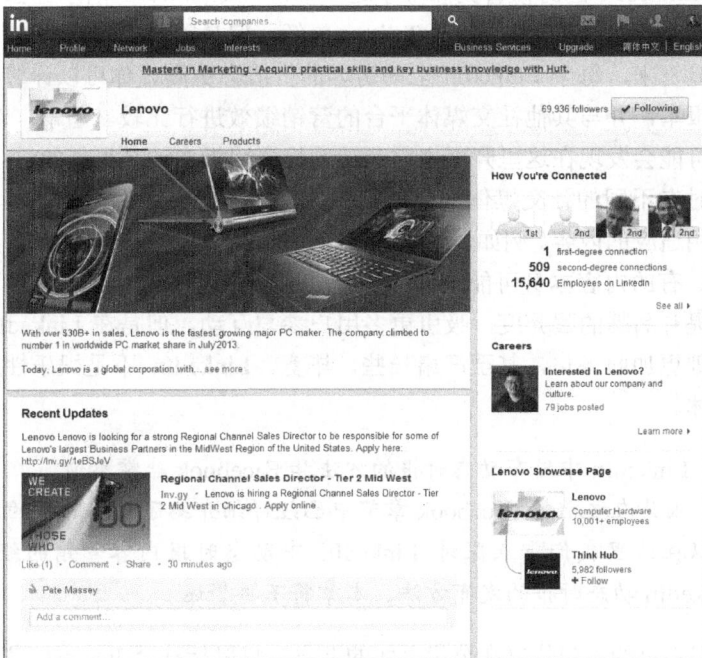

图 15-2　联想公司在 LinkedIn 的主页

几乎每个公司页面上方都有两个 Tab 选项卡，分别是 Home（公司主页）、Careers

（招聘专版）。Home 是公司的 LinkedIn 主页。通常包括公司简介、最近的实时动态、公司中的人脉和雇员数量、品牌或产品的展示页等。Careers 是公司的招聘页面，如图 15-3 所示。通常包括焦点图、职业生涯介绍、招聘岗位、雇员声音、动态时报等。

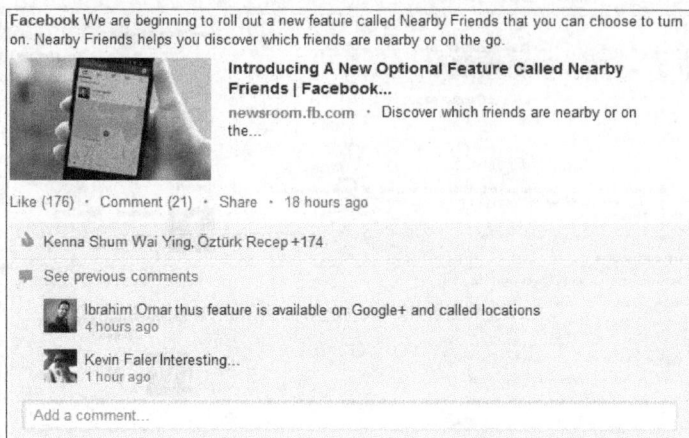

图 15-3　Facebook 公司在 LinkedIn 上发布的动态时报

　　动态时报也是在 LinkedIn 上开展内容营销活动的主要工具。关注你的公司的人可以在使用 LinkedIn 的时候看到和分享这些信息，如图 15-3 所示。虽然用户使用 LinkedIn 的频率通常比 Facebook 和 Twitter 更低，但是因为 LinkedIn 的客户质量更高，所以核算下来，每个 LinkedIn 上的访客的价值会更高。你可以计算在 LinkedIn 上的投资回报率，并与其他社交媒体平台的营销绩效进行比较。通常，对于 B2B 企业而言，你可能会发现在这里开展内容营销的投资回报率还是很高的。

　　如果同时在不同的社交媒体平台上投放内容，那么可能你需要针对不同媒体平台选择发布相适应的内容。例如，你可以在 Facebook 和 Twitter 上发布一些趣味性比较强的内容。有的内容本身可能跟你的品牌关联度不是很高，但是通过增加内容的趣味性可以提升品牌的曝光度，吸引更多用户参与互动。但是在 LinkedIn 的动态时报中，内容则更加商务化，甚至严肃一些。毕竟，LinkedIn 不是娱乐性质的，它是商务社交媒体。

　　LinkedIn 中发布动态时报的方法和 Facebook 非常类似。因为在之前的 Facebook 章节中已经详细介绍了动态时报的添加技巧，所以在这里我们重点探讨 LinkedIn 中动态时报内容营销的经验。至于 LinkedIn 动态时报的发布方法，本章将不再赘述。

　　创建公司主页的入口位置在公司页面的上方。将鼠标移至 Interests 菜单上方，在弹出的下拉列表中选择 Companies，就进入了公司页面。这个公司页面包含你所关注的各个公司的动态时报，他们所发布的新闻和最新招聘岗位都将出现在这个页面中。

在这个 Companies 页面的右侧，有一个"Create a Company Page"的区域，如图 15-4 所示。点击其中的 Create（创建）按钮就可以开始创建公司主页了。

在创建公司页面之后就可以一步步编辑公司信息了。在公司编辑页面中，公司名称和公司简介是必须填写的。

很多中国企业的名称都包含地区、行业、企业名称和企业属性等内容，例如，上海电气股份有限公司

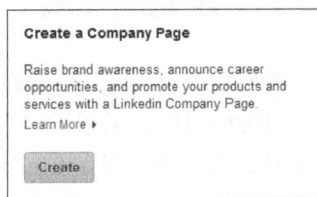

图 15-4　创建公司主页

或者天津一汽丰田汽车有限公司。这么长的名字，不管是中文或者英文都非常难于记忆和传播。所以，在处理公司名称的时候，建议使用公司名称的简称。很多公司事实上也都是这样处理的，如 IBM、Apple、Facebook 等。

精心设计的公司简介也是非常重要的，特别是开始的几十个字尤其关键。因为 LinkedIn 的公司简介中，默认只能显示开始的一段不长的文字，而之后的内容都将会隐藏在"see more"链接之中。很多公司会努力将第一段文字控制在两行之内，这样就能保证用户所看到的第一段文字是完整的一句话。当然，经过精心策划的富有悬念的文字设计也会吸引访客点击"see more"链接而阅读更多内容。微软的公司简介就是通过这样的策略，用一段引发悬念的文字引导访客点击"see more"链接来阅读完整的公司介绍，如图 15-5 所示。

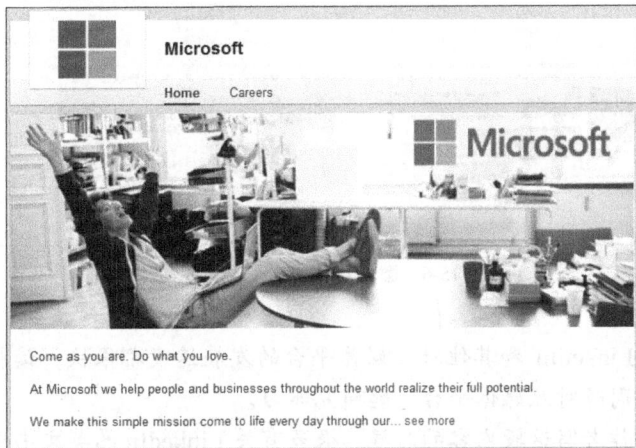

图 15-5　充满悬念的公司简介吸引访客阅读完整内容

LinkedIn 的公司介绍前面可以放置一张焦点图。这张焦点图一定要精心选择，并在初期通过几次轮换测试之后，最终选定营销效果最好的一张作为正式的焦点图。一张高品质的焦点图所带来的转化效果可能胜过千言万语。

如果你的生意是面向不同地区和语种的人群。你可以在 LinkedIn 中同时提供几种不同语言的公司简介，面对不同的受众人群使用不同语言的页面。

15.2 建立展示页

在展示页（showcase page）出现之前，LinkedIn 的很多营销者会为产品和服务建立单独的页面。展示页出来以后，LinkedIn 的产品和服务页面逐渐退役并在 2014 年 4 月最终下线。现在 LinkedIn 中对于产品和服务的营销活动，一般都是通过展示页来呈现的。

有别于公司主页，展示页的焦点图尺寸更大，所能展示的信息更加丰富，如图 15-6 所示。展示页中的内容也以动态时报为核心。

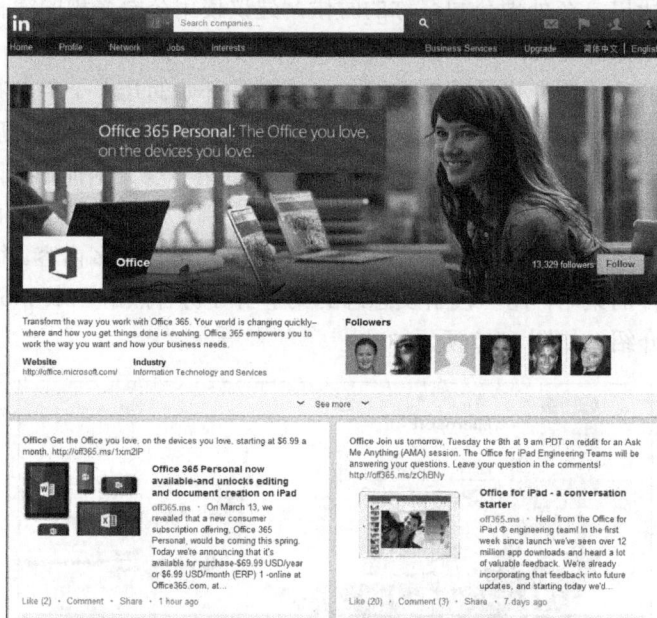

图 15-6　微软 Office 产品的展示页

LinkedIn 和其他社交媒体平台的发展速度都很快，读相关书籍的时候要同时对照媒体平台一起研究学习。

作者写这段内容的时候，很多有关 LinkedIn 的英文书中所介绍的活动、产品和服务页面，在当前的 LinkedIn 中都逐步下线了，取而代之的就是展示页（Showcase Page）。在阅读国内外相关图书或资料的时候，请注意对照实际的页面与功能。

和公司页面非常类似，展示页也包含页面标题、焦点图和页面描述这些基本的内容。如果需要针对不同国家和地区投放同一款产品的不同介绍，也可以通过选择展示页的语言和默认语言来实现。

15.3 使用群组开展内容营销

使用群组来开展内容营销也是在LinkedIn营销中比较常用的方法,如图15-7所示。不管你在群组中分享有价值的文章与活动介绍,或者通过群组文章进行讨论互动,群组都能帮助你建立商务社交网络,沉淀个人和产品品牌价值,甚至将高质量流量导入你的网站、博客,直至产生询盘或者下单采购。使用群组开展内容营销之所以能获得不错的投资回报,关键是因为高质量的群组中总是有很多吸引人的高质量内容,而高质量的内容又吸引更多高素质的专业人士的参与。这样就形成了一个良性循环。

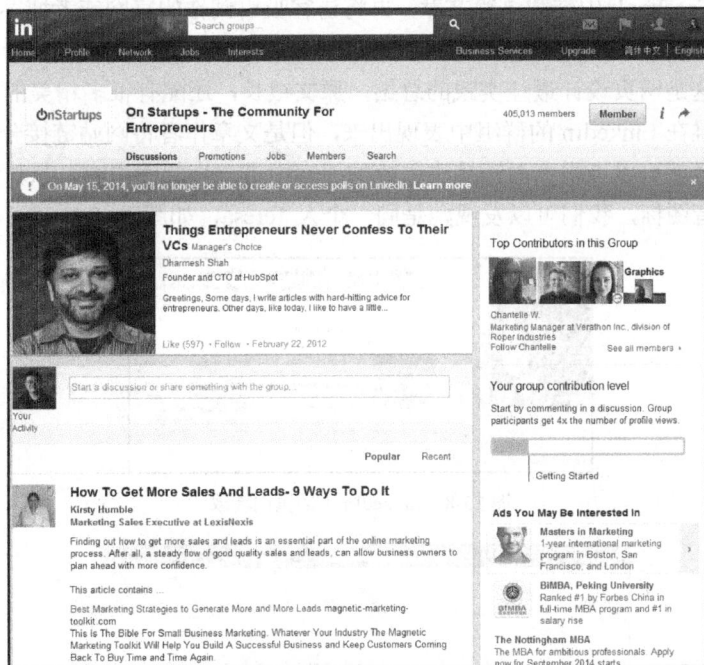

图 15-7 群组页面

在群组中,你可以分享你的内容。在这里,第一行会放置不超过 200 个字符的标题,标题的下方是话题的正文。你可以在正文部分写很多内容,支持的内容也很丰富。例如,包含有换行的文字或者转载自其他网站的链接。

你最好能仔细规划文字结构。尽量将最吸引人的内容放在正文最上方。因为靠下方的文字可能会被隐藏起来。如果能够在开始的几句话中包含最精彩的内容,这样会有更大的可能吸引你的读者点击阅览。

如果你是面向全球不同语种的细分市场开展营销,你还需要针对不同语种来积累排版经验。面向使用简体中文或者繁体中文的目标受众,所需要的文字字符数量会比较少。而表达同样的意思,英文的字符数就会更多。虽然中文的文字更精练,通常字数限制范围内的文字可以传递更多信息，但是因为中文分词断句相对比较复杂，所以需要小心在一篇长文章发出来之后，避免因为分词断句而造成歧义。

> 有别于 LinkedIn 或者 Facebook 的动态时报，如果群组中的文章正文过长，那么该部分文字是没有"Read More"链接的。读者需要点击文章标题才可以看到文章剩余的正文。
>
> 这个用户体验设计对于很多用户来说，显得有些不那么直接。所以如果你的精彩内容在正文靠后的位置，可能会影响内容营销的转化率效果。

面对长文章的一种有效的处理方式就是，将文章发布在官网或者博客中，然后在 LinkedIn 和 Facebook 中转载这篇文章，再将访客吸引到你的官网或者博客中。这样的方法就比较容易组织内容了。例如，图 15-8 中的网页链接是关于网页设计的一些有价值的技巧。这是网页设计最佳实践的总结，原文很长，还配有很多精美的图片。这种内容形式很难在 LinkedIn 的群组中表现出来，但是文章作者将网站链接分享在这里，感兴趣的读者就可以点击页面链接进入她的博客中进一步阅读内容。从群组发帖人图标和博客作者图标，我们可以发现她是同一个人 Teresa，如图 15-9 所示。

图 15-8 LinkedIn 中的页面转载

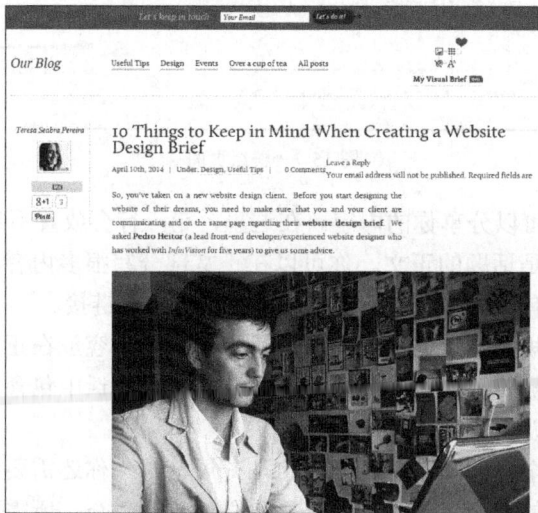

图 15-9 转载文章的原始出处

其实，不仅是 LinkedIn 平台的内容营销，在 Facebook 或者 Twitter 中开展内容营销也是这样。针对不同的媒体平台各自的特点，良好地搭配不同媒体平台的内容资源，相互借力、互相支撑，最终为不同细分访客群体提供有特色、高价值的内容。

15.4　小结

LinkedIn 的公司主页、品牌展示页以及群组功能构成了开展 LinkedIn B2B 内容营销最常用的工具。再结合个人人脉网络，以及动态时报更新，那么这些公司媒体资源的价值就会被放大。

在进行公司主页和品牌展示页的推广时，LinkedIn 的站内广告也是非常有效的工具。你还可以尝试通过 LinkedIn 广告加速高质量人脉沉淀和增强营销效果。

社交媒体营销最佳实践

第16章
>>>>>> 数字驱动，持续优化社交媒体营销

无论选择哪种媒体工具开展社交营销活动，都无法回避这样一个话题：有效地度量网络营销效果和持续绩效改善。而且根据选择的具体的社交媒体的不同，其营销效果的衡量方式也会相应改变。虽然不同社交媒体平台和搜索平台的最佳实践有所不同，我们还是能找到一些值得总结的最佳实践。

在这一章中，我们将了解到：
- 度量与持续优化社交媒体营销绩效；
- 持续绩效改善的常用方法论；
- 选择合适目标受众群体；
- 提升顾客参与度、广告营销和移动营销绩效的方法；
- 使用 A/B 测试持续优化营销活动。

16.1 社交媒体营销，围绕绩效指标开展持续优化

在社交媒体营销活动中，无论是在线内容营销、粉丝互动或者广告营销和移动应用推广都需要有清晰的目标设定，并根据目标设定具体的量化度量方法。这个量化度量方法就是营销过程中的绩效指标。在讨论社交媒体营销的时候，当经营环境与营销目标确定下来了，经常使用的绩效度量指标基本范围也就基本上确定下来了。

在不同业务场景下可能会关注不同的绩效指标，对于指标表现优劣的判断也会不同。有的绩效指标越高越好，例如，投资回报率（ROI）。有的绩效指标则是越低越好，例如，顾客流失率。有的绩效指标则需要根据实际营销场景而定，例如独立访客量（UV），如果流量来源和品牌目标受众不一致，那么即便 UV 数值很高，也未必能有效达成营销目标。所以，绩效指标的选择与评价标准，需要和业务场景与营销目标放在一起才有效。

中小型电商和在线游戏公司可能会大量使用社交媒体开展营销活动。很多公司在社交媒体营销中，精耕细作很多年，沉淀了很多经过验证的经验和方法。在开展社交媒体营销的时候，如果能够与同行交流优秀案例和最佳实践，这往往能让营销活动更接地气且事半功倍。在持续提升电商和游戏公司营销绩效的过程中，大家通常会关注一些基本的绩效指标，例如，与用户规模、用户存留率、流量成本、流量

变现能力这些目标相关的绩效指标。在各种关注的绩效指标中，首先往往都会特别关注点击量 Clicks 和点击率 CTR。只有 Clicks 和 CTR 提升了，后续一系列的营销目标和绩效转化才可能得以实现。没有一定的 Clicks 和 CTR，用户是不会进入你的网站和主页的，后续的营销活动就无从谈起了。然后再分析一段时间内，访客转化路径、投资回报率、单个访客转化成本、客单价等不同绩效指标。此外，不同电商和游戏公司还会定义一些适合自己的指标。例如，有的在线游戏公司会根据自己的游戏特点，将用户注册之后、开始游戏一定小时数作为一个转化活动。电商中，也会根据不同的页面跳转制定不同的跟踪转化指标，来据此精细化地度量和优化产品品类、页面布局、营销策略、推荐算法等一系列内容。通常，电商和游戏公司可能关注的指标大概会包括 PV、UV、Impressions、Clicks、CTR、CVR、ROI、CPL、CPS、客单价、客户营利能力、客户流失率、目标完成率等。

> ⓘ 　　对于电商或游戏公司而言，本文的讨论并不能覆盖所有绩效指标。坦率地说，只是常用绩效指标中很小的一部分。
>
> 　　在实际经营过程中，不同业务场景下所关心的绩效指标以及优化方法往往会有所不同。你一定要根据以往行业经验沉淀和自身业务特点来设计适合自己的绩效指标，并持续改善它们。
>
> 　　虽然数字营销常用绩效指标很多，在实际使用中，不同绩效指标的价值不同，关注程度也不同。重点筛选出适合自己的最重要的绩效指标，持续观察，持续分析，持续优化。

移动应用开发商或运营商也是一个比较典型的群体。在过去这些年中，大量互联网用户开始使用便于携带、随处可用、随时可用的手机或平板电脑上网与处理工作。不论中国和美国，手机上网用户规模都正在赶上和超过 PC 上网用户量。基于移动的支付规模也正在逼近和超越基于 PC 端浏览器的支付规模。移动终端应用的变现能力正在快速显现出来。在 2014 年的"双十一"，天猫移动端销售额成交占比达到42%。很多移动应用开发商尝试通过各种 Web 移动应用或原生移动应用推广自己的产品和服务，也在努力通过 Facebook、Twitter、Google 等媒体平台推广自己的应用。移动应用开发商或运营商会关注一部手机的安装成本、CPD（Cost Per Download）、存留率、流失率、CPA（Cost Per Action）、变现能力等指标。

传统企业也在尝试通过社交媒体营销进行互联网转型。传统企业是一个很宽泛的概念，相对互联网公司而言，大多数经营多年的商业、制造业等企业都在这个范畴内。在互联网转型的时候，不同企业都会有自己的资源沉淀、期望和实现策略。这些也会对于社交媒体营销的发力方向和绩效度量方法产生不同影响。一个面向国内市场、行业特性很强的企业，在进行互联网转型中，依然会研究如何加强和利用多年沉淀的传统行业经验，使用 LinkedIn 进行商务社交网络拓展就可能迸发强大的价值。有的企业希望通过拓展海外市场，将产品和服务推广到更多国家和地区，在已经开展销售活动的地区更加精耕细作，可能 Google 和 Facebook 就是非常合适的营销平台。或者，将集体智慧融入产品设计和优化过程中，在与顾客的互动中，快速迭代和改善自己的产品。将产品设计过程从传统的、听老板的、听销售的、听渠道商的，变成听最终用户的。产品设计反馈通道变短，迭代速度变快，产品设计质量和竞争力快速提升起来。利用集体智慧进行产品创新，可能会通过专业社区或互动性强的社交媒体来展开，例如实时互动性强的 Twitter 或 StackExchange 的专业知识社区。

互联网转型对于大多数传统企业而言不是一蹴而就的事情，更多的是一个渐进完善的过程。如果不能短时间靠线上渠道获取大量订单，至少可以通过线上渠道增加和客户的接触，通过加强线上互动实现线下销售量提升与品牌价值的提升。这也恰恰是社交媒体网络所擅长的。这样的活动也可以通过度量用户参与率（Engagement Rate）、CPE（Cost Per Engagement）、CPF（Cost Per Follow）、客户在线参与度（Customer Online Engagement Level）等绩效指标来量化跟踪和优化。

在度量互联网转型的过程中，除了度量销售数据、顾客参与度指标之外，还可以度量很多转型过程的数据。例如，有多少业务转向互联网渠道，数字营销在整体销售中的比例变化，又或者通过互联网营销产品抵达多少之前未曾抵达的目标人群。这样的描述互联网业务和传统业务变化关系的数据，对于互联网转型中的传统企业就比较重要了。对于这样转型期间的企业，一些可能会用到的指标如表 16-1 所示。

表 16-1　转型中的企业可以关注的部分度量指标

指 标 名 称	含 义
% Composition Unique Visitors	某个独立访客群体在所有目标受众中的比例。例如，社交媒体访客群体，在公司线上和线下所有受众的比例
% of Sales from Digital	数字营销在整体销售中的比例
% Reach	目标受众在独立访客群体中的比例
Market Growth Rate	市场增长率
Market Share	市场占有率
Coverage	市场覆盖率
Customer Lifetime Value	客户生命周期价值
Customer Profitability Score	客户营利能力得分水平
Customer Retention Rate	客户保留率
Customer Turnover Rate	客户流失率

除了关注表 16-1 的内容，转型中的企业同时也要关注不同营销目标下的绩效指标，例如与客户参与度相关或者与销售活动相关的绩效指标。

绩效指标的度量可以有助于了解当前营销活动状况，同时还可以基于度量指标投入力量逐步改善互联网营销活动。在互联网营销中，能够影响绩效指标的因素有很多。如果以特定社交媒体平台内部的营销活动来观察，如Facebook 营销或者 Twitter 营销，那么优化绩效指标就会聚焦在营销创意和目标受众两个方面，如图 16-1 所示。所以，在进行营销活动中，要关注营销目标以及绩效指标的量化表现，同时为了获得更好的绩效表现，就需要持续改善营销创意，以及精准地筛选合适的目标受众。

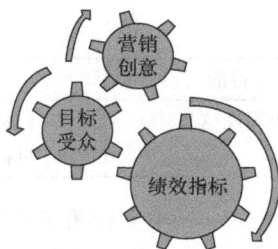

图 16-1 营销创意、目标受众和绩效
指标相互作用

16.2 持续绩效改善的常用方法论

持续改善绩效需要一些方法论来支撑。当营销目标确定后，通过正确应用恰当的绩效持续改善方法论，将有助于使营销活动更有秩序，时间和资金的效率更高，绩效改善的过程也更加有效率。

在营销活动绩效改善中，常用的方法论有很多。这里推荐三种典型的方法论。

- OGSM：将目标逐步分解为可以被执行的策略，并进行持续度量跟踪。
- PDCA 循环：通过从计划制订、执行、检查到纠正的循环迭代，持续改善绩效。
- 帕累托分析：也称 80/20 原则，有助于营销者更加充分地利用优先资源，取得更高的投资回报率。

16.2.1 OGSM

OGSM 是一种策略计划制定工具，通过结构化方法对目的进行分解，并通过一定方法来保证目的得以实现。通过将目的（objectives）分解为可以被执行的目标（goals），然后再通过一定策略（strategy）来实现这些目标。在执行过程中，不断对过程情况加以度量（measure），以了解是否达成目标或者偏差情况，然后根据度量数据进行偏差纠正活动。OGSM 就是 Objective（目的）、Goal（目标）、Strategy（策略）和 Measure（度量）的首字母缩略词。

通常 OGSM 是公司企业的策略制定工具。这个工具也可以被用来改善市场营销过程，将市场营销目的和目标有计划地落实。在实施过程中，可以通过表 16-2 所示的表格工具将策略想法可视化，以便一目了然地分析和使用 OGSM。通过目的、目标、策略再到度量，将每一层内容逐层具体化，再逐层分解下一层内容，最后通过OGSM 这种策略制定工具就找到了实现目的、达成目标的途径和度量实现状况的方法。实现途径就是 OGSM 中的策略，而度量实现状况的标准就在度量中进行描述。因为策略和度量都很清晰，那么在执行过程中就可以持续校准方向，持续进行偏差检验，以保证最终有效地达成目的和目标。

表 16-2 OGSM 模板表格

目的	目标	策略	度量
目的填写在这里	目标列表 1 目标列表 2	策略计划 1 策略计划 2	度量指标 1 度量指标 2

> 尽量使用定量度量指标。
>
> 使用 OGSM 中，尽量将定性分析的结果使用量化指标具体化。这样才更容易度量和及时采取偏差纠正行为。

16.2.2　PDCA 循环

PDCA 循环也可以用来作为持续改善市场营销的方法论。持续改善的过程不会是一步到位、一蹴而就的，这个过程往往需要经过一次次循环迭代的过程持续反复不断地打磨出来的。持续的含义也就在于此。PDCA 循环表示计划（Plan）、执行（Do）、检查（Check）和修正（Act 或 Adjust）的循环，如图 16-2 所示。PDCA 正是这 4 个单词的首字母缩写。

图 16-2　PDCA 循环

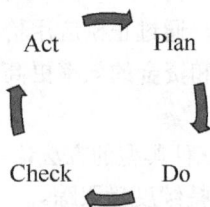

当谈到 PDCA 循环的时候，大多都在讨论质量管理的方法论。最初的时候，PDCA 循环理论由现代质量控制之父 W. Edwards Deming 博士的大力推广而普及开来的。作为经历多年实践验证的持续改进方法论，在很多国家的数字营销团队中，PDCA 循环也被应用于营销绩效的持续改进活动中。当然，社交媒体营销也不例外。

结合数字营销绩效度量与优化，在每个 PDCA 循环中，各个活动的含义如表 16-3 所示。每当执行完一轮计划、执行、检查和修正活动，就完成了一次 PDCA 循环过程。

表 16-3 PDCA 循环活动

名　称	含　义
计划	明确当前阶段的数字营销目标，明确各个相关宣传计划与宣传活动、预算、周期、流程以及需要投入的资源和组织分工等内容
执行	执行计划阶段所确定的目标与执行计划，搜集营销过程中的绩效数据，为下一步检查和修正提供改善依据
检查	对营销过程各项预定目标的达成情况进行检查。确定设定目标和实际执行结果的差异情况。例如，预算和费用，期望的点击量和实际的点击量，希望的转化率和实际的转化率，各个转化步骤的期望和实际的差别等
修正	根据检查结果所获得的差异情况，制定改善方案并确保改善措施得以落实

PDCA 循环不是执行一次就可以的，而是通过一轮轮循环的过程不断提升绩效

的过程。前一轮的 PDCA 过程执行完成之后，识别出期望绩效和实际绩效的差异。针对绩效表现特别不好的方面，制订改善计划，针对绩效表现突出良好的方面，制订稳定计划。这些计划就可以作为下一轮 PDCA 过程的输入，如此往复循环，营销绩效由此获得持续提升。

PDCA 可以用于对宣传活动、广告的绩效优化，也可以用于社交媒体营销和内容营销的优化。甚至，通过进行广告数据的解析，将 PDCA 循环用于目标人群精细化细分和精耕细作，或者用于广告创意的持续优化都是可以的。理论上说，设定好目标，然后按照计划、执行、检查、修正的过程来组织你的营销活动、开展度量和进行持续改善活动即可。值得一提的是，在很多数字营销和社交媒体营销活动中，通过分离测试可以有计划地识别出对营销绩效会产生良好效果的创意和设计。如果将 PDCA 循环方法论应用于分离测试，往往能获得不错的效果。

就经验而言，PDCA 过程不要设定得非常长，也不适合特别短。如果可能，可以 1～3 周一个循环。如果一轮 PDCA 循环的周期过长，则外部环境已经发生改变，所获得数据也不一定能对后续活动产生足够有效的影响。如果一轮 PDCA 循环的周期过短，则采集来的营销绩效数据可能会受到偶发小概率事件影响，在检查和修正活动中被放大，进而造成下一轮 PDCA 迭代绩效波动巨大。PDCA 循环周期过长或过短都不利于沉淀营销最佳实践。不过，如果一定要有所取舍，那么宁可迭代速度快一些，也不要周期过长。

使用 PDCA 循环的时候，要根据市场环境判断所获得的营销绩效数据是否可以作为下一轮 PDCA 迭代使用。如果存在严重影响 PDCA 循环绩效数据的情况，那么这个循环的结果就不能作为下次 PDCA 的输入条件来使用了。例如，刚刚结束的一轮 PDCA 恰逢感恩节、黑色星期五或者数码星期一，所有电商都在拼命打折促销，顾客也集中在这个时间采购心仪的商品。如果将这轮 PDCA 结果直接作为下一轮的输入，很可能造成下一轮 PDCA 循环绩效波动过大。如果能够考虑到或者排除掉这样的因素影响，PDCA 循环还是一种值得尝试的方法论。

如果使用 PDCA 进行广告创意和目标受众优化，那么还要注意每批投放的广告数量不要太大。通常各个媒体平台都会进行 CTR 预估，将展示机会更多分配给可能带来较高 CTR 的广告。如果一批同时投放的测试广告过多，那么有的广告会分配很多展示机会，而有的就很少，这会影响最后对于广告绩效数据的分析质量。所以，在这个情况下，每批同时投放的广告数量不宜太多。

在执行 PDCA 循环的时候，假如是对于广告活动进行绩效优化，那么还可以使用两个技巧。

- 对部分流量进行 PDCA 循环测试。在沉淀适合自己产品和品牌的目标受众和广告创意之后，再导流更多流量资源，以降低测试过程的成本，提升整体投资回报率。
- 设定关键绩效指标的风险触发器。如果某些关键绩效指标非常不理想而达到风险触发器，则应停止相应 PDCA 循环测试宣传活动或广告，以减小损失。

16.2.3　帕累托图与 80/20 法则

在市场营销活动中，资源永远有限，即便精打细算节省每一分钱，往往还是不够。好钢用在刀刃上，将有限资源投入在最需要的地方是高绩效营销活动的基本要求。通常所说的 80/20 法则就是这样，20%的资源投入带来 80%的收益，反之也有80%的资源投入只能带来 20%的回报。从理想的方面来看，如果能够正确识别 20%的投资和 80%的收益在什么地方，将尽量多的资源投放在这个领域，那么就有可能带来最大化的投资回报。

80/20 法则是一个生动的说法，阐述了好钢用在刀刃上的道理。这个法则是最初由意大利经济学家维弗雷多·帕累托提出来的，后来管理学家约瑟夫·朱兰等人将这个法则概括为 80/20 法则。因为 80/20 法则是帕累托提出来的，所以也被称作帕累托法则。但是，如果要在社交媒体营销和数字营销领域，通过定量分析的方法实现80/20 法则，则需要专门的方法论来支持。在帕累托图的指导下，就能够以定量的方法实现 80/20 法则。

帕累托图和 80/20 法则或帕累托法则的道理是一样的。帕累托图对于数字营销更具有可操作性。帕累托法则也叫作主次因素分析法或者排列图法。按照影响营销绩效的各种因素，自重要到次要进行排序，绘制出直方图。如果直方图表示的是绩效和广告创意或者目标受众之间的关系，那么直方图越长的部分则意味着绩效最好，

可以加强投资。例如，在图 16-3 中，美国和加拿大的绩效明显比其他国家要好，那么在营销资源投放的时候就会更加倾向于这两个国家和地区。

其实在使用帕累托图的时候，通常考虑因素是多个维度的，例如将国家、年龄、性别组合起来进行分析。例如，在"美国，20～30 岁，男性"和"日本，25～30 岁，男性"等若干个目标受众之间进行比较，选择绩效最好的人群进行营销推广。

同样的方法，也可以用作创意优

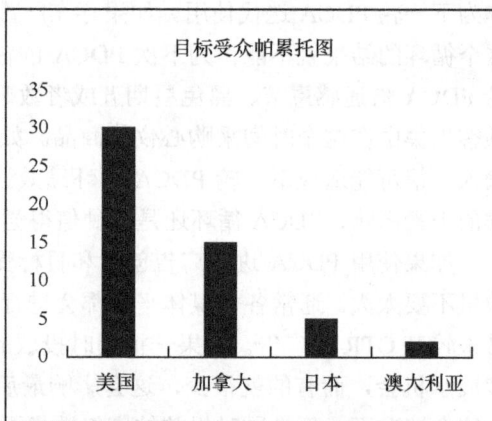

图 16-3　目标受众帕累托图

化，例如，某几种话题的用户参与度最高，正面评论和互动也最多，或者某些广告创意的组合最容易产生营销转化，那么这些组合就需要分配更多的营销资源。

如果广告预算相对宽裕，在帕累托图的基础上，也可以适当进行拓展。很多时候，虽然有一些话题、广告创意或目标受众能够带来高质量营销绩效，但是基数过小，只能投放在几组有限的范围内。这就造成了空有漂亮的投资回报率，但是营销

费用花不出去，整体营销绩效还是无法带动起来。因此要适当拓展营销资源投放范围，在整体营销绩效和投资回报率之间寻求最佳的平衡。

16.3 对高效价值目标受众群体进行更加精细化的绩效分析

在市场营销行业里，目标受众（target audience）又称目标顾客，是以营销活动为目标的人口群体。目标受众可以按照年龄、性别、婚姻状况、地域、喜好、教育、公司、职业等属性划分出若干个维度。一个营销活动的目标受众群体可能包含若干个不同维度的人口学属性特征，如青少年、女性、单身、所有 20～30 岁的男性等。在营销活动中，能够精准地识别目标受众群体的维度属性，并有针对性地开展营销活动，会带来更好的营销绩效。

16.3.1 细分目标受众的价值

通过细分目标受众属性，将有助于更高效地选择媒体营销平台，组织有针对性的营销创意设计和产品设计，避开竞争激烈的红海市场，而选择投资回报率比较好的蓝海市场。

1. 使得产品和服务设计贴近用户

当今流行的产品设计越来越多地引入用户参与。通过聆听用户声音、积极与用户进行互动、加快产品迭代速度来开发更加贴近用户的产品和服务。有的产品可以通过分析用户行为数据来支持决策，有的则可以通过分析社交媒体网络中的用户声音来支持和影响决策。不管什么样的决策，都需要特别重点聆听最终买家的声音或者那些足以影响最终买家决策的声音。

从传统的产品设计到投放市场的过程具体如下。

- 公司产品经理收集售前和售后的反馈，并结合公司所沉淀的资产进行产品设计。
- 产品即将面向市场的时候，进行客户拜访，搜集客户声音并进行产品改善。
- 小规模产品上线试销，并进行迭代改善。
- 然后逐步放大产品产量，推广到更多市场。

基于社交媒体互动，推动顾客参与产品和服务设计的流程如下。

- 在开放的环境下聆听客户声音，与客户进行紧密互动，甚至搭建多方面接触客户的生态系统，以全面了解客户的声音。
- 客户和用户的行为数据会作为重要输入，用于度量和改善产品设计。
- 当听到客户直接对产品价值或功能进行诉求时，可以快速转化为产品功能特性并呈现给客户。
- 在部分忠实客户中进行产品试用和测试，引入用户参与，推动产品快速成熟。

两种方法下，前一种传统的产品和服务设计更多基于定性的分析和产品经理的经验来进行设计。而后一种，对用户行为习惯的度量，激发用户社区参与度和引入用户群体智慧参与产品和服务的设计与改善，通过快速迭代，推动产品贴近用户，快速走向市场。显然后一种方法能够在产品贴近用户、更聪明地捕获用户痛点和兴趣点、量化分析、快速迭代等领域具有更多优势，基于这样的产品和服务开发过程也更加有可能开发出用户喜欢的产品和服务。

如果能够精细化地进行目标受众的细分，就可以更加具有倾向性地聆听销售转化率高、销售额和销售量更高的用户群体的声音。这种精细化的对不同用户群体进行度量和分析的方法，在传统定性分析中很难实现，但是在社交媒体营销和经营用户参与度的环境下就不再遥不可及。

2．抵达回报率最高的目标受众

即便是一瓶水，也不是每个人都会花钱买。在普通超市中，一瓶矿泉水的价格为 1～2 元，而高档矿泉水的价格可能是十几元甚至几十元。不管你销售的产品再大众化，也需要精确地找到恰当的用户群体开展营销活动，才能带来理想的投资回报率。

互联网营销尤其如此。假如网站对某个用户群体每产生一次销售转化的成本（Cost Per Acquisition，CPA）是 5 元，而这个用户群体的平均客单价只有 50 元，所购买的产品集中在利润率比较低的品类中。那么对于这个群体开展营销活动，投入营销资源越多，虽然看起来销售额在增加，其实亏损也在增加。而换另外一批目标人群，平均客单价也是 50 元，但是所购买的产品集中在利润比较高的品类中，那么销售得越多，回报越多。打开门做生意，童叟无欺，但是在花钱采购流量来拓展销售和市场的时候，还是可以将更多的资金花费在回报率最高的细分用户群体上。

3．聪明地选择媒体平台

社交媒体营销能够在一些目标人群中产生好的影响，收获不错的投资回报率。但是并不是每个人群都适合进行社交媒体营销。通常中青年群体的营销效果会比中老年人群的营销效果要好很多。而不同社交媒体平台也会吸引不同的人群活跃其上。所以，当目标人群框定之后，就可以根据社交媒体平台的人群匹配程度和目标人群规模与活跃程度来确定在什么社交媒体平台上开展营销活动，以及投入多少资源在这样的社交媒体平台上。

数字媒体公司 Business Insider 针对各大社交网络的使用者进行了调查分析，总结出这样一些分析结果。

- Facebook：主要以中年用户为主。尽管 Facebook 仍然能够吸引年轻人的兴趣，但从 2012 年年底至今，45～54 岁的使用者增长了 45%。在美国的网络用户中，年收入 75000 美元以上的人有 73% 使用 Facebook。
- Twitter：年轻人的聚集地。在美国，18～29 岁的年轻人中有 27% 使用 Twitter；30～40 岁的人群中有 16% 使用 Twitter。
- LinkedIn：最国际化的社交网络平台，男性用户较多。
- Google+：男性用户最多的社交平台，70% 的用户为男性。

- Pinterest：用户最喜欢通过平板电脑登录的社交网络。此外，在美国 84%的 Pinterest 使用者为女性。

不同的群体对社交媒体的偏好也是不同的。Facebook 是全球用户量最多的社交网站之一，但在一些特定的国家和人群中，也有着他们自己所钟爱的社交媒体平台。例如俄罗斯的 VKontakte 就深受高中生和大学生的喜欢。或许，对于扩展俄罗斯市场的快时尚零售品牌来说，VKontakte 也是一个不错的选择。

4. 选择竞争程度适中，利润率理想的细分市场

不是每个细分市场都适合推广产品和服务。举一个身边的例子，在北京、上海、广州、深圳这些城市中，淘宝、天猫、京东、当当、卓越的配送车来来往往。如果要在这里经营一家垂直类的图书或电子产品的电商，竞争程度显而易见。大家在这里竞争非常激烈，后进入者必须要花费更多时间、更多金钱才可能立足。

如果选择竞争程度适当的细分市场，通过社交媒体营销和广告营销进行精耕细作，则有可能发展出别具一格的产品或服务。事实上，在 Pinterest、Facebook 和 Google+上，有很多设计感很强的产品获得了不错的成功。避开竞争激烈的红海市场，选择竞争适度的领域开展"有人情味"的营销活动，未尝不是一种值得尝试的方式。

16.3.2 精细化细分目标受众市场

对于回报绩效出众的细分市场，自然需要倾注更多精力来认真对待，这并不是简单的一厢情愿的美丽幻想。在定义绩效出众与绩效平平的目标市场的时候，也不是拍脑袋获得的，而是通过一系列市场测试活动和绩效度量来获得的。

以图 16-4 为例，这是某一家眼镜或时尚服饰公司在 Facebook 平台上所进行的市场测试。在市场测试中，目标受众按照不同维度进行细分，如表 16-4 所示。通过对目标人群进行细分，有大概 1640 万人是目标受众用户。初期可以按照这个维度进行划分，但是覆盖人群如此之多以至于很难精确定位到真正决策购买或者会对购买产生影响的目标人群中。这就需要进一步的测试和细分。

表 16-4 眼镜和时尚服饰公司的目标人群定位

维　　度	目标人群设定
市场和地区	美国、英国、澳大利亚和加拿大
年龄	小于 35 岁
性别	所有性别
精确兴趣	#Glasses（眼镜），#Fashion（时尚）
广泛匹配	Fashion（时尚）

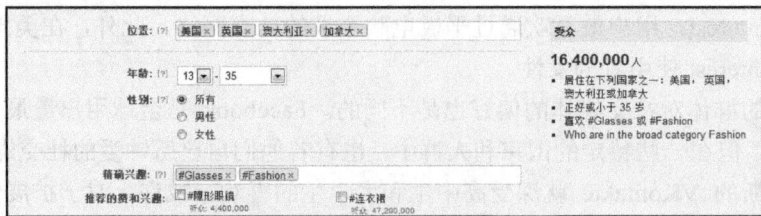

图 16-4   细分目标受众群体

测试和发现高价值目标市场的过程是一个 PDCA 的过程。在每一次迭代中，不断设定目标并持续迭代和改善，最终定位到相对精准的目标受众。我们经常会发现，往往想象中转化率最高的目标受众群体，经过一轮轮测试后，未必是实际转化率最高的，可能范围略带偏差，或者主观经验所认定的范围会比实际测试结果略大一些。而经过测试验证，转化率最高的目标受众很可能是一个相对精准的范围。这个目标受众群体，就是最需要精耕细作、含金量最大的目标受众群体了。

同时，含金量最大的目标受众未必覆盖人群最多。为了获得更高绩效，还需要测试分析出规模足够大、转化价值也相对不错的人群。这样的人群同样也需要投入一定营销资源进行耕耘。他们虽然不是转化率最高的，却是能带来良好转化量和投资回报的群体。如果这样的群体很多，也可以适当在目标受众定义中进行合并，以简化广告目标受众属性管理难度。例如，将相关的精确兴趣关键字合并起来，或者放宽年龄范围，合并不同地域的目标受众到相同的广告中。将力量重点倾向于投资回报率高的目标人群，推荐使用帕累托图帮助进行分析。

关于更多通过 A/B 测试筛选和分析目标受众的方法，我们将会在后续章节中详细介绍。

16.4   顾客参与度的度量和绩效改善

做事不由东，累死也无功。真正有效的营销计划未必是看起来面面俱到的完美计划，而是贴近消费者和最终用户的"有效"方案。在提升客户参与度、加强用户黏性、营造品牌影响力方面，社交媒体具有特别的优势。社交媒体与生俱来的社会化属性与丰富的内容分享和互动能力使得产品、品牌与用户间互动成为可能。营销者也很容易通过社交媒体平台获得用户行为数据、话题数据，并持续度量和持续优化社交媒体营销活动。在传统营销活动中，市场度量和分析往往需要借助第三方市场调研机构才能完成，社交媒体营销则简单得多。

常见的度量客户参与度和满意度可以从顾客参与度、客户和消费者满意度两个方面入手。

建立良好的顾客参与度，有助于将消费者和最终用户引入产品设计、研发、销售、顾客服务的各个环节中，通过快速迭代和持续交付，使每个交付过程都足够快捷，在快速更新中持续贴近用户，满足用户的需求。当用户提出一个意见，被吸收再到呈现交付结果给用户，如果在几天就能实现，甚至互联网应用可能是几个小时，那么用户会感觉有参与感并得到尊重。用户也愿意投入更多热情与产品经理、产品运营和营销者开展互动，共同将产品打造好。

建立良好的顾客参与度并不是一相情愿，或者振臂高呼就应者云集。经营正面高效的顾客参与的社区环境需要持续的产品与内容运营、社区互动和内容改善。这样的改善活动也可以通过数字驱动来实现。

在改善顾客参与度的时候，通常会根据不同的社交媒体平台进行不同的度量。因为 Facebook 和 Twitter 中具有比较清晰的顾客参与度度量方法，我们主要围绕这两个平台来进行讨论。如果在其他媒体平台中开展营销活动，也可以参考 Facebook 或 Twitter 的计算方法来设计自己的顾客参与度度量方法。

> ⓘ　无论 Facebook 或者 Twitter 的顾客参与度，都是以发帖或者主页为基础开展度量的。如果你有很好的行业营销经验，并且对于社交媒体营销的度量方法足够了解，不妨尝试设计一些具有行业特性的度量指标。
>
> 从既往经验来看，往往使用这样具有业务背景的度量指标的绩效可能会更好。因为度量的内容更加贴近实际，更"接地气"。

在 Facebook 中，主要有两个度量粉丝参与程度的指标：

- Average Post Engagement Rate，根据当天发帖量来计算用户参与度；
- Daily Page Engagement Rate，根据主页互动数量计算用户参与度。

通常计算当天发帖的用户参与度和当天主页中的用户参与度两个数值具有一定正相关关系。当天发帖的用户参与度越高，同期主页中的用户参与度也会越高。但是，也会出现一些不同的情况。例如，主页中某个帖子特别引人瞩目，被长时间大量转发，这个时候基于主页所统计的用户参与度就会很高，而基于当前发帖所获得的用户参与度就没有那么大了。

基于当天发帖所计算的用户参与度的计算公式如下：

$$\text{Average Post Engagement Rate} = \frac{\dfrac{\text{当日的Like数量}+\text{Comment数量}+\text{分享数量}}{\text{当日发帖数量}}}{\text{当日粉丝数量}} \times 100\%$$

基于当天主页互动的用户参与度的计算公式如下：

$$\text{Daily Page Engagement Rate} = \frac{\text{当日的Like数量}+\text{Comment数量}+\text{分享数量}}{\text{当日粉丝数量}} \times 100\%$$

可以看到 Facebook 的两个参与度度量指标中，有一个指标会考虑当天发帖数量，而另一个则不需要。

Twitter 的参与度度量方法比 Facebook 明显要简单很多。Twitter 的度量方式非常类似于 Facebook 中基于当天发帖数量所计算的参与度，计算公式如下：

$$\text{Engagement Rate} = \frac{\text{Replies数量} + \text{Retweets数量}}{\text{粉丝数量}} \times 100\%$$

简单地进行参与度计算，所获得结果可能会存在一些争议。如果增加对于不同细分目标人群发布帖子的情感特征的度量分析，可能会有更好的参考价值。如果将顾客参与度与顾客满意度（Customer Satisfaction Index，CSI）、顾客保留率（Customer Retention Rate）以及顾客流失率（Customer Turnover Rate）进行整体度量，那么也能更加清晰地描绘出顾客们在想什么、做什么，如何通过产品和服务的持续改善来提高顾客参与度，进而持续改善顾客满意度。

最后必须指出的是，单纯追求顾客参与度，为了社交媒体营销而营销，这在大多数行业的营销活动中并不适用。能产生良好顾客参与度，用户未必能够带来理想的价值转化，换言之，这部分粉丝或流量缺乏变现能力。营销者需要非常小心地将用户、顾客和消费者区分开。特别是在客单价较高、目标受众群体规模小、导流或开发粉丝成本较高的行业中，要注意这点，否则就会出现"叫好不叫座"的尴尬局面了。所以，在基于顾客参与度进行过程度量和改进的时候，同时也要考虑两个非常重要的指标：客户生命周期价值（Customer Lifetime Value）和客户营利能力水平（Customer Profitability）。如果能够将提升客户生命周期价值和营利能力一起考虑上，那么对于参与度的度量就会更具有目的性。

16.5　广告营销度量与优化

经营好社交媒体网络的广告营销，能将产品或服务的销售或者品牌建立拉上快车道。无论 Facebook、Twitter 或者在 B2B 业务领域的 LinkedIn 的广告营销都能够帮助广告主在有限的时间内快速扩大影响力，建立社交媒体网络联系，并实现更好的销售转化。但是广告也并不是简单的砸钱换市场。将资金用在该用的地方，才能更大地发挥广告营销的效力。

在进行广告度量和优化的时候，需要紧紧围绕营销目标、主要度量指标、营销资源、营销计划等关键要素开展营销活动。一段时间的营销目标不同，主要关注的度量指标也不同。在产品刚刚走向市场的时候，需要提升产品曝光量，那么最重要的度量指标就是在特定目标人群中的展示量。随着产品上市，希望消费者开始关注产品并尝试使用产品，此时会逐步关注这些人群中的产品注册、试用和存留率。如果是软件或游戏行业，可能还会关注一段时间的顾客存留率和流失率等指标。

一般来说，广告的营销效果大多可以通过绩效指标和相应的成本来衡量。而进行广告绩效优化的时候，则是通过持续改善广告创意和广告目标受众的选择，来让同样的资金发挥更大的价值。关于通过精细化营销活动目标受众群体，提升投资回报率，改善营销活动绩效，在本章前面的内容中已经介绍了。出众的广告创意和正确的目标受众定义，能够让一块钱产生几十块钱的价值。反之，也会让很多钱白白花掉。举个身边的例子，如果广告语中包含这样一段文字，"性能提升百分之四十"和"性能提升40%"，同样的含义只是文字形式不同，广告转化率就会天壤之别。因为40%在人类阅读中会按照图形化方法快速解析，而"百分之四十"则是需要将文字逐一阅读，再翻译成大脑理解的抽象概念。这样的细节有很多，通过逐一度量和比较就能形成自己的目标受众列表和广告创意资产库。通过广告度量，提炼、沉淀和复用这样的资产，才能使这些资产逐渐转变为适合你的行业特性和产品特点的优质营销资产。这些优质营销资产也会持续帮助你在营销的道路上，逐步走向胜利。

从操作层面而言，广告营销活动中，精细化目标受众群体的过程和方法和前面介绍的一样，在这里就不再赘述了。更多操作技巧也可以参考第18章。关于广告创意的优化方法，可以参考第18章的内容。

最后还有两个必须提到的工作方法。其一，社交媒体营销的很多简单有效的广告度量方法在搜索引擎营销中可能已经被广泛使用并得到验证了。在尝试社交媒体营销的新技巧时，不妨也多看一些Google和其他搜索引擎营销中已经成功使用的最佳实践。这样会有助于快速提升社交媒体营销能力。其二，多参与所在行业的营销圈子的讨论，看看最新的营销技巧、度量指标、成熟经验。大部分接地气的方法也都基于最常见、最基本的营销技巧和经验，但是往往一两个关键点决定了你的营销绩效的高低。多参与和自己行业相关的广告营销讨论，获得接地气的经验，将有助于设计高效、有针对性的广告营销方案。

16.6　移动营销度量与优化

移动营销活动和PC端的营销活动通常大部分是相似的，例如Facebook的News Feed类型广告。同时，移动设备要比PC或笔记本使用起来更加方便，所以有很多应用场景非常适合移动应用，而不是PC应用。因此移动营销中也大多会涉及移动应用。

16.6.1　基于位置的服务与O2O营销

基于位置的服务与O2O营销是移动营销中最常见的形式之一。O2O是online to offline的缩写，表示在线上开展营销活动和销售，带动相应的线下经营和线下消费活动。例如在线销售打折券，发布促销信息，提供服务预定，然后产生消费者到店咨询、注册、支付的活动。常见的O2O营销多是与基于位置服务（Location-Based Service，LBS）相随相伴的。例如电影院、理发店、餐饮、商场、影院或者教育机构、医疗中心，他们在提供服务的时候都需要消费者到店才能提供服务。

进行O2O营销是一种非常适合移动营销的场景。当一个人拿着手机打开Facebook、Google或者点评网站的时候，这些应用很容易获得该用户的地理位置。通常定位精度在几米到几十米。营销者可以划定目标受众人群的年龄、性别、教育程度、工作单位、兴趣爱好，当然还有在某个位置范围之内的用户。然后将这样的广告发布到广告媒体平台，广告媒体平台筛选出认为合适的用户，投放广告给他们。当他们收到广告的时候，发现正好距离不远，能够方便到达，又是贴合自己兴趣和口味的，于是产生到店咨询和消费。

度量和优化 O2O 营销的挑战通常比大多数数字营销活动的度量要复杂。因为O2O 营销中，大部分最重要的转化都是线下完成的。也就是说，最重要的度量指标是线下的、通过人来统计的，甚至统计的结果很难区分多少比例是线上营销的 O2O 流量，多少比例是其他线下营销活动的流量，如街边传单。这就为度量 O2O 绩效带来不少挑战。如果不能对于最重要的转化活动进行有效度量，那么在营销资源分配、广告创意优化、目标受众精细化营销上就无法谈起了。

- 一般而言，各行各业对于自己的 O2O 转化率都有一些常识性的认识，例如在教育培训领域，一些教学领域的到店咨询转化率平均会在 30%左右。你可以基于这样的行业经验进行资源分配，在到店咨询过程中了解对方是通过什么渠道过来的，同学介绍还是在线浏览和咨询。
- 如果对方在线进行咨询或申请折扣卡，那么电子邮件、电话、即时通信地址都可能成为连接用户信息的方式。例如，通过在线注册的电子邮件，再与CRM 系统中的电子邮件地址进行关联，就可以发现一个访客成为消费者的转化路径。在搜集了大量访客信息之后，还可以进一步分析在线营销的转化路径和值得优化的环节。

如果你能够获得 O2O 营销的到店转化绩效与在线营销绩效数据，也能够打通线上和线下绩效数据的关联关系，那么就可以对移动营销进行很多精细化的营销优化活动，例如：

- 广告创意设计与用户场景相关。例如，圣诞节的时候，你的专营店的店面或者所在的商场有特别的灯光和氛围布置。那么，你的广告如果能够表现这些内容，那么或许能在用户心理产生共鸣。
- 对广告创意进行优化，以便在手机屏幕尺寸下阅读，或者在移动信号不稳定的场景下阅读，例如，调整多媒体文件的尺寸，保证移动设备中及时打开帖子和提升阅读体验，通过 CDN 改善内容呈现速度等。
- 让广告文案更加简洁，适合用户在移动中或碎片化时间下阅读，例如，等电梯、坐地铁或逛商场的碎片化阅读。
- 使得目标用户受众定位精细化，并确保 O2O 广告投放覆盖高转化绩效人群。例如，你在北京北部的上地地区开设了教育机构，而广告投放给了北京东南亦庄开发区的工程师。虽然大家都住一个城市，但是计算下来单程距离要有40 公里，来回地铁要好几个小时，开车则更慢、更贵、更辛苦。可想而知，这样的 O2O 到店转化率将非常糟糕。如果你要面对上地地区的用户拓展线下生意，那么从创意设计到目标受众选择就要尽量帮助锁定上地地区的用户。而不要将整个北京的网民都变成你的目标受众，除非你广开分号。

- 必要的话，对使用不同移动设备的用户进行细分。使用手机、平板电脑和台式（PC）上网的用户，行为习惯往往会有一些不同。如果有必要，也可以添加这样的过滤条件。在 Facebook 等媒体平台中是可以选择广告对象所用的设备类型的。

最后，在进行移动营销 O2O 转化的时候，用户行为习惯和访客流量特点也是要特别注意的。不同细分目标市场的用户，行为习惯往往相差很大。例如，培训机构的客户，他们的手机上网时间会在下课之间或回家路上，中高端商城的用户则可能是中午、晚上或下午茶的时候，如果你的客户是肠胃病患者，那么早晨 5 点可能就会访问你的网站了。对于访客流量特点，移动用户流量和 PC 流量也有很明显的差别。在晚上 12 点之后，PC 流量就会快速下降，而移动用户流量会 7×24 小时访问你的网站。毕竟移动设备上网比 PC 方便太多了。所以，在进行移动营销绩效度量和优化的时候，也要特别关注你的高价值目标受众的行为特点，并按照目标受众的时间习惯来设计你的营销计划。

16.6.2　移动设备应用

如果你所开发的是原生移动应用，例如手机游戏，也可以通过移动营销推广来帮助目标用户安装和使用手机应用。在很多媒体平台中，可以投放 App Install 类型的广告。这种广告能够帮助你提升手机原生应用的装机量或者提醒用户使用手机应用。在引导用户安装手机原生应用的场景中，以苹果手机中的 Facebook 应用为例，你会看到某款手机原生应用的广告，如果点击这个广告就会进入 Apple Store 的这款软件的页面，点击 Get 按钮就可以下载和安装这款手机软件了。如果手机是 Android 操作系统，也会进入相应的电子市场来启动下载和安装。

常见的移动营销度量指标如表 16-5 所示。

表 16-5　常用移动营销度量指标

指　　　标	含　　　义
App Install Attempts	用户尝试安装移动应用的次数
App Engagement	移动应用活跃度
App Install	移动应用安装次数
App Opens	移动应用被打开的次数

随着手机上网小时数增加，智能手机和 4G 上网普及，很多企业启动移动化战略，希望通过支持应用的移动化覆盖更多目标受众。有很多企业会认为移动应用转型就是开发原生移动 App 应用，再推广到尽量多的人群就好了。将移动应用等同于原生移动应用，将推广移动应用等同于推广原生移动应用装机数量，这些观点是有争议的。要保证用户的存留率，以及在手机的若干应用中会经常打开，需要很强的用户黏性和长期的经营。移动应用装得进手机，黏不住用户，这对于大多数企业而言意

味着营销推广费用的浪费。所以在推进移动应用转型的时候，可以同时进行原生应用开发和 Web HTML5 的移动应用开发，在实际经营中选择比较好的方式进行重点投入。假如获得一个原生移动 App 应用的成本要几十元，而用户存留率并不很高，同时 HTML5 页面获得一个用户访问的成本可能只有几分钱到几角钱。反正用户存留率和黏性都不高，就不如使用更低成本的推广方式 HTML5 了。相信对于大多数应用场景而言，HTML5 可能会比原生应用更容易获得用户，提升展示量，实现良好投资回报率的营销。

16.6.3　移动营销着陆页和网站优化

很多时候，你会将用户从社交媒体平台导流到你自己的网站或产品中。如果导流的用户来自 PC 浏览器，那么你在网站设计的时候遵循传统的设计原则就好了。如果这部分流量来自移动互联网，你就必须对着陆页进行面向移动设备的优化，以保证良好的用户体验。试想，在一个 Apple 或者 Android 手机屏幕上浏览的页面是为 PC 浏览器设计的，文字密密麻麻，页面缩成一片，要加载很长时间才能打开，用户正常浏览都成问题，更何况实现营销转化了。所以在进行移动营销的时候，必须要进行移动设备优化才可以。

常见的移动应用着陆页和网站中容易出现的问题有以下几个。

- 网站尺寸太大，下载时间过长。
- 网站图片过大，适合 PC 浏览器，但是不适合移动设备使用。流量消耗过大。
- 网站 DOM 过于复杂，手机内存有限，内存溢出，移动设备浏览器崩溃。
- 过新的技术，移动设备浏览器不能正常呈现或交互操作。
- 过老的技术，网站页面尺寸过大、代码臃肿。
- 没有专门针对移动设备浏览器尺寸进行适配，文字和布局变形。
- 移动网络速度不稳定，页面无法打开或者跳转速度过慢。
- 有的城市能够打开页面，有的城市很慢，有的则干脆打不开。
- 用户体验设计得过于复杂，完成某个动作交互过多，用户耐心消失而造成流失。

有很多移动应用技巧有助于解决上面的问题。我们可以就一些常见的移动 Web 应用中值得优化的场景进行整理。

用户在移动中，输入并不很方便。特别是在一些大屏幕手机中，输入时需要双手操作才可以。针对这样的场景，可以进行下面这样的设计。

- 尽量使用触控操作，而不要让用户输入太多内容。例如，使用滑块来代替数字的输入。用户用手指拖动滑块就完成了数字输入。
- 重要内容放在第一屏，特别是引导用户采取行动的按钮要鲜明地呈现给使用者。

- 输入内容尽量少，能够使用选择和按钮的地方就不要让用户输入。输入内容越多，往往应用的转化率就越低，用户流失率也越高。

为了保证手机能够在不同网络条件下正常打开页面，可以进行下面这些优化。

- 将网站部署得尽量靠近最终用户。如果你的客户在美国和加拿大，就将服务器架设在 Amazon AWS 或者 Google Cloud，而不要在国内选择网络服务商。
- 使用 CDN 提高静态内容下载速度。
- 优化 DNS 网络，使得用户可以访问最近的服务器。特别是在全球推广的时候，对于跨越地域和若干运营商而言就非常重要。
- 根据移动设备分辨率提供适合尺寸的图片，不要将 PC 浏览器下的图片直接用在移动设备浏览器中。
- 合并图片、CSS、JavaScript 以减少 TCP/IP 连接数量，提升内容下载速度。
- 不会使用到的 HTML、CSS 或 JavaScript 代码段要移除掉。
- 使用压缩工具对 CSS 和 JavaScript 进行压缩，例如 Google Complier。
- 使用 HTML5 的离线技术，在网络掉线的时候可以通过本地离线缓存加载内容。
- 使用监控工具检查最终用户是否可以有效访问服务器，如果不能有效访问则尽快调整网络。
- 使用适合移动业务的精简的 JavaScript 库，而不要用臃肿而功能复杂的 JavaScript 库。

移动设备的内存通常都不大，如果页面过大，显示速度会变慢，甚至造成浏览器崩溃。

- HTML 的 DOM 不宜过于庞大和复杂，复杂的 DOM 会减慢浏览器的呈现速度。
- 过期的 DOM 对象要释放掉。

不同移动设备的分辨率可能会相差很大，为了保证用户阅读体验，可以参考下面这几个技巧。

- 使用 HTML5 的媒体查询技术，在不同移动设备分辨率（视口尺寸）和移动设备水平或垂直方向的时候，自动调整网页样式、字体、字号、粗细等。
- 使用折叠或者分层技术，通过用户触控操作可以展开或者折叠内容块，以便在小尺寸移动设备下使用。

16.7 使用 A/B 测试持续改善绩效

A/B 测试（A/B testing），也叫分离测试，是通过对网站绩效进行度量并持续进行改善的一种方法。A/B 测试过程中，通常会构造若干的测试变体，如 A 变体、B 变体、C 变体等。然后对于不同测试变体分配不同的测试流量，测试流量在不同变体中的用户行为，然后度量和比较不同变体的绩效情况，再进行绩效比较和分析。

图 16-5 所示为两个网页的示意图，用于测试不同界面布局的绩效影响。在左边的 A 页面中，深色的正文部分在布局的右侧，而在右边的 B 页面中，正文被调整到了左边。通过部署这样两个内容相同、布局不同的页面就可以比较方便地比较出对于绩效的影响了，例如 CTR 或者其他绩效指标。

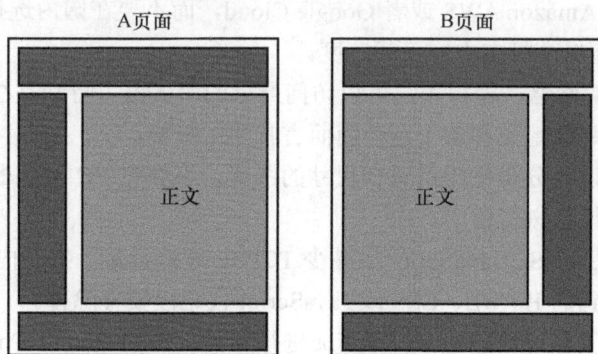

图 16-5　A/B 测试示意图

从测试方法论而言，A/B 测试也可以被用在使用绩效分析进行广告创意优化和目标受众优化等领域。但是通常人们提到 A/B 测试还是习惯将这种测试方法归于网页优化和网站绩效提升的范畴，用于提升核心的网站绩效，例如，点击率或者转化率。所以在这一章中，我们讨论 A/B 测试的时候，主要也是围绕提升网站页面绩效转化能力这个主题的。关于通过 A/B 测试进行广告创意测试，可以参阅《案例：发掘高质量广告创意》，关于通过 A/B 测试进行目标受众细分，可以参阅《案例：发掘细分市场机会》。

在页面优化中，可以用来进行 A/B 测试的内容是非常广泛的，例如：

- 页面布局；
- 页面配色；
- 图片；
- 引导用户产生行动（action）的文字和按钮；
- 菜单样式和内容；
- 用户声音（testimonial）；
- 网页链接指向；

几乎所有网页中的元素，只要有必要都可以进行 A/B 测试。当然，在设计测试的时候并不能眉毛胡子一把抓，将所有内容都测试一遍，而是要有重点地测试可能会带来绩效影响的主要的页面元素和内容。

如果自己动手写不同的测试页面，搜集绩效数据，统计和分析测试结果，会费时费力。即便辛苦测试出结果，市场环境可能已经变化了。有很多 A/B 测试工具能够帮助方便地进行测试设计、开展测试以及进行测试数据分析。在这里主要推荐

Google Analytics、Optimizely（optimizely.com）和 VWO（vwo.com）。

　　Google Analytics 在网站流量比较少的情况下可以免费使用。提供的 A/B 测试功能可以完成大多数简单的测试设计和执行。因为 Google Analytics 对于 AdWords 等系统集成非常好，所以使用 Google Analytics 进行后期的绩效数据分析非常方便。

　　Optimizely 和 VWO 都是付费的 A/B 测试工具，并且享有盛誉。在美国总统奥巴马的两次总统竞选活动中，竞选团队通过 Optimizely 进行竞选网站和竞选活动的绩效度量和改善，取得了不错的成绩。这也为 Optimizely 赢得了非常不错的声誉。很多知名公司都在使用 Optimizely 的服务，如索尼、salesforce、迪士尼等。Optimizely 的着陆页如图 16-6 所示。

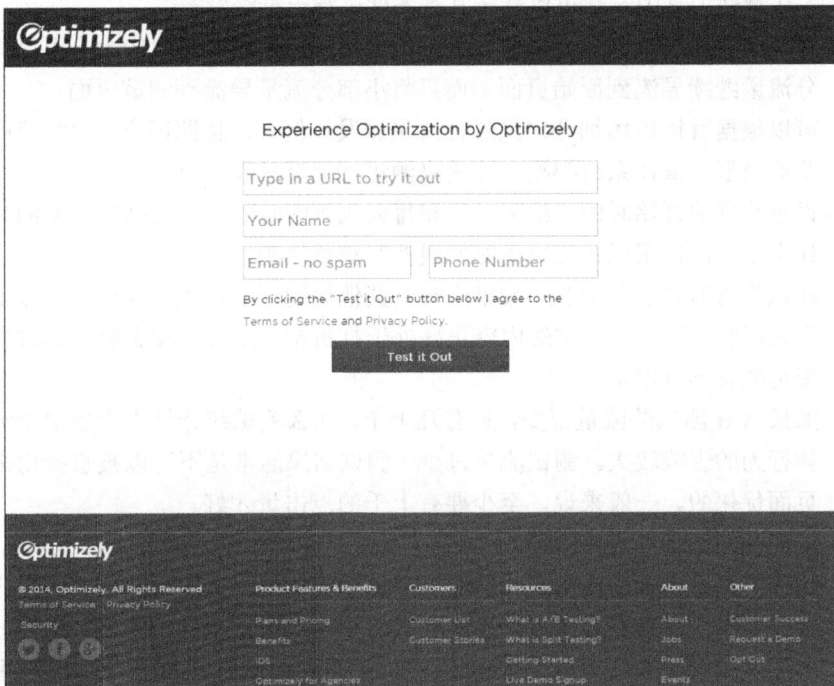

图 16-6　Optimizely 的着陆页

Optimizely 和 VWO 提供了很多堪称亮点的功能。

- 所见即所得编辑工具能够让市场营销人员即便没有专业 IT 人员支持也可以完成页面设计和发布。
- 能够设计单变体或多变体测试页面，并有效管理测试活动生命周期。
- 非常快的页面展现速度，很大程度满足用户体验需要。大多数场景下，用户几乎感受不到 A/B 测试程序的存在。
- 能够集成 PC 与移动互联网站、原生移动应用和 CMS 内容管理系统等多种应用形式。

- 用户行为轨迹跟踪和分析能力。
- 丰富的绩效分析和度量工具。
- 多人协同和权限管理。

在使用 A/B 测试的时候，还有很多细节要注意。只有当满足一定条件时，A/B 测试才能够实现价值最大化。

- 需要注意控制 A/B 测试的流量成本。不管网站流量导流自社交媒体网站或者搜索引擎，都是有成本的，而且越是流量价值越高，导流成本越高。所以在进行 A/B 测试的时候，如果不能确认新创建的变体对绩效的影响，最好不要将所有流量用于 A/B 测试，而是将一部分流量来进行测试。在各种常见的 A/B 测试工具中，都可以基于某种条件进行流量派发。
- 在原始页面和测试页面之间，设置流量比例。如果风险比较大，可以将大部分流量继续导流到原始页面，而只将小部分流量导流到测试页面。
- 可以根据目标市场细分定义进行流量派发。例如，按照国家或 IP 范围、浏览器类型、操作系统类型、流量来源进行流量派发。
- 设置测试的开始时间、结束时间和每天执行的时间段。将高转化率的时间段让出来，而使用低转化率的时间段执行测试活动。
- 在执行 A/B 测试的时候，如果同时有其他促销活动，可能会给 A/B 测试结果带来影响。例如，测试的内容正好处于打折推广阶段，那么测试的数据结果很可能就不可用了。
- 如果 A/B 测试的流量很少，只有几十个，那么测试统计结果会受单个流量个体行为的影响较大。测试流量过少，测试结果通常是不可以被直接用来进行页面优化的。一般来说，至少要有上千的点击量才好。
- 过期的测试计划要移除掉。如果不移除，而只是标记为禁用或者不分配流量，这部分测试内容的 JavaScript 还是会随着其他测试计划一起分发到用户浏览器页面中，只是不会执行。A/B 测试的脚本代码越精简，执行效果越好。有的用户的计算机配置比较低，执行过于臃肿的测试计划可能会影响用户体验，从而影响对于测试结果的评估。
- 在选择测试页面的时候，通常 A/B 测试需要在很快的时间内启动执行，否则就会影响用户体验，进而影响测试结果。这是因为，通常 A/B 测试会在整个页面的 DOM 加载完成之后才启动执行，进行变体页面生成以及用户行为的度量。在复杂的页面中，虽然第一屏很快显示出来，但是 DOM 全部下载和加载完成可能就需要十几秒钟。A/B 测试还没有启动起来，用户已经离开这个页面进入后续页面了。我们经常看到国外网站的页面很简洁，而国内很多 CMS 门户风格的网站，页面就非常复杂，加载时间也会很长。过于复杂的页面不适合运行 A/B 测试，这点要特别小心。

可以使用 PDCA 和帕累托图来组织 A/B 测试过程。

在每一轮 A/B 测试迭代过程中，使用 PDCA 来逐步优化页面，改善绩效。通过不断的 PDCA 迭代来持续提升页面绩效。

在一轮 A/B 测试内使用帕累托图识别对绩效影响最大的页面元素，重点优化对绩效影响最大的部分。

16.8　小结

在进行社交媒体营销的绩效度量和优化中，首先要设定清晰的目标。在目标明确的前提下，可以分解出相应的转化路径和主要绩效指标，然后有计划地进行绩效改善。通常改善过程不是一蹴而就的，可以通过使用 PDCA 循环和帕累托图来有序地管理每个测试和改善的迭代过程。

在绩效优化的实践过程中，行业背景也非常重要。多参与相关行业和社区的活动，学习"接地气"的营销技巧和方法，了解最新的行业经验和技巧对于提升营销绩效也很有效果。很多帮助营销绩效快速提升的诀窍就好像一层窗户纸，其实并没有那么复杂，而拥有能落地的行业经验却是非常重要的。

第 17 章

>>>>>> 案例：发掘高质量广告创意

通常开展一段时间的广告营销之后，会沉淀一些不错的广告创意。这些广告创意大多是广告图片、标题或是正文。很多有经验的营销者会对这些优质的营销媒体资源进行重新组合来获得新的广告形式，并带来优秀的投资回报率。因为一个广告往往同时拥有不止一个广告创意元素，这就为发掘高价值的创意元素带来一定难度。如果能够对不同广告创意元素进行单独的度量和分析，那么就能进行优质营销资源的组合和优化，并进一步开展更加精细化的广告营销活动了。

在这一章中，我们将了解到：

- 发掘高质量广告创意的基本步骤；
- 组合广告创意，批量创建广告；
- 使用 Excel 进行广告创意绩效度量；
- 持续优化和组织广告创意。

17.1 发掘高质量广告创意的基本步骤

广告创意元素通常由三个部分组成：图片、标题和正文。因为一个广告的各个创意部分是一起投放出来的，所以基本的广告度量方法是对以广告为单位的绩效进行度量，而不能对某个广告内部的某个创意元素进行度量。

如果能够对广告不同的创意元素所带来的营销转化进行单独度量，那么就可以将高绩效广告元素捆绑在一起，组合出新的广告形式以获得更好的绩效。同时也能识别出哪些广告创意元素将会导致广告整体绩效下降，以便将这样的广告创意元素移除掉，保证广告整体绩效水平良好。但是既然不能够独立进行广告创意元素的绩效度量，那么就需要通过一些数据统计的方法，对广告创意元素的绩效进行度量和优化。

对广告创意进行绩效度量与优化的大致步骤，如表 17-1 所示。

表 17-1　分析高质量广告创意的步骤

步　　骤	原　　因
批量创建广告	对广告创意进行编码，将各个独立的广告创意重新进行排列组合，批量创建测试广告
广告投放	将批量创建的广告投放到 Facebook

续表

步　　骤	原　　因
转化跟踪和度量	记录广告绩效，特别是跟踪转化效果，以便未来进行数据分析和比较
使用 Excel 进行分析	使用 Excel 分解不同维度的绩效数据，通过数据透视表，按照广告创意进行聚合，并跟踪广告创意效果
沉淀广告创意资产库	将高质量广告创意沉淀到广告创意资产库，以便未来使用

17.2　使用 Power Editor 和 Excel 管理测试广告

如果需要测试的广告量很大，使用 Facebook Ad Editor 手动创建所有的测试广告几乎是一件不可能的事情。假设你针对的一个目标受众市场有 10 个图片创意、20 个标题创意、20 个广告正文创意，那么可以生成出来的广告组合就是 4000 个。事实上，很多广告主的实际广告创意数量远远多过这个规模。现实营销活动中，很多产品的广告图片和标题创意就在几十个甚至更高，那么再结合正文创意，广告创意组合数量将会达到上万个。

$$广告组合数量=图片数量×标题数量×正文数量$$
$$=10×20×20$$
$$=4000$$

正因为在进行测试的过程中，我们需要面对的广告组合数量如此巨大，所以在实际测试活动中，我们不得不借助 Power Editor 的批量处理能力，以及 Excel 强大的编辑能力来共同管理和创建广告。在制订测试计划的时候，我们也不能一次性地组合完成所有广告，而是先进行部分广告创意的测试，然后经过持续优化来逐步筛选出最佳的广告创意。

虽然现实场景中，往往需要测试的广告创意和生成的组合数量非常多，但是在讲解测试方法的时候，我们还是要构造一种典型场景将各个广告创意数量缩小一些，以便我们快速直观地理解测试方法和测试过程。在这里，假设我们有 2 个广告标题、2 个广告文本和 3 个广告图像，分别是广告标题 A 和广告标题 B、广告文本 A 和广告文本 B、广告图像 A、广告图像 B 和广告图像 C。

这些广告创意元素经过组合之后产生的广告数量就是 12 个。组合出来 12 个广告的效果如表 17-2 所示。这种组合方法在计算机学科中被称为笛卡儿积（Cartesian product），又称直积。

表 17-2　广告创意组合示意

	标　　题	文　　本	图　　像
广告 01	广告标题 A	广告文本 A	广告图像 A
广告 02	广告标题 A	广告文本 A	广告图像 B

续表

	标　　题	文　　本	图　　像
广告 03	广告标题 A	广告文本 A	广告图像 C
广告 04	广告标题 A	广告文本 B	广告图像 A
广告 05	广告标题 A	广告文本 B	广告图像 B
广告 06	广告标题 A	广告文本 B	广告图像 C
广告 07	广告标题 B	广告文本 A	广告图像 A
广告 08	广告标题 B	广告文本 A	广告图像 B
广告 09	广告标题 B	广告文本 A	广告图像 C
广告 10	广告标题 B	广告文本 B	广告图像 A
广告 11	广告标题 B	广告文本 B	广告图像 B
广告 12	广告标题 B	广告文本 B	广告图像 C

要使用 Facebook 实现批量创建如此多的广告创意组合，将会是一件非常烦琐的事情。虽然，Facebook 广告管理工具 Power Editor 支持批量创建广告，但是对于如此多的组合，却也不是直接拿来就能用。为此，我们将会组合 Power Editor 和 Microsoft Excel 一起完成这个烦琐的批量广告创建工作。

广告创建的大致步骤如下。

（1）创建进行测试所需的广告。

（2）使用 Power Editor 的导出功能，将广告创意导出到 Excel 编辑。

（3）使用 Excel 拖动单元格的方式，批量生成广告创意和特定的广告目标受众。

（4）使用 Power Editor 的导入功能将 Excel 批量生成的广告导入 Facebook Power Editor。

（5）将生成的广告，从 Power Editor 提交到 Facebook 进行实际投放。

17.2.1　批量创建广告

在批量创建供 Facebook 执行创意测试的广告时，有以下几个方面需要特别注意。

- 广告名称需要能够区别不同的广告创意元素，以便未来进行不同广告创意绩效的度量。
- 规划好测试的宣传活动与广告组合的结构，便于有效区分不同用途的宣传活动和广告组合，特别是将测试和正式投放的广告区隔开。
- 需要保证各个创意均匀分布在创建的广告上。

在创建广告对象时，可以在 Facebook Power Editor 中下载 Excel 模板来对广告进行批量编辑和上传。广告模板下载的位置如图 17-1 所示。

此时下载的模板包含 50 多个字段。如果每个字段都逐一填写，则工作量将非常巨大。一种简单的方法是，在 Power Editor 中手动创建独立的宣传活动，再创建一些初始的几个广告。然后用鼠标选中这些广告，使用 Power Editor 的"导出选中内容"功能，将这部分广告导出来，如图 17-1 所示。
之后，将这些广告属性复制到经由 Excel 模板生成的
文件中，这样就可以大大减少创建广告的工作量了。

在创建广告的时候，还需要同时输入广告所在的
宣传活动和广告组合的信息，特别是必须输入宣传活
动和广告组合的 ID。宣传活动、广告组合和之前所

图 17-1　下载 Excel 批量编辑模板

提到的创建广告有所不同。宣传活动是此前已经创建完成的，所以是有 Facebook 生成的 ID 的。而之前所提到的新创建的广告，因为还没有提交到 Facebook，所以是没有广告 ID 的。为了能够将宣传活动和广告组合的 ID、名称、状态等信息设置正确，可以在这个宣传活动或广告组合中添加一个广告，然后将这个广告从 Power Editor 中导出来，那么随着广告一起导出来的数据中就会包含宣传活动和广告组合中所需要的这些信息了，如图 17-2 所示的 CreativeTest-TG0702 宣传活动。

图 17-2　从 Power Editor 中导出的广告数据

这样经过前面两个过程，我们批量生成了用于测试的广告对象，并将这些创建的广告对象放置在了生成完成的宣传活动和广告组合之中。

> (i)　这里没有将要生成创意组合的"种子"广告与用于测试的宣传活动放在一起。这是因为，一个宣传活动中的广告可以针对一套特定人群属性。当我们针对不同细分人群进行测试的时候，我们更容易复用和管理这些广告组合。所以，这里没有将生成创意组合的广告与用于测试的宣传活动放在一起。也正因为这样，在前面的例子中，出现了两次导出广告对象的操作。其实它们是分属在不同创意活动中的。
>
> 如果你的应用场景不需要这么复杂，也可以考虑简化步骤。

虽然上面的步骤可以快速批量创建广告，但还是需要仔细阅读 Power Editor 广告模板文件中的注释。在模板的注释中，清晰地写明了各个字段的含义、是否为必填项，以及填写中所要注意的问题。很多广告提交中遇到问题，往往是没有正确按照模板规范提交所造成的。图 17-3 就介绍了图片的提交方法。

> (i)　在 Power Editor 导出的文件中，图片是通过图片哈希值来管理的。而在通过 Excel 批量创建广告的时候，图片创意的 image 字段则需要包含图片文件的相对目录和文件名。

	BE	BF	BG	BH	BI	BJ	BK	BL	BM
iiences	Excluded Custom Audiences	Image	图片 The thumbnail image filename and file extension (i.e. the path to an image for an ad, relative to the root of the zip file.) Example: "image1.jpg" 格式: 图像 1.jpg 必填: 必填						

图 17-3　提交图片的注释中包含注意事项

在批量生成广告创意的时候，确保广告创意平均分布在各个广告中也非常重要。这个平均分布包含两层含义：

- 不要出现某个广告创意和一些创意组合很多，而和另外一些组合很少的情况；
- 不要出现某个广告创意和另一个高绩效广告创意组合在一起，而其他广告创意却都没有和这个高绩效广告创意组合在一个广告中的情况。

前面的这两个方面都将导致最后广告创意的聚合统计的时候计算结果不准确。而要能够确保广告创意平均分布在各个广告中，一种有效的方法就是严格按照表 17-2 所示的笛卡儿积的组合方式来进行广告创意的组合。逐一填写这些广告是非常烦琐的，如果使用 Excel 编辑，则可以批量创建或者编辑广告内容，效率也会提高很多。

> 如果广告创意比较多，建议分批进行优秀创意的测试。一次投放的广告过多可能会导致测试周期变长，从而影响面对市场变化的反应速度。
>
> 另外，很多广告管理工具可以大幅度简化上面操作的工作量。如果预算允许，建议多采购几个广告管理工具，结合各个工具的特点，有选择地使用不同功能来管理你的广告。

17.2.2　广告名称规范化

合理设计广告名称有助于后续广告创意的分析。简单地说，规范广告名称就是将一些需要分析的参数信息添加到广告名称中，用广告名称来作为这些参数的载体。以便未来绩效分析的时候，可以将不同的参数解析出来进行数据分析。

在广告名称规范化中，尤其需要注意将图片字段编码到广告名称中。在 Facebook 的 Power Editor 导出的逗号分隔符文件中没有图片名称，而只有图片哈希值。哈希值是一段数字和字母的组合，如 "7221447df215ae60e90d5ca33d15213d"。如果不借助特别的技巧，人眼是无法识别出来是什么图片的。而这样的哈希值是很难在 Excel 和 Power Editor 创建广告的过程中直接使用的。

在建立广告名称规范的时候，一种方法是使用规范化的图片名称，然后将编码后的名称与广告名称的前缀拼接在一起。例如，广告名称的前缀是 "CreativeTest-0702-"，图片名称为 imgXX.jpg 的格式。我们可以将前缀加上图片名称的前 5 个字母组成新的广告名称。

> 在 Facebook 广告系统中，往往肉眼看上去完全相同的两张照片，因为使用场景的原因也可能会造成图片的哈希值不同。所以哈希值不能用来区别图片广告创意。
>
> 上传到 Facebook 的广告图片，Facebook 会进行一定图片编码和调整。所以即便是同一张图片，上传、下载，然后再上传，因为先后上传了两次，所以两次的图片在 Facebook 中会看成是不同的两个图片。这样它们的散列值就不同了。

图 17-4 所示为使用这个方法生成的广告示例，在这里使用 Excel 公式将广告名称前缀与图片名称的前 5 个字符拼接起来，就形成了新的广告名称。获取图片名称前 5 个字符串的 Excel 函数是 MID 函数，其中第一个参数是需要截取的文本来源，例如来自 B2 单元格，第二个和第三个参数分别表示开始字符位置和截取的字符串长度。

SUM　="Creative-0702-"&MID(B2,1,5)

	A	B	C
1	Ad Name	Image	
2	="Creative-0702-"&MID(B2,1,5)	img01.jpg	
3	Creative-0702-img02	img02.jpg	
4	Creative-0702-img03	img03.jpg	
5	Creative-0702-img04	img04.jpg	
6	Creative-0702-img05	img05.jpg	
7	Creative-0702-img06	img06.jpg	
8	Creative-0702-img07	img07.jpg	
9	Creative-0702-img08	img08.jpg	
10	Creative-0702-img09	img09.jpg	
11	Creative-0702-img10	img10.jpg	
12			

图 17-4 生成广告名称的示例

很多时候会出现图片重名的情况，例如来自不同目录下的图片文件重名了，可以将目录和图片名称一并包含在广告名称中。为了便于后面的处理，在这个过程中使用 Excel 函数 SUBSTITUTE()时将斜杠“/”替换为中线“-”，如图 17-5 所示。

SUM　="Creative-0702-"&SUBSTITUTE(MID(B2,1,14),"/","-")

	A	B	C
1	Ad Name	Image	
2	="Creative-0702-"&SUBSTITUTE(MID(B2,1,14),"/","-")	folder01/img01.jpg	
3	Creative-0702-folder01-img02	folder01/img02.jpg	
4	Creative-0702-folder01-img03	folder01/img03.jpg	
5	Creative-0702-folder01-img04	folder01/img04.jpg	
6	Creative-0702-folder01-img05	folder01/img05.jpg	
7	Creative-0702-folder02-img01	folder02/img01.jpg	
8	Creative-0702-folder02-img02	folder02/img02.jpg	
9	Creative-0702-folder02-img03	folder02/img03.jpg	
10	Creative-0702-folder02-img04	folder02/img04.jpg	
11	Creative-0702-folder02-img05	folder02/img05.jpg	
12			

图 17-5 包含重名的生成广告名称的示例

很多广告投放者会对广告名称进行一定编码，以便后续数据的解析和处理。因为图片会与其他创意元素进行组合，形成一个广告，所以广告名称的编码中不但要包含图片名称，通常还需要包含广告标题和正文的编码信息。

17.2.3 管理广告投放

当使用 Facebook 广告模板将对象数据整理完成之后，最好能根据广告数量分批次有计划地组织广告投放。例如，每 7 天为一个周期同时投放 5 个广告。因为 Facebook 会优先展示那些 Facebook 认为转化率较高的广告，所以如果同时投放的广告比较多，则有的广告会缺乏展示机会而呈现出很差的绩效。通过分批次、有计划地组织广告投放，可以保证每个广告都获得相对平均的展示机会，这将有助于客观地评价广告创意元素的绩效状况。

如果投放的广告数量比较多，经过几轮测试发现某些图片、标题或者正文所对应的广告绩效非常差，你也可以决定提前将这些糟糕的创意元素从测试范围中全部拿掉。测试范围变小之后，测试迭代速度也会变得更快。通常来说，对于广告绩效影响最大的广告创意，从重要到次要分别是广告图片、广告标题和广告正文。

试想，如果某个广告创意普遍展示机会和绩效都很差。那么包含这个创意的广告一般不会获得很好的营销绩效。所以遇到这样的情况，通常在最初 3 天左右就可以发现，并批量移走所有包含这样低绩效创意的广告。这样需要测试的广告范围也可以大大缩小，还能节省一些可能会浪费掉的测试费用。这不需要其他什么特别的技术，只要观察展示量（Impressions）指标就可以了。因为从销售转化漏斗来看，一定要有足够的展示机会才能带来后续的点击和其他转化。如果广告都展示不出来，其他的指标就不用去考虑了，一定会很差。

对广告绩效影响最大的广告创意，按重要性排序，依次是图片、标题和正文，基于此考虑，在安排测试广告投放顺序的时候，最好也是同样按照图片、标题和正文的排序进行投放。这样一旦发现低绩效图片，就可以马上停掉。

最后一个必须注意的地方是，每一批广告的投放周期最好一致。通常，这个投放周期可以是以周为单位的。否则，所获得的广告绩效数据将缺乏可比性。例如，你的产品是一款面向大学生的社交游戏产品。第一批投放的广告在周一到周三投放，而第二批是周四到周日投放。那么很可能第二批广告投放的绩效会更好，因为第二批的投放时间更长，也赶上周末休息日。所以，为了保证广告绩效具有可比性，需要每批投放广告时间一样长且最好以周为单位。当然，如果赶上营销目的地的本地节日，结果也会受到影响，例如，西方的圣诞节，或者亚洲国家的春节。

越是广告创意数量多的情况，就越是需要有效管理投放过程，加速测试过程。总结上面的经验，要点如下。

- 控制每批同时投放数量，保证各个广告都有足够的展示机会；
- 发现展示量低的广告创意，就直接从测试范围中移除掉；
- 按照图片、标题、正文的顺序进行投放；
- 保证每批广告投放周期一致，以周为单位，且尽量避开公共假日的影响。

17.3 使用 Excel 进行广告创意绩效度量

当测试广告投放一轮之后，就可以搜集广告绩效进行不同创意元素的绩效度量了。因为大多数搜索引擎和社交媒体营销平台并不提供独立的广告绩效度量数据。在进行广告创意度量的时候，通常需要以下几个步骤来实现。

（1）从 Facebook 导出进行测试的广告对象的绩效。

（2）使用 Excel 将广告名称中的图片名称等创意元素信息解析出来。

（3）使用数据透视表聚合统计出不同创意对象的绩效数据，筛选出绩效最佳的广告创意元素。

17.3.1 使用 Power Editor 导出广告绩效

你可以在 Facebook 的 Power Editor 中选择所要导出数据的广告范围，然后点击"导出选中内容"菜单来导出广告绩效，如图 17-6 所示。在收集到广告绩效的时候，通常会包含很多广告绩效字段，如表 17-3 所示。

图 17-6 导出选中内容

表 17-3 Facebook 广告对象常用绩效

绩效名称	含义与作用
Reach	抵达独立的受众量
Social Impressions	社交展示，表示带有社交语境信息（Social Context）的广告展示。社交语境信息指的是一个或多个好友赞页面或者安装应用的信息，比如"××觉得××很赞"。
Max Bid Clicks	oCPM 中设置的每次点击的最大出价
Max Bid Reach	oCPM 中设置的每次展示的最大出价
Max Bid Social	oCPM 中设置的每次社交展示的最大出价
Max Bid Conversions	oCPM 中定义的每次转化的最大出价
Spent	花费
Clicks Count	点击量
Impressions	展示量
Actions Count	用户行为数

通常在分析高价值绩效的时候，可以综合主要的绩效指标以及与你的业务相关

的指标进行分析，例如：

- 展示量（Impressions）是最基本的指标，如果广告不能够被充分展示，那么广告转化也会大受影响；
- 点击量（Clicks）也是最基本的指标，只有广告被点击才可能发生后续转化；
- 每次点击成本（Cost Per Click，CPC）。你可以根据营销经验设定 CPC 的阈值，CPC 超过该阈值的广告才可以进行下一步的投放。如果低于该阈值，甚至可能出现投放越多、赔钱越多的情况。

另外，你还可以加入一些自定义的绩效数据。例如，某款手机游戏，可能是手机应用安装行为的成本 CPA（Cost Per Action）达到某个阈值才能够进一步投放。

经过上面一系列整理，你已经结合业务经验设计出来所要观察和度量的指标范围。下一步就是使用 Excel 数据透视表来帮助分析广告绩效。因为使用图 17-6 所示的方法，将会导出很多广告绩效，但是大多数都不会在这里用到。为了讲解方便，我们摘取其中几个主要的广告物料和绩效属性来分析广告创意的绩效：

- Ad Name（包含图片名称信息的广告名称）；
- Title（广告标题）；
- Body（广告正文）；
- Impressions（展示量）；
- Clicks（点击量）；
- Spent（花费）。

当然，你还可以根据业务需要，确定适合你的绩效指标范围。

基于上面的列表，我们模拟构造出表 17-4 所示的绩效数据。

表 17-4　模拟构造的演示数据

Ad Name	Title	Body	Impressions	Clicks	Spent
Creative-0702-img01	Title01	Body01	9,436	884	16.784
Creative-0702-img01	Title01	Body02	9,484	956	17.899
Creative-0702-img01	Title01	Body03	8,227	938	19.718
Creative-0702-img01	Title02	Body01	9,477	955	17.826
Creative-0702-img01	Title02	Body02	8,737	993	19.809
Creative-0702-img01	Title02	Body03	8,617	980	17.220
Creative-0702-img01	Title03	Body01	9,418	973	17.422
Creative-0702-img01	Title03	Body02	9,042	953	16.748
Creative-0702-img01	Title03	Body03	8,980	931	18.866
Creative-0702-img02	Title01	Body01	7,116	938	17.430
Creative-0702-img02	Title01	Body02	8,819	776	15.642

续表

Ad Name	Title	Body	Impressions	Clicks	Spent
Creative-0702-img02	Title01	Body03	8,419	796	18.205
Creative-0702-img02	Title02	Body01	7,806	894	17.459
Creative-0702-img02	Title02	Body02	8,068	776	15.116
Creative-0702-img02	Title02	Body03	8,129	915	17.512
Creative-0702-img02	Title03	Body01	7,999	933	15.865
Creative-0702-img02	Title03	Body02	9,006	801	16.510
Creative-0702-img02	Title03	Body03	8,376	843	18.060
Creative-0702-img03	Title01	Body01	7,592	794	15.269
Creative-0702-img03	Title01	Body02	8,472	866	16.619
Creative-0702-img03	Title01	Body03	7,587	852	16.898
Creative-0702-img03	Title02	Body01	7,559	741	17.564
Creative-0702-img03	Title02	Body02	8,022	861	16.642
Creative-0702-img03	Title02	Body03	7,191	700	17.358
Creative-0702-img03	Title03	Body01	7,872	812	17.811
Creative-0702-img03	Title03	Body02	8,712	727	16.820
Creative-0702-img03	Title03	Body03	8,182	733	14.069

表 17-4 中的数据包含广告名称、标题和正文的组合，以及所对应的各个广告的绩效。其中，图片的名称包含在广告名称中，通过解析广告名称就可以获得相应的图片信息。在这个模拟示例中，包含图片、标题和正文创意各 3 个，那么总共组合出的广告数量是 27 个。

$$广告数量 = 图片数量 \times 标题数量 \times 正文数量$$
$$= 3 \times 3 \times 3$$
$$= 27$$

下一步，我们就来介绍解析广告创意属性以及进行绩效分析的方法。

17.3.2　广告名称中解析广告创意属性

我们只有解析出广告图片的名称，才可以针对图片创意进行分析。如果广告名称中包含更多的属性，例如广告标题编号或者广告正文编号，也需要逐一解析出来。

在表 17-4 所示的广告名称示例中，因为各个广告的前缀名称都是"Creative-0702-"，所以我们使用 Excel 函数将前面的字符串过滤掉，而只留下最后的 5 个字符，就是所需要解析的图片名称了。具体实现步骤如下：

● 添加 Image 字段，这个字段将会保存解析出来的图片名称；
● 使用 MID 函数解析出图片名称。用于解析的 Excel 公式为=MID(A3, 15,

LEN(A3))。

MID 函数的第一个参数指向所在广告名称的 Excel 单元格，第二个参数是开始截取字符串的位置，第三个参数是截取的长度。使用上面的方法，解析效果如图 17-7 所示。

如果在设计广告名称的时候，将标题与正文创意也一起编码到广告名称中了，那么你也可以使用上面的方法将不同的创意名称解析出来。

	A	B	C	D	E	F	G
	ACCRINT		▾	× ✓ fx	=MID(A2, 15, LEN(A2))		
1	Ad Name	Title	Body	Impressions	Clicks	Spent	Image
2	Creative-0702-img01	Title01	Body01	9,436	884	16.784	=MID(A2, 15, LEN(A2))
3	Creative-0702-img01	Title01	Body02	9,484	956	17.899	img01
4	Creative-0702-img01	Title01	Body03	8,227	938	19.718	img01
5	Creative-0702-img01	Title02	Body01	9,477	955	17.826	img01
6	Creative-0702-img01	Title02	Body02	8,737	993	19.809	img01
7	Creative-0702-img01	Title02	Body03	8,617	980	17.22	img01
8	Creative-0702-img01	Title03	Body01	9,418	973	17.422	img01
9	Creative-0702-img01	Title03	Body02	9,042	953	16.748	img01
10	Creative-0702-img01	Title03	Body03	8,980	931	18.866	img01
11	Creative-0702-img02	Title01	Body01	7,116	938	17.43	img02
12	Creative-0702-img02	Title01	Body02	8,819	776	15.642	img02
13	Creative-0702-img02	Title01	Body03	8,419	796	18.205	img02
14	Creative-0702-img02	Title02	Body01	7,806	894	17.459	img02
15	Creative-0702-img02	Title02	Body02	8,068	776	15.116	img02
16	Creative-0702-img02	Title02	Body03	8,129	915	17.512	img02
17	Creative-0702-img02	Title03	Body01	7,999	933	15.865	img02
18	Creative-0702-img02	Title03	Body02	9,006	801	16.51	img02
19	Creative-0702-img02	Title03	Body03	8,376	843	18.06	img02
20	Creative-0702-img03	Title01	Body01	7,592	794	15.269	img03
21	Creative-0702-img03	Title01	Body02	8,472	866	16.619	img03
22	Creative-0702-img03	Title01	Body03	7,587	852	16.898	img03
23	Creative-0702-img03	Title02	Body01	7,559	741	17.564	img03
24	Creative-0702-img03	Title02	Body02	8,022	861	16.642	img03
25	Creative-0702-img03	Title02	Body03	7,191	700	17.358	img03
26	Creative-0702-img03	Title03	Body01	7,872	812	17.811	img03
27	Creative-0702-img03	Title03	Body02	8,712	727	16.82	img03
28	Creative-0702-img03	Title03	Body03	8,182	733	14.069	img03

图 17-7　解析出包含在广告名称中的图片名称

17.3.3　使用数据透视表分析广告创意绩效

简单地说，使用 Excel 数据透视表功能分析不同广告创意的绩效，就是将广告绩效按照图片、标题或者正文进行绩效数据聚合。然后选择出绩效最好或最差的广告创意元素。通常，在进行这样的选择时，大致有以下几个策略。

● 选择各个广告创意类别中，绩效最好的元素，然后将这些创意元素组合在一起发现绩效最好的组合。对于这样的组合，可以加大广告预算投入力度。

● 分析发现绩效较差的广告创意，直接将这样的绩效剔除出去。

● 保留一些绩效足够好的广告创意。这些创意虽然绩效可能并不如第一种那么优秀，但是也可以使用。

分析不同广告创意元素绩效的方法，是基于前一节解析出来的创意元素和绩效来进一步分析的，如图 17-7 所示。通过 Excel 数据透视图功能进行广告创意绩效分析，首先在 Excel 的插入功能区中点击"数据透视表"按钮，打开"创建数据透视表"对话框，如图 17-8 所示。

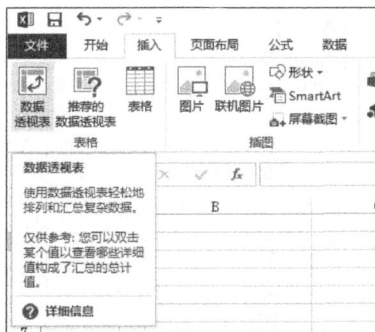

图 17-8 打开"创建数据透视表"对话框 　　图 17-9 选择数据透视表中要分析的数据来源

在"创建数据透视表"对话框中，点击"选择一个表或区域"中的选择按钮▦，如图 17-9 所示。当选择数据的按钮被点下之后，该"创建数据透视表"对话框被折叠起来。此时用鼠标将所要分析的数据范围选中，则所选范围自动被显示在"创建数据透视表"对话框中，如图 17-10 所示。

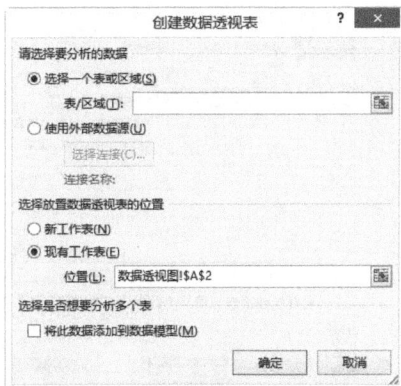

图 17-10 选择数据透视表的数据范围

如果选择完成，则点击折叠中的"创建数据透视表"的展开按钮▦，此时就可以看到完整的"创建数据透视表"的对话框了。再点击对话框中的确认按钮，则数据透视表的数据源选择完成，数据透视表也创建完成了。此时的数据透视表还是空的，如图 17-11 所示，还不能直接用来进行绩效分析，我们需要进行一些简单的设置。

图 17-11　刚创建完成的空表

假设我们需要对图片绩效进行分析。图片字段名称是 Image，需要参考的字段主要是展示量（Impressions）、点击量（Clicks）、花费（Spent）以及每次点击成本 CPC。那么，我们可以用这样几个步骤完成基本设置：

- 将 Image 字段拖动到数据透视表字段列表的"行"区域中；
- 将 Impressions、Clicks 和 Spent 拖动到"值"区域中。

每次点击成本（CPC）会稍微有些麻烦，因为这个数值并不是直接来自我们前面构造好的数据，而是需要通过 CPC 的公式计算出来。

$$CPC = \frac{花费}{点击量}$$

为了计算 CPC，我们需要使用 Excel 的高级功能"计算字段"。首先在数据透视表工具的分析功能区中，选择"字段、项目和集"菜单中的"计算字段"功能，如图 17-12 所示。

在"插入计算字段"对话框中，分别设置字段名称与字段计算公式，如图 17-13 所示。在设置计算字段时，要特别注意公式的字段拼写一定要正确。如果拿不准，可以用鼠标将字段选中，然后点击插入字段按钮，这个字段就自动添加在公式输入框当前光标的位置了。

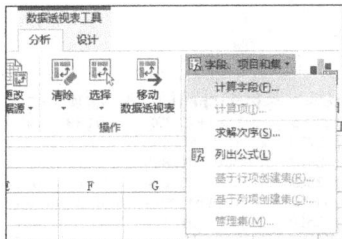

图 17-12 "计算字段"功能

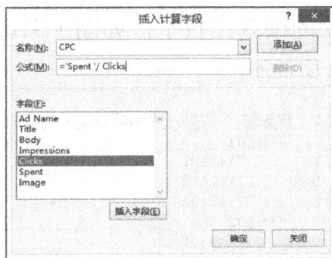

图 17-13 设置插入计算字段

点击"确定"按钮之后，这个新生成的字段就自动出现在数据透视表中最右边的位置了，如图 17-14 所示。

图 17-14 广告图片创意的绩效状况

此时 CPC 在数据透视表中被显示为"求和项:CPC"。"求和项"表示这个数值是对原始数据进行求和计算出来的。但是因为这里的 CPC 是基于前面的 Clicks 和 Spent 相除计算得到的，并不是基于某个原始数据求和计算出来的。如果将这里设置为求和项、平均值、最大值或者最小值，出现的数值都是一样的。所以我们可以不用在意这里出现的"求和项"三个字。

图 17-14 最后一行的总计是 Excel 自动添加进来的。因为我们所要关注的是每个独立的广告创意元素的绩效比较，而不是最终的汇总结果，所以这一行可以忽略掉。

在获得图 17-14 所示的结果之后，我们就可以按照需要对绩效进行分析了。如果我们的营销目标是尽量提升展示量，那么就可以选择 Impressions 最高的数据。如果希望通过提升点击量获得更好的转化率或者订阅量，那么可以更多关注 Clicks。如果关注投资回报率，那么可以关注 CPC 或者 CPA。

前面我们展示了图片的绩效分析方法，广告标题和正文的分析方法也是一样的。至此，你就可以按照营销目标来分析究竟哪些广告创意元素能够带来更高的价值了。

如果你希望看到两两组合的绩效，例如，图片和标题所组合的绩效表现，或者标题和正文所组合的绩效表现，你可以通过在数据透视表中增加新的"行"来实现。例如，我们将广告标题添加到"行"中，如图 17-15 所示。添加之后，就可以进行广告创意元素的

图 17-15 在数据透视表中添加广告标题

两两组合的绩效比较了，如图 17-16 所示。

	A	B	C	D	E
1					
2	行标签 ▼	求和项:Impressions	求和项:Clicks	求和项:Spent	平均值项:CPC
3	⊟img01	81418	8563	162.292	0.018952703
4	Title01	27147	2778	54.401	0.019582793
5	Title02	26831	2928	54.855	0.018734631
6	Title03	27440	2857	53.036	0.018563528
7	⊟img02	73738	7672	151.799	0.019786105
8	Title01	24354	2510	51.277	0.020429084
9	Title02	24003	2585	50.087	0.019376015
10	Title03	25381	2577	50.435	0.019571207
11	⊟img03	71189	7086	149.05	0.021034434
12	Title01	23651	2512	48.786	0.019421178
13	Title02	22772	2302	51.564	0.022399652
14	Title03	24766	2272	48.7	0.021434859
15	总计	226345	23321	463.141	0.019859397

图 17-16　广告图片和标题组合之后的绩效

17.4　持续优化和组织广告创意

在大多数情况下，需要进行测试的广告创意元素很多。如果全部都经过上面的排列组合之后进行投放，那么每一轮的测试周期会很长，测试成本也会非常大。如果需要进行大量的广告创意元素的测试，可以首先将元素分隔为不同测试批次。每次不去测试全部的广告创意元素，而是测试其中一批。这样就可以在数据规模不是很大的情况下，相对快速地测试出绩效最好的和最糟糕的广告创意元素。一批测试完成之后，可以将一些低绩效广告创意元素从测试集合中移除掉，再启动下一轮测试活动。因为一些广告创意被移除掉了，所以剩余没有测试的广告总量也减少了，这样测试效率就提升了。

另一种技巧是，如果已经沉淀了一批绩效适中的广告创意元素，另外需要测试新创建出的某一类创意元素，例如图片，那么可以将图片与之前的标题或正文进行组合来进行测试。这样也能比较快地测试出绩效较好或者较差的图片创意。

17.5　小结

经过对广告创意元素的绩效分析和比较，可以比较有效地识别出绩效最好和最糟糕的广告创意，然后进一步精细化地提炼高质量的广告创意。如果需要，还可以将这样的创意提炼出来，沉淀到广告创意资产库中。

好的广告创意总是能带来高质量的营销效果和高转化率。这个资产沉淀是一个渐进的、持续的过程。因此，要不断加入新的广告创意，并不断通过量化方法迭代优化，逐步增强市场竞争力。

第 18 章

>>>>>> 案例：发掘细分市场机会

当开展社交媒体广告营销的时候，发现新的区域或者新的客户群体很可能会带来出人意料的投资回报率。过去几年中，很多营销者在经营 Facebook 广告营销的时候，从北美市场转战到东南亚或者中东的新兴市场，获得了相当不错的投资回报。我们下面就一起了解如何通过 Facebook Power Editor 和 Excel 数据透视表找到未经发现却充满潜力的新兴市场机会。

在这一章中，我们将了解到：

- 发掘细分市场机会的基本步骤；
- 批量创建广告；
- 广告绩效跟踪技术；
- 使用 Excel 进行绩效度量；
- 持续优化和改善广告营销绩效。

18.1 发掘细分市场机会的基本步骤

简单地说，发掘细分市场机会是以宣传活动（Campaign）为单位，面对不同目标受众投放相同创意的广告。在所有的宣传活动和广告都投放完成之后，比较各个宣传活动的绩效指标，筛选出市场反应相对比较积极，投资回报率比较高的细分市场。

如果一轮测试效果还不足以拉开不同潜在目标市场的差距，也可以使用类似方法多测试几轮，这样就可以逐渐发现营销效果比较好的几个潜在市场。你还可以进一步针对这些新的目标受众，进行广告创意的测试，进一步筛选投资回报率最好的广告创意组合。

当你筛选出潜在市场，并针对该市场完成了广告创意的设计和组合之后，你就可以正式安排营销预算，启动新市场的营销计划了。

通过持续的测试和分析，逐步定位潜在机会，主要步骤及其原因如表 18-1 所示。

发掘潜在细分市场的测试活动，能够为你带来两方面收益：

- 发现未知的潜在市场，提升销售业绩；
- 在已知市场中，进一步细分不同目标受众，优化预算和资源分配，提升营销投资回报率。

表 18-1　发掘细分市场机会的主要步骤及其原因

步　骤	原　因
批量创建广告	合理创建测试广告,保证测试过程足够均匀地覆盖到各个广告创意。这样将有助于更加准确地获得目标市场的绩效数据
宣传活动命名	将典型的目标受众属性记录到宣传活动名字中,这会有助于未来对目标受众绩效的进一步分析。如果不这样操作,目标受众的属性很难快速解析出来
转化跟踪和度量	记录广告绩效,特别是跟踪转化效果,以便未来进行数据分析、探索和解释
使用 Excel 进行分析	使用 Excel 分解不同维度的绩效数据,通过数据透视表从不同维度分析目标市场营销绩效,以筛选出优质的潜在市场
持续优化和改善绩效	通过导入更多广告创意,生成更多广告来进一步筛选最具潜力的目标市场,并沉淀适用于该市场的广告创意

(i) 发掘潜在市场机会的方法,不仅适用于 Facebook 平台。

我们这里使用 Facebook 平台来讲解发掘潜在目标市场的方法。事实上,对于大多数社交媒体营销和搜索引擎营销平台都可以使用表 18-1 的方法,再结合媒体平台自身特点或者营销计划,通过有序的测试和绩效比较来最终定位出最具有潜在价值的目标市场。

此外,不管是提升主页或帖文的营销效果或者将流量导出站外,这个市场测试的大致步骤也是一样的。

18.2　Facebook Power Editor 和 Excel 批量创建广告

批量创建测试广告的目的是有足够数量的广告创意均匀地覆盖潜在目标受众,以保证测试结果足以支持对市场潜力的分析。

在正式开展市场测试之前,你需要进行一些测试的准备活动。

- 准备一定数量的广告创意,要能够保证这些创意足够均匀地覆盖到你的目标人群。
- 设计宣传活动或广告组合的名称规则,以便未来进一步解析出不同细分市场的绩效指标。
- 在网站中部署追踪像素或跟踪代码。

当然,如果你需要进一步分析更多信息,你可能还需要构造着陆页的 URL 地址来包含更多自定义的参数。这些自定义参数主要是将一些营销活动数据传入网站,以便打通社交媒体平台和你的网站之间的绩效数据。是否需要这样操作,取决于你的营销活动的精细化程度。通常在初期并不需要做到这个程度。

实现批量创建广告,必须保证满足这样几个条件。

- 面对每个受众群体所投放的广告创意数量和内容都是一致的。如果广告创意不同，那么广告绩效便不具有可比性。

- 用于测试不同受众群体的广告创意是相互独立的，否则，绩效数据混杂在一起，将无法分解开不同群体的绩效数据。
- 广告创意不能很少，否则，将无法测试出细分市场受众是对你的产品不感兴趣，还是因为你的广告创意的因素导致其兴趣不足。
- 广告创意不能很多。因为 Facebook 和各个广告平台会在你同时发布的各个广告中，展示那些绩效比较好的广告，甚至一些本应该被展示并获得良好绩效的广告在这种排名设计中失去展示机会。为此，你不得不控制每批展示的广告数量，以及展示的时间长度。既然不能一下子测试完所有广告，那么你就需要控制用于目标市场测试的广告总数量，以便在有限时间周期内完成测试。

你需要控制测试过程中其他促销因素的影响。

有可能你的测试活动需要一定时间周期才能完成。如果这时候有其他促销活动，那么促销活动有可能会对测试活动产生影响。往往一个促销活动，会让广告绩效看上去转化率一下子提升很大。而这个对于我们的测试活动而言是不真实的。你需要小心地设计未来一段时间整体的营销计划、测试目标、着陆页、测试群体，并注意去掉影响分析结果的测试样本数据。

批量创建广告是一个辛苦活，你必须非常小心，以保证每批用于测试的广告创意正确。在 Facebook 广告中，广告分为以下两个主要的部分：

- 广告创意，主要包括标题、文本和图像；
- 受众，主要包括位置、年龄、性别、语言、兴趣、行为、类别等信息。

批量创建工作就是有序地组合上面的广告内容。

批量创建和投放这些广告，我们大致需要这样几个步骤。

（1）使用广告创意分离测试中的批量广告创建方法，批量创建出用于测试的广告。

（2）逐一创建广告宣传活动。

（3）将准备投放的广告复制到各个广告宣传活动中。

（4）批量编辑广告宣传活动中各个广告的目标受众。

（5）投放广告。

建议出价方式选择 CPM 或者 CPC，而不要使用优化 CPM（oCPM）等出价方式，并且在整个测试过程中只使用一种出价方式。

这样会让你最后的绩效数据分析工作更加简单和易于比较。引入过多的变量，会使你的最终决策复杂化。

18.2.1　批量创建宣传活动

我们需要能够度量不同的目标受众对所投放广告的接纳程度。默认情况下，Facebook 并不直接提供基于目标受众的广告绩效度量。事实上，大多数媒体平台都不会直接提供。所以，我们将会使用一些数据分析的技巧，通过命名不同的宣传活动名称来标记目标细分市场，然后未来再将宣传活动的名称解析成可以理解的含义，同时分析宣传活动的绩效。这样就可以实现对不同细分目标市场的分析了。这个过程看起来有些复杂，其实核心就是两个步骤，首先需要能够生成一个基础的宣传活动"模板"，然后再使用 Excel 批量复制创建出其他宣传活动和广告来。

> 之所以使用宣传活动而不是广告组合来管理广告，是因为截止到作者编写这章内容的时候，Facebook Power Editor 能够支持导入逗号分隔符文件来批量创建宣传活动，但是不能支持导入方式创建广告组合。
>
> 在全球 Facebook 广告主和广告代理商中，Excel 与 Facebook 集成进行广告管理得到广泛应用。Excel 可以很好地支持逗号分隔符文件创建广告。所以，我们也会采用 Excel 和 Facebook Power Editor 相结合的方式进行广告批量管理。

通常开始进行广告创建的时候会设置一个基础的广告宣传活动。这个宣传活动中的广告可以不用投放出来，只是作为批量编辑广告的模板。然后将这个宣传活动中准备好的广告复制到其他宣传活动中，再调整不同广告的目标受众，实现针对不同细分市场的广告投放和绩效分析与优化。

当然，如果需要，也可以将这个广告组合中的广告也投放出来。为了进行一个简单的测试，我们分别创建一个新的宣传活动，宣传活动名称为 SplitTest-Targeting-Basic。创建这个宣传活动的时候需要同时设定广告购买类型和目标。在这里，统一设置购买类型为出价，宣传目标为网站点击量，如图 18-1 所示。

图 18-1　编辑初始化的宣传活动

接下来，就要批量创建测试所需的宣传活动。可以在 Power Editor 中选择一个宣传活动，使用快捷键 Ctrl+C 将这个宣传活动复制到剪贴板中。然后再使用剪贴板，将这个宣传活动粘贴到 Excel 中，如图 18-2 所示。

	A	B	C	D	E	F	G
1	Campaign ID	Campaign Name	Campaign Status	Campaign Objective	Campaign Buying Type	Tags	
2	cg:6013167077429	SplitTest-Targeting-Basic	PAUSED	网站点击量	AUCTION		

图 18-2　复制到 Excel 中的宣传活动

Facebook 对于在 Power Editor 的编辑器中使用快捷方式做了特别的处理，熟练使用各种常用的快捷方式将有助于提高广告管理效率。

使用 Excel 批量生成宣传活动，主要是对宣传活动名称按照一定规则进行编码。例如，即将测试的内容为，从美国、加拿大和印度的 20～35 岁的英语用户中识别出不同国家、年龄段和性别组合对宣传活动所推广产品的接受程度。基于上面描述，可以分解出来这样几种细分用户的组合：

- 国家
  - 美国
  - 加拿大
  - 印度
- 年龄组合
  - 20～24 岁
  - 25～29 岁
  - 30～35 岁
- 性别
  - 男性
  - 女性
- 语言
  - 英语

那么，总共组合出来的宣传活动应该是 18 个。我们将会生成这些细分用户组合出来的受众群体。

定义宣传活动的名称是通过 Excel 来生成的。我们很容易使用 Excel 单元格的拖曳复制功能，将国家、性别、年龄的组合内容生成出来，如图 18-3 所示。因为英语用户是语言中唯一的属性，不存在未来分析过程中与其他属性组合和分析的需要，所以在图 18-3 中没有单独处理这个属性。

当然，也可以使用 Excel 所提供的公式或者计算功能来定制更复杂的目标受众关系。

宣传活动名称是使用 Excel 的公式计算功能实现的。图 18-3 所示的目标细分市场所生成的宣传活动包括如下部分。

- 宣传活动基本名称，如 SplitTest-Targeting。
- 国家，如 US 表示美国，CA 表示加拿大，IN 表示印度。
- 性别，如 Male 表示男性，Female 表示女性。
- 年龄组合，如"20-25"是年龄段区间。

那么一个典型的宣传活动可能就是"SplitTest-Targeting-US/Male/20-24"。同样，我们可以使用 Excel 来生成这个宣传活动，如图 18-4 所示。

图 18-3　目标受众属性组合

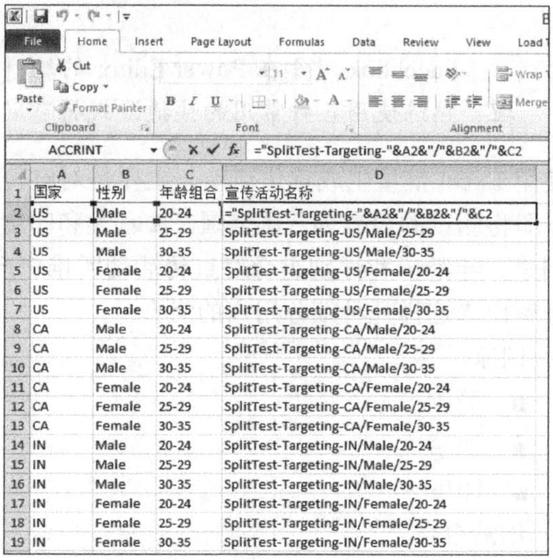

图 18-4　使用 Excel 生成宣传活动命名

　　宣传活动名称的特点是，前面 20 个字符是这个宣传活动的前缀"SplitTest-Targeting-"，从第 21 个字符开始，不同细分市场属性使用斜杠"/"分割开。我们可以使用 Excel 公式来帮助生成宣传活动名称。

　　使用&符号将各个单元格和字符拼接起来，生成宣传活动名称的公式为="SplitTest-Targeting-"&A2&"/"&B2&"/"&C2。

　　未来，我们在解析不同细分市场的广告绩效的时候，也将利用到这些规则，将目标受众属性拆解开。

　　当图 18-4 所示的宣传活动名称生成完成了，就可以将这些名称复制到图 18-2 所示的基于 Power Editor 生成出来的宣传活动属性列表中了。另外，需要将 Campaign ID 删除掉，并复制其他的宣传活动属性来填充新生成的这些宣传活动，如图 18-5 所示。

　　至此，宣传活动属性列表就准备好了。但是这个 Excel 列表并不能直接上传到 Facebook 中，我们还需要做以下两个操作：

- 使用 MS-DOS 的逗号分隔符文件格式，另存这个宣传活动列表；
- 使用字处理软件，将逗号分隔符文件的逗号分隔符批量替换成制表符"Tab"。

至少到编写本书的时候，上传到 Facebook 的逗号分隔符文件需要使用"Tab"符号来分割，而不能使用逗号。这样可以防止批量创建广告的时候出现错误。在广告中，几乎不会使用到制表符，但是会大量使用到逗号。如果使用逗号，很容易和广告标题或者正文中的逗号混淆而无法正常使用。

	A	B	C	D	E	F
1	Campaign ID	Campaign Name	Campaign Status	Campaign Objective	Campaign Buying Type	Tags
2		SplitTest-Targeting-US/Male/20-24	PAUSED	网站点击量	AUCTION	
3		SplitTest-Targeting-US/Male/25-29	PAUSED	网站点击量	AUCTION	
4		SplitTest-Targeting-US/Male/30-35	PAUSED	网站点击量	AUCTION	
5		SplitTest-Targeting-US/Female/20-24	PAUSED	网站点击量	AUCTION	
6		SplitTest-Targeting-US/Female/25-29	PAUSED	网站点击量	AUCTION	
7		SplitTest-Targeting-US/Female/30-35	PAUSED	网站点击量	AUCTION	
8		SplitTest-Targeting-CA/Male/20-24	PAUSED	网站点击量	AUCTION	
9		SplitTest-Targeting-CA/Male/25-29	PAUSED	网站点击量	AUCTION	
10		SplitTest-Targeting-CA/Male/30-35	PAUSED	网站点击量	AUCTION	
11		SplitTest-Targeting-CA/Female/20-24	PAUSED	网站点击量	AUCTION	
12		SplitTest-Targeting-CA/Female/25-29	PAUSED	网站点击量	AUCTION	
13		SplitTest-Targeting-CA/Female/30-35	PAUSED	网站点击量	AUCTION	
14		SplitTest-Targeting-IN/Male/20-24	PAUSED	网站点击量	AUCTION	
15		SplitTest-Targeting-IN/Male/25-29	PAUSED	网站点击量	AUCTION	
16		SplitTest-Targeting-IN/Male/30-35	PAUSED	网站点击量	AUCTION	
17		SplitTest-Targeting-IN/Female/20-24	PAUSED	网站点击量	AUCTION	
18		SplitTest-Targeting-IN/Female/25-29	PAUSED	网站点击量	AUCTION	
19		SplitTest-Targeting-IN/Female/30-35	PAUSED	网站点击量	AUCTION	

图 18-5 批量创建宣传活动属性列表

在图 18-6 中，上图是直接从 Excel 中保存得到的逗号分隔符文件，下图是经过字符替换把逗号替换为制表符的文件。

```
1  Campaign ID,Campaign Name,Campaign Status,Campaign Objective,Campaign Buying Type,Tags
2  ,SplitTest-Targeting-US/Male/20-24,PAUSED,网站点击量,AUCTION,
3  ,SplitTest-Targeting-US/Male/25-29,PAUSED,网站点击量,AUCTION,
4  ,SplitTest-Targeting-US/Male/30-35,PAUSED,网站点击量,AUCTION,
5  ,SplitTest-Targeting-US/Female/20-24,PAUSED,网站点击量,AUCTION,
6  ,SplitTest-Targeting-US/Female/25-29,PAUSED,网站点击量,AUCTION,
7  ,SplitTest-Targeting-US/Female/30-35,PAUSED,网站点击量,AUCTION,
8  ,SplitTest-Targeting-CA/Male/20-24,PAUSED,网站点击量,AUCTION,
9  ,SplitTest-Targeting-CA/Male/25-29,PAUSED,网站点击量,AUCTION,
10 ,SplitTest-Targeting-CA/Male/30-35,PAUSED,网站点击量,AUCTION,
11 ,SplitTest-Targeting-CA/Female/20-24,PAUSED,网站点击量,AUCTION,
12 ,SplitTest-Targeting-CA/Female/25-29,PAUSED,网站点击量,AUCTION,
13 ,SplitTest-Targeting-CA/Female/30-35,PAUSED,网站点击量,AUCTION,
14 ,SplitTest-Targeting-IN/Male/20-24,PAUSED,网站点击量,AUCTION,
15 ,SplitTest-Targeting-IN/Male/25-29,PAUSED,网站点击量,AUCTION,
16 ,SplitTest-Targeting-IN/Male/30-35,PAUSED,网站点击量,AUCTION,
17 ,SplitTest-Targeting-IN/Female/20-24,PAUSED,网站点击量,AUCTION,
18 ,SplitTest-Targeting-IN/Female/25-29,PAUSED,网站点击量,AUCTION,
19 ,SplitTest-Targeting-IN/Female/30-35,PAUSED,网站点击量,AUCTION,
```

```
1  Campaign ID Campaign Name   Campaign Status Campaign Objective   Campaign Buying Type    Tags
2  SplitTest-Targeting-US/Male/20-24   PAUSED  网站点击量   AUCTION
3  SplitTest-Targeting-US/Male/25-29   PAUSED  网站点击量   AUCTION
4  SplitTest-Targeting-US/Male/30-35   PAUSED  网站点击量   AUCTION
5  SplitTest-Targeting-US/Female/20-24 PAUSED  网站点击量   AUCTION
6  SplitTest-Targeting-US/Female/25-29 PAUSED  网站点击量   AUCTION
7  SplitTest-Targeting-US/Female/30-35 PAUSED  网站点击量   AUCTION
8  SplitTest-Targeting-CA/Male/20-24   PAUSED  网站点击量   AUCTION
9  SplitTest-Targeting-CA/Male/25-29   PAUSED  网站点击量   AUCTION
10 SplitTest-Targeting-CA/Male/30-35   PAUSED  网站点击量   AUCTION
11 SplitTest-Targeting-CA/Female/20-24 PAUSED  网站点击量   AUCTION
12 SplitTest-Targeting-CA/Female/25-29 PAUSED  网站点击量   AUCTION
13 SplitTest-Targeting-CA/Female/30-35 PAUSED  网站点击量   AUCTION
14 SplitTest-Targeting-IN/Male/20-24   PAUSED  网站点击量   AUCTION
15 SplitTest-Targeting-IN/Male/25-29   PAUSED  网站点击量   AUCTION
16 SplitTest-Targeting-IN/Male/30-35   PAUSED  网站点击量   AUCTION
17 SplitTest-Targeting-IN/Female/20-24 PAUSED  网站点击量   AUCTION
18 SplitTest-Targeting-IN/Female/25-29 PAUSED  网站点击量   AUCTION
19 SplitTest-Targeting-IN/Female/30-35 PAUSED  网站点击量   AUCTION
```

图 18-6 逗号分隔和制表符分隔的 CSV 文件

Excel 中并不能改变生成 CSV 文件的时候使用逗号或者 Tab 进行内容分隔。但是这个可以在 Windows 操作系统中设置，设置生效之后 Excel 就可以使用了。

反过来，如果使用 Excel 读取 CSV 文件，就可以自定义分隔符了。

文件完成之后，在 Power Editor 中使用"批量导入广告"功能将处理之后的文件提交到 Facebook，如图 18-7 所示。

将宣传活动批量上传之后，就可以在 Power Editor 左侧列表中看到新创建的、按照字符顺序自 A 到 Z 的顺序排列的宣传活动了，如图 18-8 所示。

通常新上传的宣传活动因为没有设置营销目标，所以会被标记为错误。此时，你需要逐一将营销活动更正过来。在本测试中，将统一使用"网站点击量"这个目标。你也可以根据你的需要，设置符合你的营销计划的宣传目标。

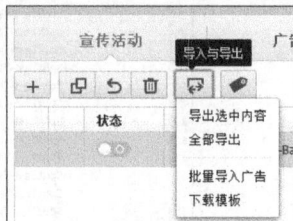

图 18-7 批量导入广告

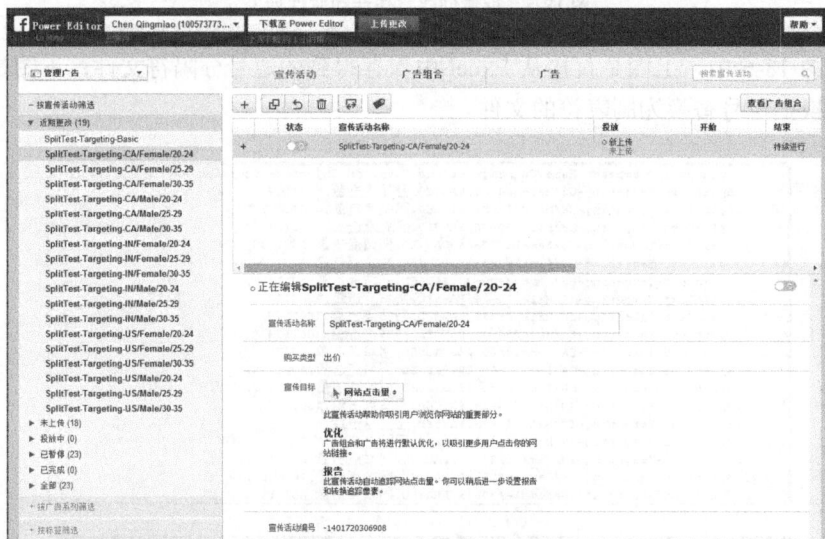

图 18-8 批量提交的宣传活动

逐一修改十几个甚至上百个宣传目标将会非常烦琐，你可以批量修改。在 Power Editor 左侧宣传活动列表中使用 Shift+鼠标左键可以一次性选择多个宣传活动。然后，一次性批量设置这些宣传活动的目标，如图 18-9 所示。我们当前的操作场景是很简单的，只有 18 个宣传活动。在实际营销活动中，随着营销活动越来越精细化，很可能一次投放的营销活动将达到几十个或者更多。熟练掌握 Facebook Power Editor 的批量管理技巧以及配合 Excel 进行广告的管理和分析将会大大提升广告管理效率。

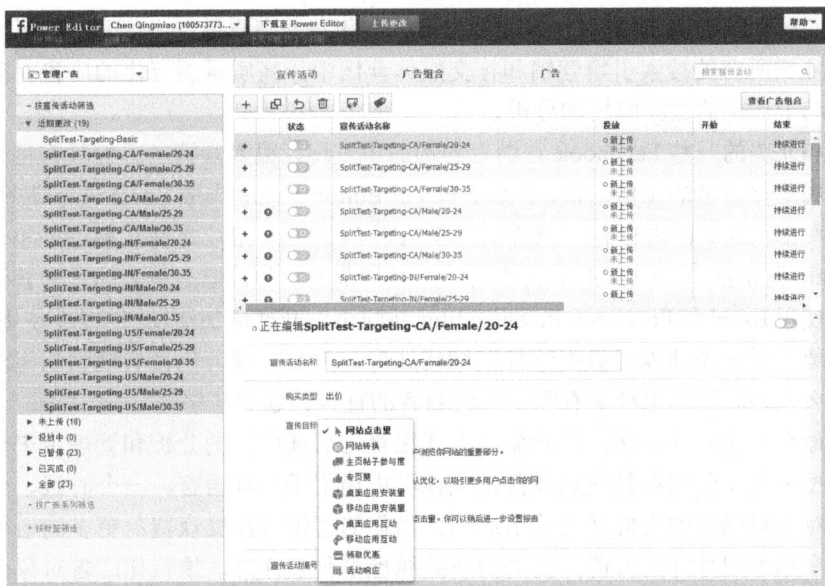

图 18-9 批量修改宣传目标

当所有宣传活动和宣传目标都修改完成了，我们就可以正式将广告提交到 Facebook 广告系统了。点击屏幕上方"上传更改"的绿色按钮，就可以实现批量宣传活动上传，如图 18-10 所示。

图 18-10 宣传活动上传完成

上传到 Power Editor 并不是已经提交到 Facebook 广告平台。

Power Editor 是 Facebook 使用 HTML5 和 JavaScript 开发的一个 Web 客户端应用。当内容提交到 Power Editor，只是将广告属性保存在 Power Editor 客户端应用本地缓存中，而并不是提交到 Facebook 广告系统。

如果要让编辑内容生效，你必须点击上传更改按钮，将广告内容上传到 Facebook 广告平台才可以。

18.2.2 规范化命名规则

规范命名规则主要是指对宣传活动的命名进行规范化，以便提升宣传活动批量编辑能力和绩效分析能力。规范化命名规则也是面向全球市场开展精细化营销的基础。不仅是 Facebook 营销中发掘细分市场机会和发掘高质量广告创意这些场景会用到，在几乎所有的搜索引擎营销和社交媒体营销中，高质量规范化的广告对象命名都会有助于后期的数据解析和分析。

在和北美的一些 Facebook 营销者的沟通中发现，很多营销者因为具有良好的宣传活动规范化命名的工作习惯，不管在 Power Editor 中或者集成 Excel 进行绩效分析，工作效率都很高。国内也有一些营销者在从事 Facebook 推广之前从事过多年百度或者 Google 营销推广，也积累了宣传活动命名规范的经验。但是更多的国内营销者还不习惯使用 Excel 和 Facebook Power Editor 共同协作开展营销活动，也很少使用 Excel 公式和数据透视表功能对数据进行精细化处理，大家对规范化命名规则的需求也还不是那么强烈。我们也经常看到一些营销者的宣传计划的名字是 "a""aaa""123"或者"最新"这样的文字。这种命名方式很难为后续广告的分析和管理带来价值。如今的搜索引擎营销和社交媒体营销往往不再局限于一种语言、一个时区、一个国家，面对相对确定的人群开展营销活动。当你的营销目标受众覆盖更多的语种、时区、国家和不同喜好的人群，负责的产品线也多种多样时，规范化广告对象命名将会有助于你更加精细化地管理你的营销活动。这样的精细化运营也将有助于更加有效地使用广告预算，将钱花在该花的地方。

在 Facebook 营销中，规范化命名基本需要实现这样几个目标：

* 批量创建和管理的宣传活动可以放置在一起，以便于维护；
* 宣传活动的命名有助于下一步营销绩效分析；
* 命名含义清晰，从而在长期管理过程中不会发生歧义。

如果多人共同管理同一个 Facebook 推广账户，那么最好在宣传活动命名中区别不同人管理的宣传活动，以减少误编辑的风险。尤其对国内的很多公司的人员管理和账户管理来说，这个细节是值得注意的。

在规范 Facebook 宣传活动命名的时候，通常以下规则会有助于实现上面几个目的。

* 宣传活动使用前缀，以区分同一批宣传活动的不同营销意图。例如使用"SplitTest-Targeting-"作为前缀，表示使用分离测试（也称 A/B 测试）进行细分目标市场测试。
* 每个英文词都使用首字母大写，以便阅读。
* 使用缩略语的时候，尽量使用没有歧义的缩略语。
* 使用斜杠"/"作为分隔符区分开不同目标受众属性，例如国家和地区、性别、年龄等。

在 Power Editor 中编辑批量创建的宣传活动的时候，如果命名使用了前缀，那么 Power Editor 通常会将前缀相同的宣传活动放在一起。这是因为在显示的时候，Power Editor 是根据宣传活动的字母顺序来排列的，如图 18-11 所示。这样的排列就非常便于批量选择宣传活动，并进行批量管理。否则，就不得不逐个选择编辑，这样 Power Editor 在批量管理广告对象方面的优势就没有了。所以，特别在批量创建宣传活动的时候，最好为宣传活动命名意义清晰、便于管理的前缀。

图 18-11 按字母顺序排列的宣传活动

图 18-11 中，我们可以看到统一从 20 个字符开始就是各种细分目标市场的属性，各个属性通过斜杠"/"分隔开。我们在后面进行绩效分析的时候会看到，通过 Excel 可以将各个绩效独立解析出来，然后就可以针对不同细分市场开展营销绩效分析，并进一步改善营销活动了。

18.2.3 批量创建广告

批量创建广告的目的在于能够更好地覆盖和测试目标细分市场用户的反应，并能够进行不同细分市场的营销绩效分析。所以，在批量创建广告中，有两个需要特别注意的地方：

- 每个宣传活动中的广告创意尽量能覆盖不同用户的喜好；
- 各个宣传活动中的广告创意必须一样，这样才具备可比性。如果不同的宣传活动中的广告创意不同，那么最终获取的数据也不具有比较的价值。

这就为广告创建和管理带来了挑战。在图 18-11 中有我们之前手动生成的一个宣传活动以及通过 Power Editor 导入功能生成的 18 个面向不同细分市场的宣传活动。假如，我们准备了以下一些广告创意素材：

- 5 张广告图片；

- 4 个广告标题；
- 3 个广告文字。

那么，在一个宣传活动中将会创建出大概 60 个广告创意组合。

$$广告创意组合=图片数量×标题数量×正文数量$$
$$=5×4×3$$
$$=60 个创意组合$$

如果继续在每个不同细分市场的宣传活动中，每个都放入 60 个广告，那么广告总数量将是 1080 个。

$$总共广告数量=创意组合数量×宣传活动数量$$
$$=60×18$$
$$=1080 个广告$$

手动编辑这么多的广告是非常低效的。如果一轮测试之后，还希望对市场做进一步的细分定位，那么这又将是一轮重复劳动。所以，能够高效率地进行批量广告创建和管理就非常重要了。

进行跨宣传活动的批量广告创建和管理，依然要用到 Power Editor 和 Excel。大致步骤如下。

（1）按照各个创意组合，使用 Power Editor 和 Excel 批量创建广告。广告数量是各种广告创意的笛卡儿积，或者也称直积。

（2）在 Excel 中，将批量创建的广告经过拖曳复制，复制到 Excel 的各个宣传活动中。或者，使用 Power Editor 进行批量广告复制和生成。

（3）如果你使用 Excel 批量编辑广告，那么你需要将 Excel 文件另存为制表符（Tab）分隔的逗号分隔符文件。然后，将这个逗号分隔符文件上传到 Facebook 中。

在上面的三个步骤中，第一个步骤和第三个步骤与发掘高价值广告创意所使用的 Excel 操作方法非常类似，在此就不再赘述了。我们重点来看第二个步骤，在 Power Editor 中批量复制与管理宣传活动中的广告。

当创意组合出来的广告被创建之后，你已经有了即将投放的广告。下一步，你要做的就是将广告复制到各个面向不同细分市场的宣传活动中，然后投放和管理各个宣传活动中的广告。

通过以下几个步骤，你可以使用 Power Editor 完成广告的发布。

（1）在 Power Editor 中批量选择需要投放的广告，复制到细分市场的宣传活动和广告组合中，如图 18-12 所示。

（2）批量选择宣传活动中的广告，然后批量编辑相应受众属性，使得广告受众与宣传活动的目标受众一致，如图 18-13 所示。

（3）将广告上传到 Facebook，并启动测试活动，如图 18-14 所示。

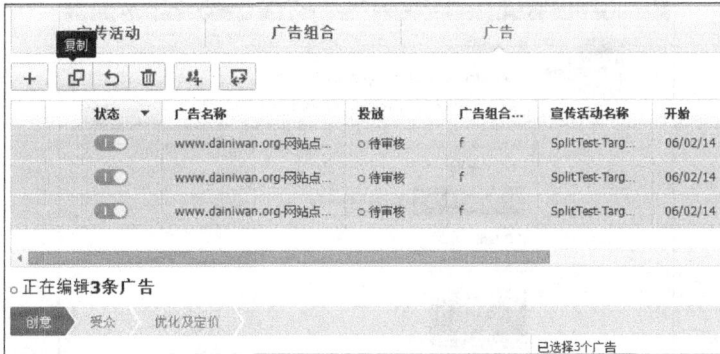

图 18-12　批量选择并复制广告

图 18-13　批量设置细分目标市场的受众属性

图 18-14　上传广告完成

　　如果广告上传成功并通过审核，那么你很快就可以收到来自 Facebook 的审批通过或拒绝的确认邮件，如图 18-15 所示。

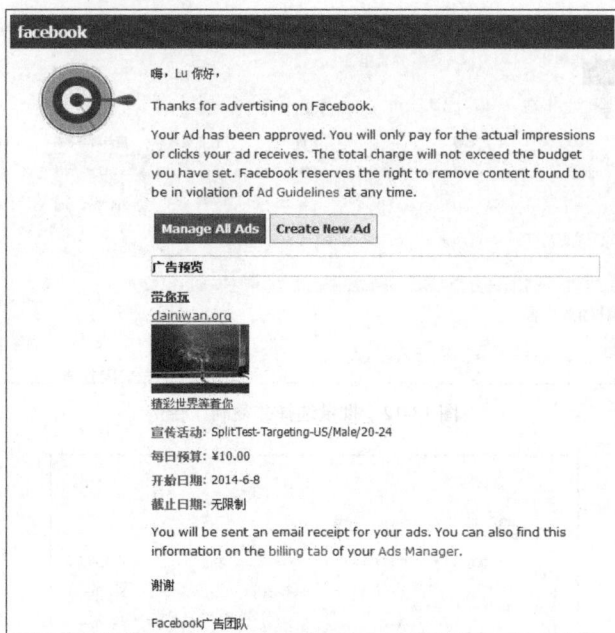

图 18-15　Facebook 广告批准的邮件

如果你的广告创意数量比较少，那么使用 Power Editor 来管理是很简单的。你只需要将广告批量投放到 Facebook 中，定期检查广告绩效就好了。但是如果宣传活动或者广告创意比较多，事情就会变得复杂很多了。以下这些因素都将会干扰你的测试结果或者影响你的广告管理绩效。

- 不是每个广告创意都会被分配相同的展示机会。如果同时投放的广告数量很多，Facebook 会更多展示那些最可能获得更好投资回报率的广告创意，但是这个策略会造成宣传活动的绩效缺乏可比性。
- 即便能够批量修改广告受众属性，但是宣传活动很多，这个工作也非常烦琐。
- 每一轮广告测试的周期必须一致，否则测试数据将缺乏可比性。过去几年，广告主可以在宣传活动中设置广告投放的开始和截止时间，现在则需要在广告组合中设置。如果每个宣传活动都手动维护广告组合，这将非常烦琐。

总结前面的内容，至少有下面这样一些关键点值得我们留意。

- 广告创意很多，需要保证每个广告创意都有足够展示机会，解决方法如下。
    - 将广告分配到不同的广告组合中，每个广告组合包含至多 5 个广告。
    - 建议以自然周为单位，设置各个广告组合的排期。因为如果每 3~5 天轮换一次广告组合，可能很多广告周末的展示次数会变大或变小而缺乏可比性。
    - 一批广告组合投放完成之后，启动下一批广告组合。
- 广告宣传活动和广告创意都很多，手动编辑非常烦琐，解决方法如下。

- 将宣传活动和广告都导出到 Excel 中，使用 Excel 的批量拖拽编辑功能来批量生成广告。然后再将 Excel 编辑结果保存为逗号分隔符文件，上传到 Power Editor 中。
- 采购第三方广告管理工具来简化操作。很多广告编辑工具都带有类似的批量广告管理能力。使用广告批量编辑工具会比 Excel 更容易上手。
- 管理不同宣传活动中广告组合的开始日期和截止日期非常烦琐，解决方法如下。
  - 不要手动逐一创建广告组合。使用 Excel 创建广告的同时，批量创建广告所属的广告组合，并同时设置各个广告组合的投放时间范围。
  - 采购第三方广告管理工具来简化操作。

18.3　转化跟踪、绩效度量与部署追踪像素

如果你正在推广 Facebook 的站内应用、主页、帖子或者优惠活动，你就不需要部署追踪像素来跟踪用户行为。事实上，你也不能在 Facebook 网站中加入跟踪代码，这对广告主而言是一个黑盒子，一切访问统计跟踪都是由 Facebook 来管理的。如果你通过 Facebook 广告将流量引到你自己的网站或者博客中，最好能部署追踪像素来跟踪用户操作行为、转化路径，并最终根据广告绩效数据对广告投放效果进行评价。

因为已经将流量导出到 Facebook 之外的网站了，在部署追踪像素或者跟踪代码的时候，你可以同时部署多个公司不同的追踪像素。例如，同时部署 Facebook 的追踪像素和 Google Analytics 的跟踪代码，并使用 Google 分析对用户转化路径进行度量和分析。

> 着陆页地址中的参数是不能减少的，但是可以通过在这个 URL 地址中增加参数来传递更多信息。
>
> 比如你需要在着陆页中跟踪更多媒体平台没有提供的数据，以便进行进一步的精准营销。通常，某个访问流量是基于某个媒体平台，可以通过 Refer URL 获得。但是通常媒体平台并不会提供广告的具体信息。此时你可以在着陆页中增加一定参数，例如增加参数 id=Some.Ads.Id，然后将每个流量记录下来，在自己的记录中找到 Some.Ads.Id 对应的广告，就可以将营销数据打通了。

在进行测试的时候，有的广告创意的展示量很低，例如连续 3～5 天不足 10 次。对于这样的广告创意，建议你果断地从宣传计划中移除掉。即便这样的广告创意保留在测试的宣传活动或者广告组合中，对最终测试结果也不会产生影响。然而，当你进行一轮一轮的测试，逐渐将目标受众聚焦在某个更加细分的人群的时候，这些几乎不可能带来绩效的广告反而会使得未来的测试周期变得更长。

18.4　使用 Excel 的数据透视表分析绩效数据

在这里使用 Excel 数据透视表分析绩效数据，主要希望能够达到两个目标：

- 在若干可能的细分的目标市场中，筛选出最有可能带来营销价值的市场机会；
- 在测试出来的细分市场中，识别绩效最好的细分市场，并优化广告营销预算分配比例，为这些高绩效细分市场给予更多倾斜。

发现潜在市场机会需要识别细分市场。只是，识别细分市场的工作未必是将各个细分市场属性都逐一拆解出来那么简单。大多数社交媒体平台，也包括 Facebook 在内，能提供的细分市场的属性太多了，以至于细粒度地进行目标市场属性拆解可能会导致未来广告管理与投放非常复杂。通常对于长尾市场，即便有比较好的投资回报率，所带来的总收入规模也未必会很高。因为市场细分之后市场容量也会变小，可能你的广告费都花不出去了。所以，在发现潜在市场机会的时候，我们还同时注意两个策略：

- 降低细分市场的属性维度，将注意力聚焦在会产生更好 ROI 的市场中；
- 按照 80/20 原则，逐渐提炼最重要的市场细分，以便聚焦和精细化地分配广告资源。

18.4.1　绩效数据预处理

在将绩效数据拿来分析之前，首先需要进行数据预处理，保证数据得到必要的加工以便能够进行数据分析。在这里，我们将需要从宣传活动名称中把不同目标细分市场属性分解出来，然后就可以进一步通过数据透视图对聚合之后的数据进行分析了。缺少加工处理的原始数据，通常是不便于直接进行绩效分析的。

从 Facebook 下载的宣传活动绩效数据（如图 18-16 所示）通常包含表 18-2 所示的这些字段。这些绩效信息和潜在目标受众属性是通过宣传活动名称关联起来的。所以从 Facebook 下载到绩效活动数据之后，接下来我们需要解析宣传活动名称中所包含的不同细分目标市场信息，以便进一步分析不同目标受众的绩效表现。

	A	B	C	D	E	F	G	H	I	
1	Start Date	End Date	Campaign	Reach	Frequency	Impressions	Clicks	Unique Clicks	Click-Through Rate (CTR)	Uniq
2	2014-06-09	2014-06-15	SplitTest-Targeting-US/Male/20-24	7717	2.218349	17119	20	19	0.116829	
3	2014-06-09	2014-06-15	SplitTest-Targeting-US/Male/25-29	1355	1.314391	1781	14	12	0.786075	
4	2014-06-09	2014-06-15	SplitTest-Targeting-US/Male/30-35	3785	1.206077	4565	90	89	1.971522	
5	2014-06-09	2014-06-15	SplitTest-Targeting-US/Female/20-24	765	1.163399	890	25	23	2.808989	
6	2014-06-09	2014-06-15	SplitTest-Targeting-US/Female/25-29	2870	1.026132	2945	54	47	1.833616	
7	2014-06-09	2014-06-15	SplitTest-Targeting-US/Female/30-35	9123	1.273265	11616	33	32	0.284091	
8	2014-06-09	2014-06-15	SplitTest-Targeting-CA/Male/20-24	6512	1.985473	19652	20	19	0.101771	
9	2014-06-09	2014-06-15	SplitTest-Targeting-CA/Male/25-29	1501	1.425762	1658	13	11	[illegible]	
10	2014-06-09	2014-06-15	SplitTest-Targeting-CA/Male/30-35	4030	[illegible]	[illegible]	87	81	1.489216	
11	2014-06-09	2014-06-15	SplitTest-Targeting-CA/Female/20-24	856	1.054354	1020	21	20	2.058824	
12	2014-06-09	2014-06-15	SplitTest-Targeting-CA/Female/25-29	1596	1.202347	3548	49	45	1.381060	
13	2014-06-09	2014-06-15	SplitTest-Targeting-CA/Female/30-35	8659	1.351575	11524	34	31	0.295036	
14	2014-06-09	2014-06-15	SplitTest-Targeting-IN/Male/20-24	2035	1.052132	5865	8	8	0.136402	
15	2014-06-09	2014-06-15	SplitTest-Targeting-IN/Male/25-29	1562	1.256475	1051	4	4	0.380590	
16	2014-06-09	2014-06-15	SplitTest-Targeting-IN/Male/30-35	562	1.054568	1364	26	22	1.906158	
17	2014-06-09	2014-06-15	SplitTest-Targeting-IN/Female/20-24	451	1.112596	305	7	7	2.295082	
18	2014-06-09	2014-06-15	SplitTest-Targeting-IN/Female/25-29	1321	1.102575	969	13	12	1.341589	
19	2014-06-09	2014-06-15	SplitTest-Targeting-IN/Female/30-35	4521	1.296424	4723	10	10	0.211730	

图 18-16　宣传活动绩效

表 18-2　宣传活动绩效

字　段	含　义
Start Date	所下载绩效的开始时间
End Date	所下载绩效的结束时间
Campaign	宣传活动名称
Reach	抵达独立的受众量
Frequency	频率，表示广告对每位用户展示的平均次数。计算方式如下：$$频率=\frac{展示量}{抵达受众量}$$
Impressions	展示量
Clicks	点击量
Unique Clicks	独立点击量
Click-Through Rate (CTR)	点击率，计算方式如下：$$点击率=\frac{点击量}{展示量}\times100\%$$
Unique Click-Through Rate (uCTR)	独立点击率
Spend	花费
Cost Per 1,000 Impressions (CPM)	千次展现消费，计算方式如下：$$千次展现消费=\frac{消费金额}{展示量}\times1000\times100\%$$
Cost Per 1,000 People Reached	千次抵达受众消费，计算方式如下：$$千次抵达受众消费=\frac{消费金额}{抵达受众量}\times1000\times100\%$$
Cost Pre Click (CPC)	平均点击价格，计算方式如下：$$平均点击价格=\frac{花费金额}{点击量}$$
Actions	用户行为
People Talking Action	产生行为的用户，表示采取对页面点赞、安装程序等行为的不重复人数
Page Likes	主页点赞量

ⓘ　本章的演示程序中将使用模拟数据，而非实际 Facebook 广告投放数据。在实际广告投放中，绩效数据会因为目标受众特点、推广的商品或者品牌不同而呈现不同分布特点。

　　从宣传活动名称中解析出各个细分目标市场属性信息，主要通过以下两个步骤完成。

　　（1）使用 Excel 的"分列"功能将第 2 个之后的目标市场属性解析出来。

（2）使用 Excel 字符串截取函数将第 1 个目标市场属性解析出来。

在使用 Excel 分列功能将目标受众市场解析到独立字段中，首先在 Excel 的宣传活动名称（Campaign）的右侧手动添加 4 列，分别为：

- Location with Prefix，用以记录 SplitTest-Targeting-前缀和目标地址；
- Gender，用以记录性别；
- Age，用以记录年龄；
- Location，用以记录去掉前缀之后的国家信息。

注意，这 4 列是手动添加，而下载的 Facebook 绩效中并没有这四列数据。之所以将 Location 放在第四列而不是开始的位置，是因为 Excel 执行分列操作的时候会顺序填充相应字段。如果放在前面，可能会出现字段名称和内容不一致的情况。

添加完空白列之后，用鼠标选择需要执行分列操作的宣传活动数据范围，然后点击 Excel 数据功能区中的分列按钮，打开"文本分列向导"对话框，如图 18-17 所示。

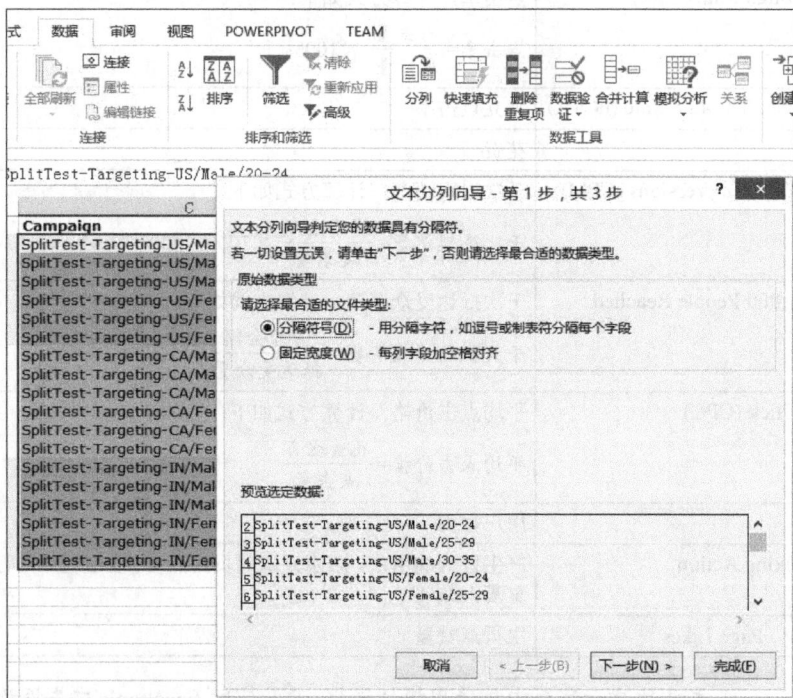

图 18-17　对于文本执行分列操作

选择使用斜杠"/"作为分隔符号（如图 18-18 所示），以及设置目标区域范围（如图 18-19 所示）之后，就可以将数据解析到相应字段了。

完成宣传活动命名的分列操作之后，呈现效果如图 18-20 所示。

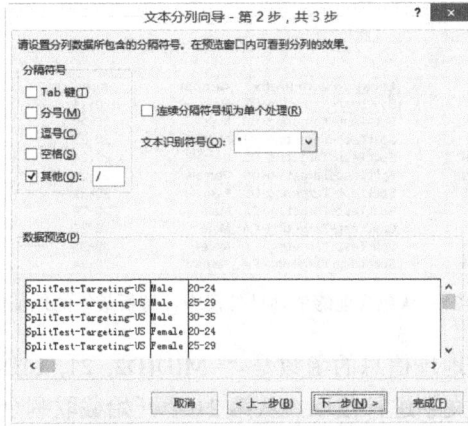

图 18-18　使用斜杠作为分隔符号

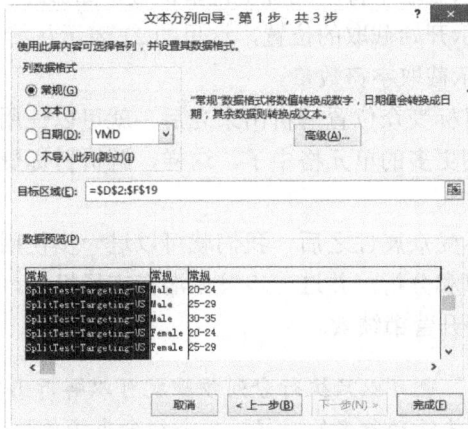

图 18-19　设置数据目标区域

图 18-20　执行分列操作之后的效果

　　下一步，我们需要将 Location With Prefix 字段的地址信息再进一步解析出来。可以使用 Excel 函数功能将地址信息解析出来。因为宣传活动的前缀有 21 个字符，所以可以写一个函数，将前面的前缀字符过滤掉，将前缀字符之后的内容解析出来就可以了，如图 18-21 所示。

C	D	E	F	G
	Location with Prefix	Gender	Age	Location
geting-US/Male/20-24	SplitTest-Targeting-US	Male	20-24	=MID(D2, 21, LEN
geting-US/Male/25-29	SplitTest-Targeting-US	Male	25-29	US
geting-US/Male/30-35	SplitTest-Targeting-US	Male	30-35	US
geting-US/Female/20-24	SplitTest-Targeting-US	Female	20-24	US
geting-US/Female/25-29	SplitTest-Targeting-US	Female	25-29	US
geting-US/Female/30-35	SplitTest-Targeting-US	Female	30-35	US
geting-CA/Male/20-24	SplitTest-Targeting-CA	Male	20-24	CA
geting-CA/Male/25-29	SplitTest-Targeting-CA	Male	25-29	CA
geting-CA/Male/30-35	SplitTest-Targeting-CA	Male	30-35	CA
geting-CA/Female/20-24	SplitTest-Targeting-CA	Female	20-24	CA

图 18-21　从包含前缀的地址信息中，解析最终的地址信息

在 Excel 中，解析地址信息的函数是"=MID(D2, 21, LEN(D2))"，表示用 MID 函数对 D2 单元格中的文字进行截取，从第 21 个开始截取剩余部分的内容。MID 函数的使用方法如下：

- 第一个参数表示截取字符串或者字符串位置，如 D2；
- 第二个参数表示开始截取的位置，这里的 21 表示从第 21 个字符开始截取；
- 第三个参数表示截取字符数量。

将一个单元格的目标受众位置解析出来之后，就可以使用单元格拖曳复制的功能，将计算公式复制到更多的单元格中了。这样，解析目标受众位置的工作就完成了，如图 18-21 所示。

在解析完各个目标受众属性之后，我们就可以进一步使用数据透视图对不同目标受众的属性进行计算和分析，并进一步发掘潜在市场机会，或者在已知的细分市场中优化预算分配，提升营销绩效。

> 如果需要，也可以只执行分列步骤就可以解析出各个目标市场信息。
>
> 假如在宣传活动命名的时候，各个细分市场属性不是通过"/"符号来分割，而是通过统一的"-"来分割，那么只需要使用分列功能就可以了，只是可能会将前缀多分列出来两个字段。只要在完成分列操作之后，将多余的字段删除即可。这样就更加简单了。
>
> 你可以根据营销场景选择使用哪种方式来命名你的宣传活动。

18.4.2　发现潜在市场机会

发现潜在市场机会，主要是对完成测试的宣传活动绩效数据进行分析，寻找可能带来最佳营销效果转化的潜在市场。通常，初期我们设计需要执行测试的宣传活动的时候，所使用的目标市场属性是基于经验的。这些历史经验可能不完全符合新的市场受众的喜好。为了进行准确的营销分析与决策，我们就需要进行后续一系列量化分析以支持或者纠正我们的决策了。

事实上，在实际广告投放过程中，我们也不太可能对这些新兴市场投入过多的

精力，开展特别精细化的运营。我们通常会更多地将广告管理精力投入在能够带来主要收入的成熟市场中。我们在新兴潜在市场的广告投放初期，会尽量让广告管理的精力投入、资金投入和管理的精细化程度达到某种合适的平衡点。

此外，潜在目标市场的测试预算有限，周期有限，所覆盖的目标测试受众样本数量也比较有限，测试结果也需要在随后的广告运营过程中逐步调整。我们难以经过简单一轮或者几轮测试就直接生成特别精细的潜在目标市场的分析结果。我们面对潜在市场机会，初期可以从若干细分市场组合中寻找出投资回报率最好的潜在细分市场。

经过上面的分析，我们能得到以下几个结论：

- 潜在细分市场的粒度不能太粗，否则会使我们错过很多市场机会；
- 潜在细分市场的粒度不能太细，寻找到基本的细分市场属性的组合即可。这个阶段，过于精细的分析，实际价值并不很大。

基于上面的判断，在进行这部分数据分析的时候，我们大体可以通过如下方法来发掘细分市场：

- 确定主要观察和分析的 KPI 指标范围，例如点击率、花费、CPA 等；
- 针对不同目标市场属性，使用数据透视表进行绩效数据聚合，并分析最具有潜力的潜在市场机会。

> CPA 在不同营销中的定义是不同的。
>
> 在搜索引擎营销中，CPA 通常是 Cost Per Acquisition 的缩写，表示某个电商产生一单销售所需要的花费。
>
> 在 Facebook 营销中，CPA 是 Cost Per Action 的缩写，表示产生某个在线行为的成本。这个"行为"就包含了 Page Likes、Offer Claims、Offsite Link Clicks 和 Mobile App Install 这 4 种默认行为。
>
> 可见，Facebook 的 CPA 定义和搜索引擎营销的 CPA 定义是不同的。
>
> 我们在使用不同媒体营销平台开展营销活动和广告管理的时候，需要小心这些似是而非的差别。

在使用数据透视表进行绩效数据聚合的时候，很多基于两个绩效数据计算所获得的新的绩效数据指标是不能拿来直接进行聚合的，例如我们不能直接用美国、男性的三组不同年龄段的点击率 CTR 进行绩效数据的聚合操作。

表 18-3 美国男性受众绩效数据指标

宣传活动名称	展示量（Impressions）	点击量（Clicks）	点击率（CTR）
SplitTest-Targeting-US/Male/20-24	17119	20	0.116829%
SplitTest-Targeting-US/Male/25-29	1781	14	0.786075%
SplitTest-Targeting-US/Male/30-35	4565	90	1.971522%

表 18-3 列出了各个细分年龄组的点击率。如果我们直接对点击率 CTR 取平均值是不正确的。直接求解 CTR 平均值计算出平均值为 0.958142%，计算方式如下：

$$错误的 CTR 平均值计算方式 = \frac{0.116829 + 0.786075 + 1.971522}{3} = 0.958142\%$$

根据点击率计算公式，我们再计算一次发现 CTR 的正确数值应该是 0.528 左右。

$$点击率 = \frac{点击量}{展示量} \times 100\%$$

$$= \frac{20 + 14 + 90}{17119 + 1781 + 4565} \times 100\%$$

$$= 0.528447\%$$

从上面的计算结果来看相差巨大。这样的差距将直接影响营销决策，在进行绩效计算的时候要特别小心。这个差别也使得在 Excel 数据透视表中，必须使用计算字段功能进行数据聚合计算。

> Excel 的四舍五入有两种实现方式。
>
> 如果你的点击率或者 CPA 的绩效结果是基于 Excel 的 VBA 计算出来的，那么可能会和工作簿中计算的结果存在微小差异。这两个部分使用了不同的四舍五入计算方式。
>
> 在 Excel 工作簿中，使用了基本的四舍五入计算方式。而 Excel VBA 的四舍五入计算使用了"四舍五入五成双"的规则。
>
> 这个细小差别在大多数数据分析中并不会产生太大影响，只当你的绩效数据来自于不同的广告工具的时候才可能会出现一些差别。

通过以上内容，我们明确了发掘潜在市场机会的基本方法和部分绩效数据使用的约束场景，下面我们就开始通过数据透视表来发掘潜在市场机会。

我们在"插入"功能区中，点击数据透视表按钮，创建一个数据透视表，如图 18-22 所示。

数据透视表创建完成之后，我们在数据透视表中计算出来需要进行聚合和比例计算的属性。这个计算和通常在工作簿中根据行列数值进行公式计算有些不同，因为在数据透视表中的计算在数值聚合之后依然可以正确计算。这样就可以避免前面所遇到的 CTR 平均值计算错误的问题。

为此，我们可以通过 Excel 的 "计算字段"功能实现。计算字段功能可以在数据透视表中设置自定义的字段计算方式，这些经过自定义计算所获得的字段在原始数据源中是不存在的。前面所介绍的 CTR 或者 CPA 的计算就都需要使用这个 Excel 高级功能来实现。

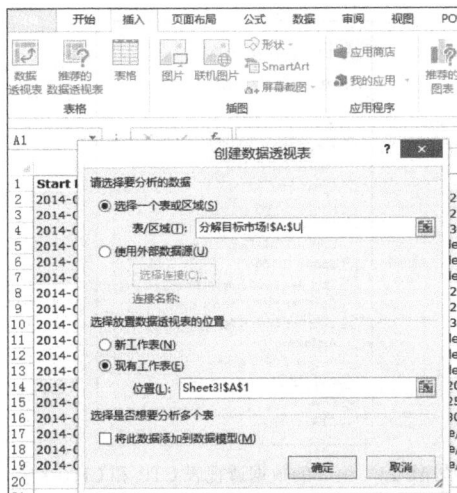

图 18-22　创建数据透视表

设置计算字段，大体需要如下 4 个步骤。

（1）将 Excel 当前焦点设置在数据透视表中，这样就可以在 Excel 中显示出"分析"功能区。

（2）在"分析"功能区中，点击"字段、项目和集"菜单，再点击"计算字段"命令，如图 18-23 所示。

（3）在"插入计算字段"对话框中，设置计算字段的计算规则，如图 18-24 所示。

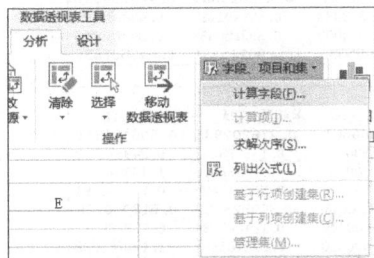

图 18-23　点击"计算字段"命令

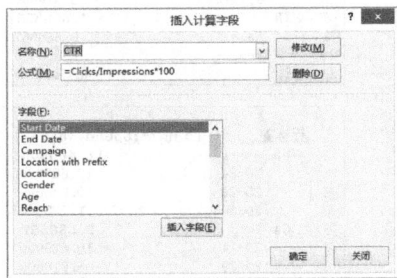

图 18-24　"插入计算字段"对话框

（4）插入完成之后，计算字段将会出现在数据透视表字段列表中，如图 18-25 所示。

至此，我们就能够通过 Excel 数据透视表的计算字段功能来计算各个聚合数据和比例值了。

> 计算字段功能在 Excel 的位置并不显眼，但是对于数字营销的分析工作非常有用。使用数据透视表进行营销物料与绩效数据分析的时候，会经常用到计算字段功能。

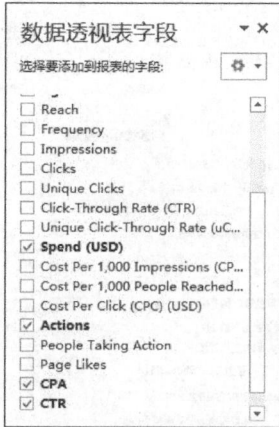

图 18-25　生成的数据透视表 CTR 和 CPA 字段

　　在完成数据透视表与绩效数据字段计算之后，下一步就可以针对不同目标受众组合，使用数据透视表来进行分析了。例如，图 18-26 的上图是基于国家和性别的数据透视表，下图是基于国家和年龄的数据透视表，两张表格都按照 CPA 降序排列。当我们进行这样的绩效数据比较的时候，就可以很容易识别出来：

	A	B	C	D	E
1	行标签	平均值项:Spend (USD)	平均值项:Actions	求和项:CPA	求和项:CTR
2	⊟US	11.465000	3.166667	0.276202936	0.606434371
3	Male	15.486667	3.000000	0.193715024	0.528446623
4	Female	7.443333	3.333333	0.447828034	0.724872177
5	⊟CA	9.536667	3.333333	0.349528137	0.517990935
6	Male	12.563333	3.666667	0.291854603	0.441956394
7	Female	6.510000	3.000000	0.460829493	0.646283868
8	⊟IN	4.618333	1.166667	0.252616384	0.476290537
9	Male	6.686667	1.333333	0.199401795	0.458937198
10	Female	2.550000	1.000000	0.392156863	0.500250125
11	总计	8.540000	2.555556	0.299245381	0.547507699

	A	B	C	D	E
1	行标签	平均值项:Spend (USD)	平均值项:Actions	求和项:CPA	求和项:CTR
2	⊟US	11.465000	3.166667	0.276202936	0.606434371
3	20-24	12.620000	2.500000	0.198098257	0.249875062
4	25-29	10.550000	3.000000	0.28436019	1.438848921
5	30-35	11.225000	4.000000	0.356347439	0.760150794
6	⊟CA	9.536667	3.333333	0.349528137	0.517990935
7	20-24	10.820000	2.000000	0.184842884	0.198335913
8	25-29	8.910000	2.000000	0.224466891	1.190933538
9	30-35	8.880000	6.000000	0.675675676	0.696763791
10	⊟IN	4.618333	1.166667	0.252616384	0.476290537
11	25-29	3.895000	0.500000	0.128369705	0.841584158
12	20-24	5.560000	1.500000	0.269784173	0.243111831
13	30-35	4.410000	1.500000	0.340909091	0.591424347
14	总计	8.540000	2.555556	0.299245381	0.547507699

图 18-26　比较不同目标市场属性组合之后的绩效值

- 采用何种目标受众属性的组合具有更好的营销绩效；
- 各个目标受众属性维度中，主要营销绩效的维度是什么，影响程度如何。

　　据此，我们就可以锁定能够带来更好营销绩效和投资回报率的潜在细分市场，然后针对这个市场开展下一轮的营销活动。例如印度和美国的男性市场的 CPA 指标表现都比较好，同时美国市场可能更容易将广告预算花出去带来更好的绩效数字的变化。基于这些分析，我们可以安排下一步的营销方案了。

18.4.3　细分已知市场，优化预算分配

上面的目标细分市场绩效方法不但可以用作发掘未曾开拓的潜在市场，还可以用作分析那些相对成熟的市场。在这些相对成熟的市场中，我们已经知道广告一定能带来新的转化，而且从历史经验来看，这个收益往往还不错。那么为什么还需要进一步进行市场细分的分析呢？因为即便是一个已经熟悉的市场，也有很多可以细分的方法。如果能够找到投资回报率最高的市场细分，为这个细分的市场分配更多的广告预算，那么通常也会带来更好的回报。

我们还是以上面的宣传活动为例，假如我们已经知道某个细分市场，例如美国20～24 岁男性市场的投资回报率比其他市场更高。而在这个受众描述信息之外，还有很多其他的描述目标受众的维度能够帮助你进一步将高价值目标受众锁定在更加精确的范围，如图 18-27 所示的性别、语言、兴趣、婚姻状况、教育程度等。

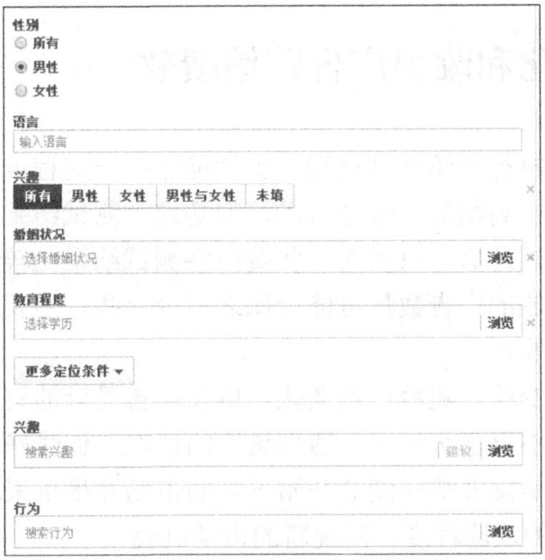

图 18-27　更多受众细分属性

这个细分已知市场的过程和前面寻找潜在市场的过程在从广告生成、管理到绩效分析的方法上都非常类似。只是寻找潜在市场的过程，更多是将影响力较小的维度去掉，只保留有效的几个目标受众属性的组合，这是一个上卷（roll up）的过程。而在细分已知市场的过程中，更多是基于已有的目标市场定位，进一步细分更多具有针对性的目标市场属性，这更像是一个下钻（drill down）过程。

在寻找细分市场的过程中，有以下几个方面需要营销者略微注意。

● 寻找市场的细分属性不是简单的数字组合游戏，基于业务的理解才能够事半功倍。

● 一些细分市场能带来良好的投资回报率，但是如果市场过于细分，可能会导

致你的广告预算不能花出去，结果是投资回报率高了，回报总额却降低了。这种情况要小心避免。

- 目标市场不一定越细分就越能带来更好的投资回报率，因为你的测试未必能反应长久的目标受众喜好特点。
- 过于细分的目标市场属性，也让测试周期变得更长，未来的广告管理也更加复杂。

> 有时两个目标受众属性表现出类似的绩效同步变化的特点。例如，18～22 岁的年轻人和在校大学生，在一些产品上虽然两个属性看似对绩效都产生了较大影响，但是这两个属性的变化是同步的，因为在校本科生往往集中在 18～22 岁。
>
> 如果发现这样的特点，就可以将其中一个属性去掉了。因为两个属性的效果类似，所以只需保留一个。这种场景会偶尔出现。

18.5　持续优化和改善广告营销绩效

通常，如果只是执行一轮测试过程，虽然能够在一定程度上发掘未曾开拓的潜在市场或者成熟市场中高绩效的细分市场，但是这个测试结果可能并不足够准确。最好在进行完一轮测试之后，再投入一些费用将测试结果比较好的广告再多进行一些测试。这时候，投放的广告数量可能会比之前少一些，主要目的是验证和确定之前的测试是否确实有效。

市场不是一成不变的。随着市场变化，以及广告受众的喜好变化，曾经成功的广告创意可能会变得不再那么风光。遇到这样的情况，你最好能定期持续监控投放中的广告的绩效，尽早发现那些绩效开始下降的市场并尽早采取行动。同时，定期测试新的市场对广告的反应程度，发现新的市场机会。

> Facebook 和 Twitter 有很多第三方广告管理工具都有类似的功能，帮助你简化广告创意管理、细分市场投放管理，降低数据分析的复杂度。
>
> 如果有可能，建议可以采购几家广告管理工具，根据各自特点，各取所长地搭配使用。这样能够更高效、精细化地管理你的广告。

18.6　小结

发掘细分市场机会是一个操作性很强、非常考验实战经验、也非常需要耐心和细心的过程。刚开始进入的时候，最好能一步一个脚印将宣传活动、广告系列和广告创意设计好。有了前面高质量的前期准备，后面测试过程中所获得的绩效才能用来进行数据分析。

　　另外，Excel 数据透视表、Excel 函数和计算字段功能都是比较高级的 Excel 功能。熟悉和灵活使用这些功能，将会大大提升广告绩效分析能力。最好你也能投入一些精力将这些基础技能夯实。有了前面所沉淀的基础能力，加上正确的测试设计和执行过程，经过反复实践，你就能够掌握更多符合你所在行业特点的细分市场发掘方法，也能更好地管理社交媒体广告，创造更高的营销业绩。

附　录

附录
▶▶▶▶▶▶ 数字营销词汇表

% Composition Unique Visitors

某个独立访客群体在所有目标受众群体中的比例。

其计算公式为：

$$\% \text{ Composition Unique Visitors} = \frac{某特定目标受众的独立访客数量}{全体独立访客数量} \times 100\%$$

% of Sales from Digital

数字营销收入在整体销售收入中的比例。

其计算公式为：

$$\% \text{ of Sales from Digital} = \frac{数字营销收入}{整体销售收入} \times 100\%$$

Account

在社交媒体营销和搜索引擎营销中，Account 表示账户。通常作为营销账户，除了包含注册者的信息，还会绑定信用卡，并且设置时区、币种、语言等信息。

广告账户中还会逐级包含不同的广告物料集合，例如 Campaigns、Ad Groups、Ads 等。

Account Id

唯一表示一个营销账户的标识符。

Actions

Actions 表示在营销活动中所采取的行为。

行为可以有很多分类，例如，赞过的页面或帖文，看过移动广告之后安装了某款移动应用，注册转化，销售转化，事件响应等。

在 Facebook 营销中，常见的转化行为包括：

- Receive Offer，领取优惠；
- RSVP，发出邀请；
- Like，赞某个主页或帖文；
- Check in，帖文；
- Follow，订阅；

- Photo View，浏览图片；
- Video Play，播放视频；
- Link Click，点击链接；
- Vote，投票；
- Follow a Question，关注一个问题；
- Games Plays，玩游戏；
- Apps Uses，使用一款应用；
- Mention，提到某人；
- App Install，安装应用；
- Credit Spent，在游戏内直接产生花费；
- Tab View，浏览主页 Tab 信息。

Ad Clicks

广告点击量，用于度量访客点击广告的次数。

Ad Cost

广告成本或花费，在一些平台下也被称作 Spend，表示在一段时间内广告活动所产生的花费。

Ad Group

广告组。广告管理中，用于批量管理广告的对象。

在 Facebook 中，一个 Ad Campaign 包含若干 Ad Group，一个 Ad Group 包含若干的 Ads（广告）。一个 Ad Group 只能包含在一个 Ad Campaign 中，所以 Facebook 同一个 Ad Campaign 中的各个 Ad Group 的预算和执行周期都是相同的。一个 Ad Group 将包含广告所需的 Campaign 信息、广告创意等数据。

Ad Impressions

广告展示量，用于度量广告被展示给访客的次数。每展示一次广告，则广告展示量被记录为一次。

注意，广告展示数量并不等同于用户一定看过这个广告的数量。可能访客并没有注意到广告的存在，或者忽略掉了广告。

Ad Placement

广告在媒体中的呈现位置，如右边栏广告。

Ad Scheduling

用于设定广告的生命周期和时间范围。

例如，设定某个广告从 2014 年 10 月 1 日到 2014 年 10 月 31 日之间，在每个周一到周五的 7:00pm 到 9:00pm 投放，周六和周日的 9:00am 到 10:00pm 的时间段内投放。

设定 Ad Scheduling 有助于更高效率地管理广告预算，提升广告的投资回报率。不同目标受众的高转化率时间段可能是不同的。如果广告投放时间和目标受众的活跃时间相匹配，则有助于提升投资回报率。

Ad Sets

广告集合，广告管理中批量管理广告的对象。

在 Facebook 中，通过 Ad Sets 对象可以对一组广告使用相同的 Daily（每日）或 Lifetime（生命周期）预算、广告时间设置、竞价类型、竞价设置和目标受众数据。

Ads Manager

Facebook 的广告管理工具。适合广告主进行广告管理和绩效分析。

对于有批量管理广告需求的广告主，建议配合 Facebook 另一款批量广告管理工具 Power Editor 一起使用。Power Editor 的广告批量管理和分析能力更强。

Age

广告目标受众的年龄属性。

使用这个属性可以帮助广告主从年龄维度进行目标受众的人口学细分。例如，18~25 岁的目标受众，投放某一款广告，而 25~35 岁的目标受众则投放另外一款广告。

在不同媒体平台下，年龄属性可能是根据目标受众的注册信息获得的，也可能是基于目标受众的行为习惯，从统计学角度分析出来的。基于统计学属性所获得的年龄属性和实际访客的年龄可能不一致，但是在特定细分品类的营销中，却可能带来更高的转化率。例如，老来俏或少年老成的用户，基于用户行为所分析出来的年龄属性会和实际用户年龄相差较大。

App Install Attempts

在 Twitter 营销中，用户尝试安装被推广的移动应用的次数。

App Engagement

度量移动应用活跃度的指标。

不同媒体平台的 App Engagement 的度量方法大同小异。以 Facebook 为例，在进行 Facebook 移动应用营销中，App Engagement 会包含这样几类行为：

- 安装移动应用；
- 使用移动应用；
- 消费点卡。

在度量 Facebook 的 App Engagement 的时候，对于各类行为的度量统计将包括：

- 过去 24 小时，来自于移动广告的行为数量；
- 从广告被点击开始计时的 28 天内的行为数量。

在其他营销媒体平台中，App Engagement 也可能是：

- 鼓励用户重新继续使用移动应用；
- 提醒用户打开和使用移动应用；
- 帮助用户完成未完成的操作；
- 增加用户使用移动应用的频率；
- 提醒用户使用移动应用的特别功能，或提升使用等级。

App Installs

移动应用安装次数。

在 Facebook 营销中，App Installs 与其他指标一起用于度量用户行为（Action）的数量。

App Opens

移动应用的打开次数。

App Uses

移动应用的使用次数，一种移动应用的度量指标。

在 Facebook 营销中，App Uses 会用来度量在这样两种场景中的数量：

- 过去 14 天中，移动应用至少被使用 4 分钟的数量；
- 过去 14 天中，同一个人打开移动应用超过 2 次的数量。

Audience

广告的目标受众。

Average CPC

一段时间内，平均广告点击成本。

其计算公式为：

$$\text{Average CPC} = \frac{一段时间内广告点击量}{一段时间内花费}$$

Average CPM

一段时间内，千次广告展示成本。

其计算公式为：

$$\text{Average CPM} = \frac{一段时间内千次广告展示量}{一段时间内花费}$$

Average Daily Visitors

平均每天的访客数量。

Average Minutes per Visit

平均每次访问的分钟数。

Average Visits per Visitor

平均每个访客的访问次数。

Behaviors

用户喜好。在一些媒体平台中，Behaviors 属性可能会呈现树形结构的特点。例如，Facebook 广告系统中，Financial（金融）类别中包括细分类目 Insurance（保险），保险之下又包括 Investments（投资）等不同的细分喜好条目。

Bid

广告出价。表示广告主在进行广告投放中，愿意付出的最高的 CPC 或 CPM 价格。

Bidding

广告竞价方式，例如按照点击成本（CPC）或者按照千次展示成本（CPM）开展竞价活动。

Bounce Rate

跳出率，表示只浏览一个页面就离开的访客占全部浏览数量的比率。跳出率越高可能意味着营销效果越差，但也不能一概而论。

- 面向特定目标用户群体的跳出率会比整体网站的跳出率更有价值。例如，某个理论科学博客的跳出率可能会比较高，但是在相关领域的专家学者的访客人群中跳出率却很低。
- 网站中很多经过 SEO 优化的页面可能会吸引大量自然流量访客，虽然访客流量很大，转化效果却很低。搜索引擎营销或社交媒体营销着陆页的单位访客流量成本比较高，转化率也更高。如果当前的营销目标是提升销售转化率或注册转化率，那么在分析跳出率的时候，更多也会关注可能产生转化的人群。

其计算公式为：

$$Bounce\ Rate = \frac{只浏览一个页面就离开的访客数量}{访问页面的全体访客数量} \times 100\%$$

Brand Equity

品牌权益，表示品牌赋予实体产品的附加价值。

Campaign

一种广告管理对象，也被称作宣传活动。

在 Campaign 中，通常会包含广告组（Ad Group）或广告集合（Ad Sets），然后再包含若干广告。

在进行广告管理的时候，可以在 Campaign 对象上设置广告的投放周期、预算等信息。在一些营销媒体平台上，甚至可以在 Campaign 级别上管理时区、币种等信息。

Clicks

点击量，用于度量访客点击广告或链接的次数。

Clicks to Play

Facebook 中的一种视频度量属性，度量用户点击 click-to-play 类型视频开始播放的次数。

Comments

社交媒体中的评论。

Comments Count

评论数量。

Composition Index PV

族群黏着度指标，用于观察受众对于特定类别的黏着程度。

Composition Index UV

族群倾向指标，用于观察受众对于特定类别的喜好程度。

Connection

社交媒体网络中的人脉关系。例如，LinkedIn 中的好友、同事、业务伙伴、同学或师生关系。

Conversion Tracking

转化跟踪，用于跟踪访客在点击广告之后的行为，了解什么广告带来最好的点击和转化效果，以及转化路径如何。

Cost

投放广告所产生的花费。

在很多广告系统中，Cost 与 Spend 都表示在广告上产生的花费或成本。在这种情况下，Cost 和 Spend 所表示的含义是相同的。

Cost per 1000 People Reached

广告抵达 1000 个独立的用户所产生的平均花费。

Cost Per Follow

获得一个粉丝订阅（Follow）所产生的平均花费。

Cost Per Lead

简称CPL广告，以搜集潜在客户名单规模计价的广告类型，也被称作Online Lead Generation。例如，通过推广便捷的活动注册页面、社交媒体用户注册会议活动，或者通过社交媒体中简洁的页面一步注册为会员。

Cost Per Unique Click

Facebook中，计算每个独立的用户受众个体点击广告所产生的成本。

Country

广告目标受众的国家属性。

使用这个属性可以帮助广告主从国家维度进行目标受众的人口学细分。例如，目标受众的国家信息是美国或者法国。

Conversion Rate

广告转化率，一种广告的度量属性。表示在所有广告点击中产生转化的数量比例，有时候也会简写为CVR。

其计算公式为：

$$\text{Conversion Rate} = \frac{\text{转化数量}}{\text{广告点击量}} \times 100\%$$

Coverage

覆盖率，表示产品或服务投放市场占可以销售市场的比例。

其计算公式为：

$$\text{Coverage} = \frac{\text{产品或服务投放市场数量}}{\text{可以销售的目标市场总数}} \times 100\%$$

CPA

每产生一次购买转化的成本。此时CPA为Cost Per Acquisition的简写。有时候也被称作CPS，即Cost Per Sales。

CPA越高则表示每产生一次销售成交的营销成本越高。

CPA

每产生一次用户转化行为的成本。此时CPA是Cost Per Action的缩写。

在Facebook营销中，CPA的行为包括4种，分别为：

- Page Likes；
- Offer Claims；
- Offsite Link Clicks；
- Mobile App Installs。

注意：不是所有Facebook Action都会用于计算转化行为（Actions）。关于Facebook

Actions 范围，请参阅 Actions 相关内容。

CPC

每点击付费或每点击成本，表示广告主为平均每次广告点击所需支付的费用。CPC 是 Cost Per Click 的缩写。此外，CPC 有时也被称作 PPC，是 Pay Per Click 的缩写。

在搜索引擎营销和社交媒体营销中，CPC 类型的广告竞价方式是最经常采用的竞价方式之一。

CPD

每产生一次用户下载的成本。CPD 是 Cost Per Download 的缩写。

CPE

每产生一次用户参与的成本。CPE 是 Cost Per Engagement 的缩写。

有的时候，CPE 会等同于 CPA（Cost Per Action）。

CPI

每产生一次用户安装的成本。CPI 是 Cost Per Install 的缩写。

CPM

千次广告展示成本。CPM 是 Cost Per Mille Impressions 的缩写。

在搜索引擎营销和社交媒体营销中，CPM 类型的广告竞价方式是最经常采用的竞价方式之一。

CPS

每产生一次销售的成本。CPS 是 Cost Per Sales 的缩写。

Creative

广告创意。

在 Facebook 营销中，广告创意是广告对象的一部分。在 RHS 类型广告中，广告创意通常会包含图片、标题和广告正文三部分。

CTR

广告点击率，表示点击次数与展示次数之间的比例关系。CTR 为 Click Through Rate 的缩写。

其计算公式如下：

$$CTR = \frac{广告被点击次数}{广告被显示次数} \times 100\%$$

Custom Audience

自定义受众。

作为一种再营销技术，媒体营销平台允许广告主提供相关目标受众的电子邮件地址、电话号码、用户 ID 等识别信息，并根据这些识别信息进行定向广告投放。

在 Facebook 营销中，还可以通过 Facebook UID、Apple's Advertising Identifier（IDFA）或 Android 的广告 ID 开展再营销活动。Facebook 中使用自定义受众 Custom Audience，至少需要包含 1000 个用户，以保证足够的广告覆盖率。

Customer Complaints

顾客投诉。

Customer Engagement

顾客参与或者粉丝黏度的度量指标。表示顾客参与社交媒体平台的活动次数。

Customer Lifetime Value

客户生命周期价值。表示一个客户对于产品或品牌从了解、开发到产生业务往来，再到完全终止业务关系和品牌互动的这段时间中，客户为产品或品牌所带来的价值。

通常，其计算公式为：

Customer Lifetime Value=平均订单价值×重复交易次数×顾客平均生命周期长度（年或月）

此外，客户生命周期价值还有很多不同的建模方式和计算与度量方法。

Customer Online Engagement Level

客户在线参与程度。

Customer Profitability Score

表示客户营利能力的得分水平。营利能力越高，分值越高。

其计算公式为：

Customer Profitability Score=用户创造价值－服务与维系这个用户所支付的成本

Customer Retention Rate

顾客保留（保持）率，用于度量一段时间内企业继续保持与老客户交易关系的比例。顾客保持率也可以作为顾客忠诚度的度量指标。

其计算公式为：

$$\text{Customer Retention Rate}=\frac{去除新客户的客户数量}{度量周期开始时的总客户数量}\times100\%$$

Customer Satisfaction Index

客户满意度指数，有时也会缩写为 CSI。

Customer Turnover Rate

客户流失率，也会被写为 Customer Churn Rate、Customer Attrition Rate 或 Customer Defection Rate。表示流失掉的客户或用户的比例。

其计算公式为：

$$\text{Customer Turnover Rate}=\frac{流失的顾客数量}{全部顾客数量}\times100\%$$

Demographics

人口学属性，通常在设置广告目标受众的时候用来进行广告投放目标受众的条件设定。

以 Facebook 为例，常见的人口学属性包括：

- Custome Audiences，自定义受众；
- Locations，地区，例如，国家、省份/州或城市；
- Age，年龄范围；
- Gender，性别；
- Languages，语言；
- Relationship，婚姻状况；
- Relationship In，兴趣（性别取向）；
- Relationship Status，婚姻或生活状态；
- Education，学历；
- Education Level，教育程度；
- Fields of Study，研究领域；
- School，学校；
- Undergrad year，本科年份；
- Work，工作；
- Employers，雇主；
- Job Titles，职务；
- Industries，行业；
- Office Type，办公室类型；
- Financial，金融业；
- Income，收入；
- Net Worth，净值；
- Home，家庭；
- Home Type，住房类型；
- Home Ownership，住房所有权；
- Home Value，房产价值；

- Household Composition，家庭组成；
- Ethnic Affinity，族亲关系；
- Generation，世代；
- Parents，父母；
- All Parents，所有父母；
- Moms，母亲；
- Politics（US），政治（美国）；
- Life Events，大事记。

Detail Expands

在 Twitter 中，点击推帖下方"查看摘要"的次数。

eCPE

获得用户互动所产生的平均花费。用于度量社交媒体营销活动的有效性。

在 Twitter 营销中，eCPE 是一个重要的社交媒体营销绩效指标。

Embedded Media Clicks

内嵌媒体点击量。Embedded Media Clicks 是 Twitter 营销的度量指标。

End Action Rate

最终行为比例，用于通过度量目标受众的最终行为来评估营销活动有效性的指标。

Engagement

Engagement 表示一段时间内粉丝参与社交媒体的活跃程度。

在实际使用中，更多会使用 Engagement Rate 这个指标。

Engagement Rate

Engagement Rate 是对于社交媒体网站用户活跃程度的度量指标。有别于 Engagements 指标，Engagement Rate 表述的是在特定时间下，Engagement 数量和粉丝数量的比例关系。Engagement Rate 越高，表明这段时间粉丝的参与程度越高。

在 Facebook 营销中，Engagement Rate 分为以下两种。

- 面对帖文的 Engagement Rate，用于度量每天发布在时间线的帖文所平均获得的 Engagement Rate。

其计算公式为：

$$\text{Average Post Engagement Rate} = \frac{\left(\dfrac{\text{当日的Like数量} + \text{Comment数量} + \text{分享数量}}{\text{当日发帖数量}}\right)}{\text{当日粉丝数量}} \times 100\%$$

- 每天页面的 Engagement Rate，用于度量某个页面在特定时间的 Engagement Rate。

其计算公式为：

$$\text{Daily Page Engagement Rate}=\left(\frac{\text{当日的Like数量}+\text{Comment数量}+\text{分享数量}}{\text{当日粉丝数量}}\right)\times 100\%$$

在 Twitter 营销中，Engagement Rate 表示在粉丝中进行回复或转推的比例。

其计算公式为：

$$\text{Engagement Rate}=\left(\frac{\text{Replies数量}+\text{Retweets数量}}{\text{粉丝数量}}\right)\times 100\%$$

> Engagement 和 Engagement Rate 度量的是粉丝的活跃程度。通常，这个数字越高，越有助于提高品牌美誉度，但同时也要关注所传播内容是积极正面的还是消极负面的。
>
> - 如果社交媒体中，传播的是积极正面的消息，则会有助于增强品牌形象。通常在 Facebook 和 Twitter 账号中，积极正面的消息会更多。
> - 如果社交媒体中传播的消息是消极负面的，则会不利于甚至有损于品牌形象。

Excluded Audience

排除的目标受众，用于 Facebook Custom Audience（自定义受众）的设置。

Favorites

收藏。

在社交媒体内容操作中，收藏的帖子将会出现在收藏列表中。

作为一种社交媒体平台的行为（Action），收藏也会被用于度量用户参与度（Customer Engagement）或者黏性。

Follow Rate

关注比例。用于度量 Twitter 用户的关注程度，用于分析一个账号正在关注的人和关注者的比例关系，从而了解该账户的社交行为特点。

其计算公式为：

$$\text{Follow Rate}=\frac{\text{Twitter Friend数量}}{\text{Twitter Followers数量}}\times 100\%$$

Follows

关注者数量。

Frequency

广告呈现给一个目标用户的平均次数。

GCR

目标完成率。用于度量营销活动推动目标受众达成营销目标的比例。GCR 是 Goal Completion Rate 的缩写。

其计算公式为:

$$\text{Goal Completion Rate} = \frac{\text{完成目标相关操作元素的用户数量}}{\text{目标受众数量}} \times 100\%$$

Gender

性别,如男性、女性或未知。

作为人口学的属性,用于社交媒体营销目标受众的度量和分析,也作为社交媒体广告营销的目标受众属性。例如,某款戒指广告的目标受众为年轻的女性。

Geography

地理位置。社交媒体营销中常用的目标受众属性。

Hashtag Clicks

主题标签点击量。社交媒体内容营销中,度量主题标签点击数量的绩效指标。

Heat Maps and Click Patterns

热力图和点击模式,以图形化的方式呈现用户关注焦点和热点点击区域。通过分析热力图和用户点击模式有助于优化内容布局和提升转化效率。

Impressions

展示量,表示广告的展示次数。

Incremental Sales

销售增量,用于度量通过营销活动提升销售额的程度。

对于一些营销活动而言,销售增量的度量会比较困难。例如,通过大量展示类广告的曝光,用户最终产生了购买转化。但是购买转化的流量却来自电子邮件或者搜索类广告。此时,展示类广告的销售增量就可能会被低估。

Inline Fans

在 Facebook 中,点击 News Feed 广告的 Like(赞)按钮的人数。

Interests

个人兴趣。

社交媒体广告营销中，用于确定目标受众的范围。例如，在 Facebook 广告营销中、减肥、瑜伽、商业、文化、家庭、政治、滑雪，这些都可以用于设定 Facebook 广告目标受众范围。

在进行社交媒体内容的分析中，通常也会通过语义分析和主题提取技术抽取相应用户在媒体平台所表现的个人兴趣特点。

Keyword

关键词。在搜索引擎营销与社交媒体营销中，用户检索信息的时候，会输入关键词进行检索。

Keyword Performance

在搜索引擎优化（SEO）和搜索引擎营销（SEM）中，通过不同关键词检索所获得流量的绩效状况，例如，目标完成率（GCR）、点击率（CTR）等。

Klout Score

Klout.com 所推出的社交媒体人物或账号的影响力评分。分值从 1~100 分，分值越高，影响力越大。

Language

语言属性，用于社交媒体广告营销中设置目标受众的语言属性。例如，简体中文、繁体中文、英文、日文等。

Likes

在 Facebook 中，获得点赞的数量。

Link Clicks

在 Twitter 中，点击推帖链接的数量。

Location

在广告中用于设置目标受众的地理位置属性，参见 Geography。

Market Growth Rate

市场增长率，指推广的商品或服务的市场销售量或销售额在比较期内的增长比例。

其计算公式为：

$$\text{Market Growth Rate} = \frac{\text{比较期市场销售额(量)} - \text{前期市场销售额(量)}}{\text{前期市场销售额(量)}} \times 100\%$$

Market Share

市场占有率，指一段时间内，某商品或服务在同类市场销售中的比例。市场占有率可以按照销售额或者销售量计算。

其计算公式为：

$$Market\ Share = \frac{商品或服务销售量(额)}{同类商品或服务市场整体销售量(额)} \times 100\%$$

Mention

提及，一种 Facebook 社交媒体活动。提及的对象既可以是人，也可以是一个主页。被提及的人将会看到 Facebook 发出的 Mention 通知，告诉别人在什么环境下提到自己或者主页。

Mention 也是社交媒体平台用户参与社交媒体讨论的一种行为。Mention 数量越大，表示用户参与程度越高。

MozRank

MOZ 公司的页面等级度量指标。MozRank 通过度量指向某个页面的链接数量来计算，链接数量越多，MozRank 评分越高。

MozTrust

MOZ 公司的页面等级度量指标。和 MozRank 很类似，MozTrust 也会通过度量指向页面的链接数量来计算权值，另外 MozTrust 还将通过分析外链的网站来计算这个页面的权重。如果外链来自政府机构、高校、高权重网站，则该页面所获得的 MozTrust 评分也越高。

Optimized CPM

Facebook 广告出价类型的一种，对于希望用户采取某种行为（Action）的场景所提供的 CPM 广告，Optimized CPM 简称 oCPM。

在通常的 CPM 类型广告中，广告主可以设置广告创意、希望达成的目标行为、出价方式和目标受众。但是广告并没有针对希望达成的目标行为进行特殊处理。在 oCPM 类型广告中，Facebook 将会分析这个广告所希望获得的目标行为而更加精细化地筛选合适的目标受众。例如，广告希望获得更多 Page Like（主页点赞）的行为，Facebook 就会为这个目标进行 oCPM 广告的优化。

如果出价类型没有设置为 oCPM 类型，而只是 CPM 类型，则 Facebook 不会进行面向用户行为的优化。

OSOV

发表言论被粉丝或网友分享的次数。OSOV 是 Online Share Of Voice 的缩写。

度量 OSOV 指标有助于分析一个社交媒体账号的影响力或顾客参与程度。

Page Impressions

页面展示次数，用于度量一段时间内页面呈现给访客的次数。Page Impressions 也被称作 Page View，简称 PV。

因为不同网站流量计数和分析工具所使用的流量计算方法、垃圾流量过滤算法等机制的不同，所以不同工具所统计的 PV 往往并不一致。在实际使用中，不同工具之间可以进行同步类比，但是不能进行严格的数据一致的比较。

Page View

同 Page Impressions。Page View 简称 PV。

Permalink clicks

Twitter 的一种绩效指标，用于度量点击推帖详细信息（Details）所见到的详细页面的点击量。

Placement

用于设定广告的投放媒体平台或者投放位置。例如，Facebook 广告可以被投放在这样一些位置：RHS（右边栏）、桌面浏览器或移动应用中时间线上的 News Feed 广告等。

Popular Pages

热门页面。被传播、讨论和引用最多或者订阅用户最多的页面。

Post

Facebook 中的帖子。常见的帖子形式可能是文字、图片、视频或网站链接。

Potential Audience

潜在受众。符合目标受众定义且可能抵达的全部受众人群数量。

潜在受众估算会用于计算广告的目标受众范围，并以此帮助进行更加细分的广告创意设计和预算安排。

Power Editor

Power Editor 是一个 Facebook 广告批量创建与管理工具，有助于大型广告主高效管理广告和进行绩效优化。

Power Editor 适合创建数百甚至上千的 Facebook 广告。如果广告数量比较少，则建议使用 Facebook 的 Ads Create Tool 或 Ads Manager。

PPC

每点击付费或每点击成本。PPC 是 Pay Per Click 的缩写。

PPC 也被称作 CPC。CPC 是 Cost Per Click 的缩写。

有关 PPC 的详细介绍，请参照 CPC 的内容。

Promoted Trends

推广趋势，Twitter 的一种广告推广形式。

推广趋势广告位于 Twitter 界面左侧的趋势中，以 Hashtag 的形式出现。被推广趋势 Hashtag 的下方将会出现黄色标记，以表示这个条目是推广趋势广告。

Promoted Twitter

推广 Twitter，Twitter 的一种广告推广形式。

推广 Twitter 的推帖出现在时间线上。推帖的下方会出现黄色的推广标记，以表示这个推帖是 Twitter 广告。

Purchase Funnel

销售漏斗，有时也叫销售管线，表示销售机会的转化过程。通常销售漏斗会遵循 AIDA 模式逐级转化。AIDA 分别是：

- Awareness，注意；
- Interest，兴趣；
- Desire，欲望；
- Action，行动。

在数字营销过程中进行销售漏斗管理的时候，通常会通过设定各个转化步骤的度量方法，逐级进行转化率的度量。并通过分析不同转化步骤的绩效指标，持续优化营销过程，以实现最佳转化率。

Quality Score

质量分。在一些数字营销平台中，常常通过质量分和竞价程度综合计算广告的排名。因为获得更高的排名通常能够带来更高的转化率，质量分可能对转化率或营销成本产生影响，例如：

- 对于两个出价相同的广告主，质量分越高的广告主，其广告的排名就越靠前；
- 质量分较低的广告主必须花费更多费用才能使其广告位于靠前的位置。这个广告主也将为此支付更多的营销费用。

Reach

抵达目标受众的数量，一种 Facebook 社交媒体营销度量指标。

有别于 Impressions（展示量），Reach 是帖文抵达的用户数量，其单位是独立注册用户的数量（人）。而 Impressions 是帖文的展示次数的度量指标，其单位是次数。所以 Impressions 通常会比 Reach 要大一些。

注意：Reach 只是表示一个帖文展示给多少个独立的注册用户，并不表示这个用户一定会阅读这个帖文。所以在很多资料中，Reach 也被称作 Unique Impressions。

Referrer URLs

HTTP 页面头信息的属性，用于记录当前页面打开之前的页面。例如，当前页面的 Referrer URLs 能解析出，当前用户是从搜索引擎、展示类广告、软文页面还是站内的其他页面跳转到这个页面。

Referrer URLs 对于分析目标受众行为是比较重要的。通过分析 Referrer URLs，营销者可以解读出当前访客的来源，再结合搜索引擎和社交媒体营销的广告投放数据，能够进一步分析出该访客的访问意图和流量成本。

Replies

Twitter 中，回复推帖内容。

Replies 作为社交媒体活动的度量指标，用作度量推帖回复数量。这个指标是构成顾客参与度（Customer Engagement）的重要组成部分。参见 Engagement Rate 内容。

Retweets

Twitter 中的转推行为，可以将一篇推帖转发在自己的 Twitter 上给自己的粉丝看到。Retweets 的缩写是 RT。

Retweets 数量也是转推数量的度量指标。转推数量是顾客参与度（Customer Engagement）的重要组成部分。参见 Engagement Rate 内容。

REV

利润，REV 是 Revenue 的缩写。

RHS

Facebook 右边栏广告。RHS 是 Right-Hand-Side ads 的缩写。

ROAS

平均广告花费产生的收益。ROAS 是 Return on Ad Spend 的缩写。

ROI

投资回报率，用投资与回报的比值来表示，是对投资有效性的一种度量。

其计算公式为：

$$ROI = \frac{收益 - 花费}{花费} \times 100\%$$

RPC

平均点击获得的利润。RPC 是 Revenue Per Click 的缩写。

Search Engine Rankings

搜索引擎或社交媒体网站搜索功能对网页、域名或主页的分级评分。通常这样的打分将会影响到网站内容在自然搜索结果中的排行。评分越高，位置越靠上，也有可能获得更高的点击率。

Share

社交媒体平台的分享操作。

作为一种绩效指标，分享次数也是顾客参与度（Engagement Rate）的重要度量指标。

Shared Via Email

通过电子邮件的分享次数。

Sharing With Recommendations

推荐给好友或粉丝的分享次数。

Social Clicks Rate

Social Clicks 与 Social Impressions 的比值，Facebook 中度量社交媒体广告的绩效指标。其计算公式为：

$$Social\ Clicks\ Rate = \frac{Social\ Clicks}{Social\ Impressions} \times 100\%$$

注意：

- Social Clicks Rate 和通常社交媒体营销所使用的点击率（Clicks Rate 或 CTR）指标不同，用于计算的社交信息点击量（Social Clicks）和展示量（Social Impressions）都是基于社交媒体用户信息而获得的。参见 Social Clicks 和 Social Impressions 的相关内容。
- 因为 Social Clicks Rate 是基于社交媒体信息的 Social Clicks 和 Social Impressions 计算出来的，这个绩效指标会比 Clicks Rate 更高。

Social Clicks

基于社交媒体信息的点击量。例如，张三赞过你的主页、帖子或者移动应用，那么 Social Clicks 将会度量张三以及他的 Facebook 好友们点击广告的数量。

Social Impressions

基于社交媒体信息的广告的展示量。例如，张三赞过你的主页、帖子或者移动应用，那么 Social Impressions 将会度量广告展示给张三 Facebook 好友们的数量。

注意，在进行 Social Impressions 度量的时候，不会包括张三，而只是包括张三的好友。

Social Interactions

度量各个社交媒体平台中宣传活动的受众参与程度。参与程度越高，表示受众参与度越高。

在计算 Social Interactions 的时候，并不是基于某个确定的社交媒体平台，而是通过度量各个社交媒体平台的参与度，如 Facebook、Twitter、Google+、LinkedIn、Pinterest 等。

Social Reach

基于社交媒体信息的抵达次数量。例如，张三赞过你的主页、帖子或者移动应用，那么 Social Reach 将会度量广告抵达张三以及他的 Facebook 好友的数量。

TA Clicks

特定的目标受众点击量。

Tailored Audience

一种 Twitter 的再营销技术。帮助广告主对曾经访问过特定网站或者对相关内容表现出兴趣的 Twitter 用户开展再营销。

Target Audience

目标受众，也称目标群体或目标顾客，指营销活动所希望抵达的目标人口群体。

在 Facebook 营销中，还经常会用到 Targeted Audience。这里的 Targeted 是英文单词 Target 的被动语态，表示一个广告将有可能抵达到目标受众的数量。通过这个数量估算，广告主可以估算广告是否有可能带来足够的点击量和受众流量。如果能够覆盖的目标受众规模很小，即便广告预算充足，也很难带来大量的目标受众点击量。

Targeted

广告所覆盖的目标受众的数量。

关于目标受众，参见 Targeting。

Targeting

目标受众。有别于 Target Audience 所表示的人口学的目标受众，Targeting 多用于表示广告的目标受众的特性。例如，在广告中，Targeting 特性可能包括性别、语种、兴趣爱好、家庭和婚姻状况、教育经历、工作经历、学历和专业等属性信息。

Time Spent on Page

网页停留时间，用于度量访客在某个网页的平均停留时间。

Time Spent on Website

网站停留时间，用于度量访客访问某个网站所花费的时间。

Timeline

时间轴，也被称为时间线。在社交网站中，通常通过倒序的时间线来组织账户或者主页的状态更新、里程碑事件、图片、视频等内容。在 Facebook 等很多社交媒体平台中，帖子或推帖通过时间线的方式组织在一起。

Traffic Sources

进入网站访客的流量来源。通常流量来源分为如下 4 种。

- Direct traffic，直接访问流量。访客通过浏览器直接输入 URL 地址进入网站。
- Referral traffic，从其他网站点击链接，跳转到当前网站。
- Organic traffic，从搜索引擎或社交媒体网络导流的流量，例如从 Google、Bing、Yahoo、Facebook 等媒体平台导流的流量。
- Campaign traffic，基于搜索引擎或社交媒体营销活动导入的流量。

TV Ad Targeting

Twitter 的一种广告形式，实现对电视广告的再营销推广。

因为 Twitter 广告效果和电视广告效果存在一些正相关，在电视广告播放期间，同期对特定的目标受众投放 Twitter 广告将有助于二次营销和实现更好的品牌营销效果。

User Agent

也称为用户代理，代表使用者行为的软件，在消息传递中用于表示自己所提供的标识符。

在数字营销领域中，User Agent 在分析访客行为特点的时候经常会被用到。这里，User Agent 通常特指 Web 浏览器的用户代理。在浏览器向 Web 服务器发出请求的时候，通常在 HTTP 消息头会包含 User Agent。这个 User Agent 消息中，一般会包含产品名称、操作系统与版本、语种等信息。

通过解析 User Agent，营销者能分析出访客流量是使用 PC 还是移动设备、设备类型、屏幕尺寸、语种等信息。

UV

独立访客，表示一段时间内访问网站的独立个体。UV 是 Unique Visitor 的缩写。

作为一种绩效指标，UV 数量可以用来度量一段时间内访问过网站的独立用户数量。因为网站通常使用 Cookie 等通用技术进行访客跟踪，如果 Cookie 不能被浏览器有效记录，则统计到的独立访客数量可能会比实际数量多一些。

VAT

增值税。VAT 是 Value-added tax 的缩写。

在一些数字营销平台的结算过程中，会根据当地法律计算和收取增值税。

VTR

显示到达率，用于度量广告抵达目标受众的数量与展示数量的比例。VTR 是 View-through rate 的缩写。

其计算公式为：

$$VTR=\frac{广告抵达目标受众的数量}{广告展示量}\times100\%$$

Video Views

Facebook 中视频浏览次数的度量指标。如果一个视频被浏览 3 秒或更长时间，则在 Facebook 中被记录为一次 Video Views。